主　编　徐继金
副主编　张昊天　余伟权

私募基金管理人 设立登记 实操指引

站长带你做私募

ESTABLISHMENT AND REGISTRATION INSTRUCTION

中国市场出版社
China Market Press
·北京·

图书在版编目（CIP）数据

私募基金管理人设立登记实操指引 / 徐继金主编. —北京：中国市场出版社，2019.1
（站长带你做私募 / 徐继金主编）
ISBN 978-7-5092-1756-6

Ⅰ. ①私… Ⅱ. ①徐… Ⅲ. ①投资基金－基金管理－基本知识－中国 Ⅳ. ①F832.51

中国版本图书馆CIP数据核字（2018）第284606号

私募基金管理人设立登记实操指引

SIMU JIJIN GUANLIREN SHELI DENGJI SHICAO ZHIYIN

主　　编 徐继金
责任编辑 辛慧蓉（xhr1224@aliyun.com）
出版发行 中国市场出版社 China Market Press
社　　址 北京西城区月坛北小街2号院3号楼
电　　话 编 辑 部（010）68033692　读者服务部（010）68022950
　　　　发 行 部（010）68021338　68033577　68020340
　　　　总 编 室（010）68020336　盗版举报（010）68020336
经　　销 新华书店
印　　刷 河北鑫兆源印刷有限公司
规　　格 170mm×240mm　16开本
印　　张 31　　**字　　数** 487 000
版　　次 2019年1月第1版　　**印　　次** 2019年1月第1次印刷
书　　号 ISBN 978-7-5092-1756-6
定　　价 98.00元

《私募基金管理人设立登记实操指引》编委会

自序
PREFACE

私募投资基金发源于美国。1946 年美国研究和发展公司的成立，标志着有组织的专业化管理的私募股权投资机构的诞生。1949 年，琼斯和其他 3 个合伙人创立的 A.W・琼斯公司，被认为是第一只现代意义上的对冲基金。我国的私募投资基金是从政府主导的风险投资开始的，1986 年我国第一家股份制风险投资公司——中国新技术创业投资公司成立。1992 年美国国际数据集团（IDG）设立了第一只外资私募股权投资基金。2004 年 2 月深圳国际信托投资公司发行的一只证券类信托产品——深国投・赤子（中国）集合资金信托，被认为是中国阳光私募证券投资基金的诞生标志。

在我国，私募投资基金单独列为一个行业的标志性事件是《中华人民共和国证券投资基金法》于 2013 年 6 月实施。由此私募基金行业被纳入法律约束范畴，由中国证监会实施适度监管，这意味着私募基金行业的合法化。之后，私募基金行业迎来大发展，登记的私募基金管理人由 2015 年的 5 000 家到目前超过 24 000 家，管理基金规模由当初的 4 万亿发展至 12.80 万亿元。2017 年，中国已经成为仅次于美国的全球第二大私募股权投资市场，大中华区在全球私募股权投资基金的市场份额已经达到 24%。私募基金在推动实体经济发展的过程中也起到了举足轻重的作用。私募证券投资基金在股票、债券、期货衍生品市场上表现活跃，提升了资本市场价格发现和价值投资能力。私募股权和创投基金参与企业的初创培育、成长壮大、资源整合与并购重组，为实体经济转型和创新发展提供了资本金支持。

随着私募行业规模的扩大，其高风险、高杠杆、低透明度的特点也带来了一些金融风险。2016 年以来，监管部门加大了对私募行业的监管力度，一系列法律法规密集出台，对私募机构的募集、信息披露、内部控制等方面都提出了更高的要求。

“站长的 PE 早餐”微信公众号自 2016 年 10 月 8 日上线，已有两年多的时间。我们和十几万从业人员共同经历着中国私募行业的繁荣发展、清理整顿、健全规范、艰难前行的过程。在此过程中，我们集体精编了 1 000+ 私募动态，600+ 专业文章，旗下的思募研究中心研发了《政府产业基金理论与实务》《契约式基金发行与实务》《债转股政策解读及实操手册》《企业估值研究手册》《特色小镇与 PPP》《私募合规宝典》《私募笔记》《投资者适当性管理操作手册》《小白买基金历险记》等十余项课题。在《经济》杂志开设私募专栏发表了十余篇私募行业专业文章。

在研究过程中，我们发现，目前私募投资理论研究与教育还滞后于实务，学术界还没有就私募投资构建一个完整的理论体系，私募投资实务也缺乏统一的操作指引。在此背景下，我们借鉴众多学者的大量研究成果，汲取国外私募行业的管理经验，参考国内成熟金融行业的管理模式及具体做法，结合私募行业的实际情况及私募机构的运行特点，努力尝试构建私募行业的理论知识框架，在此基础上提供一套可行的实操指引，期望可以起到抛砖引玉的作用。

我们会同《经济》杂志社中经智库、圣康资本控股、价值在线科技、中泰晟坤基金，组织了众多私募从业人员、服务业务人员、在校学生共同参与撰写工作，包括收集资料、写作、校稿等，完成了“站长带你做私募”系列丛书。

“站长带你做私募”丛书包括 3 个方面 12 个专题。分别为：私募基础方面，包括设立登记、风险管理、内部控制、税收筹划；私募实务方面，包括资金募集、投资管理、投后管理、退出清算；特色私募包括：政府产业基金、并购基金、企业估值、尽职调查等。我们还计划每年发布两份私募行业报告，分别为合规报告与发展报告。

《私募基金管理人设立登记实操指引》将私募理论与登记实践相结合，希望能够对私募从业人员或拟准入私募行业的朋友起到了解行业现状，提供实操指引的作用。全书包括三个部分：基础、设立、登记。基础部分的内容是私募基础知识，从私募作为一种募集方式，私募基金管理人，私募基金和私募行业四个方面进行了介绍，并从国内外的私募发展史和全球私募监管模式两个角度展示了全球私募行业的历史与现状；设立部分主要介绍了发起人在私募机构设立之初需要考虑的主要内容。包括战略规划、注册资本、高管及员工、组织架构和内部控制等；登记部分介绍了私募机构在中国基金业协会登记备案的相关事宜，详尽描述了法律意见书的内容，并分步展示了登记过程，以及登记成功后的一些工作，包括成为协会会员、申请投资顾问资格、信息披露、信用报告等。书末附有初级的法律意见书模板。

需要特别说明的是，本书以一家虚拟公司为主角展开介绍，其中的公司名和人员姓名均为虚拟，提醒读者切勿对号入座。

我们深知，本系列丛书仍有请多不足之处。一是本系列丛书初衷是融理论探究与实操指导为一体，但写完后，读来仍显浅薄，对理论研究不够深入，与实际工作结合仍有空隙；二是我们已经在努力拓展各国私募发展情况，但国际化视野仍旧不够，主要是外文原版文献阅读较少；三是本系列丛书有一定的时效性，资本市场变化快，私募行业监管政策也在发展中完善。因此，本丛书目前基于现行法律法规及规则的一些内容，可能会在日后变得不再适用。还是要提示读者，对一些具有时效性的规定予以明辨。因写作过程较长并几经易稿，难免有些纰漏，敬请业内前辈、同行及各界贤达批评指正。希望关注我们成长的读者能够提出自己的建议，帮助我们不断精进。

在丛书的撰写过程中，先后有一百多位同仁参与，付印时限于版面，仅列举了部分编委会成员，在此一并感谢大家的辛苦付出。写作是个苦力活，经常要通宵达旦，周末更是基本全天投入。要感谢我们的家人，是你们的坚定支持给了我们前进的动力。还要感谢清华大学、北京大学、中央财经大学、对外经贸大学、南开大学的一些研究生与本科生，为我们搜集了大量基础资料。感谢监管者和研究私募的前贤，使我们的研究工作有了坚实的基础。最后，感谢一直陪伴我们的私募早餐粉丝及合作伙伴！

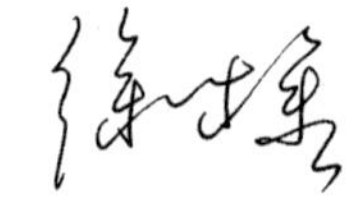

2018 年 12 月 25 日

目 录
CONTENTS

第 1 章

什么是私募

2014 年以来，私募基金行业呈现蓬勃发展的状态，使得很多行业内外人士热血沸腾，纷纷摩拳擦掌，欲投身此行业一展身手，站长便是其中之一。为此，站长对私募这个行业进行了深入了解，包括到底什么是私募、私募基金管理人有哪些监管要求、私募基金有哪些特点、它们的盈利模式是怎样的、我国私募行业的发展现状等。本章内容恰恰能够使站长和其他有志于进入私募行业的人员在短时间内了解到私募行业的方方面面。

私募，实际是一种募集方式，和公开募集相对，称为“非公开募集”。通常我们所说的“私募”包含两个层面，一是私募基金，二是私募基金管理人。

1.1 私募是一种募集方式

2013年6月1日实施的新《中华人民共和国证券投资基金法》(以下简称《证券投资基金法》)新增了第十章“非公开募集”，将私募基金纳入了法律的监管范畴，由中国证券监督管理委员会(简称中国证监会或证监会)统一监管。

资金募集方式包括两种：公募和私募。公募是公开募集，即向社会公众和机构公开发行产品以筹募资金的一种方式。私募是与公募相对的形式，即非公开募集，与公募有诸多不同。

私募一般指私下募集或私人配售，即以非公开的方式或直接向特定投资者来募集资金。私募设置了投资门槛，只有合格投资者才有机会参与投资，一般都设有最低投资限额。如《关于规范金融机构资产管理业务的指导意见》(以下简称《指导意见》)指出，合格投资者投资于单只固定收益类产品的金额不低于30万元，投资于单只混合类产品的金额不低于40万元，投资于单只权益类产品、单只商品及金融衍生品类产品的金额不低于100万元。

私募是一种透明程度较低的募集方式，较少被公众了解，这与其自身特点相关。

首先，私募是通过非公开方式募集资金。例如，在美国，共同基金和退休金基金等一般通过公开媒体做广告来吸引客户，而私募基金不得利用任何传播媒体做广告宣传。

其次，私募的募集对象只是少数特定的投资者，人数少，门槛高。例如，在美国，对冲基金对参与者有非常严格的规定：若以个人名义参加，最近两年个人年收入至少要在20万美元以上；若以家庭名义参加，家庭近两年的收入至少要在 30 万美元以上；若以机构名义参加，其净资产至少要在 100 万美元以上。而且规定对参与募集的人数也有相应的限制。

最后，私募基金和公募基金的信息披露要求不同。私募的要求相对较低，因此私募投资更具隐蔽性，运作也更为灵活，相应获得高收益回报的机会也更大。与之相对应，风险也更高。

具体来讲，如表 1-1 所示，公开募集和非公开募集方式主要有以下五点不同。

表 1-1　两种募集方式对比表

序号	项目	公开募集	非公开募集（以私募基金为例）
1	募集方式	向社会公众公开发售，无限制	不得公开募集，且仅能面向合格投资者
2	宣传方式	可通过报刊、电台、电视、互联网等公众传播媒体或者讲座、报告会、分析会和布告、传单、手机短信、微信、博客和电子邮件等方式宣传推介	只允许通过讲座、报告会、分析会、手机短信、微信、电子邮件等能够有效控制宣传推介对象和数量的方式，向特定对象宣传推介
3	募集对象	不特定社会公众	特定的合格投资者（法人单位净资产 1 000 万元以上；自然人金融资产 300 万元以上或年收入 50 万以上）
4	投资门槛	无投资门槛	单只产品投资不低于 100 万元
5	信息披露	公开披露信息	在特定平台按合同约定的内容、方式披露

私募作为一种募集方式，在金融领域中应用较为广泛，最为典型的就是我们通常所说的私募基金。私募基金是指以非公开方式向合格投资者募集资金，为获取财务回报进行投资活动设立的投资基金。对私募基金进行募集和管理的主体即是私募基金管理人。

私募基金管理人作为管理主体，私募基金作为运载主体，投资人作为出资主体，与托管机构、律师事务所、会计师事务所等中介机构成为私募基金行业的主体，接受中国证监会的监管，以及中国证券投资基金业协会（简称中国基金业协会或协会）的自律管理。

1.2 私募基金管理人

私募基金管理人在不同国家有不同的名称。例如，在英国称投资管理公司，在美国称基金管理公司，在日本多称投资信托公司，但其职责都是基本一致的，即运用和管理基金资产。在我国，私募基金管理人多称为私募基金管理人（或私募机构，申请登记期间称申请机构），机构主体类型可为有限公司或合伙企业，按投资类别的不同划分为：证券类私募基金管理人、股权及创投类私募基金管理人、资产配置类私募基金管理人、其他类私募基金管理人。

1.2.1 私募基金管理人的法律地位

在我国，私募基金是少有的不设行政许可、无须国家和政府信用背书的金融服务活动。私募机构按照《证券投资基金法》要求，在行业协会登记备案，接受政府部门和行业协会持续监管，依法合规开展集合资金、组合投资活动，行使从资金到资产的金融转换功能，事实上具备了“持牌”特征。

关于私募基金管理人是否是金融机构，面向金融机构的法规是否适用于管理人，一直是业内争论的焦点。从将私募基金管理人隔离于金融机构范畴，到将私募基金管理人纳入监管范畴，再到将私募基金管理人列入金融机构，各类观点并不统一。

观点一：将私募基金管理人隔离于金融机构范畴。

有些法律法规或规定在定义金融机构、设定金融机构认定标准时，未提及私募基金管理人，即是将私募基金管理人隔离于金融机构范畴。探析如下：

《国民经济行业分类》（GB/T4754-2017）中 J 门类（金融业）和私募

基金管理人相关的内容：

673 非公开募集证券投资基金：指以投资活动为目的设立，非公开募集，由基金管理人或者普通合伙人管理的基金，依照《私募投资基金监督管理暂行办法》进行运作。

6731 创业投资基金：指向处于创业各阶段的成长性企业进行股权投资（Private Equity，PE），以期所投资的企业成熟或相对成熟后主要通过股权转让获得增值收益的基金。

6732 天使投资：指除被投资企业职员及其家庭成员和直系亲属以外的个人以其自有资金开展的创业投资的活动。

6739 其他非公开募集证券投资基金：包括基金投资类理财服务。

2009 年中国人民银行发布的《金融机构编码规范》作为认定金融机构标准的主要标准，仅将证券投资基金管理公司列入了金融机构范围，从属于证券业金融机构。未将私募基金管理人列入。

3.18　证券投资基金管理公司：经中国证券监督管理委员会批准，在中华人民共和国境内设立，从事证券投资基金管理业务的企业法人。

《中华人民共和国反洗钱法》对金融机构的定义中未将私募基金管理人列入。

第三十四条　本法所称金融机构，是指依法设立的从事金融业务的政策性银行、商业银行、信用合作社、邮政储汇机构、信托投资公司、证券公司、期货经纪公司、保险公司以及国务院反洗钱行政主管部门确定并公布的从事金融业务的其他机构。

中国人民银行、中国证监会等四部委 2018 年发布的《关于规范金融机构资产管理业务的指导意见》中出现了基金管理公司、基金管理子公司概念，指出资管业务作为金融业务，必须纳入金融监管，非金融机构不得发行、销售资管产品，国家另有规定的除外。“国家另有规定的除外”主要指私募投资基金的发行和销售，私募投资基金适用私募投资基金专门法律、行政法规，私募投资基金专门法律、行政法规中没有明确规定的，适用《指导意见》。可见，私募基金管理人不属于金融机构的范畴。

观点二：将私募基金管理人纳入监管之列。

有些法规，虽未明确定义私募基金管理人属于金融机构，但是针对私募基金管理人的设立和运营等设置限制性条款，即已将私募基金管理人纳入监管之列。

《证券投资基金法》新增第十章“非公开募集资金”，将私募基金管理人纳入监管范畴。

第八十九条　担任非公开募集基金的基金管理人，应当按照规定向基金行业协会履行登记手续，报送基本情况。

《私募投资基金管理人登记和基金备案办法（试行）》（以下简称《私募登记备案办法》）规定，获得中国基金业协会公示的私募基金管理人可以直接作为基金管理人发行私募基金，无须借助其他金融机构的通道。

第十一条　私募基金管理人应当在私募基金募集完毕后20个工作日内，通过私募基金登记备案系统进行备案，并根据私募基金的主要投资方向注明基金类别，如实填报基金名称、资本规模、投资者、基金合同（基金公司章程或者合伙协议，以下统称基金合同）等基本信息。公司型基金自聘管理团队管理基金资产的，该公司型基金在作为基金履行备案手续同时，还需作为基金管理人履行登记手续。

国务院发布的《私募投资基金管理暂行条例（征求意见稿）》（以下简称《私募基金暂行条例（征求意见稿）》）对私募基金做出明确的界定，明确证券私募和股权私募都将纳入监管。

第二条　本条例所称私募投资基金（简称私募基金），是指在中华人民共和国境内，以非公开方式向合格投资者募集资金设立，由基金管理人管理，为投资者的利益进行投资活动的私募证券投资基金和私募股权投资基金。

非公开募集资金，以进行投资活动为目的设立的公司或者合伙企业，资产由基金管理人或者普通合伙人管理的，其基金管理人、基金托管人、资金募集、投资运作和信息提供适用本条例。

观点三：将私募基金管理人列入金融机构。

《非居民金融账户涉税信息尽职调查管理办法》将“私募投资基金”

和“私募基金管理公司”分别列入了“金融机构”的范畴。金融机构分为存款机构、托管机构、投资机构、特定的保险机构及其分支机构。其中，“私募投资基金等以投资、再投资或者买卖金融资产为目的而设立的投资实体”属于金融机构下的投资机构，并且还以列举方式特别指出私募基金管理公司、从事私募基金管理业务的合伙企业属于“金融机构”。

第六条　本办法所称金融机构，包括存款机构、托管机构、投资机构、特定的保险机构及其分支机构：……（三）投资机构是指符合以下条件之一的机构：……3. 证券投资基金、私募投资基金等以投资、再投资或者买卖金融资产为目的而设立的投资实体。

第七条　下列机构属于本办法第六条规定的金融机构：……（四）证券投资基金管理公司、私募基金管理公司、从事私募基金管理业务的合伙企业。

1.2.2　私募基金管理人的组织形式

根据《证券投资基金法》第十二条“基金管理人由依法设立的公司或者合伙企业担任”的规定，以及目前已完成备案登记的私募基金管理人的组织形式进行划分，私募基金管理人可分为公司型私募基金管理人和合伙企业型私募基金管理人，其中公司型私募基金管理人可分为私募基金有限责任公司和私募基金股份有限公司，合伙型私募基金管理人可分为有限合伙企业和普通合伙企业。

有限公司制的主要特点是出资人承担有限责任、治理结构清晰，有限合伙制的主要特点是普通合伙人承担无限责任、可避免双重税负。具体来讲，两种组织形式的区别如表 1-2 所示，主要有：

1. 设立条件方面

有限公司和合伙企业均有法定的设定条件，但公司的设立条件较严格，有股东人数、董监高的要求、股份有限公司还有最低注册资本的要求，审批程序较复杂；合伙企业也有法定条件，大多数事项由合伙人协商确定，设立灵活、方便。

2. 出资者责任方面

有限公司股东以出资额为限承担有限责任，降低了股东出资承担责任的顾虑，但由于所得利益属于股东，管理层的责任感不强。反之，合伙企业中的普通合伙人以其全部自有资产为限对企业债务承担无限责任，普通合伙人对企业的责任感很强。

3. 税收方面

有限公司和合伙企业适用不同的税制。如果投资人为个人，有限公司制会存在双重征税问题，即企业所得税和个人所得税，从而影响投资者的投资积极性；合伙企业则实行“先分后税”，以合伙人为征税主体，不会产生双重征税问题。

4. 内部治理方面

有限公司有股东大会、董事会、监事会等组织机构，且权责分明，可约束董事长、经理的行为，但增加了管理成本，降低了资本运作效率；相反，合伙企业无上述组织机构，普通合伙人享有决策权，有限合伙人通过契约等方式制约普通合伙人，管理较为灵活，且资本运作效率高。

5. 利润分配方面

有限公司实行税后利润分配制，一般按股东出资比例分配，不利于调动管理者的积极性；有限合伙的利润分配一般采取分成制，普通合伙人的收益一般高于出资比例，有利于调动管理者即普通合伙人的积极性。

表 1-2　　有限公司与合伙企业对比表

项目	有限公司		合伙企业	
	有限责任公司	股份有限公司	普通合伙企业	有限合伙企业
企业名称	XX股权投资基金管理有限责任公司	XX股权投资基金管理股份有限公司	XX股权投资基金管理中心（普通合伙）（“行”“企业”）	XX股权投资基金管理中心（有限合伙）（“行”“企业”）
设立依据	《中华人民共和国公司法》		《中华人民共和国合伙企业法》	

续表

项目	有限公司		合伙企业	
	有限责任公司	股份有限公司	普通合伙企业	有限合伙企业
出资人数	50 人以下	2～200 人	2 人以上	2～50 人
出资安排	由公司章程规定	由公司章程规定	由合伙协议约定	由合伙协议约定
资本出资	实行认缴资本制，注册资本可以分期缴付。	实行认缴资本制，注册资本可以分期缴付。	实行承诺出资制，不必实际出资，无须出具验资报告； 可以劳务出资； 合伙人按照合伙协议约定的出资方式、数额和缴付期限，履行出资义务。	实行承诺出资制，不必实际出资，无须出具验资报告； 合伙人按照合伙协议约定的出资方式、数额和缴付期限，履行出资义务，有限合伙人以货币形式出资（不得以劳务出资）。
注册资本	无最低限额要求，金额及缴纳时间由公司章程规定。	注册资本的最低限额为人民币 500 万元。	无最低限额要求，金额及缴纳时间由合伙协议约定。	
主体	股东会 / 董事会 / 监事会 / 高管	股东大会 / 董事会 / 监事会 / 高管	普通合伙人	普通合伙人 / 有限合伙人 / 执行事务合伙人
利润分配	公司弥补亏损和提取公积金后所余税后利润，有限责任公司按照实缴的出资比例分配，全体股东约定不按照出资比例分取红利的除外。	股份有限公司按照股东持有的股份比例分配，但股份有限公司章程规定不按持股比例分配的除外。	合伙企业的利润分配、亏损分担，按照合伙协议的约定办理；合伙协议未约定或者约定不明确的，由合伙人协商决定；协商不成的，由合伙人按照实缴出资比例分配、分担；无法确定出资比例的，由合伙人平均分配、分担。	

续表

项目	有限公司		合伙企业	
	有限责任公司	股份有限公司	普通合伙企业	有限合伙企业
所得税纳税方式	1. 需要缴纳企业所得税。 2. 利润分配时，自然人股东缴纳个人所得税（自然人）。		1. 每一个合伙人为纳税义务人，合伙企业生产经营所得和其他所得采取“先分后税”的原则纳税。 2. 合伙企业合伙人是自然人的，缴纳个人所得税；合伙人是法人和其他组织的，缴纳企业所得税。	
债务承担	每个股东以其所认缴的出资额为限对公司承担有限责任。	每个股东以其所认缴的出资额为限对公司承担有限责任。	普通合伙人对合伙企业债务承担无限连带责任。	普通合伙人对合伙企业债务承担无限连带责任，有限合伙人以其认缴的出资额为限对合伙企业债务承担有限责任。
解散清算	公司的清算，有较为严格的程序性规定： 1. 解散事由出现之日起 15 日内成立清算组，开始清算。 2. 清算组应当自成立之日起 10 日内通知债权人，并于 60 日内在报纸上公告。债权人应当自接到通知书之日起 30 日内，未接到通知书的自公告之日起 45 日内，向清算组申报其债权。		合伙企业的清算，程序性规范相对简单： 1. 合伙企业解散，依法由清算人进行清算，清算人应当自被确定之日起 10 日内，将清算人成员名单向企业登记机关备案。 2. 清算人应当自清算结束之日起 15 日内，向原企业登记机关办理注销登记。	

1.2.3 私募基金管理人的盈利模式

私募基金管理人的盈利模式是以非公开方式向特定的投资者募集资金，投资于非上市公司的股权或者流动性较高的金融工具（股票、债券等）与衍生金融工具（金融期货、期权等），运作使其增值后，将其出售并获取收益。其收入来源主要有三类：管理费收入、利润分成、投资收益。支出项目主要为私募基金管理人日常运营费用及税收。

1. 私募基金管理人的收入

（1）管理费收入

管理费收入是私募基金产品支付给私募基金管理人的管理报酬。证券类私募基金一般按照每个估值日基金净资产值的一定比例，从基金资产中提取，逐日计算，定期支付。股权类私募基金的管理费一般按照实缴出资总额的一定比例提取，按年支付。

（2）利润分成

基金收益分配模式主要有两种：一是优先返还投资人全部出资和优先收益的分配模式，二是逐笔分配模式。

在第一种模式下，投资退出的资金需优先返还给投资人，至其收回全部出资及约定的优先报酬率（通常是8%年化复利）后，私募基金管理人再参与分配。超额收益是指扣除了门槛收益后的剩余收益，俗称"Carry"。一般而言，超额收益中的20%将分配给私募基金管理人，剩下的80%将按照投资人各自实缴出资所占实缴出资总额的比例进行分配。这一机制意在鼓励私募基金管理人获取更高的收益。

第二种模式则不同，基金管理人参与每笔投资退出时的收益分配，以单笔投资成本为参照提取超额收益的一部分作为业绩奖励。显然，逐笔分配模式下投资人收回投资的速度要慢于优先返还投资人全部出资和优先收益的模式。

（3）投资收益或跟投收益

私募基金管理人获得20%的超额收益有赖于其投资及管理能力，而非基于其出资。如果私募基金管理人也参与了出资，则该部分出资与其他投资人一同参与80%部分的分配。具体比例可以根据出资人意思自治，往往体现私募基金管理人与投资人之间的力量对比。

私募基金管理人通过跟投的方式可以带动更多跟投人的资金，还能额外获得投资收益的分成。通常情况下，通过跟投撬动资金，领投方得以用有限的资金去领投更多的项目。此外，更多的资金也有利于领投方代表所有投资人在投资项目中争取更多的权利，增加尽调谈判的筹码。

比如公司的董事会席位首先给领投机构，在公司重要事务，比如出售公司股权、上市等涉及投资回报的事项上，董事就享有重要的话语权。

2. 私募基金管理人的支出

私募基金管理人的支出包括基金管理人日常运营的成本和税收，主要包括：

① 各项收入的税费支出；

② 员工工资及奖金；

③ 办公场地的租金，及办公设施的成本；

④ 根据相关法律法规的规定进行登记、维持运营的费用，如法律顾问费、审计费、会费等；

⑤ 日常运营费用，包括差旅费、宣传费等；

⑥ 管理人因未履行或未完全履行义务导致的费用支出或基金财产的损失，以及处理与合伙企业运作无关的事项发生的费用。

案例 1-1

兴华私募基金分配方案

假设兴华 1 号私募股权投资基金规模为人民币 1 亿元，由有限合伙人（Limited Partner，LP）整体出资，于基金成立之初一次性缴清。基金合伙协议约定普通合伙人（General Partner，GP）的业绩奖励提取比例为 20%，LP 享有 8% 优先回报率，GP 采用 100% 追赶模式参与收益分配。两年后实现投资退出 2 亿，基金在两年内获得了 100% 的整体收益，内部收益率为 41.42%。基金收益分配过程列示如下（见表 1-3）：

表 1-3　　兴华 1 号基金分配表

单位：万元

分配过程	有限合伙人	普通合伙人	合计
初始出资	−10 000	0	−10 000

续表

分配过程	有限合伙人	普通合伙人	合计
二年后收回资金	20 000	0	20 000
1. 返还出资	10 000	0	10 000
2. 返还有限合伙人优先出资	1 664	0	1 664
3. 普通合伙人参与分配	0	416	416
4. 对超额收益进行 80/20 分配	6 336	1 584	7 920
合伙人分配资金合计	18 000	2 000	20 000

基金收益为人民币 1 亿元，GP 获得了 20% 的业绩奖励，即人民币 2 000 万元；LP 将分得 8 000 万元，占比 80%。

1.3 私募基金

目前私募基金以不同的形态在各国存在。在美国，主要是指根据《1940 年投资公司法》第 3（c）（1）项和第 3（c）（7）项成立，可以豁免注册登记的基金，其形式有：对冲基金、风险投资基金、投资者俱乐部、私人股本投资及一些结构性投资工具；在英国，主要是指未受监管的集合投资计划；在我国香港特区，主要是指以私募方式发起设立的互惠基金和单位信托公司；在日本和我国台湾地区主要是指私募发行的“证券投资信托基金”。

在我国，《私募投资基金监督管理暂行办法》（以下简称《私募监管暂行办法》）第二条规定：私募投资基金（或称私募基金），是指在中华人民共和国境内，以非公开方式向投资者募集资金设立的投资基金。包括资产由基金管理人或者普通合伙人管理的以投资活动为目的设立的公司或者合伙企业。

1.3.1 私募基金是一种资产管理产品

资产管理产品是指金融机构募集特定合格投资者的资金或通过担任

资产管理人的形式接受特定客户的财产委托，运用投资者的资产进行投资的理财服务创新类标准化金融产品。包括但不限于银行非保本理财产品，资金信托计划，证券公司、证券公司子公司、基金管理公司、基金管理子公司、期货公司、期货公司子公司和保险资产管理机构发行的资产管理产品等。

《关于规范金融机构资产管理业务的指导意见（征求意见稿）》规定，资产管理业务作为金融业务，属于特许经营行业，必须纳入金融监管。除国家另有规定外，非金融机构不得发行、销售资管产品。

《关于资管产品增值税有关问题的通知》规定，资管产品管理人运营资管产品过程中发生的增值税应税行为，暂适用简易计税方法，按照3%的征收率缴纳增值税。

资管产品，包括银行理财产品、资金信托（包括集合资金信托、单一资金信托）、财产权信托、公开募集证券投资基金、特定客户资产管理计划、集合资产管理计划、定向资产管理计划、私募投资基金、债权投资计划、股权投资计划、股债结合型投资计划、资产支持计划、组合类保险资产管理产品、养老保障管理产品。

综上，私募基金被明确归属资管产品范畴，并纳入监管与纳税范畴。

1.3.2 私募基金的分类

1. 按投资标的分类

中国基金业协会将私募基金按投资标的不同分为私募证券投资基金、私募股权投资基金、创业投资基金、私募资产配置基金、其他基金五大类别。

（1）私募证券投资基金

私募证券投资基金是指投资于公开交易的股份有限公司股票、债券、期货、期权、基金份额以及中国证监会规定的其他证券及其衍生品种的基金。根据投资对象的不同分为10类：

① 权益类基金，指根据合同约定的投资范围，投资于股票或股票型

基金的资产比例高于 80%（含）的私募证券投资基金。

② 固定收益类基金，是指根据合同约定的投资范围，投资于银行存款、标准化债券、债券型基金、股票质押式回购以及有预期收益率的银行理财产品、信托计划等金融产品的资产比例高于 80%（含）的私募证券投资基金。

③ 股票型基金，是指 80% 以上的基金资产投资于股票的基金，其他资金投入到债券或其他的证券，我国有关法规规定，基金资产的不少于 20% 的资金必须投资国债。国内所有上市交易的封闭式基金及大部分的开放式基金都是股票基金。

④ 债券型基金，指全部或大部分投资于债券市场的基金。假如全部投资于债券，可以称其为纯债券基金，假如大部分基金资产投资于债券，少部分可以投资于股票，可以称其为债券型基金。

⑤ 混合类基金，指合同约定的投资范围包括股票、债券、货币市场工具但无明确的主要投资方向的私募证券投资基金。

⑥ 认股权证基金，主要投资于认股权证，基于认股权证有高杠杆、高风险的产品特性，此类型基金的波动幅度亦较股票型基金为大。

⑦ 期货投资基金（简称期货基金或商品基金），是指投资者将资金集中起来，委托给专业的期货投资机构，并通过商品交易顾问进行期货投资交易，投资者承担投资风险并享有投资利润的一种集合投资方式。

⑧ 期权基金，指以期权为主要投资对象的投资基金。期权也是一种合约，是指在一定时期内按约定的价格买入或卖出一定数量的某种投资标的的权利。

（2）私募股权投资基金

私募股权投资基金是指除创业投资基金以外主要投资于非公开交易的企业股权的基金。私募股权投资基金包括以下几种：

① 并购基金，是指主要对处于重建期企业的存量股权展开收购的私募股权投资基金。

② 房地产基金，是指从事一级房地产项目开发的私募基金，包括采

用夹层方式进行投资的房地产基金。

③ 基础设施基金，是指投资于基础设施项目的私募基金，包括采用夹层方式进行投资的基础设施基金。

④ 上市公司定增基金，是指主要投资于上市公司定向增发的私募股权投资基金。

（3）创业投资基金

创业投资基金是指向处于创业各阶段的未上市成长性企业进行股权投资的基金（新三板挂牌企业视为未上市企业）。创业投资基金主要有以下特点：

一是基金的主要投资对象是一般投资者或银行不愿提供资金的高科技、产品新、成长快的创业企业；二是创业投资基金以获取股利与资本利得为目的，而不是以控制被投资公司所有权为目的，创业投资者甘愿承担创业投资的风险，以追求较大的投资回报；三是创业投资包含创业投资者的股权参与，其中包括直接购买股票、认股权证、可转换债券等方式；四是创业投资者并不直接参与产品的研究与开发、生产与销售等经营活动，而是间接地扶持被投资企业的发展，提供必要的财务监督与咨询，使所投资的公司能够健全经营、价值增值；五是创业投资属于长期性的投资，流动性较差，一般需要 5 ~ 10 年方能有显著的投资回报。

我国鼓励创业投资基金行业的发展，政府对于有限合伙型创业投资基金，采取股权投资方式直接投资于初创科技型企业满 2 年的，该合伙创投企业的合伙人可以分别按照对初创科技型企业投资额的 70% 抵扣合伙人从合伙创投企业分得的经营所得。

中国证监会在《上市公司创业投资基金股东减持股份的特别规定》建立了创业投资基金投资早期中小企业和高新技术企业上市之后解禁期与投资期限长短的反向挂钩机制。

（4）其他私募投资基金

其他私募投资基金是指投资除证券及其衍生品和股权以外的其他领

域的基金。包括：红酒、艺术品等。

2. 按是否直接投资于标的分类

按私募基金是否直接投资于标的，将私募基金分为私募投资基金和私募 FOF 基金。FOF（Fund of Funds）指投资于基金组合的基金，是基金中的基金，与一般基金最大的区别在于 FOF 是以“基金”为投资对象，而基金多以股票、债券、期权、股权等金融产品为投资对象。

（1）私募资产配置类基金

私募资产配置基金采取基金中基金的投资方式，80% 以上的已投基金资产应当投资于已备案的私募基金、公募基金或者其他依法设立的资产管理产品。且私募资产配置基金投资于单一资产管理产品或标的的比例不得超过该基金资产规模的 20%。私募资产配置基金的出现使私募基金管理人得以“突破”专业化经营原则，实现跨资产类别配置。

（2）私募证券类 FOF 基金

私募证券类 FOF 基金主要投向证券类私募基金、信托计划、券商资管、基金专户等资产管理计划的私募基金。

（3）私募股权投资类 FOF 基金

私募股权投资类 FOF 基金是指主要投向私募基金、信托计划、券商资管、基金专户等资产管理计划的私募基金。

（4）创业投资类 FOF 基金

主要投向创投类私募基金、信托计划、券商资管、基金专户等资产管理计划的私募基金。

（5）其他私募投资基金类 FOF

其他私募投资基金类 FOF 是指主要投向其他类私募基金、信托计划、券商资管、基金专户等资产管理计划的私募基金。

1.3.3 私募基金的组织形式

私募基金的组织形式有三种：公司型、合伙型及契约型。我们分别看一下这三种组织形式的特点及区别。

1. 公司型基金

公司型私募基金是依据《中华人民共和国公司法》(以下简称《公司法》)以及相关配套法规以公司型企业组织形式设立的基金。公司型股权基金有两种形式：一是有限责任公司型私募基金，二是股份公司型私募基金，前者更为常见。

公司的投资者购买公司股份成为股东，拥有表决权，公司设有董事会，对股东（大）会负责。公司的每股净资产定期公布，投资者的份额不能赎回但可以转让。

图 1-1 是公司型基金的结构图，在此结构中，投资人 A 和 B 等都是基金的股东，基金由管理团队（或外聘管理公司）按照基金的章程运作，有重大的决定或决策时召开股东（大）会，由 A 和 B 等根据自己的持股比例投票决定。

在此形式下，基金有独立的法人资格，运行比较稳定，但议事程序较为复杂。公司型私募基金的优点在于治理结构较为清晰，但是缺陷在于要面对双重征税的问题，即公司盈利要缴纳企业所得税，与此同时投资者的资本利得也要缴纳个人所得税。

公司型私募基金依据的法律以《公司法》为主，有关基金设立条件、股东的权利与义务、董事会和股东（大）会的权利与义务以及表决机制等在《公司法》中都有详细规定。

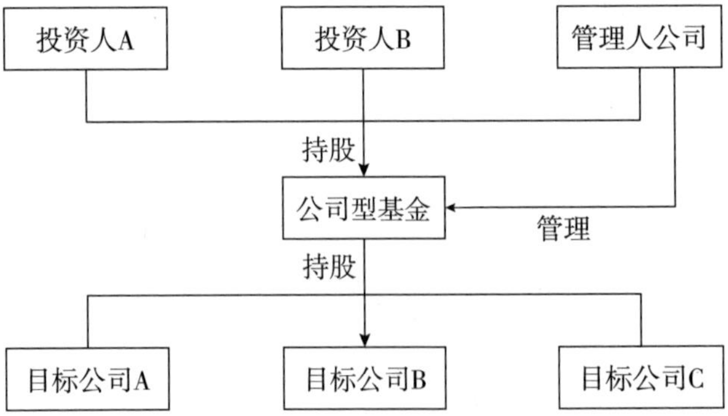

图 1-1　公司型基金的架构

基金合同的形式是《公司章程》，这是公司型基金股东之间共同确定的基金内部最基本的法律文书，除《公司法》规定的条款外，股东之间还可以通过《公司章程》约定相关事宜。

2. 合伙型基金

合伙型私募基金是依据《中华人民共和国合伙企业法》（以下简称《合伙企业法》）以及配套法规，以有限合伙型组织形式设立的私募基金。1997 年《合伙企业法》的颁布，标志着合伙企业成为我国一种新的企业组织形式。2006 年我国对《合伙企业法》进行修订，又确立了有限合伙企业组织制度，为有限合伙型私募基金的设立与发展奠定了法律基础。

有限合伙型是目前股权投资基金较为常用的组织形式，由普通合伙人和有限合伙人共同出资设立。基金管理人一般由普通合伙人担任（有时也会委托外部基金管理人管理），普通合伙人承担无限责任，拥有基金的管理权和投资决策权，以自有资金入伙其管理的基金，一般占基金总额的 1%～5%。基金一旦出现损失，这部分资金将首先被用来弥补，普通合伙人的主要收入来源是基金管理费和约定的业绩报酬。基金的投资者为有限合伙人，只需承担出资义务，不参与管理活动，只承担以投资额为限的有限法律责任。基金结构如图 1 2 所示。

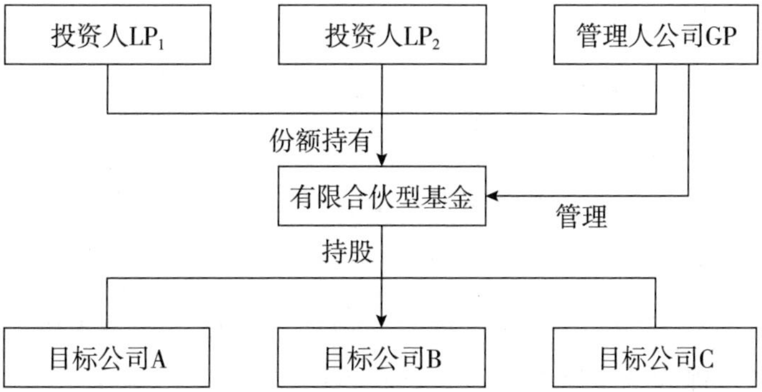

图 1-2　合伙型基金的架构

有限合伙型基金不具备法人资格，但是属于独立的个体。有限合伙制促使投资者和基金管理者的价值取向同一，能更好地激励基金管理人，从而在一定程度上避免了公司型和契约型私募基金可能存在的道德风险。此类型的合伙人在获利时，合伙企业不用缴纳公司所得税从而避免了双重纳税。

合伙型私募基金依据的法律是《合伙企业法》，有关基金设立条件、普通合伙人以及有限合伙人的权利与义务、合伙人大会的权利与义务等在《合伙企业法》中都有详细规定。基金合同的形式是《合伙协议》，是各合伙人之间依据《合伙企业法》制定的基金内部最基本的法律文书，除《合伙企业法》规定的条款外，合伙人之间还可以通过《合伙协议》约定相关事宜。

新《合伙企业法》实施后，《合伙企业登记管理办法》《企业登记程序》《关于合伙企业合伙人个人所得税问题的通知》《证券登记结算管理办法》《合伙企业等非法人组织证券账户开立业务操作指引》等系列配套的行政法规、部门规章陆续修订或出台，有效地解决了有限合伙型股权基金的设立登记程序、税收以及 IPO（Initial Price Offering，首次公开发行）退出渠道的问题。

3. 契约型基金

契约型私募基金是当事人之间通过专门的基金合同明确各自的权利义务而形成的私募基金，从本质上来说是一种信托形式的基金。

契约型基金是由基金投资者、基金管理人、基金托管人之间所签署的基金合同而设立，基金投资者的权利主要体现在基金合同的条款上，基金合同条款的主要方面通常由基金法律所规范，产品架构和信托一样实行委托人、受托人、托管人三方分离。

如图 1-3 所示，根据基金合同，基金管理人负责基金的具体操作，基金托管人保管基金财产并监督管理人的操作，投资者投入资金取得收益。契约型私募基金的法律关系有两种：基金投资者与基金管理人之间的委托关系和基金投资者与基金托管人之间的信托关系。契约型私募基金的投资者作为信托契约中的受益人，对资金的运营和重要投资决策等通常没有发言权。基金的管理者除了获得管理费用之外，一般还有利润分成。

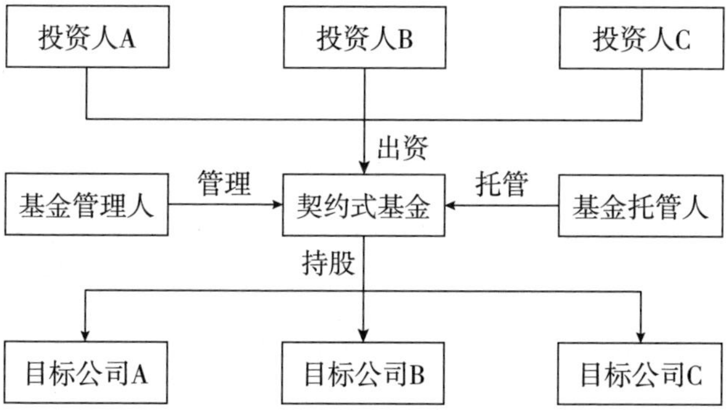

图 1-3　契约型基金的架构

契约型私募基金依据的法律、法规主要是《中华人民共和国合同法》（以下简称《合同法》）、《中华人民共和国信托法》（以下简称《信托法》）、《证券法》、《证券投资基金法》，其中《信托法》对信托产品的设立条件、信托资金的使用、受托人的权利与义务以及投资人资格等都有详细规定，在设计基金合同时可作为重要参考。

4. 不同组织形式的比较与选择

公司型基金、合伙型基金、契约型基金有很多不同，见表 1-4。私募基金管理人在设计私募基金时，管理人需确定基金的组织形式，主要考虑以下几点因素：

（1）税收政策

由于组织形式不同，公司型基金、合伙型基金、契约型基金所适用的税收政策各有不同。每种形式的适用税收政策可以从基金层面和投资者层面两个角度来理解。

① 公司型基金的税收政策。

公司型基金具有独立的法人地位，是纳税主体，应该就所得利润缴纳企业所得税。而有限合伙型和契约型基金不是所得税的纳税主体，所得税由合伙人或委托人缴纳。

表 1-4　　私募基金组织形式对比表

形式 因素	公司型基金	合伙型基金	契约型基金
税收政策	需要就所得利润缴纳所得税	所得税由合伙人缴纳	所得税由委托人缴纳
	1. 在基金层面，公司型基金从被投资企业分得的股息，红利等权益性投资收益无须缴纳企业所得税 2. 在基金投资者层面，如果投资者是企业，从基金分得的股息、红利等权益性投资收益免缴所得税。在税收方面存在双重税收的情况。	1. 在基金层面，合伙企业采取“先分后税”的原则 2. 在投资者层面，若合伙型基金的投资者是企业，企业投资者取得的基金退出时通过股权转让抵减投资成本后的所得需要按照 25% 的税率缴纳企业所得税。	缺乏统一明确的税收政策，投资人为企业的按照《中华人民共和国企业所得税法》缴纳企业所得税。
法律基础	法规比较齐全和完备	法规基础相对薄弱	法律基础相对薄弱
	《公司法》《中华人民共和国证券法》以及《创业投资企业管理暂行办法》等有关规定。	《合伙企业法》《合伙企业法登记管理办法》《国务院关于个人独资企业和合伙企业征收所得税问题的通知》等。	《信托法》《合同法》《中华人民共和国证券法》《证券投资基金法》证券投资基金的法律属性为信托，《证券投资基金法》明确了《信托法》作为调整证券投资基金的上位法地位。但对于非证券类私募投资基金是否具有信托属性则缺乏法律层面的认可。
激励效率	基金管理人可参与基金利润分成或分得公司股份，但是分成比例一般没有固定模式，而且要由董事会提出并经股东（大）会通过才可实施。	基金管理人可直接参与利润分成，其分成比例可达 20%。	基金管理人一般不参与利润的分成，只收取基金管理费用。目前有些股权类契约型基金参照有限合伙型参与利润分成。
	效率较高	效率较高	效率较低

续表

因素＼形式	公司型基金	合伙型基金	契约型基金
约束效率	投资人作为股东，有权参与基金的经营管理，干预管理人的投资行为，约束效率较高，但过多的约束又会限制管理人的投资行为。	投资人作为有限合伙人一般不参与经营管理活动，普通合伙人要对基金债务承担无限责任。	投资人一般无权干预管理人的投资行为。
	效率较高	效率较高	效率较低
投资成本	基金设立要求高、程序复杂、规制完善。	基金设立要求较高、程序较复杂、规制更完善。	受严格监督，必须托管。
税收负担	存在双重征税问题，税负成本较高。	避免了双重征税。	纳税义务人及税目税率不明确。
投资风险	基金管理人作为公司的股东，以其出资额为限对公司的债务承担有限责任，避免投资失败风险的积极性比合伙型基金要低。	基金管理人要对合伙企业的债务承担无限责任，出于自身的风险考虑，也会努力经营以降低投资失败的风险。	基金管理人一般只收取基金管理费用；一般无须承担无限连带责任。

在基金层面，基金对外投资所得主要包括从被投资企业分得的股息、红利等权益性投资收益和基金退出时通过股权转让抵减投资成本后的所得。

根据《中华人民共和国企业所得税法》第二十六条和《中华人民共和国企业所得税法实施条例》第八十三条的规定，居民企业直接投资于其他居民企业取得的股息、红利等权益性投资收益为免税收入。因此公司型基金从被投资企业分得的股息、红利等权益性投资收益无须缴纳企业所得税。基金退出时通过股权转让抵减投资成本后所得，一般应按照基准税率即 25% 缴纳企业所得税。

在基金投资者层面，因投资者性质不同纳税方式也不同。

如果投资者是企业，从基金分得的股息、红利等权益性投资收益属于居民企业之间的直接投资，免交所得税。企业投资者通过转让其所持有的公司型基金的股权而退出基金的，转让股权抵扣投资成本后所得应缴纳 25% 的企业所得税。

需要注意的是，公司型基金在税收方面存在双重税收的情况。所谓双重税收，是指一方面公司型基金作为法人主体，需要依法缴纳企业所得税；另一方面投资人作为公司股东在分红后还要缴纳个人所得税。双重税收对私募股权投资基金来说是一个较重的负担。

② 合伙型基金的税收政策。

在基金层面，根据《财政部 国家税务总局关于合伙企业合伙人所得税问题的通知》(财税〔2008〕159 号)，合伙企业采取“先分后税”的原则，以每一个合伙人为纳税义务人，合伙企业合伙人是自然人的，缴纳个人所得税；合伙企业是法人和其他组织的，缴纳企业所得税。因此在基金层面，合伙型基金无须缴纳企业所得税。

在投资者层面，投资者从合伙型基金分得的收入包括两类：合伙型基金从被投资企业分得的股息、红利等投资收益和基金退出时合伙型基金通过股权转让抵减投资成本后的所得。

根据财税〔2008〕159 号文件确定的原则，如果合伙型基金的投资者是企业，企业投资者取得的基金退出时通过股权转让抵减投资成本后的所得需要按照 25% 的税率缴纳企业所得税。

③ 契约型基金的税收政策。

目前契约型私募基金尚缺乏统一明确的税收政策。按照通常理解，投资人为企业的，应按照《中华人民共和国企业所得税法》缴纳企业所得税。另外，契约型证券基金涉及增值税纳税义务。

（2）激励与约束效率

收益的实现在某种程度上可以说是激励与约束效率的博弈，因此激励与约束效率就成为影响投资收益并进而影响组织形式的重要因素。

公司型基金管理人可以参与基金利润分成或分得公司股份，但是分成比例一般没有固定模式，而且要由董事会提出并经股东（大）会通过才可实施。管理人如不持有公司股份，只负责基金的管理和运行，除重大失误外不承担责任，激励效率较低。投资人作为股东参与重大经营决策，约束机制较强。

合伙型基金的管理人除收取管理费之外，还可直接参与基金利润分成，激励效率较强。管理人是普通合伙人的情况下，其对合伙企业负有无限责任，有很强的责任心，约束机制较强。但对于投资人而言，作为有限合伙人只出资不能参与经营管理，约束机制较差。

契约型基金的管理人一般不参与基金的利润分成，只收取基金管理费用，激励效率较差。投资人无权干涉管理人的投资决策，约束机制较差。但从现实情况来讲，契约型基金一般也有超额收益分成的约定。

从激励机制的效率看，公司型与合伙型基金将管理人的收益与资金运用效率挂钩，能给予基金管理人更大的激励，效率更高；契约型基金效率相对较低。

从约束效率上来说，公司型基金和合伙型约束效率较高，合伙型基金和契约制基金约束效率较低。契约型基金的投资人一般无权干预管理人的投资行为。

（3）投资成本

投资成本作为投资人和管理人共同的考量因素也影响着组织形式的选择。投资成本对组织形式的影响主要包括两个方面：一是基金设立的条件、程序和法律规制的完善程度；二是税收负担。

从基金设立的条件程序和法律规制的完善程度方面，公司型基金设立要求较高、程序复杂，但合伙型和公司型的规制较契约型基金更完善。

从税收负担的角度，公司型基金存在双重征税的问题，合伙型基金则避免了双重征税，契约型税收政策不明确。

（4）投资风险

公司型基金的管理人作为公司的股东，以其出资额为限对公司的债务承担有限责任，避免投资失败风险的积极性比合伙型基金要低。契约型基金的管理人一般不参与基金的利润分成，只收取基金管理费用，其降低投资失败风险的诉求会更低一些。

1.3.4 私募基金的运营

1. 私募基金的盈利模式

从理论上说，私募基金的盈利模式是低买高卖，为卖而买，获取资本增值收益。私募证券投资基金盈利来源是基金资产在运作过程中所产生的各种收入，主要包括利息收入、投资收益以及其他收入。股权投资基金的收入主要来源于所投资企业分配的红利以及实现项目退出后的股权转让所得。基金回收的资金扣除基金承担的各项费用和税收之后，首先用于返还基金投资者的投资本金，全部投资者获利本金返还之后，剩余部分即为基金利润。

2. 私募股权投资基金的盈利模式

私募股权投资说到底是一种财务性投资，不追求占有被投资企业的股份以此获得长期的股息和红利回报，它所追求的是企业价值的发现、增值和放大，从而带动所投资股权的价值增加，并通过市场交易来最终获取所投资股权的价差。

私募股权投资基金虽然是金融资本，但是在投入到接受投资企业后，短期内成为产业资本，具备产业资本的特点，其盈利的实现分为五个阶段（见图 1-4）。

（1）价值发现阶段——项目识别

即通过项目寻求，发现具有投资价值的优质项目，并且能够与项目方达成投资合作共识。

（2）价值持有阶段——投资持有

基金管理人在完成对项目的尽职调查后，私募股权投资基金完成对项目公司的投资，成为项目公司的股东，持有项目公司的价值。

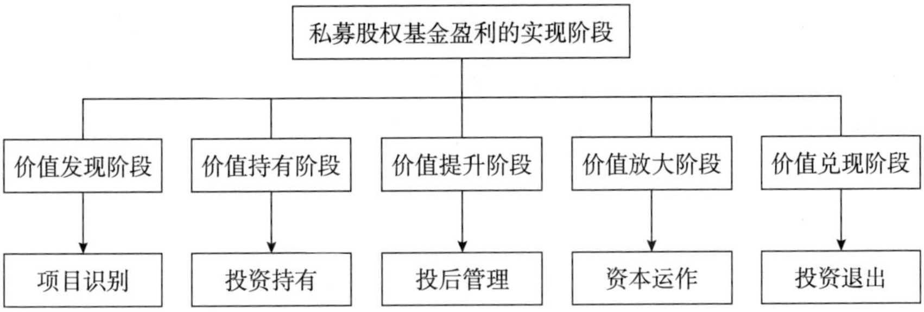

图 1-4　私募股权投资基金盈利五阶段

（3）价值提升阶段——投后管理

基金管理人依托自身的资本聚合优势和资源整合优势，对项目公司的战略、管理、市场和财务等进行全面的提升，使企业的基本面得到改善优化，企业的内在价值得到有效提升。

（4）价值放大阶段——资本运作

私募股权投资基金所投资的项目，经过价值提升，培育 3～5 年（长的可达 5～7 年或更长）后，通过在资本市场公开发行股票，或者溢价出售给产业集团、上市公司，实现价值的放大。

（5）价值兑现阶段——投资退出

私募股权投资基金所投资的项目在资本市场上市后，基金管理人要选择合适的时机和合理的价格，在资本市场抛售项目企业的股票，实现价值的最终兑现，收益可达几倍甚至几十倍。

3. 私募股权投资基金收益分配的模式

私募股权投资基金的市场参与主体主要包括投资者、管理人和第三方服务机构。私募基金产生的投资收益，在扣除服务费用后将进行分配，主要在投资者和管理人之间进行分配。扣除的服务费用主要包括认购费、管理费、托管及投资顾问等外包服务费。私募基金收益分配具有以下特点：

（1）优先分配非私募基金管理人的投资人的门槛收益

$$门槛收益 = 投资本金 \times 门槛收益率$$

门槛收益率是一个固定值，各方根据意思自治的原则进行约定，通常在6%～12%之间，大额资金的利率低于小额资金，基础资产风险高的项目利率高于风险低的项目。约定门槛收益率并不直接构成保本保收益，因为在收益无法达成的情况下，投资人无法强制要求管理人补足差额。

（2）超额收益分配

超额收益是扣除了门槛收益后的剩余收益。一般而言，超额收益中的20%将分配与私募基金管理人，剩下的80%将按照投资人各自所占比例进行分配。当然，在实际操作过程中，超额收益分配比例不一定全是20∶80，此比例可以根据意思自治的原则进行调整。

（3）结构化私募基金的收益分配

存在结构化安排的基金，例如存在优先级、劣后级乃至次级投资人区别的基金，一般优先分配优先级收益，其后分配次级收益，最后分配劣后级收益。相对而言，优先级的收益率比次级和劣后级投资人低，原因主要为前者承担的风险较后者低。

4. 私募证券投资基金的盈利模式

私募证券投资基金的盈利模式比较简单，在证券市场上，以较低的价格买入以高价格卖出，赚取中间差价，获取资本收益。具体来讲，有以下两种：

（1）长期价值投资

长期价值投资是基本的股票投资方法，对于股市中业绩较好的优质公司，私募证券投资基金可以选择长期持有来获得股价的升值收益的。

私募证券投资基金作为市场上重要的机构投资者，其利益关系与公司治理的好坏密切相关。私募基金持仓规模较大，有动力去收集信息监督上市公司管理人员。私募证券投资基金还可以联合其他股东得到足够的投票权对管理层施加影响，如果持股比例足够大，甚至还可以通过控制权接管并罢免管理层，以解决委托代理问题。通过甄选业绩发展有潜力、公司治理结构完善的公司，并在长期持股的过程中参与上市公司治理，提高公司业绩，私募证券投资基金可以从长期持股策略中获得更多的收益。

（2）短线投资

相对于长期价值投资，短线投资是私募证券投资基金更为常用的投资手法。短线投资是指在几天内，甚至当天内买进卖出，获取差价收益的投资行为。从本质上看属于投机行为。短线投资所冒的风险较大，但有时收益很可观。对做短线者来说，公司业绩好坏、市盈率高低是不重要的，重要的是股价是否有相当幅度的频繁涨落，从而获利。

5. 私募基金生命周期中的关键要素

（1）基金期限

基金期限也称为基金存续期，是基金投资者约定的基金存续时长。通常情况下，基金存续达到了一定期限，就应该进行基金的清算。在实践中，各方投资者和基金管理人可能会约定，虽然基金达到了存续期限，但是基金所投资的项目仍然有一些尚未实现退出时，基金的存续期限可以进行一次或数次延长。私募股权投资基金的存续期限一般不少于 3 年，有的长达 7 ~ 10 年，私募证券投资基金一般较短。

（2）投资期

私募基金的投资期是指基金设立后完成投资的期限。基金管理人通常需要在投资期内完成基金的全部投资。

（3）退出期

私募基金的退出期是指一个私募基金在完成任务后退出市场的时间，是根据其发展情况而定的一个具体日期。在退出期内，基金只退出不投资，基金管理人主要负责进行投资后管理及退出投资项目的工作。

（4）项目投资周期

项目投资周期是指投资基金对某个投资项目从投资进入到投资退出所花的时间。私募股权投资的投资周期一般为 3 ~ 7 年，有一些经典的成功案例，其投资周期长达 8 ~ 10 年，整个运作流程是一个长期持久的过程。

1.4 我国的私募基金行业

我国私募基金行业是在改革开放后伴随着资本、证券市场的发展从无到有、从小到大，快速成长壮大的。可以说，我国私募基金行业仅用了三十年左右的时间，走过了海外同行几十年乃至上百年的发展道路。

1.4.1 我国私募股权投资基金发展历程

我国私募股权投资基金萌芽于 20 世纪 80 年代中期，大致经历了起步、发展、低谷、高潮、再调整并逐步规范、健康发展六个阶段。

1. 起步阶段（1986—1996 年）

我国私募股权投资基金是从政府主导的风险投资（Venture Capital，VC）开始的。1986 年我国第一个股份制风险投资公司——中国新技术创业投资公司宣告成立。随后，中国招商技术有限公司、江苏省高新技术风险投资公司、广州技术创业公司等一批风险投资公司相继成立。

我国政府发展风险投资企业的主要目的是促进科技成果迅速转化为社会生产力，为此颁布了一系列文件，政府直接出资兴办创投机构是这一阶段的一大特征。这个阶段的另一个重要特征是：国内资本市场的客观环境还无法支撑创业风险投资的盈利模式，很多国有的创投公司实际上主要从事炒房地产或打新股的业务。

在我国成立的第一个外资私募股权投资基金是 1992 年美国国际数据集团（International Data Group，IDG）设立的美国太平洋风险投资公司。随之大批风险投资基金如红杉、华平、新桥、凯雷、鼎辉、戈壁、德同等基金纷纷进入中国，这一阶段我国的私募股权投资主要是风险投资。

2. 发展阶段（1997—2000 年）

在国家政策扶持和地方政府的推动下，1997 年开始，我国创业、风险投资迈入了发展期，在 1998 年 3 月的全国政协九届一次会议上，民建中央“关于尽快发展我国风险投资事业的提案”被列为“一号提案”，引起高度重视和广泛关注，我国政府开始积极筹备创业板市场。各路资金纷纷进入创业投资领域，期望赶赴创业板“盛宴”，引发了中国风险投资的第一个高潮。

1999 年 11 月 16 日，科技部、国家税务总局、中国证监会等七部委联合发布了《关于建立风险投资机制的若干意见》，中国风险投资和私募股权投资基金的政策法律实践进入了一个全面推进体制建设，制定财税、金融扶持政策的新阶段。

2000 年，清华紫光科技创新投资有限公司在北京成立；我国第一家真正意义上的民营创业投资机构——北京中关村科技风险投资有限公司和我国第一家合伙风险投资公司——北京天绿创业投资中心在北京成立。

此外，在这一阶段，国外的风险投资机构在国内开始有所作为并声名鹊起，亚信、搜抓、新浪、网易等获得国外风险投资在纳斯达克上市；美国国际数据集团 IDG 对深圳金蝶软件注入资金。中国迅速掀起了外资风险投资的热潮。

3. 低谷阶段（2001—2004 年）

进入 21 世纪，由于互联网泡沫的破灭，大批投资机构亏损，撤出中国，我国的风险投资业也进入了低谷。同时，风险投资的制度缺陷也是导致我国风险投资业走入低谷的重要因素。

2001 年 2 月 21 日，北京市人民政府第 69 号令颁布实施了《有限合伙管理办法》（已废止），旨在促进和规范中关村科技园区有限合伙制风险投资的发展。2001 年 7 月 12 日，北京天绿创业投资中心成立，这是我国第一家有限合伙制的风险投资企业。2005 年 11 月 15 日，国家发展改革委、科技部、财政部、商务部、中国人民银行、国家税务总局、国家工商行政管理总局（现国家市场监督管理总局）、中国银监会（现中国银保监会）、中国证监会、国家外汇管理局联合发布《创业投资企业管理暂行办法》，该办法是我国第一部关于内资投资创业投资企业的法律规定。

4. 高潮阶段（2005—2008 年）

2005 年股权分置改革的启动和 2006 年中小企业板的开启，极大地激发了广大投资者的投资热情，“有限合伙企业”的引入，更加推动了我国私募股权投资基金进入高速发展阶段。一大批有限合伙型的人民币基金在天津、深圳、上海及国内其他地区成立。与此同时，北京、天津、上海等地为了争做“私募股权投资基金中心”，纷纷出台了优惠政策和措施。

截至 2008 年年底，全国私募股权投资基金规模超过 6 000 亿元人民币，私募证券投资基金管理规模超过 11 000 亿元人民币。其中深圳的私募股权投资基金达 300 多家，私募证券投资基金达 3 800 多家。

5. 再度调整并逐步规范阶段（2008—2013 年）

2008 年 9 月，美国“次贷危机”引发全球金融海啸，世界主要经济体陷于困境，资本市场开始了深幅调整和剧烈震荡。我国经济也受到相当程度的影响，表现为经济增速明显放缓。相应地，我国私募股权投资基金业尽管每年仍在增长，但增速较之前几年也出现明显放缓，私募基金行业再度出现洗牌和调整。这一阶段政府出台了一系列法律法规来促进私募股权投资基金行业规范、健康发展。

6. 健康发展阶段（2013 年至今）

2013 年 6 月，中央机构编制委员会办公室（以下简称中央编办）发布了《关于私募股权基金管理职责分工的通知》，明确了中国证监会负责私募股权投资基金的监督管理，实行适度监管，保护投资者权益。至此，证券类私募投资基金与股权类私募投资基金被统一纳入中国证监会监管。2014 年，中国证监会授权中国基金业协会具体负责私募基金管理人登记和私募基金备案工作，协会随后发布了《私募登记备案办法》。私募监管形成了中国证监会指导和监督下的中国基金业协会组织会员进行自律管理的体系。

中国证监会于 2014 年颁布的《私募监管暂行办法》对私募基金的多个方面以部门规章的形式做了规定，明确了包括合格投资者制度、基金募集制度、私募基金管理人和服务机构的行为规范制度、登记备案制度等制度安排，私募行业的发展开始规范化。

2016 年以来，关于私募行业的监管政策密集发布，中国基金业协会出台了一系列关于内部控制、信息披露、募集行为、基金合同等方面的指引和管理办法。私募股权投资基金受到日益严格的监督，发展更加规范化。

2017 年，《私募基金暂行条例（征求意见稿）》的发布，意味着私募基金行业顶层设计即将落地，私募行业的系统化监管即将形成，私募股权投资基金进入健康发展阶段。

截至 2017 年，中国已经成为仅次于美国的全球第二大私募股权投资市场，据 Preqin（普瑞奇）的报告，大中华区在全球私募股权投资基金的市场份额已经达到 24%。

1.4.2 我国私募证券投资基金发展历程

我国的私募证券投资基金完全是基于市场需求而自发成长起来的，而且它的发展与我国证券市场的发展是基本吻合的。早在我国资本市场设立时期，私募证券投资基金就在民间以委托理财的形式悄然发展。随着中国证券市场的发展，民间财富的迅速增加，民间对私募证券投资基金需求不断扩大，私募证券投资基金投资管理人队伍日渐壮大，投资理念也日益成熟。大致而言，我国私募证券投资基金的发展大致经历了萌芽、盲目发展、调整和初步规范、增速放缓并进一步规范发展、规范发展五个阶段。

1. 萌芽阶段（1990—1998 年）

1990 年 11 月 26 日和 1990 年 12 月 1 日上海证券交易所、深圳证券交易所的正式成立，标志着我国国内证券市场开始起步。相应地，证券公司的主营业务开始从经纪业务走向承销业务。在大客户与证券公司之间逐步形成了非正规的信托、委托投资关系，自此私募证券投资基金开始出现。

这一阶段主要是券商和投资管理公司委托理财业务的兴起和发展。由于上市公司数量迅速增多，股票市场快速发展。由于一级市场风险小，许多上市公司和个人投资者将股市集资来的空余款项委托承销商进行投资。于是，在民间也出现了各种契约型的私募基金，这些基金往往以工作室、投资咨询公司，投资顾问公司和投资管理公司等名义，以委托理财方式为投资者提供投资管理服务。

2. 盲目发展阶段（1999—2000 年）

这一阶段股市进入牛市，各种投资管理公司成为热门行业，大量证券公司从业人员开办了投资咨询公司、投资管理公司、操盘工作室等，他们大多通过私下募集方式募集投资资金。2000 年前后，我国私募证券投资基金盲目发展，很多基金以操纵股价等违规操作的手法获取利润，为其持续发展埋下了隐患。当时已存在数千家"私募基金"，其形式主要有五种：投资咨询、投资顾问、投资管理、财务管理及财务顾问。这些机构持有大量社会游资，主要投资于股票、债券等有价证券，管理的资金规模为 7 000 亿元左右，已超过公募基金的规模。

3. 调整和初步规范阶段（2001—2007 年）

私募证券投资基金的过热发展引起了政府的高度重视。于是，与金融机构资产管理业务的相关法律、法规和规章密集出台，为私募基金的发展提供了法律空间。

2004 年 2 月，深圳国际信托投资公司发行的一只证券类信托产品——深国投·赤子（中国）集合资金信托，采用了一种"信托公司+保管银行+私募公司"的全新模式，使得私募基金公司可以用"投资顾问"的身份进入基金管理领域，被业界认为是中国阳光私募证券投资基金的诞生标志。

2005 年 4 月，中国证监会颁布《关于上市公司股权分置改革试点有关问题的通知》，股权分置改革正式启动。随着股权分置改革的深入，我国证券市场出现了前所未有的大牛市。市场环境逐渐好转，也使得私募证券投资基金再度繁荣，截至 2007 年 4 月 3 日，沪深股市市值已逾 13 万亿元，私募证券投资基金占了约 8%。

4. 增速放缓并进一步规范发展阶段（2008—2012 年）

2008 年由美国次贷危机引发的全球金融危机严重影响到我国的经济发展和证券市场。熊市的不期而至，影响了发行市场的热度，产品增速也从高位回落。随后2009年的“小牛市”再次助长产品发行数量增长一倍多。

2008年以来，我国又出台了一批内容涉及私募资产管理业务的法律、法规和规章。例如，2008年5月3日，中国证监会制定并公布了《证券公司集合资产管理业务实施细则（试行）》（已废止），对证券公司的集合计划设立的申请和核准、业务规则以及风险管理与内部控制等作了较明确的规定。2009年5月5日，颁布了《关于基金管理公司开展特定多个客户资产管理业务有关问题的规定》（已废止），又分别于2010年10月和2012年6月19日修订了《基金管理公司特定客户资产管理业务试点办法》。

5. 规范发展阶段（2013年至今）

2013年是私募基金发展的一个重要转折点，2013年6月开始施行的《证券投资基金法》中增加了“非公开募集基金”，将私募证券投资基金正式纳入监管范畴，赋予其合法地位，为进一步规范我国私募证券投资基金业的发展提供了有力的法律保障。2014年3月《关于进一步促进资本市场健康发展的若干意见》颁布，允许经中国基金业协会备案的私募基金管理人直接自主发行基金。

2014年，中国证监会发布《私募监管暂行办法》，该办法是中国证监会颁布的第一部关于私募基金监管的部门规章，对私募基金登记备案、合格投资者、资金募集、投资运作进行了规定，中国基金业协会发布了《私募登记备案办法》，明确了私募基金管理人登记管理以及私募基金备案的具体要求。关于私募基金监督管理的法律框架初成体系。

2015年私募行业快速扩张，随之而来的问题引起了监管层的重视。

自2016年起，私募行业进入了强监管时代，中国基金业协会陆续颁布相关规定对私募基金管理人的内部控制、信息披露、资金募集、基金合同等方面做出规范。

2017年，国务院法制办发布了《私募基金暂行条例（征求意见稿）》，对私募基金行业提出了全面的监管要求，明确了对违规行为的处理力度，对私募行业的合规性提出了更高的要求。

随着一系列法规政策的出台，私募行业已经结束了无序疯狂扩张的时期，进入规范发展阶段。

1.4.3　我国私募基金行业发展现状

截至 2018 年 11 月底，中国基金业协会已登记私募基金管理人 24 418 家。其中，已登记私募证券投资基金管理人 8 966 家，私募股权、创业投资基金管理人 14 676 家，其他私募基金管理人 776 家。

已备案私募基金 75 220 只，管理基金规模 12.79 万亿元（见图 1-5）。已备案私募证券投资基金 36 053 只，基金规模 2.26 万亿元；私募股权投资基金 27 115 只，基金规模 7.68 万亿元；创业投资基金 6 442 只，基金规模 0.88 万亿元；其他私募投资基金 5 610 只，基金规模 1.96 万亿元。

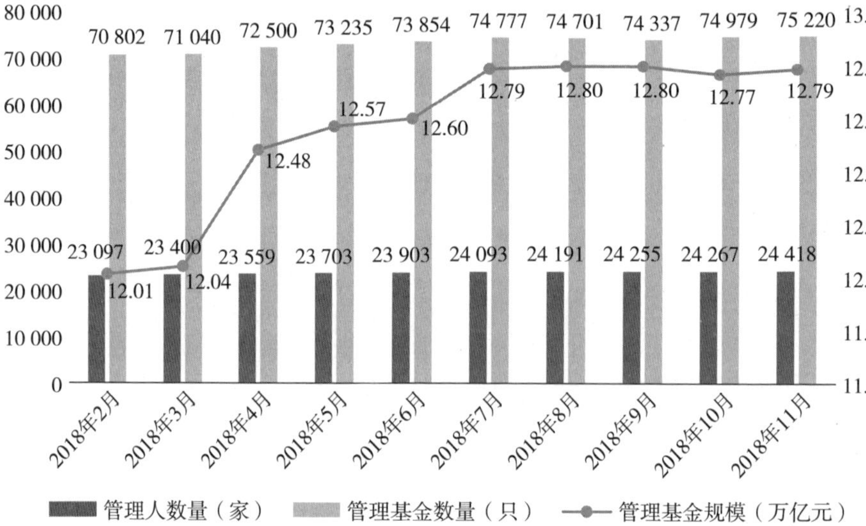

图 1-5　私募行业登记月度趋势情况

与行业管理资产规模的不断上升相对的，是管理人数量与管理基金数量的缓慢变化。受 2018 年 7 月 P2P 频繁爆雷的影响，私募行业的监管力度再次加强，注册审批难度不断增大，行业进入冷静期。在这种背景下，2018 年 8 月底，中国基金业协会发布《私募基金登记备案相关问题解答（十五）》，增设“私募资产配置基金管理人”，明确了私募资产配置类管理人登记的条件以及发行资产配置类基金产品的要求。

1.4.4 我国私募行业的参与主体

私募行业的参与主体分为以下四类：私募基金的投资者、私募基金的管理人、私募基金的服务机构、私募基金的监管机构和自律组织。

1. 私募基金的投资者

私募基金的投资者是认购基金份额的投资人、基金资产的所有者和基金投资回报的受益人，主要包括金融机构，社会保障基金，企业年金，社会公益基金，政府引导基金，母基金，工商企业，个人投资者等。

私募基金的合格投资者是指具备相应风险识别能力和风险承担能力，投资于单只私募基金的金额不低于 100 万元且符合下列相关标准的机构和个人：

① 净资产不低于 1 000 万元的机构；

② 金融资产不低于 300 万元或者最近 3 年个人年均收入不低于 50 万元的个人。

其中金融资产包括银行存款、股票、债券、基金份额、资产管理计划、银行理财产品、信托计划、保险产品、期货权益等。

2. 私募基金管理人

私募基金管理人在基金运作中具有核心作用，是基金产品的募集者和管理者，并负责基金资产的投资运作。私募基金管理人应履行的职责有：

① 依法募集资金，办理基金备案手续；

② 按照基金合同管理基金，进行投资；

③ 按照基金合同的约定确定基金收益分配方案，及时向投资者分配收益；

④ 按照基金合同的约定负责基金会计核算并编制基金财务会计报告；

⑤ 办理与基金财产管理业务活动有关的信息提供事项；

⑥ 保存基金财产管理业务活动的记录、账册、报表和其他相关资料；

⑦ 以基金管理人名义，为基金财产利益行使诉讼权利或者实施其他

法律行为；

⑧ 国务院证券监督管理机构规定和基金合同约定的其他职责。

除此之外，私募证券投资基金管理人还应履行的职责有：

① 编制定期基金报告；

② 按照基金合同的约定计算并向投资者报告投资者账户信息。

3. 私募基金的服务机构

私募基金的服务机构是面向投资基金提供各类服务的机构，主要包括基金托管机构、基金销售机构、律师事务所和会计师事务所等。

（1）基金托管机构

除基金合同另有规定外，投资基金应当由基金托管机构托管。基金合同约定基金不进行托管的，应当在基金合同中明确保障基金财产安全的制度措施和纠纷解决机制。

（2）基金销售机构

私募投资基金可以由基金管理人自行募集，也可委托基金销售募集。基金销售机构由在中国证监会注册取得基金销售业务资格并已成为中国基金业协会会员的机构担任。如果基金管理人委托未取得基金销售业务资格的机构募集基金的，中国基金业协会将不予办理基金备案业务。

（3）律师事务所和会计师事务所

律师事务所和会计师事务所作为专业、独立的中介服务机构，为基金提供法律和会计服务。

4. 私募基金的监管机构和自律组织

中国证监会及其派出机构是我国私募投资基金的监管机构，依法对私募投资基金业务活动实施监督管理。中国基金业协会是我国私募投资基金的自律组织，依法对私募投资基金业开展行业自律，协调行业关系，提供行业服务，促进行业发展。

中国证监会是我国私募基金市场的监管主体，依法对私募基金市场主体及其活动实施监督管理，担负国家对证券市场实施集中统一监管的职责。中国证监会内部设有证券基金机构监管部门，具体承担基金监管职责。其派出机构即各地方证监局是中国证监会的内部组成部门，依照中国证监会的授权履行职责。中国证监会对私募基金市场的监管措施有：检查、调查取证、限制交易、行政处罚。

中国基金业协会是证券投资基金行业的自律性组织，是社会团体法人。基金管理人、基金托管人应当加入协会，基金服务机构可以加入协会。中国基金业协会的职责有：

① 教育和组织会员遵守有关证券投资的法律、行政法规，维护投资人合法权益；

② 依法维护会员的合法权益，反映会员的建议和要求；

③ 制定和实施行业自律规则，监督、检查会员及其从业人员的执业行为，对违反自律规则和协会章程的，按照规定给予纪律处分；

④ 制定行业执业标准和业务规范，组织基金从业人员的从业考试、资质管理和业务培训；

⑤ 提供会员服务，组织行业交流，推动行业创新，开展行业宣传和投资人教育活动；

⑥ 对会员之间、会员与客户之间发生的基金业务纠纷进行调解；

⑦ 依法办理非公开募集基金的登记、备案；

⑧ 协会章程规定的其他职责。

延伸阅读

索罗斯与量子基金

量子基金由双鹰基金演变而来。双鹰基金由索罗斯和吉姆·罗杰斯于1969年创立，资本额为400万美元；1973年改名为索罗斯基金，资本额约1 200万美元；1979年，索罗斯将公司更名，改为量子公司。基金设立在纽约，其投资人皆为非美国国籍的境外投资者，从而避开美国证券交易委员会的监管。索罗斯凭借其过人的分析能力和胆识，引导着量子基金在世界金融市场一次又一次的攀升和下跌中逐渐成长壮大。1997 年末，量子基金增值为资产总值近 60 亿美元的巨型基金，至 2018 年 3 月底，索罗斯基金的资产总值已达 2.63 万亿美元。

量子基金是高风险基金，属于对冲基金。但为了获得超额收益，其已经偏离了传统对冲基金“获得确定性收益”的投资理念。在美国这个自由发展的市场中，对冲基金的投资风格五花八门，而量子基金作为极具攻击性的“大鳄”，也必然有其特点：

（1）投资活动的复杂性

量子基金将这些金融工具配以复杂的组合设计，根据市场预测进行投资，在预测准确时获取超额利润。或者利用短期内市场波动而产生的非均衡性设计投资策略，在市场恢复正常状态时获取差价。

（2）投资效应的高杠杆性

量子基金通过运用金融衍生产品和杠杆融资等，可产生高达自身资产几十倍的投资效益。

（3）募资方式的私募性

量子基金属于私募基金，量子美元基金在美国证券交易委员会登记注册，主要采取私募方式募集资金，面向特定投资者。

（4）操作的隐蔽性和灵活性

量子基金在基金投资者、资金募集方式、信息披露的受监管程度都较低。投资活动受到的限制较少，更为灵活，可利用一切可操作的金融工具和组合谋取超额回报。

索罗斯之所以将基金取名为“量子”，是源于索罗斯所赞赏的一位德国物理学家、量子力学的创始人海森堡提出“测不准原理”。索罗斯认为，就像微粒子的物理量子不可能具有确定数值一样，证券市场也经常处在一种不确定状态，很难去精确度量和估计。

量子基金成为国际金融界的焦点，是由于索罗斯凭借该基金在 20 世纪 90 年代所发动的几次大规模货币阻击战。这一时期，量子基金以其强大的财力和凶狠的作风，在国际货币市场上兴风作浪，对基础薄弱的货币发起攻击并屡屡得手。在1992年的英镑阻击战中，他通过政客的发言挖掘出危机即将来袭的蛛丝马迹，精心设计出三步交易策略，将十亿美金尽收囊中。这场经典战役，令索罗斯一战成名，直至今天仍值得交易者回味。

1. 山雨欲来风满楼

这场货币战争，最早要从1990年说起。在1990年，英国决定加入西欧国家创立的新货币体系——欧洲汇率体系。而这在索罗斯看来是一个决定性的错误，因为在这一体系中，每一种货币只允许在一定的汇率范围内浮动，一旦超出规定的汇率浮动范围，各成员国的中央银行就需要通过买卖本国货币来进行市场干预，使该国货币汇率稳定在规定的范围之内，而这些都是以德国马克为核心的。

但是当时英国的经济已经出现了衰退的趋势，为了维持这样的体系，英国就得保持一个极高的汇率。同时英国也会在汇率上受德国马克的制约，在解决自己的经济问题时不敢大胆行事。比如，何时提高或降低利率、为保护本国经济利益而促使本国货币贬值。在索罗斯看来，英国中央银行是否有足够的能力维持其高汇率是值得怀疑的。

1992年2月7日，欧盟12个成员国签订了《马斯特里赫特条约》。这一条约使一些欧洲货币（如英镑、意大利里拉等）明显被高估，这些国家的中央银行将面临巨大的降息或贬值压力，它们能和经济实力雄厚的德国在有关经济政策方面保持协调一致吗？一旦这些国家市场发生动荡，它们无力抵御时，作为核心国的德国会牺牲自己的国家利益来帮助这些国家吗？如果这一链条上出现任何的松动，那些投机者就可以抓住机会攻击这一体系。一旦追风机制的投入比市场接纳它们的容量大得多，就会导致整个体制被摧毁。也正是这一条约的签订，使得索罗斯决定阻击英镑。

而在此之前，像索罗斯这样的投机者早已在过去的几个月里不断扩大头寸的规模，为的就是给之后的英镑阻击做准备。

随着英国经济的衰退，英国政府不得不让英镑贬值，以刺激出口，但英国政府又受到了欧洲汇率体系的限制，必须同时维持英镑对马克的汇率稳定。虽然政府一直强调会保持现有政策，但英镑对马克的汇率却在不断下跌，从 2.95 跌至 2.85，又从 2.85 跌至 2.796 4……同时为了防止投机者的攻击，避免英镑对马克的汇率低于欧洲汇率体系中规定的下限 2.778，英国政府令英格兰银行购入 33 亿英镑来干预市场。但此举措并未产生很好的效果，这使得索罗斯更加坚信自己以前的判断，他当即决定在危机凸现时立即出击。

1992 年 9 月，投机者开始进攻欧洲汇率体系中那些疲软的货币，其中包括英镑、里拉等。此时，索罗斯联合一些长期进行套汇经营的共同基金和跨国公司同时在市场上抛售疲软的欧洲货币，使得这些国家的中央银行不得不斥巨资来支持各自的货币价值。

索罗斯敏锐地感觉到：机会来了。

2. 该出手时就出手

1992 年 9 月 15 日，索罗斯决定卖空英镑，但仓位建多大是个问题。当时负责索罗斯基金会大部分工作的斯坦利·杜肯米勒针对英国财政的漏洞，想建一个 30 亿～40 亿美元的放空英镑的仓位，但索罗斯建议将整个仓位建在 100 亿美元左右。这是"量子基金"全部资本的一倍半，这也意味着索罗斯要借 30 亿美元来一场大赌博。他首先拿出 10 亿美元作抵押，又借来 30 亿美元建立了 100 亿美元的放空英镑仓位。同时，利用量子基金的资产，索罗斯再度借得 50 亿英镑，按 1∶2.79 的汇率，将英镑全部换成马克。然后开始在卖空英镑、股市和债市的买卖上同时行动。

量子基金卖空英镑的金额高达 70 亿美元，买进的马克价值 60 亿美元，与此同时索罗斯还买入了较少量的法郎。因为一国的货币贬值后股票价格总会上升，而货币升值后股价会下跌，因此利率下跌对债券投资有利，因此，量子基金又买入了 5 亿美元的英国股票，同时放空德国、法国的股票，并买进德国、法国的债券。

此时，市场上英镑对马克的汇率一路下跌至 2.80，虽有消息说英格兰银行购入 30 亿英镑，但仍未能挡住英镑的跌势。到傍晚收市时，英镑对马克的汇率差不多跌至欧洲汇率体系规定的下限，距离退出欧洲汇率体系已不再遥远。

慌乱中，英国政府开始向德国紧急求助，但是正如索罗斯所预测的那样，德国拒绝了英国的请求。此时，如果英国政府干预市场的举措再不成功，就只能提高利率了。就在英国匆忙计划的几个小时前，德国联邦银行总裁史勒辛格已接受了访问，表示希望里拉和英镑贬值，但准备保卫法国法郎。一时间，英镑成了“弃婴”。

9 月 16 日上午，英国财政大臣莱蒙在首相的批准下，正式宣布将利率从 10% 提高到 12%，以捍卫英镑，但英镑仍未出现任何涨势。市场普遍认为英国提高利率是恐慌之举，阻击英镑事件也随之达到高潮。英格兰银行从 788 亿美元的外汇储备中抽出 269 亿美元买进英镑，结果徒劳无功，汇率依然没得到支持，大量被抛售的英镑就像决堤的洪水，一发不可收拾。

当天下午，英国政府再度宣布提高利率，从 12% 升到 15%。索罗斯认为，英国的绝望行为表明其立场无法维持，因而受到鼓励，更大胆地继续放空英镑。结局也如其所料，到傍晚时分，英镑被迫退出欧洲汇率机制。当天纽约外汇市场的收盘价，英镑兑马克为 1∶2.703，下降 2.7%。次日，英国利率再次降回 10%。而意大利也紧随英国退出了欧洲汇率机制。到 18 日，英镑收盘价再度比上一天低了 16%。并且，当时贬值的货币不止英镑一种，西班牙货币贬值 20%，意大利里拉贬值 22%。索罗斯大胜，英国惨败。

在这场捍卫英镑的行动中，英国政府动用了价值 269 亿美元的外汇储备，但最终还是被阻击成功，被迫退出了欧洲汇率体系。

英国人把 1992 年 9 月 16 日（退出欧洲汇率体系的日子）称作“黑色星期三”。

最终，索罗斯成为这场袭击英镑行动中最大的赢家，一战成名，被媒体称为“打垮了英格兰银行的人”。他仅从英镑空头交易中就获利接近 10 亿美元，在英国、法国和德国的利率期货上的多头和意大利里拉上的空头交易使他的总利润高达 20 亿美元，其中索罗斯个人收入为 1/3。这一年，索罗斯的量子基金增长了 67.5%。

3. 亚洲金融危机中又现身

1996 年，泰国股市陷入低迷，房地产市场则风生水起。然而，资本泡沫的堆积、外资的不断涌入、银行短期外债的高筑使得开发商勉励支撑的房地产已经开始摇摇欲坠。在长达一年与开发商、银行和当地记者的交流后，索罗斯发现这一局面难以维持，于是提前6个月准备，逐步建立起沽空仓位，打算沽空泰铢。

1997年1月，索罗斯基金联合其他国际对冲基金开始对觊觎已久的东南亚金融市场发动攻击，一开始是大肆抛售泰铢，导致泰铢汇率直线下跌。在对冲基金气势汹汹的进攻面前，泰国央行入市干预，动用约120亿美元吸纳泰铢，一方面禁止本地银行拆借泰铢给离岸投资者，另一方面提高息率，三管其下，泰铢汇率暂时保持稳定。

1997年5月份的时候，资金大量流出泰国，泰国开始实施资本控制。6月，对冲基金再度向泰铢发起致命冲击，泰国央行只得退防，因为仅有的300亿美元外汇储备此时已经弹尽粮绝。6月30日，泰国总理在电视上向外界保证："泰铢不会贬值，我们会让那些投机分子血本无归。"不过两天后，泰国央行被迫宣布放弃固定汇率制，实行浮动汇率制。当天泰铢重挫20%，随后，泰国央行行长伦差马拉甲宣布辞职。

1997年7月2日，索罗斯的量子基金带领和其同样凶猛彪悍的其他对冲基金发起了对泰铢的猛烈冲击，泰铢兑美元汇率当天下跌20%，创下有史以来的最低纪录，亚洲金融危机序幕由此拉开。8月5日，泰国央行决定关闭42家金融机构，至此泰铢陷入崩溃。

在此期间，对冲基金还对菲律宾比索、马来西亚林吉特和印尼盾发起冲击，最后，包括新加坡元在内的东南亚各国货币均告失守。

资料来源：胡荻．魔鬼索罗斯［J］．中国商贸，2014(19)：41-45.

第 2 章

私募基金行业发展简史

私募行业在中国的发展尚处于初级阶段，但在海外市场应该有些先进经验可以借鉴，我们有必要了解全球各市场特别是一些有代表性的私募市场的情况及发展历史，为自己规划私募投资业务提供必要的借鉴。为此，站长特地研究了最具代表性的分处四大洲的美国、英国、日本、澳大利亚私募行业的发展历史。目前，四大市场的私募行业发展处于何种状态？行业发展的新型驱动因素又有哪些？本章将为您一一道来。

2.1 私募行业发展简史

2.1.1 私募股权投资基金

历史上，股权投资先于证券投资出现。最早的私募股权投资活动发生在15世纪末，当时英国、葡萄牙与西班牙等国家为建立远洋贸易企业而出现了投资活动。在当时的历史条件下，仅靠个人的自有资金无法满足创建远洋贸易企业的需要，对外源资本产生了强烈的需求，其中一些人可以不必直接经营远洋贸易企业，只需要通过向远洋贸易企业投资就可以获得高额收益，这种外源资本就是最早的私募股权资本。

第二次大规模的私募股权投资活动出现在19世纪末20世纪初，美国开发西部的过程中。当时许多富有个人和家族通过律师、会计师的介绍和安排，纷纷将资金投资于铁路、钢铁、石油等新兴产业，这类投资完全由投资者个人决策，没有专门的组织机构。这个时期发生了不少大规模投资，如1901年摩根大通以4.8亿美元收购了安德鲁・卡内基和亨利・菲普的卡内基钢铁公司，这笔交易被认为是第一次真正的现代收购。活跃的投资活动不仅带来对资本的巨大需求，对投资者的投资管理能力也提出了较高要求，远远超过了个人或家庭的资金实力和管理能力，促进了现代私募股权投资的产生和发展。

1946年美国研究和发展公司（American Research & Development Corporation，ARD）成立，标志着现代股权投资的诞生。1946年至今，现代私募股权投资发展大致分为萌芽、发展、快速增长、成熟和理性发展五个阶段。

1. 萌芽阶段（1946—1963 年）

现代意义的私募股权投资基金始于美国。第二次世界大战后，美国出现大量中小型企业，这些中小企业很难获得传统金融机构的资金支持。为了扶持这些中小企业，1946 年波士顿联邦储备银行行长拉尔夫·弗兰德斯和被称为“创业投资基金之父”的乔治·多里特共同创办了 ARD，ARD 的重要性在于它是第一家从富裕家庭以外的其他来源筹集资金的私募股权投资机构，其成立标志着有组织的专业化管理的私募股权投资崭露头角，“创业投资基金”随之形成。早期的私募股权投资活动集中在美国，直到 20 世纪 50 年代，美国的私募股权投资还没有发展成一个真正意义上的行业，只是对个别项目进行投资，对经济的影响力不大。1958 年，美国通过《小企业投资法》支持小企业投资公司（Small Business Investment Companies Program, SBIC）发展，帮助 SBIC 的融资和管理，该法案的颁布是风险投资迈向专业化管理的重要一步。1963 年，美国约有 692 家 SBIC，筹集到的私人权益资本为 4.64 亿美元。

2. 发展阶段（1964—1981 年）

20 世纪六七十年代，风险投资机构的投资活动主要集中在处于初创期和发展期的公司。这些公司往往在电子、医疗或数据处理领域有所突破。因此，这一时期的风险投资几乎等同于技术融资。20 世纪 60 年代，现在常见的有限合伙型私募股权投资基金产生，有限合伙制的出现解决了 SBIC 的很多内在缺陷，例如对投资限制的规避，对投资经理的激励问题等。从 1969 年至 1975 年，美国大概 29 家有限合伙制的私募股权投资基金得以建立，募集了 3.76 亿美元的资金。

但在这一时期，私募股权投资基金仍未受到市场的广泛关注，行业仍处于刚刚起步阶段。但在 70 年代，涌现了一批专注于风险投资的私募股权公司，这些公司成为之后杠杆收购和风险投资公司的典范。1972 年，Don Valentine 在硅谷建立红杉资本。1973 年，美国风险资本协会成立。1976 年，华尔街著名投资银行贝尔斯登的三名投资银行家合伙成立了一家投资公司KKR集团（Kohlberg Kravis Roberts & Co. L.P., KKR），专门从事并购业务，这是最早的私募股权投资公司。资金匮乏是私募股权投资基金在早期发展的时候所面临的最大困难，这时候，控制着大量闲散资金的机构是不被允许进入私募股权投资领域的。直到20世纪70年代末，美国允许养老基金投资私募股权投资基金，英国允许金融机构投资私募股权投资基金，欧洲其他各国相继放松对私募股权投资的管制，允许银行和保险公司等机构进入私募股权投资行业。但70年代，石油危机引发的经济衰退对于私募股权投资基金的发展是一个沉痛的打击，在这一阶段，私募股权投资基金行业基本处于停滞不前的状态。

3. 快速增长阶段（1982—1992年）

私募股权投资基金第一次繁荣时期开始的标志是1982年吉布森贺卡公司收购案的巨大成功。在1982年1月，由美国前财政部长威廉·西蒙创建的韦斯雷收购公司，以高达8 000万美元的价格收购了吉布森贺卡公司。这笔交易中，韦斯雷和吉布森两家公司的管理团队仅用了100万美元，其余均通过借款支付。16个月后，吉布森成功上市，市值高达2.9亿美元。韦斯雷获得了近6 600万美元的回报，回报高达200倍。吉布森杠杆收购的巨大成功吸引了市场对于杠杆收购的广泛关注。

此时，私募股权投资基金也开始在欧洲兴起，最初发展起来的是风险投资。但不同于美国主要投资于高科技公司，欧洲投资者奉行风险规避的投资理念，对高科技企业和处于早期阶段的目标企业非常慎重，更多的是面向处于扩张期的目标公司。

20世纪80年代，在政府管制与税收放宽、全球经济复苏以及计算机软件、生物技术、医疗卫生、数据通信等新兴行业蓬勃发展的背景下，全球杠杆收购兴起，私募股权投资获得了快速发展。在全球范围内，随着投资机会的变化，私募股权资本的投资对象也随着改变，许多杰出的并购企业将其业务扩展为行业内的并购，且同时投资于出版、电视电缆、广播和基础设施等行业。1979—1989年间，全球个案金额超过2.5亿美元的杠杆收购案例超过 2 000 宗，杠杆收购成为获利最高的投资模式。美国以养老基金为代表的大型机构投资者在 20 世纪 80 年代被允许进入私募股权投资市场，极大地提高了投资规模及投资效率。

在当时，杠杆收购的繁荣主要是由高收益债券，也即“垃圾债券”推动的。1989 年和 1990 年高收益债券市场的崩溃标志着杠杆收购热潮以及第一次现代私募股权繁荣时期的结束。

4. 成熟阶段（1993—2007 年）

经过几年低迷发展后，全球私募股权投资的规模在 1993 年再次开始增加，非创业风险投资倾向于投资私募中端市场。许多大企业、保险基金等纷纷加入风险投资行业，又一次掀起风险投资的高潮。在这一时期，欧洲市场的发展极为迅速，这主要得益于欧洲的一体化进程。欧盟的成立和欧洲经济整合为欧洲私募股权资本市场的发展提供了良好的经济背景，使欧洲的经济个体可以发挥自身优势，进行资源优化重组，加速产业升级，这一过程中涌现出大量并购、重组以及投资机会，大宗收购和 M&A 交易增加。

1997 年，东南亚金融危机以及长期资本管理公司（Long-Term Capital Management，LTCM）的倒闭，引起了全球私募股权投资公司对投资风险和公司管理的重视，这促使风险投资在 90 年代末达到新的高潮。2000 年纳斯达克股市崩盘，互联网泡沫破裂对整个私募股权市场产生了重大影响，行业规模大幅缩水。在 2003 年之后全球私募股权市场逐渐恢复稳定发展，行业进入成熟发展阶段。

截至 2005 年，全球私募股权资本市场状况调查报告显示，从资金募集数量以及投资规模来看，欧洲私募股权资本市场占据了世界市场 39% 的份额，成为仅次于北美私募股权资本市场的全球第二大市场。其中，英国市场占据欧洲市场 50% 以上的份额，法国和德国市场紧随其后。2006 年，美国和欧洲的私募股权投资额为 4 500 亿美元，比 2005 年的 2 800 亿美元增长了 60%。私募股权逐渐成为大众化广泛投资的工具。

5. 理性发展阶段（2008 年至今）

在金融危机前，全球低利率环境和股市的持续上涨，再加上高油价创造的大量财富，造成全球资金过剩，这使得私募基金极易募集到大量资金，国际私募基金规模不断攀升，引发全球投资热潮，私募股权投资也在全球范围内迅速发展起来。

2008 年美国次贷危机引发的金融海啸，特别是雷曼兄弟的破产、美林等私募巨头先后被商业银行合并，对于全球的私募股权投资基金影响巨大。在金融危机的冲击下，全球经济发展减速，股市大幅下跌，信贷紧缩，再加上各国对私募行业的监管政策和立法调整，私募股权投资在全球范围内的流动性过剩引发的风险开始凸显。整个行业不如以往活跃，呈现萎缩态势，投资者进入了一个冷静思考、等待发掘价值机会再投资的时期。

金融危机爆发后，全球私募股权投资行业也表现出了不同的发展方向：一是全球私募股权投资市场多陷入资金募集困难期；二是并购交易减少，投资趋于谨慎，私募股权投资基金更多地将资金投资于现金流稳定且业务周期不明显的项目，以求更加平稳的回报；三是全球私募股权投资的中心逐渐转向亚洲等新兴市场。2009 年私募股权投资基金在新兴市场的投资占到了全球的 26%，主要投向亚洲地区，尤其是中国和印度。2009 年专注于亚洲地区的私募股权投资为 159 亿美元，占新兴市场融资总额的 70.4%，其中投资于中国和印度的基金分别是 66 和 40 亿美元。

但自 2012 年以后，随着全球经济复苏，新兴市场发展迅速，私募股权投资开始在全球寻找投资机会，私募股权投资市场的高回报率也吸引了越来越多的投资者加入，行业进入了新的发展阶段。2016 年下半年以来，一些巨无霸基金陆续登上舞台也格外引人注目。例如，募集规模高达 930 亿美元的软银愿景基金、目标 400 亿美元的黑石基础设施 I 期基金，等等。

当前，尽管次贷危机引发的经济衰退影响力仍然存在，但是在全世界私募股权投资基金发展的大背景下，私募股权行业已经慢慢进入了理性、稳步的蓬勃发展时代。根据 Preqin 的统计，全球私募股权的季度募集规模和平均单笔募集规模屡创新高，在 2017 年全球私募股权投资基金的资产规模达到2.8万亿美元，全球私募股权业在2017年从投资者处筹集的资金达到创纪录的7 010亿美元高位，其中，并购基金共吸引3 010亿美元，同比增长27%。

2.1.2 私募证券投资基金

证券投资基金起源于1868年英国政府批准的“海外及殖民地政府信托”，这是世界上第一只契约型基金。“海外及殖民地政府信托”在《泰晤士报》上刊登招募说明书，它公开向社会公众发售认股凭证，以分散投资于国外殖民地的公司债为主，其投资地区远及南北美洲、中东、东南亚和意大利、葡萄牙、西班牙等国家，投资总额48万英镑，信托期限为24年；而该信托的管理人，则是英国政府授权的专职经理人。该信托更类似股票，不能退股，也不能将基金份额兑现，认购者的权益只限于分红和派息，但是，由于它能够通过多元化投资分散风险而深受投资者欢迎。

对冲基金则是在20世纪20年代出现的，本杰明·格雷厄姆（Benjamin Graham）和杰罗姆·纽曼（Jerry Newman）创立的Graham-Newman Partnership基金是全球第一只对冲基金。

对冲基金是私募证券投资基金的典型形态。美国证券交易委员会（U.S.Securitics and Exchange Commission，SEC）认为：对冲基金是以私人组织形式集聚投资者资金，并以赚取正收益为目的的投资管理工具。早在19世纪80年代，大宗商品生产商和交易商就开始使用远期合同来保护自己免受不利的价格变动。这种体系一直延续并活跃至今。对冲基金的发展主要经历了以下几个阶段：

1. 萌芽与初步发展（20世纪40年代—80年代）

对冲基金最早出现在美国，“对冲基金”一词是由阿尔弗雷德·温斯洛·琼斯（Alfred Winslow Jones）最早提出的，他是一名社会学家、作者和财经记者。1949年，琼斯和其他三个合伙人创立了A·W·琼斯公司，公司产品带有后来对冲基金的典型特征，被认为是第一只现代意义上的对冲基金。琼斯开创了全新的投资架构——将“卖空”应用到股票投资中，并将其与普通的股票买卖结合起来，采用买借结合的投资策略。在 1955 年到 1964 年的十年间，琼斯基金每年带给投资人的综合回报率高达 28%。1966 年，《财富》杂志刊登了一篇文章，详细描述琼斯基金的结构和激励方式，发现其业绩大大超过了一些经营最成功的共同基金。这引起了众多模仿者纷纷效仿琼斯的投资风格和投资理念，不仅美国，欧洲也出现了对冲基金。1969 年，全球第一只对冲基金的基金（Fund of hedge fund，FOHF）诞生，是由欧洲的罗斯柴尔德家族基金设立的杠杆资本控股基金（Leveraged Capital Holdings，LCH），1971 年，Richard Elden 在芝加哥成立 Grosvenor Capital Management 公司，把 FOHF 首次引入美国。

但在 20 世纪 60 年代的牛市期间，随意卖空不但耗时而且无利可图，许多基金逐渐转向带有杠杆的做多策略。这些对冲基金在 1972—1974 年的熊市中损失惨重，对冲基金逐渐淡出大众视野。

至 70 年代末，对冲基金一直以相对秘密的模式进行运作，行业整体发展缓慢。在 70 年代，普林斯顿成立的商品物资公司发展出了一个完全不同的市场参与途径。商品物资公司成立于 1970 年，在 70 年代以及 80 年代早期通过定量动力模型以及基本的经济分析在宏观市场对债券、股票市场指数、货币以及商品进行多空操作，获得巨额回报。商品物资公司开创了全球宏观对冲基金策略。

2. 快速发展时期（20 世纪 80 年代—90 年代末期）

从 20 世纪 80 年代初开始，各国的金融自由化进程加快，技术创新衍生金融工具出现，为私募基金提供了极为丰富的交易工具，这是对冲基金快速发展的时期。对冲基金为了适应世界形势和投资者需求的变化，开始密切关注股票、债券等金融工具和金融经济形势的全球性变化，在世界范围的证券货币市场进行了全方位的投资，广泛使用了新的金融衍生工具。并且 20 世纪 80 年代起美国政府逐渐放松金融监管，不仅放宽了对对冲基金参与者的限制，也降低了对冲基金的准入门槛。进入 80 年代，对冲基金真正开始发展起来，在 1990—2000 年的 10 年间，更有 3 000 多个对冲基金在美国与英国出现。

3. 调整与增速发展时期（1998 年至今）

1998 年后，各国监管体系逐步加大对对冲基金的管理力度，LTCM 神话的破灭，老虎基金的轰然倒下都给对冲基金蒙上了一层阴影，对冲基金一度进入调整期（见图 2-1）。

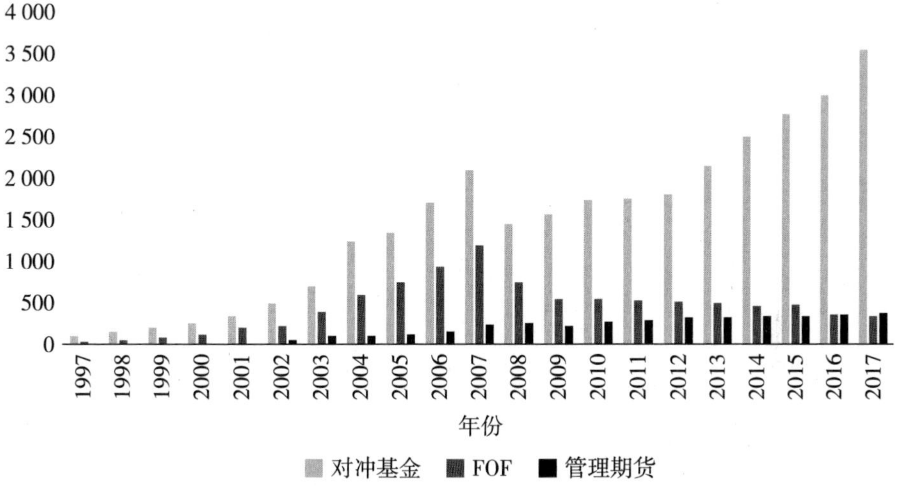

图 2-1 全球对冲基金管理资产规模（单位：10 亿美元）

资料来源：栾丽萍．专业立于万变——2017 年私募基金年度报告［EB／OL］．https：//mp.weixin.qq.com/s/y8LG_p8REl9yT5FU2Gf40w，2018-04-03.

21 世纪的前 10 年，伴随着全球股市的不断上涨及新兴市场的开发，对冲基金再次风靡全球，进入增速发展时期，机构投资者的进入也使得对冲基金的资产管理规模大幅扩张。在 2001 年到 2006 年的五年里，对冲基金的资产从 5 640 亿美元增长到 1.5 万亿美元，数量从 4 500 只扩张到 12 000 只，5 年增长率达到 200%。资产来源也从富裕的个人投资者转为以养老基金、捐赠基金、保险公司或银行等机构投资者。机构投资者的进入使得对冲基金的行业基础更加稳固。并且，2002 年后，欧洲和日本的对冲基金也经历了很大发展，尤其是伦敦，发展迅速，成为仅次于纽约的全球第二大对冲基金市场。在新兴市场上，对冲基金也逐渐发展起来。这段时期的另一个重要发展是“基金的基金”行业的快速增长，这一行业的增长对于对冲行业形成了一个正向推动作用。

2006年底，对冲基金百强所管理的资产从上年的7 200亿美元攀升到1万亿美元，升幅达到39%。2007年底，全球对冲基金持有的资产总额达1.88万亿美元。然而，金融危机导致全球对冲基金总资产蒸发3 500亿美元，2008年底仅余1.53万亿美元，缩水近20%。危机之后，各国纷纷加强对冲基金监管，美英都采取了“限制做空”的政策，并加大了对于对冲基金的监管和审查。2011年，对冲基金规模反弹，市场经过调整，表现出强劲的回暖势头，2011年管理的资产总规模创下2.02万亿美元的历史新高。

从1997年到2017年，全球对冲基金管理规模从1 182亿美元发展到3.54万亿美元，增长28.92倍。2017年期间，受到大量投资者资金的涌入以及2017年强劲的对冲基金回报，全球对冲基金行业持续增长，整体收益率10.45%，延续了2016年6.10%正收益的良好势头。2018年上半年，全球对冲基金的规模达到破纪录的3.32万亿美元，是对冲基金连续第八个季度创下规模新高。

2.2 美国私募发展简史

纵观国际私募基金的发展历程，美国是最早开展现代私募基金投资的国家，规模最大，发展也最成熟。在美国，私募基金主要是指根据《1940年投资公司法》第3（c）（1）项和第3（c）（7）项成立，可以豁免注册登记的基金，其形式有：对冲基金、风险投资基金、私人股本投资及一些结构性投资工具。

从私募基金管理人类型来看，截至2017年第四季度，美国共有2 997家私募基金管理人，已备案私募基金30 031只，管理着12.54万亿美元的总资产，净资产8.31万亿美元，单只基金平均规模4.17亿美元，平均每个管理人管理私募基金10只，基金注册地遍布全球主要金融中心。美国资本市场占据了全球私募股权资本市场40%的份额。同时，作为历史最悠久的全球对冲基金中心，美国是47%的对冲基金总部所在地，2016年北美的市场份额达到67%。

从私募基金类型上看（见图2-2、图2-3），截至2017年四季度末，美国私募基金数量最多的是私募股权投资基金，共有 11 460 只，占比 38.16%，其次是对冲基金，共有 9 007 只，占比 29.99%；管理资产规模最大的是对冲基金，总资产 7.27 万亿美元，私募股权投资基金管理的总资产为 2.72 万亿美元。

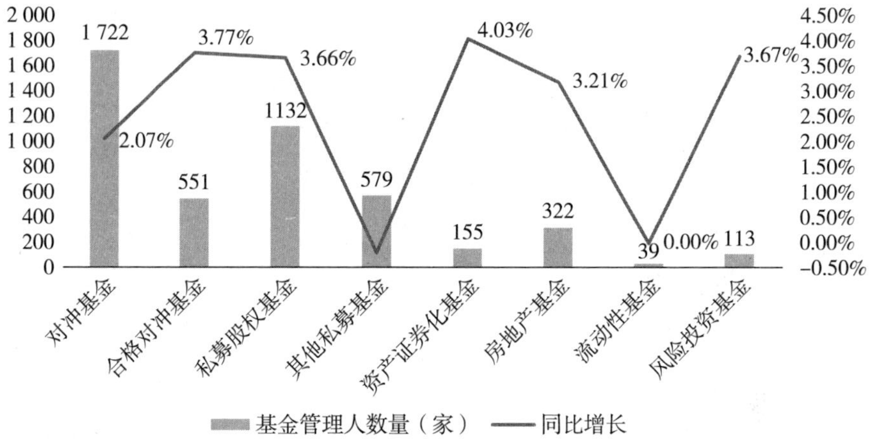

图 2-2 截至 2017 年第四季度美国各类私募基金管理人数量及同比变化

资料来源：李雪．2017 年四季度美国私募基金行业统计报告摘要［J］．声音，2018（20）：01-09.

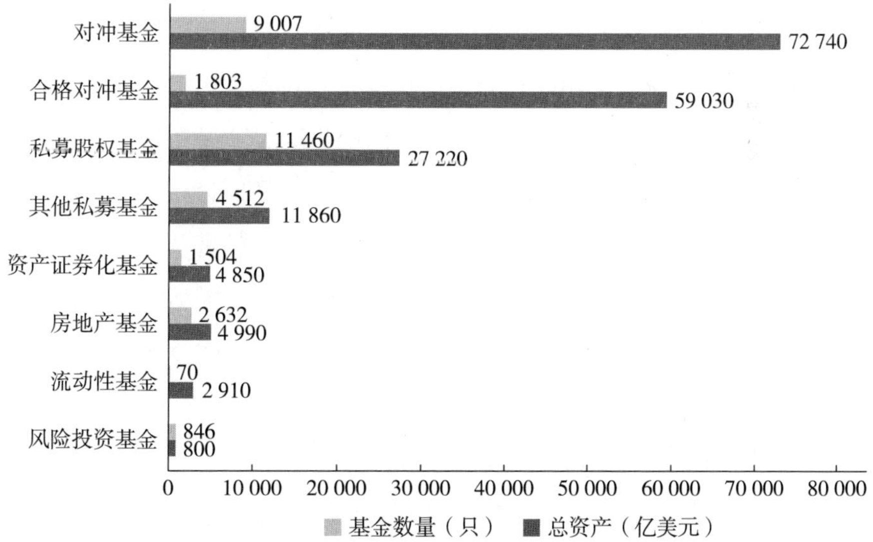

图 2-3 截至 2017 年第四季度美国各类私募基金数量及规模分布

资料来源：李雪．2017 年四季度美国私募基金行业统计报告摘要［J］．声音，2018（20）：01-09.

2.2.1 美国私募股权投资基金

美国是世界上最早建立私募股权投资基金体系的国家，是私募股权投资基金发展最成熟的国家。私募股权投资基金的投资已经覆盖了美国企业成长的各个阶段，企业据此所获的融资规模已经仅次于银行贷款和IPO，私募股权投资市场已经成为美国金融市场体系不可或缺的组成部分，有力地支撑了美国经济结构的转型和创新型经济的建立。

黑石、新桥资本、IDG资本、华平投资集团、KKR、摩根士丹利、贝恩、阿波罗、得州太平洋、高盛、美林等机构是美国私募股权投资界的佼佼者。经过了将近一个世纪的发展，其私募股权投资已形成一套比较规范、科学的运作机制。

美国私募股权投资基金是伴随着资本主义市场经济发展而兴起的，大体经历了萌芽、发展、繁荣、监管发展四个发展阶段。

1. 萌芽阶段（19世纪末到20世纪60年代）

19世纪末，部分富有的个人投资者逐渐选择投资于石油、钢铁、铁路等高风险的新兴产业。美国第一家真正意义上的私募股权投资公司成立于1946年，是由波士顿联邦储备银行的行长拉尔夫·弗兰德斯和哈佛教授乔治·多里特成立的ARD。当时美国中小型企业融资困难，导致创新企业生存困难，数量严重不足，ARD的目标便是通过私营机构解决中小企业融资难题，并为其提供专业管理服务。ARD的资金不再单纯来自个人，还来自保险、信托等机构投资者。这标志着美国私募股权投资业的模式由个人直接投资向专业的机构管理投资转变。ARD被公认为全球第一家以公司形式运行的基金，从此股权投资走入基金化运作。

2. 发展阶段（20世纪60—80年代）

1958年，美国通过了《中小企业投资法》，是私募基金的重要里程碑，根据该法律，允许SBIC从政府获得低息长期贷款。美国私募股权投资基金在政府推动下迅速发展，投资主要集中在电子、医学等技术领域创办和扩张公司，同年，美国小企业管理局设立“小企业投资公司计划”，以低息贷款和融资担保的形式鼓励成立小企业投资公司，通过小企业投资公司增加对小企业的股权投资，给予合格 SBIC 优厚的信贷支持，这极大地刺激了美国创业投资基金的发展，但整体行业仍不成熟。

20 世纪 70 年代，由于股市危机、越南战争、原油危机及经济滞胀，SBIC 的作用开始下降。1971 年，美国推出了更适合小企业的纳斯达克股票市场。1973 年，美国创业投资协会成立，标志着创业投资在美国发展成为专门行业，此时的创业投资基金为经典的狭义创业投资基金。1976 年，KKR 成立，开始出现专门从事并购投资的并购投资基金。1978 年，美国允许养老金以有限合伙人的身份投资私募股权投资基金，进一步促进了美国私募股权投资基金组织结构的转型。

80 年代，硅谷的微机产业继续高速增长，同时配套的软件行业开始蓬勃发展。英特尔、微软等高科技公司在风险投资的支持下迅速成长。1987 年发生的美国股灾促使风险投资机构转向并购投资基金、增长型基金。

80 年代的高杠杆也迎来了并购基金杠杆收购的繁荣，吸引了银行、保险公司、养老基金以及个人等众多参与者。1979—1989 年，交易金额超过 2.5 亿美元的收购超过 2 000 宗，KKR、贝恩资本、黑石集团、凯雷集团等表现出众。

管理层收购（Management Buy-out，MBO）是此阶段并购浪潮中涌现出来的对大型企业并购的投资方式。MBO 主要通过管理者收购方式来支持企业的重组重建，一般是对现有企业存量股权进行售让。美国公司实行 MBO 的原因主要有：上市公司希望“非市场化”；多元化经营集团为提高竞争力而剥离或出售其他业务，专注其主营业务；公营部门为了提高效率而私有化。MBO 多依赖银行贷款、债券等外部融资，融资手段多样、灵活。美国政府在立法和税收上都给予相关支持，极大促进了 MBO 的发展。

3. 繁荣阶段（20 世纪 90 年代至 2008 年）

第三次科技革命让美国及其他发达国家进入以信息技术、生命科学为代表的数字和网络时代。戴尔、雅虎、亚马逊、谷歌等在风险投资的支持下获得了巨大的成功。繁荣的股票市场是私募股权投资发展的另一重要动因。私募股权投资规模迅速扩张，市场股指节节上升，IPO 空前繁荣。这一阶段，并购基金更加偏向于长线投资，为企业管理团队和股东提供投资厂房、管理层激励方案等策略帮助企业发展。投资者采用滚动整合并购战略。PE 尤其是风险投资基金的高回报吸引了越来越多的机构或个人投资者持续跟进，合伙人队伍也日益壮大。2000 年，互联网泡沫破裂对美国实体经济造成了极大的冲击，同时美国股市急剧下滑，IPO 市场大幅萎缩，PE 的退出渠道受到严重影响。

随着美国经济的复苏，PE 的投资活动日趋频繁，PE 开始通过 IPO 募集资金，基金管理公司也通过 IPO 提升公司的品牌影响力和抗风险能力。美国 PE 迎来了新一轮快速发展。2007 年，次贷危机爆发，美国经济受到重创，众多私募公司倒闭，PE 发展进入低谷。

4. 监管发展阶段（2008 年至今）

2008 年金融危机之后，各国政府普遍认识到私募基金缺乏监管而隐含的巨大风险，欧美国家对私募基金包括私募股权投资基金及其管理人的监管呈现加强趋势。奥巴马政府于 2010 年 6 月批准了自大萧条以来最具颠覆性的金融监管改革法案《多德–弗兰克华尔街改革与消费者保护法案》（简称《多德–弗兰克法案》）。法案规定资产管理规模 1 亿美元以上的投资顾问必须在 SEC 注册，并要求其向 SEC 提供交易和资产组合的有关信息，协助监管机构对系统风险进行必要评估。SEC 将对这些投资顾问进行定期和专门检查。这项法案包括限制银行从事互换交易业务、限制银行投资私募股权公司和对冲基金等严厉措施。这一法案的通过影响了私募股权投资基金资金来源的“多元化”，在一定程度上影响私募股权投资基金的发展。

2011 年，全球 PE 投资约为 2 740 亿美元，其中美国 PE 投资金额达到了 1 440 亿美元，占到全球总额的一半多。私募股权投资在美国已经成为仅次于银行贷款和 IPO 的重要融资手段，但近年来，随着欧洲和中国市场的崛起，美国占全球 PE 市场的份额逐渐降低，2017 年达到 39% 这一历史最低点。

2.2.2 美国私募证券投资基金

美国的私募证券投资基金以对冲基金为主。对冲基金起源于美国，在美国发展壮大并最终走向世界。时至今日，美国仍占据对冲基金行业的多重“最”：最大对冲基金公司所在地、最多管理资产、最多对冲基金数量等。其发展历史主要分为四个阶段：

1. 萌芽期和快速成长期（1949—1970 年）

1949 年，任职于《财富》杂志的阿尔弗雷德·琼斯创立了世界上现代意义上的第一只对冲基金，这在当时是一种全新的基金产品，有着今天对冲基金的一些基本特征：采用多 / 空交易策略，激励管理费率，而且创始人投入了自有资产进行运作。在其示范作用下，美国对冲基金开始快速发展起来。根据 SEC 的统计，1968 年成立的 215 家投资合伙公司中，有 140 家是对冲基金公司。到 1969 年，由于对冲基金数量的快速增长以及其管理的巨额资产，SEC 开始对冲基金行业进行监管。

2. 缓慢发展期（1970—1985 年）

虽然对冲基金诞生后就快速成长，但作为一个新的投资工具，不可避免会受到投资周期的考验。20 世纪 60 年代中后期恰逢美国股市牛市，很多对冲基金公司出于对冲成本的考虑，开始放弃最初的多 / 空交易策略，开始放大多头头寸。进入 70 年代初，随着牛市结束，这些盲目做多对冲基金都受到了沉重打击。面对挫折，对冲基金显示出强大的适应能力，开始研发出新的投资策略。就在这一时期，宏观对冲策略开始出现，并逐渐展露竞争力，其中的代表基金是乔治·索罗斯旗下的量子基金，朱利安·罗伯逊（Julian Robertson）旗下的老虎基金以及雷伊·达里奥的桥水基金。

3. 高速发展期（1985—2007 年）

这一时期，不但宏观对冲策略迎来其黄金期，其他新的对冲策略也不断出现，并在不同时期各领风骚。随着金融全球化的发展，全球的金融衍生品市场开始建立并快速成长，这为对冲基金提供了大量可供交易的工具。由于经济发展的不平衡，全球金融系统不稳定也在加剧，从而为宏观对冲策略提供了表演的舞台。量子基金和老虎基金在20世纪90年代攻击英镑、里拉成功，使得宏观对冲策略成为90年代广大投资者的新宠。而进入90年代末期，一些新策略，如事件驱动策略基金、多空头基金、相对价值基金，开始出现并崭露头角。虽然这一时期几只代表性的宏观对冲基金都不同程度地出现亏损，但得益于新策略的不断涌现，整个对冲基金行业资产仍保持了高速增长。

4. 挫折与恢复发展期（2008年至今）

2008年的金融危机重创了金融行业，对冲基金也未能幸免。虽然全球宏观策略、商品交易顾问策略等少数策略在2008年表现不俗，但大部分对冲基金策略都遭受了重大损失。与此同时，由于投资者恐慌性赎回资产，整个对冲基金行业的资产规模也有所减少。2008年之后，随着美国政府的迅速行动，金融市场的秩序得以较快的恢复，对冲基金行业也很快走出了低谷。这一时期，量化交易技术也日趋成熟，成为驱动行业发展的重要力量。从2008年到2018年，对冲基金快速恢复，资产量连续增长，并且在2018年达到历史最高值。

2.3 英国私募发展简史

在英国，私募基金主要是指未受监管的集合投资计划，是指不向英国普通公众发行的、除受监管的集合投资计划之外的其他所有集合投资计划，也包括不受2000年《金融服务和市场法》238（1）条款约束的投资计划。

英国的私募基金市场虽然没有美国那样的辉煌历史，但是在政府的支持下，市场仍迅速发展并取得了显著成果，成为欧洲发展最成熟的私募基金市场，市场规模仅次于美国。截至2016年底，英国有2 166家私募公司，其交易额达到 892 亿英镑，私募公司总员工达到 51.5 万人。

2.3.1 英国私募股权投资基金

英国的私募股权投资市场经历了以下几个阶段：

1. 初步发展（20 世纪 70 年代以前）

英国私募股权投资的发展最早可以追溯到 20 世纪 30 年代的卡尔特修道院工业发展公司及 1945 年的工商金融公司，早期的 PE 主要为中小企业提供长期资本支持。直至 20 世纪 70 年代，英国相关政策的松动才使得 PE 逐渐发展起来，这些政策包括银行投资限制的放宽以及随后的养老基金、保险公司等金融机构的监管法规和税收制度的改革。

2. 快速发展阶段（20 世纪 70 年代至 2008 年）

英国 PE 真正形成规模是在 1983 年英国风险投资与私募股权协会（The British Private Equity and Venture Capital Association，BVCA）成立后，这时英国的私募股权市场进入了快速发展阶段。

1995 年 6 月，伦敦交易所设立了二板市场，除此之外，英国还有为更初级中小企业融资服务的未上市公司股票交易市场——未上市股票市场。其目的是为那些未进入伦敦证券交易所主板市场或二板市场挂牌交易的公司股票建立一个可出售其股票、募集资金的市场。在未上市证券市场（Off-Exchange，OFEX）挂牌交易的公司，通过市场的培育可以按照相应的规则，进入二板市场交易。

此后，英国私募股权投资业快速发展，据英国调查机构 Private Equity Intelligence 统计，截至 2007 年 2 月，BVCA 的成员已达 214 个，投资金额达 316.34 亿英镑。而在 1984 年，BVCA 只有不到 50 个成员，共投资 479 项，金额共计 1.9 亿英镑。

20 世纪末 21 世纪初，由于私募股权的快速发展带来一些弊端，多家英国大公司被私募股权公司并购，银行向一些私募股权公司大量放贷的做法引起了争议，由于私募股权公司在英国经济中的重要性日益增加，市场上出现了滥用金融工具和过度利用杠杆效应等现象。为了抑制这种趋势，英国金融服务局在 2008 开始对银行向私募股权公司的放贷情况进行监控。并且在金融危机后，英国对私募基金监管给予了更高重视，要求对私募基金要建立高标准且具有针对性的信息披露制度。

3. 挫折与恢复阶段（2008—2016 年）

英国 PE 的股权投资规模在 2008 年金融危机之前整体是上升趋势，受 2008 年金融危机的影响，股权投资规模开始下滑，到 2009 年投资额度仅为 75.05 亿英镑。

2008 年金融危机之后，各国政府普遍认识到私募基金缺乏监管隐含的巨大风险，欧美国家对私募基金包括私募股权投资基金及其管理人的监管呈现加强趋势。英国创业投资协会提出了针对英国私募股权投资基金整个行业的监管指引——《英国私募股权投资信息披露和透明度的指导方针》，对私募股权投资基金信息披露的指导原则，并对信息披露主体和披露内容做出了明确规定。

近年来，越来越多的英国股权投资集团看好新兴市场国家尤其是中国的投资机遇，纷纷在重点城市设立办事处，积极拓展项目，并希望投资比重提升，以分享这些国家高增长带来的收益。

4. 动荡发展阶段（2016 年至今）

2016 年英国脱欧事件及美国大选的结果产生了重大影响，英国私募股权和风险投资行业面临潜在的不稳定性，继续向投资者提供大量现金分配，以表现其抗跌能力。从长远来看，私募股权继续表现优于公开市场。

自 2015 年以来，全球所有地区的投资稳步增长超过 45 亿英镑。按季度计算，公投后的投资偏差不大，第一季度稳定在 59 亿英镑，第四季度稳定在 58 亿英镑。英国的增长资本投资大幅增加，从 2015 年的 9.93 亿英镑增加到 2016 年的 17 亿英镑。虽然英国风险投资下降至 2.46 亿英镑，但风险投资仅代表 BVCA 成员所有接受私募股权投资 / 风险投资公司中的 41%。全球风险投资增加的趋势也持续下去，从 2015 年的 1.04 亿英镑增加到 2016 年的 3.02 亿英镑。

BVCA 成员的全球筹款明显下降，从 2015 年的 120 亿英镑减少到

2016年的近61亿英镑。然而，考虑到英国公投后英镑汇率下跌，企业寻求发展其现有投资组合公司。英国投资者的筹资略有增加，达到27亿英镑，英国养老基金筹集资金达到了8.39亿英镑，是自金融危机以来的最高数额。

2.3.2 英国私募证券投资基金

英国的对冲基金发展经历了以下几个阶段：

1. 萌芽阶段（20世纪80年代以前）

1949年美国琼斯对冲基金的发行，引起全球的效仿，也将对冲基金引入了英国。但二战给英国带来了巨大的人员和经济损失，经济的低迷导致对冲基金没有得到快速的发展。直到1973年，世界最古老的对冲基金的基金之一的经营者博茂基金集团（Permal Group）的成立，使得英国乃至欧洲投资者得以全面接触美国投资经理人管理的基金，标志者着对冲基金在英国的发展逐渐脱离了萌芽阶段，进入了发展期。

2. 快速发展阶段（20世纪80年代至2006年）

1973年，英国加入欧洲共同体。在1985年，欧洲议会和欧盟委员会制定了著名的《可转让证券集合投资计划[1]相关法律法规与行政规章协调指令》(以下简称《指令》)，该指令为欧洲的基金行业规定了共同的名字UCITS，《指令》规定欧洲经济区成员国在以国内立法形式认可该指令后，即取得“欧洲护照”，享有在成员国发售UCITS产品的权利。《指令》就基金的核准、监管、结构、业务等方面制定了统一的规则，很大程度上协调和统一了成员国关于基金业的立法，简化了基金在其他成员国销售的手续以及监管机关相互间的协调、信息沟通等，有利于保证基金之间相对平等的竞争。在《指令》框架下基金的投资范围主要是股票、债券和简单的衍生品，投资范围较狭窄。

从20世纪90年代开始，欧盟成为继美国之后的第二大基金市场，

[1] 可转让证券集合投资计划（Undertakings for Collective Investment in Transferable Securities，UCITS）。

对冲基金也成为英国国内发展最快的金融产业，英国对冲基金业进入了发展的黄金时代。仅 1990 年到 2000 年的短短十年，就有 3 000 多个对冲基金在英国出现。

2001 年，英国对冲基金响应欧盟的号召，接受了欧盟新通过的修订版的 UCITS，即 UCITS Ⅲ，规定合规资产管理公司可在欧盟成员国设立 UCITS 管理公司，并且扩大了基金可使用策略范围。由此，越来越多的对冲基金成立 UCITS 另类基金，在 UCITS 框架下复制已有对冲基金的投资策略，UCITS 框架下的"类对冲基金"成形。对冲策略丰富了 UCITS 框架下的产品策略，包括股票多空策略、管理期货策略、固定收益策略、可转换套利策略、事件驱动策略、波动率交易策略、外汇交易等。

2002 年，UCITS Ⅲ又发布了一个重要的新指引，允许基金组合在满足特定的披露要求后，投资与股权挂钩的掉期协议等衍生金融工具。此后，欧洲越来越多的传统上属于对冲基金策略范畴的基金，如绝对收益基金、130/30 策略基金等，开始主动加入 UCITS 行列中。他们通过提高其信息披露与投资决策的透明度，满足大众投资者在 2008 年金融危机与"后麦道夫"时代背景下，对信息透明与严格金融监管的强烈需求，以求在个人投资者与营销范围上打开突破口。UCITS 打破了英国与其他成员国之间发行基金的限制，成了在这一阶段推动英国发展的重要推动力。

3. 挫折与规范发展阶段（2007—2016 年）

次贷危机爆发后，据 2007 年 9 月英国《金融时报》披露，全球 2/3 的对冲基金在危机中遭受重创，对冲基金成了各国监管当局关注的焦点。由于对冲基金不需要像银行机构和上市公司那样定期披露财务报表，使其长期游离于监管范畴之外，且缺乏必要的市场约束。鉴于这种情况，英国政府于 2007 年 10 月正式宣布对对冲基金实施监管，并快速组建了对冲基金标准委员会（Hedge Fund Standard Board，HFSB，其前身为对冲基金工作组），又于 2008 年 1 月发布了《对冲基金标准管理委员会标准》。英国的对冲基金业进入了规范发展阶段。

2015 年，英国对冲基金以 3.01% 的业绩表现从欧盟同行中胜出，来自欧盟的 745 名投资者中，有 403 家总部设在英国。同样，在欧盟境内的 2 456 家对冲基金中，有 1 603 家是由英国公司管理的。

4. 曲折发展阶段（2016 年至今）

2016 年 6 月 24 日，英国公投脱欧成功，英国资产管理巨头公司股票纷纷大跌，英国已确定将于 2019 年 3 月 29 日正式脱欧。英国“脱欧”对包括对冲基金在内的另类投资基金行业带来的最大挑战，是英国另类投资基金管理人能否像现在一样通过“护照”在欧盟市场进行基金产品的管理和销售。为应对这一不确定结果，各大金融集团、投资公司纷纷迁移至爱尔兰都柏林，英国对冲基金的发展出现波折。

据 Preqin 统计，在 2016 年 9 月 30 日，英国拥有 590 名对冲基金管理人，管理着 4 780 亿美元的资产。脱欧结果产生后，对英国和欧洲的对冲基金业产生了一定冲击，对冲基金业规模有所减小。截至 2017 年 6 月，英国拥有 529 名活跃的对冲基金管理人，管理着 3 700 亿英镑的资产。再发展至 2018 年 6 月，英国对冲基金管理的资产规模仅余 3 550 亿英镑。

2.4 日本私募发展简史

在私募基金行业发展初期，日本政府明令禁止投资于证券的私募基金，直到 2000 年才立法许可，但市场一直发展缓慢。日本的私募股权投资基金产生于 20 世纪 50 年代初美国对日本进行资本主义改造的过程，政府在其发展过程中给予大力扶持，但由于日本的企业文化和政府监管等原因，私募股权投资基金的发展也不充分，近年来日本政府开始鼓励企业改革，私募基金市场迎来了巨大的发展空间。

2.4.1 日本私募股权投资基金

与欧美相比，日本私募股权投资基金发展相对滞后，但日本是亚洲最早开展私募股权投资的国家。在 20 世纪 90 年代末以前，日本的 PE

投资等同于风险投资。90 年代末以来，日本出现了收购投资的方式，PE 投资的领域进一步扩展。日本 PE 投资主要分为以下几个阶段：

1. 萌芽与发展（20 世纪 60 年代—1971 年）

为促进中小型创业企业充实自有资本，推动其健康发展，1963 年 6 月日本政府效仿美国的《小型企业投资法》制定了《日本中小企业投资扶植法》，并依据这一法律于同年 11 月在东京、大阪和名古屋分别成立了中小企业投资扶植公司面向资本金低于 3 亿日元的中小型创业企业进行投资。以此为契机，日本的 PE 投资开始有了初步的萌芽。截至 1985 年 3 月，这三个中小企业投资扶植公司共对 1 414 家中小型创业企业进行了累计 570.3 亿日元的投资。

2. 第一次 VC 投资高潮（1972—1981 年）

1972 年 11 月，日本仿照美国研究和发展公司成立了第一家民营 VC 投资公司——京都事业发展公司。该公司主要面向京都地区的企业进行投资。到 1974 年，又陆续成立了日本创业投资、日本风险投资、日本联合金融（现集富有限公司，JAFCO）、环球金融、中央资本、东京创业投资、钻石资本等 6 家 VC 投资机构。上述 8 个 VC 投资机构被统称为日本民间 VC 投资的“先遣 8 公司”，其投资活动推动了日本 1970—1975 年第一次创业热潮的出现。

1975 年 7 月，日本通商产业省（现经济产业省）的支持成立了一个半官方机构———财团法人研发型企业扶植中心（1994 年 6 月更名为日本创业企业中心），该中心的主要目的是为研发型企业提供 80%的债务担保（最高限额 8 000 万日元）。

此后，由于石油危机导致经济萧条、缺乏实现投资退出的多层次资本市场以及缺少有经验的专业人才等因素，第一次 VC 投资高潮从 1975 年开始步入低谷。

3. 第二次 VC 投资高潮（1982—1994 年）

1982 年，JAFCO 依照日本《民法》规定，仿照美国合伙型基金的建立方式，筹建了日本第一个 VC 投资基金。合伙型基金的建立，大力推动了日本 VC 投资的快速发展。此外，1983 年日本进行了场外交易市场改革，放宽了二板市场和场外交易市场上市注册的要求，为 VC 投资机构的退出创造了有利条件。在此背景下，1983—1986 年日本出现了第二次创业热潮，产生了一大批以生物技术、新材料、电子产品等高新技术产业为主的创业企业。受其影响，许多经营业绩良好的中型证券公司与小型城市银行都积极参与到当时的 VC 投资活动中，VC 投资也因此呈现出一派繁荣景象，出现了第二次 VC 投资高潮。1983—1986 年间，日本创纪录地出现了六十多家 VC 投资机构，到 1987 年末 VC 投资机构的融资额已经累计达到 3 000 亿日元。但是，1985 年“广场协议”后日元升值给很多创业企业带来沉重打击，它们纷纷破产倒闭，这也导致了第二次 VC 投资高潮的结束。

4. 第三次 VC 投资高潮（1995 年至今）

日本的第三次创业热潮始于 1995 年，时值日本泡沫经济破灭陷入长期萧条，日本政府积极采取各种措施为创业企业的发展提供支持，在软件及新兴服务业等领域出现了很多创业企业。1993—1996 年在大批创业企业上市热潮的带动下，日本的 VC 投资也随之取得了快速增长。1993 年度的日本 VC 新增投资额仅为 865 亿日元，此后 3 年持续增长，1996 年度的投资额达 2 427 亿日元，是 1993 年度的 2.81 倍。不过，受到 1997 年亚洲金融危机的影响，日本的 VC 投资热潮也随之结束，1998 年度的投资额仅为 1 157 亿日元，继 1996 年度后连续两年大幅下降，仅为 1996 年度投资额的 47.67%，减少了一半之多。

20 世纪 90 年代末，日本政府出台了一系列促进 PE 投资的政策，从资本来源、税收、基金成立方式等方面推动了国内 PE 行业的全面发展，使得日本的 PE 行业真正与国际接轨。

日本政府有关 PE 投资政策的不断完善，推动日本的 PE 投融资市场正式进入全面发展阶段，尤其是日本的收购投资经历了从无到有的快速发展历程。1997 年到 2011 年，日本共成立了 160 个专门进行 PE 投资的收购基金，累计认缴投资额达到 31 675 亿日元。自 1998 年开始至 2011

年，这些基金共发起626个投资活动，投资累计总额达到67 976亿日元。在各项政策利好的推动下，21世纪以来日本PE市场融资规模也取得了快速增长。2000年日本PE市场融资额达到4 749亿日元，此后虽有所波动，但随着日本经济形势的复苏，2004年以来日本PE市场融资增长迅速，并于2007年创下历史最高纪录。

2017年是私募股权市场的最大交易年度，企业剥离提高了整体交易价值，交易额超过了2006—2016十年间的平均水平。贝恩公司公布的报告显示，截至2017年9月，交易金额达到近240亿美元（2.5万亿日元），这一交易额受大宗交易（超过250亿日元）的驱动，最显著的是对东芝的交易（180亿美元）。

2.4.2 日本私募证券投资基金

日本的《证券投资信托法》第三条明确规定，“除证券投资基金外，任何人均不能签订以将信托财产主要投资于有价证券运用为目的之信托契约，但是不以分割收益权，使不特定的多数人取得为目的之行为，不在此限”。可见，日本明确禁止投资于证券的“私募基金”，但是对于不是主要投资于有价证券的集合投资基金如风险投资基金，日本法律并未予以禁止。同时，日本的私募股权类基金在发展过程中亦出现了私募股权类基金证券化的现象，私募房地产信托投资基金（Private J-REITs）的出现便是其中的代表，其经营行为除应遵守《证券投资信托法》外，亦受到1998年出台的《关于由特别目的公司实现特定资产流动化的法律》的约束。

1996年前后，一些日本主要银行和贸易公司开始进行对冲基金投资，他们可以被视为日本的第一代对冲基金投资者。其他主要机构投资者（例如人寿保险公司）从1998年初开始就对冲基金投资进行研究，但LTCM的陨落以及一些固定收益套利者的崩溃迫使他们暂停或放弃进行新投资。

1999年以来，由于日经指数表现出色，这期间很少有机构投资者进行对冲基金投资。欧洲、美国和日本在2000年初对IT股进行大肆抨击，为包括日本养老基金在内的日本机构投资者提供了一个将对冲基金引入其投资组合的机会。

日本在2000年通过立法允许对冲基金开展业务，解禁后的2000年，日本就出现了81只对冲基金，此后的5年间增长速度十分惊人，基金数量增长了9倍，资产规模增长了10倍。截至2004年末，在日本已经累计发行了725只对冲基金，资产规模达到了25 000亿日元（约合250亿美元），对冲基金已经成为日本金融市场中不容忽视的角色。如果再考虑到高达几十倍的资金杠杆，其对市场的影响更是举足轻重。

日本对冲基金的发展并不顺利，在2005年时，投资于亚洲地区的对冲基金有580只，而完全投资于日本的只有约100只，与日本发达的股票市场相比，对冲基金显然匮乏。

截至2017年5月，日本有118家活跃的对冲基金机构投资者，在亚太地区仅次于澳大利亚，尽管有这么多投资者，但在日本，仅有57家对冲基金管理人，管理着近100亿美元的资产，相比美英对冲基金的发展水平，日本的对冲基金仍很匮乏。

2.5 澳大利亚私募发展简史

澳大利亚在长达25年多的时间中不曾出现衰退，近年来，澳大利亚对冲基金行业的增长速度超过了全球对冲基金行业。自2004年以来，澳大利亚对冲基金行业已经从澳大利亚管理基金行业的3%增长到5%，并从略高于1%增长到全球对冲基金行业的近3%。

在全球金融危机对许多国家的冲击性影响尚未完全根除时，澳大利亚因紧邻高速发展的亚洲地区，同时又能分享到西方市场的制度优势，其经济已先一步走出危机。截至2016年6月30日的一个财年，澳大利亚的PE和VC从新投资者那里融资28.7亿澳元。这一年里已累计投放了36.8亿澳元。

2.5.1 澳大利亚私募股权投资基金

澳大利亚在 1970 年成立了首只风险投资基金，1984 年，管理和投资公司计划成立，此后，11 个投资项目可以向投资者筹集风险资本。1987 年全球股灾，风险投资遭受损失。澳大利亚的私募股权投资基金早期发展缓慢，到 1988 年，具有 47 家风险投资公司。在 1992 年，17 家管理总金额为 5.07 亿美元的 PE 和 VC 机构创办了澳大利亚私人资产和风险投资协会（The Australian Private Equity and Venture Capital Association Limited，AVCAL）。1993—1997 年，政府通过组建公司、推出创新投资基金来鼓励风险投资，并形成了风险投资业的骨干，此后，得益于澳大利亚坚韧的经济形势，市场开始了快速发展。

澳大利亚的私募股权行业在截至 2009 年 6 月 30 日的过去一年中总共募集了 174 亿澳元（约合 130 亿美元），而上一年度则募集了 176 亿澳元（约合 158 亿美元）。几乎所有的有限合伙人都是澳大利亚公司，其中养老基金超过一半。绝大部分资本都流入了并购基金，实际上，2003 年以来完成的交易中，并购平均占 80% 的交易总值和 30% 的交易数量。交易数量从 2008 年上半年的 26 笔急剧下降至 2009 年同期的 13 笔；但是交易总额却几乎翻倍，从 36 亿美元升至 66 亿美元。不过，交易总额的增加是由一笔额度高达 50 亿美元的交易造成的：加拿大退休金计划投资委员会收购麦格理通信基础设施集团。

澳大利亚政府启动了一系列促进早期阶段企业发展的计划，最近的一项计划是于 2009 年 8 月启动的创新投资跟进基金，是为应对投资于 VC 项目的资金出现短缺的状况。2010 年，政府对税收法规做出进一步的修订，向那些在本地设立了管理投资信托的私募股权机构提供税收优惠。

澳大利亚已经进入股权投资的新时代。2017 年的澳大利亚风险私募投资委员会的风投报告显示，2017 财年澳大利亚的风投及私募股权行业的融资总额创下 10 年来的新高，达到 33.5 亿澳元，比 2016 财年增长了

22%，直接反映了市场的强烈需求。投资金额比上一年增长了 4%，达到 38.2 亿澳元，其中私募股权投资基金的总投资额达到 33.8 亿澳元，风投基金的总投资额达到 4.29 亿澳元，较 2016 年增长了 24%，是 2014 财年以来的最高值。

2.5.2 澳大利亚私募证券投资基金

1. 初步发展阶段（20 世纪 90 年代初期—2004 年）

澳大利亚的本土对冲基金始于 20 世纪 90 年代初，但真正开始发展是在 90 年代后期。经过几年的发展，据一家澳大利亚基金管理研究院 Investor Info 统计，在 2004 年 6 月已经有 51 名对冲基金管理人，管理着至少 100 只基金和个人账户，管理的基金总量约为 155 亿美元。

2. 快速发展阶段（2004 年至今）

无论是在全球还是在澳大利亚，对冲基金行业发展的主要推动力都是机构增加投资。在 2003 年，只有不到 20%的澳大利亚机构投资者投资于对冲基金，而 2005 年这一数字上升到近 1/3。这些资金主要来自大型公共部门，行业和企业退休基金，尽管一些基金分配的投资组合显著多于其他基金。澳大利亚有全球最成熟的养老金产业，总规模 2.2 万亿澳元，所以该组织的小额拨款对于对冲基金行业而言也是非常重要的。

21 世纪初，在全球范围内寻找高收益率以及“科技泡沫”导致的股价下跌，都促使澳洲养老金将更多投资组合分配给对冲基金。外国机构投资者也成为澳大利亚对冲基金的资金来源，澳洲坚韧的经济表现，使得境外投资者已越来越明确地意识到澳洲私募基金和风投行业具有发展稳健和超高增长地双重特性，纷纷投身其中。

截至 2017 年 5 月，澳大利亚已经成为亚太地区最大的对冲基金中心，拥有 124 家对冲基金管理人，管理着 300 亿美元的基金规模。平均基金收益率达到了 7.5%。

延伸阅读

资本之王——黑石集团

黑石1985年由彼得·彼得森（Peter G.Peterson）、史蒂夫·施瓦茨曼（Steve Schwarzman）以及理查德·贝内特（Richard Benne）共同出资40万美元创建。黑石的名字来自两位创始人，Schwarzman在德语中的意思是“黑色”，Peter在希腊语中的意思是“石头”。彼得森生于1926年，毕业于西北大学，在芝加哥大学商学院取得MBA学位，曾出任多家咨询公司的高管。

1. 黑石的成长

黑石在创建之初从事并购重组的财务顾问业务。黑石的第一桶金，靠的是彼得森利用其担任白宫内阁成员时所积累的和日本索尼创始人盛田昭夫的私人关系，彼得森顺利获得了索尼在美国并购业务的代理权，并帮助索尼以20亿美元收购了哥伦比亚唱片公司，并由此获得了1 500万美元的酬金，在开展业务的过程中，黑石觉得客户不仅需要顾问服务，更需要投资伙伴，于是决定进入投资管理行业。1987年，黑石凭借两年成功的财务顾问服务记录募集成立了第一只PE基金，金额为6.35亿美元，吸引了32个投资者，包括大都会人寿、通用电气公司、日兴证券以及通用汽车公司的退休基金。这只PE基金为注册在特拉华州的有限合伙企业，黑石作为普通合伙人（GP），投资者作为有限合伙人（LP）。黑石提取的年度管理费为2%，基金业绩超过8%后，黑石可以提取20%的业绩提成。基金募集成立之后的第二天，1987年10月19日的黑色星期一，道指大跌22%，施瓦茨曼在此前两个交易日内奇迹般地成功平仓，避免了募集资金遭受损失。之后，垃圾债市场全面崩盘，持有垃圾债的大量社区储蓄公司破产，资产廉价向市场抛售。备足弹药的黑石迎来发展良机，一发而不可收。

在恶意收购盛行的20世纪80年代，黑石坚持拒绝恶意收购。黑石的PE基金进行的第一个收购案例是运输之星公司。当时美国钢铁集团正与著名的恶意收购方卡尔·依坎周旋，后者已发出恶意收购要约。美国钢铁集团为保住公司核心资产，找到黑石寻求帮助，黑石引入化学银行为之提供贷款。美国钢铁集团和黑石集团共同出资设立了子公司——运输之星控股有限公司，同时将美国钢铁的核心资产转移至新成立的子公司。黑石于1986年介入该项目，到2003年完全卖出股权时，黑石及其投资者获得了高达25倍的收益，15年间的年平均收益率达130%。在此次交易过程中，黑石确定了其投资风格，同时奠定了良好的行业口碑。

1989年至1992年，经济陷入低谷，信贷市场停滞，私募股权公司需尽全力才能使旗下债台高筑的公司生存下来。在此期间，黑石集团也几次投资失利，沦落到濒临死亡的境地。伴随着此次金融危机，收购公司自身需提供的并购资金由80年代的5%～10%，上升至30%左右，甚至更高。在杠杆收购业务如履薄冰的时候，黑石集团趁机丰富业务种类，不动产基金、FOF、夹层基金都是90年代新增的业务，后为黑石带来了丰富的回报。同时，黑石集团成为第一个进行不动产风险投资的私募股权公司，并且成为该领域的专家。

1995年4月，网景公司IPO，这可看作资本市场的一个转折点，代表着互联网时代的来临。风险投资取代杠杆收购业务，成为市场新的追逐点：公司的财务报表不再重要，未来潜在的巨额利润才是吸引投资者注意的兴奋点。黑石在通信领域完成的成功投资有5个，数量不多却获利颇丰，总共赚取了150亿美元的利润。这些被投资的公司基本都在农村地区开展业务，收益稳定。

2000年至2002年，股票和债券市场持续衰退，几乎没有杠杆收购的投资机会。黑石调整方向进入了秃鹰债务投资领域。“秃鹰”是金融行话，意指寻找破产或陷入困境的公司并买断它们的贷款和债务的投资者。投资问题债券需要很多和杠杆收购相同的分析，分析公司资产的价值以及它是否能产生足够的现金流来偿还债务。但当一个企业走下坡路时，评估它会剩余多少价值、哪些债权人会最终分割剩余价值都变得更加困难。黑石集团通过1997年发行的基金和通信基金，共耗资高达5.16亿美元来购买阿德菲亚和查尔特通信的债务（阿德菲亚通信公司，是美国第五大有线电视运营商，因财务造假隐瞒债务而破产；查尔特通信公司基础业务相对稳健，但是财务状况不佳，债务负担过重）。这是巨大的赌博，在一段时间内这项投资看起来是非常不合时宜的。而最终，这两个项目为黑石集团收获了近10亿美元的利润。

2. 黑石的上市

2007年，黑石实现了IPO，成为黑石发展历程中的又一个里程碑，也是美国资本市场的一个标志性事件。上市前夕，黑石管理着884亿美元的基金。此时的黑石已经不再是单纯的PE基金管理人。根据上市前的公告，黑石管理的基金可以分为三大类,PE基金（331亿美元）、房地产基金（200亿美元）和其他另类投资基金（354亿美元）。其中，另类投资基金包括对冲基金母基金、夹层基金、高级债务工具（CDO、CLO）基金等。黑石2006年的净利润为23亿美元。1987年至2007年，黑石的PE基金共投资过112家公司。2007年上市前，黑石PE基金投资的公司数量为43家，其中不少是上市公司。

黑石管理的三大类基金中最大、最传统的是PE基金。黑石PE基金的来源则主要是机构投资者。2007年上市前夕，黑石的主要资金来自养老金（54%）、保险公司（10%）、母基金（10%）等机构投资者，富豪家族投资和个人投资者合计占9%。

美国上市公司首先必须符合美国《证券法》的规定，履行信息披露义务。如果一个公开募集资金的公司，以投资为主，所投资、再投资或交易的证券超过公司资产的40%，则会被认定为《投资公司法》下的公募投资公司（公募基金）。这样的投资公司必须到美国证监会登记，遵守《投资公司法》的规定，组建以独立董事为主的董事会，保持投资资产的高流动性和低杠杆。美国的共同基金都以投资公司的法人形式存在。

黑石上市时面临的首要问题就是如何既符合《证券法》下公开上市的监管规定，又要避免被认定为《投资公司法》下的公募投资公司。同时，黑石还希望继续保留GP和LP的运作架构，以便享受税收优惠并保留对GP对私募基金投资决策的控制。为此，美国盛信律师事务所为黑石设计了一个精巧复杂的法律方案，德勤会计师事务所为黑石进行了财务审计，编制了模拟报表。黑石为了IPO进行了全面的架构重组，历时一年多。之后，KKR和凯雷后续也按黑石的模式进行了 IPO，掀开了私募基金行业发展的新纪元。

黑石的上市架构安排比较复杂。黑石的上市主体是黑石集团有限合伙企业（The Black stone Group L.P.），其 GP 是黑石集团管理公司（Blackstone Group Management L.L.C，特拉华州注册的有限责任公司）。黑石集团公司由黑石高级管理人员持股并控制，GP 不出资。LP 的合伙份额单位化，LP 份额 12.3% 公开募集，其中 9.7% 的份额卖给了中投。黑石有限合伙企业通过全资控股平台持有黑石控股有限合伙企业（Blackstone Holdings 1–5 L.P.）的 GP 份额，占有该有限合伙企业份额的 22%，合伙企业份额的 78% 为 LP 份额，由黑石的创业人和员工持有。创始人和员工持有的黑石控股有限合伙企业的 78% 份额可以与上市主体黑石集团有限合伙企业的 LP 份额进行 1∶1 互换，但是需要满足一定条件。黑石对外开展基金管理业务时会以黑石控股有限合伙企业作为 GP。

图 2–4 展示的架构可以简单概括为两个有限合伙企业的嵌套。第一个有限合伙的 GP 是管理层，LP 是持有上市股份的投资者（22%）。第二个有限合伙的 GP 是第一个有限合伙（22%），LP 是黑石的管理层和员工（78%）。第二个 LP 的份额虽然不能直接流通，但是通过一定条件可以等量转换为第一个 LP 的份额，从而上市流通。

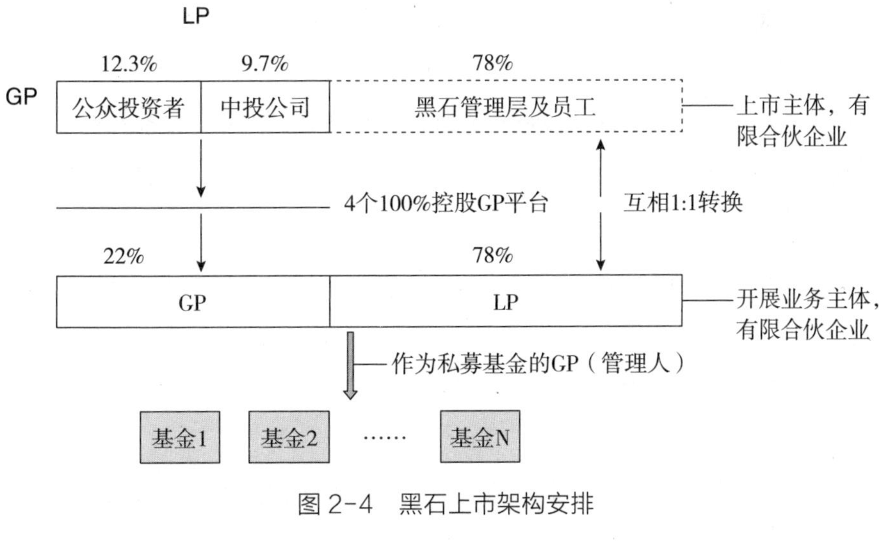

图 2–4　黑石上市架构安排

通过上述复杂的架构安排，黑石实现了上市之前既定的诸多目标。一是保留有限合伙企业的身份，GP 和 LP 都可以继续享受税收上的优惠。二是通过有限合伙企业的架构，管理层仍然通过 GP 控制黑石的运作，作为上市主体的黑石集团有限合伙的协议约定，LP 无权更换 GP，也无权决定 GP 的管理层。三是通过嵌套架构，使得管理层和员工持有第二个有限合伙的份额（满足条件时可以置换上市），既实现了员工激励，又保持了一定的控制。四是通过公开发行第一个有限合伙的 LP 份额募集到了巨额资金。上市主体的有限合伙份额没有投票权，只有经济收益权，可以说类似优先股。但是由于黑石令人称道的投资纪录，加之当时市场正处于金融危机前的巅峰状态。黑石集团有限合伙的 LP 份额单位按照定价区间（29～31 美元）的上限 31 美元进行了 IPO，公开募集 41 亿美元，其中中投公司认购 30 亿美元。幸运之神再次眷顾了黑石。黑石 IPO 后不久，全球金融危机爆发，黑石的股价最低跌至 3.87 美元。

3. 在争议中发展

2008 年，施瓦茨曼在纽约举办了盛大的 60 岁生日聚会。这场生日聚会的奢华使得黑石成为媒体批评的风暴眼，但这些批评没有阻止黑石成为新一代华尔街之王。黑石管理的基金已经达到 3 440 亿美元，黑石作为 GP 对这些资金掌控的自由度超过传统金融机构。一般认为，私募基金有利于促进长期资本形成，能够活跃资本市场的流动性，通过并购交易优胜劣汰，提高市场定价效率，发掘新的经济亮点，是推动美国经济发展必不可少的力量。

同时，关于私募基金行业的争议一直没有停止。

首先是税收问题。施瓦茨曼 2015 年 8 亿美元的分红相当于 34 个高盛 CEO 的工资（2 300 万美元）。奥巴马政府认为黑石这种有限合伙企业取得的收入按照资本利得而非个人所得（前者税率低）纳税是美国最明显的税收漏洞。

其次是监管问题。全球金融危机以后，美国出台多特－弗兰克法案。根据其中的沃克尔规则，不少银行都必须剥离私募基金业务并且不得再从事类似业务。黑石等私募基金则迅速并购银行剥离的业务并不断扩大市场份额，实际上是占了便宜。2013 年，彭博专门报道，黑石管理的不同基金存在自我交易的情况，涉嫌利益输送，引起各方关注。

面对围绕私募基金行业的争议，各国纷纷开始建立健全私募基金管理人的监管体系。根据 G20 的要求，金融稳定理事会（Financial Stability Board，FSB）正在会同国际证监会组织（International Organization of Securities Commissions，IOSCO）制定非银行非保险类系统性重要金融机构的标准。黑石等大型私募基金管理人有望入选，从而进入监管聚光灯。美国在多特弗兰克法案中已经要求私募基金管理人到美国证监会登记。美国证监会对私募基金管理人的监管体系初步建立。2015 年，美国证监会还对黑石违背受托责任进行了处罚，黑石支付 3 900 万美元取得了和解。欧盟也制定了另类投资基金管理人指令（Alternative Investment Fund Managers Directive，AIMFD），要求管理一定规模以上的私募基金管理人必须经到欧盟所在国批准方可开展业务。

4. 新兴市场广泛布局

黑石的主营业务横跨五大领域：企业私募股权、不动产投资、对冲基金组合、信贷资产投资、财务顾问。

金融危机后，黑石集团加大了对新兴市场的投资，在亚洲市场尤其是中国逐步加快了投资速度。为进入中国市场，黑石力邀中国香港财政司前司长梁锦松加入，梁锦松出任黑石集团中国区主席不到半年，便成功吸引筹备中的国家外汇投资公司入股 9.9%。黑石的中国之路要比其他同行顺利得多，并在中国房地产市场频频动作。2008 年，黑石集团购入上海 Channel One 购物中心的物业，价格为 10 亿元，总面积为 4.2 万平方米。在持有该物业的三年时间内，黑石集团将其出租率提高至 90%。2011 年 9 月，黑石集团将所持有的 Channel One 95% 的股权出售给新世界发展有限公司，价格为 14.6 亿元人民币。在 2016 年，黑石集团董事长、CEO 兼共同创始人苏世民表示，黑石集团在中国布局资产规模已超过 50 亿美元，重点布局私募股权、信贷投资、房地产和对冲基金四大领域。

黑石对新兴市场的另一个投资重点在印度。黑石从 2005 年开始在印度运营，但早期有一些投资因选错行业和未能为货币贬值做好准备而遭遇失败。此后，黑石对业务策略进行了调整，从 2011 年开始采取收购印度公司多数股权的策略，目标仅限于金融、医疗保健和工业等其“深度了解”的特定领域。

第3章

全球私募行业监管模式

站长在梳理各国私募发展历史时，发现私募行业的发展与经济发展状况与监管态势有着密不可分的关系，国际上对私募基金的监管一般都以保护投资者权益为最基本的原则，但不同国家因私募发展历程不同，对私募基金的监管模式和监管内容也体现着不同的原则和精神。在金融自由化程度高的经济体中，对私募基金的监管相对宽松，更多地体现出效率的原则；金融市场开发度低或金融自由化程度低的经济体，对私募基金的监管则更多地体现了安全的原则。美国、英国、日本、澳大利亚等国家的具体监管模式是怎么样的？能为我国私募监管提供怎样的借鉴？对于私募机构，需要遵守哪些机构制定的何种法律法规呢？本章为您一一道来。

3.1 私募行业监管

在私募行业发展的早期，各国政府对机构投资者管控严格，资金匮乏成为制约私募基金行业发展的主要障碍。20 世纪 70 年代，随着美国养老基金被允许进入私募基金领域，全球对私募行业的限制开始放松，行业迎来了快速发展。2008 年金融危机后，各国都开始着手改革并完善整个金融监管体系，私募行业作为金融体系的一部分，也被纳入了监管范围。

3.1.1 私募行业监管模式

在 2008 年金融危机爆发前，各国对私募基金监管较少，也没有出台专门法律，对私募基金的立法监管常散见于对整个投资基金业包括共同基金、对冲基金、私募股权投资基金等的立法条文中。在传统的投资私募基金监管体系下，各国对私募投资行业的监管大致来自三个方面：一是政府集中监管模式下的监管法规；二是由行业协会形成的自律监管架构；三是来自公信机构监督、私募公司治理等方面的市场化监管。

1. 政府集中监管模式

政府集中监管是指国家权力机关通过强制性手段对行业参与的各方进行约束和监督管理，以期实现国家总体利益的最大化。在政府集中监管模式下，政府往往会出台相关的监管法规对私募基金的运营过程进行监管。

2. 行业自律监管模式

行业自律是指通过成立行业协会，以自律监督为主的自觉性监管措施。事实上，除了政府层面的立法规范、执法监督和司法保障外，各个国家和地区的基金业同其他行业一样，也成立了自己的行业自律组织致力于本行业的发展和完善，行业自律监管是对政府集中监管的有效补充。

由于私募行业的专业性比较强，再加上金融技术创新、工具创新和产品创新不断涌现，行业自律组织的作用愈加突出。总的来讲，私募行业组织的主要功能为"实施行业自律，促进行业健康发展"。私募行业组织根据自己的行业准则、规则对进入私募行业的企业和从业人员的经营、行为操守等方面进行监督规范，以便更好地为投资者服务，促进私募行业的良性发展，在行业主体与行业主管部门之间起沟通作用。

3. 市场化监管模式

市场化监管模式是指以公信机构监督、基金治理结构优化等为主要内容的一系列市场化监督措施的总称。在美国、英国等发达国家，私募行业的监管除了来自政府的法律法规和行业协会的自律规则外，来自公信机构的监督以及私募自身的治理机构优化等市场化力量也是私募监管的重要组成部分。

（1）公信机构的监督

公信机构，是指由政府主管或监管部门，或者公认的权威组织认可的独立机构，例如，会计师事务所、律师事务所等。这些机构为信用社会提供可信赖的结论，是市场经济的重要支撑力量。

（2）基金治理结构的优化

基金治理结构的优化是指基金以及基金管理人的治理。例如，公司型基金的基金治理就是基金本身的公司治理；契约型基金的治理既包括契约三方（投资者、托管人和管理人）之间的治理，也包括基金管理人本身的公司治理。

（3）投资者资产损失补偿和保险机制

私募基金监管的首要目标是保护基金投资者的正当权益，维护投资者的投资信心。但基金投资者遭受到不可预料的损失时，投资者资产损失的补偿和保险机制尤为重要。例如，在美国有证券投资者保护公司和其他类似的商业保险外，还有共同基金行业的独特保险提供者（即投资公司协会共同集团）来提供资产损失补偿和保险。

在2008年金融危机后，各国对私募基金行业的监管政策“由宽松转向严紧”，从自律监管为主转向立法监管为主，政府对私募基金行业的监管也从间接监管逐渐转变为直接监管。

3.1.2 私募行业监管内容

1. 私募基金监管的目标

私募基金监管有三大目标：保护投资者利益，确保市场的公平、有效和透明，消除系统性风险。这三大目标是紧密联系且有交叉的，可将其视为一个整体。私募基金监管主体要以保护投资者为目的，同时以确保市场的公平、有效、透明和消除系统性风险为路径，在具体监管制度设计和监管措施选择方面维持适度的平衡。

2. 私募基金监管的内容

（1）对私募基金管理人的监管

私募基金作为一种专业化的资产管理方式，其募集、投资、管理、退出等环节的运作均依赖私募基金管理人。因此，对私募基金管理人的监管是私募监管的重点，一般包括两个方面：

一是准入资格。要保护投资者的利益并维持私募市场的稳定，私募基金管理人需要具备与业务相匹配的人员、组织架构以及资源，具备进行基金管理和投资的能力，因此需要其在相关部门进行注册登记后才能开展业务。

二是内部管理。私募行业的高风险性质要求私募基金管理人在机构内部建立完备的风险控制体系，确保投资者利益免受巨大损失。

（2）对私募基金投资者的监管

私募基金不同于公募基金，面向的是特定投资者，风险较高，对投资者的风险识别能力和风险承担能力有较高的要求，对私募基金投资者监管的目的在于进行投资者筛选，选择出“合格投资者”，维护广大投资者利益。

在具体监管中，对“合格投资者”的资格限定通常表现在对投资者净资产和投资门槛的限制上。设置高的投资门槛一方面是以资金量为指标，隔离风险承受能力较弱的普通投资者，另一方面是为了控制基金的参与人数，避免私募基金变质为公募产品而失去私募性质。而且，高的投资门槛可以在一定程度上保证资金的稳定性，由于私募基金投资的项目大多有较长的回报周期，稳定的资金可以降低投资的流动性风险，提高基金收益。

（3）对私募基金托管人的监管

私募基金托管人是根据相关规定，在投资基金运作中承担基金财产托管的当事人。基金托管人的介入，使基金资产的所有权、使用权与保管权分离。基金托管人、基金管理人和基金持有人之间形成相互制约关系，从而起到保障投资者资产安全的作用。

对基金托管人的监管主要包括对其资格和托管责任的规定。在国外，对基金托管人的任职资格有严格的规定，一般都要求由商业银行及信托投资公司等金融机构担任，并设置严格的审批程序。我国目前制定了私募基金托管人资格规定，但在托管职责方面还做到清晰界定。

（4）对私募基金信息披露的监管

私募基金的特点在于复杂的代理关系和信息不对称。分散的投资人提供资产，但不负责基金财产的日常运营和管理，由基金管理人代理运营。私募基金管理人与投资者相比，具有信息优势，这种信息不对称会造成市场交易双方的利益失衡，容易形成道德风险，还使得投资者难以辨别基金管理人的真实实力、运作模式、资金用途等信息。因此，信息披露方面的监管是维护投资者利益的重要环节。

在具体监管中，由于私募基金面向合格投资者，所以其仅需将信息披露给特定的投资者及监管者，私募基金的信息披露应满足适当性，既要披露足够的对基金投资人决策有用的重要信息，同时也不是所有细枝末节的信息都要披露，应赋予私募基金适当的信息隐私空间。应当披露的信息包括基金合同、基金的投资情况、基金投资收益分配等方面。

（5）对私募基金运作的监管

私募基金是基于委托与信赖关系而成立的，基金管理人在管理基金时，应该为投资者的利益最大化服务，不能让自身利益或其他主体利益凌驾于投资者利益之上。

私募基金的运作过程是私募基金投资者和管理人之间潜在利益冲突最为突出的领域，也是监管的重点部分。对基金运作过程的监管，是对基金募集、投资、管理和退出四个阶段的行为监管，包括资金募集方式、投资方向、基金业绩报告、基金纳税义务等。其中，投资者和管理人之间形成利益冲突的表现形式通常为关联交易、内幕交易及欺诈行为等。

3.2 美国私募监管模式

美国对私募基金的监管主要以间接监管为主。在行业发展初期，监管层并未针对私募基金制定专门的法律法规。随着整个行业的快速发展，私募基金行业对经济的作用日益明显，在经历科技泡沫破灭、长期资本公司破产、2008 年金融风险的爆发后，监管层开始逐渐意识到对私募基金实行统一管理的重要性，并开始新的监管尝试。随着 2010 年《多德-弗兰克法案》的颁布，美国进入私募基金监管的新纪元。

3.2.1 美国私募行业的监管模式

美国私募基金的监管体系主要包含三个层面。第一层证券交易委员会（SEC）。作为最高管理层，证券交易委员会具有立法权，有权力管理投资基金行业的投资活动和交易行为，对投资基金公司的经营活动进行管理检查，旨在充分保护投资者的合法权益；另外在信托法和投资公司法的执行上也具有相关的监督作用。全美证券商协会是美国的第二层次的监管机构。全国证券商协会成立于 1934 年，一直帮助全面贯彻投资基金运作中的公平交易原则，其作用不可小觑。第三层次是基金组织的受托人和其他市场主体，这些机构独立于投资者和基金管理人而存在，因此可以起到监督管理人的作用，维护投资者资产安全。

1. 私募基金的政府监管

2008 年金融危机爆发前，美国并未出台专门的私募基金管理办法。

美国政府在修改《1933 年证券法》、《1934 年证券交易法》、《1940 年投资公司法》和《1940 年投资顾问法》的基础上，通过了全国性的《1966 年证券市场促进法》，这些法律构成了美国私募基金监管的法律框架。

《1933 年证券法》明确将基金纳入证券范围，明确规定私募基金可以豁免无须登记基金单位的市场发行，也不需要像注册投资基金那样在详细的招股书中披露基金的资料并做出承诺。

《1940 年投资公司法》要求每一个投资基金都在证券交易委员会注册，但是对于私募投资公司做出了豁免规定。美国的私募基金主要就是指在该法规豁免注册登记条款下成立的基金，其形式包括对冲基金、风险投资基金、私募股权投资基金等。

美国没有针对一般意义上的创业投资基金进行专门的证券立法，而是将股权投资基金、创业投资基金和私募证券投资等投资类型的私募基金都归入《投资公司法》的管辖范畴。各类私募投资基金的份额都属于证券，其发行亦均受《证券法》的监管。在《投资公司法》下，包括创业投资基金在内的各类私募基金均按照两种主要的方式豁免其在美国证监会作为注册投资公司（主要为公募基金）的注册要求，即 3（c）（7）条款豁免和 3（c）（1）条款豁免，前者适用于投资人门槛较高的基金，每一投资人都必须满足合格投资者要求（合格投资者包括：拥有不少于 500 万美元投资的自然人；拥有不少于 500 万美元投资的家族公司；符合条件的信托组织；拥有不少于 2 500 万美元投资的其他组织）。对于美国之外注册的基金（如开曼基金）而言，则仅其美国投资人需满足该等条件，这类基金在《投资公司法》下对于投资人的人数没有特别的限制（但在 1934 年颁布的美国《证券交易法》下，一家发行人的人数如达到 2 000 人且总资产超过 1 000 万美元，则需要在该法下注册成为报告公司）。

由于 1998 年 LTCM 在俄罗斯市场投资失败而被迫清盘的事件几乎引发了整个金融市场的系统性危机，因此，美国各金融监管机构一致认为需要加强对私募基金的监管。于是，美国证监会在 2004 年采用了“穿透”规则，即在计算客户人数的时候，不再把一个基金算作是一个客户，而是把私募基金的投资者都列为客户。这样一来，绝大部分的私募基金管理人的客户数都将超过 15 个，从而需要向美国证监会注册。但是不久之后，美国联邦上诉法院认为该规定超越了美国证监会的职权范围，裁定其无效。此后，虽然美国国会意图通过其他法案，要求私募基金向美国证监会注册，但都以失败告终。

全球金融危机之后，美国政策在全面总结经验教训的基础上，于 2010 年 7 月签署了《2010 年华尔街改革和消费者保护法》，又称《多德–弗兰克法案》。该法案中包含了《2010 私募投资顾问注册法案》（简称《注册法案》），修改了《1940 年投资顾问法》关于私募基金投资顾问（相当于我国的私募基金管理人）豁免登记的条款，要求所有私募基金管理人必须进行登记。而且，任何按照《1940 年投资顾问法》登记的基金管理人，无论公募还是私募，都需要适用相同的法律标准，遵循美国证监会同样的监管要求。法案不仅加强了对私募基金管理人登记的监管，还对私募基金做出了其他规定如私募基金的募集主体资格、代销的责任归属，细化了基金募集程序，规定基金募集专用账户，实现对募集结算资金的归集管理。《多德–弗兰克法案》将 SEC、联邦存款保险公司（Federal Deposit Insurance Corporation，FDIC）和美国商品期货委员会（Commodity Futures Trading Commission，CFTC）三个独立的监管机构捏合在一起，私募基金需要接受三个机构的监管，并符合它们所有的合规要求，美国的私募基金还要向这三个监管机构报备自己的持仓仓位，以便监测它们的系统性风险、杠杆及衍生品使用情况，这也增大了私募基金的投资难度。在《多德–弗兰克法案》通过以前，SEC 只监管异常交易，至于欺诈等行为通常靠投资者检举，如今只要私募基金在披露中有纰漏就有可能遭到监管机构问责。

新法案在资金转账方面也做了许多要求，例如提高了托管银行和交易经纪商的资本准备金要求。美国的私募机构为了应对这些合规要求不得不增加合规部门人员，这也增加了运营的开支。而且，基于规模和其他风险因素，法案将某些对冲基金和私募股权投资基金的基金管理人归为非银行金融机构，受该法案新设的两大超级监管机构——金融稳定监督委员会和金融研究办公室的监测。随着监管机构对私募基金监管趋严，美国私募基金行业的监管机制得到逐步完善，私募基金管理人的行为更加规范，投资者的利益与资金安全也得到了进一步保障。

2. 私募基金的行业自律

1940 年 10 月，参与起草投资公司法的代表们在纽约成立了一个名为“国家投资公司委员会”的行业自律组织，经过两次更名，于 1961 年确定为投资公司协会（The Investment Company Institute，ICI），ICI 起到的主要作用是：负责与 SEC 联络，反映 PE 行业的意见和建议；监督基金法规的实施。通过实施行业自律规则，提高从业人员的职业操守水平，督促会员严格执行有关法规，以维护和促进 PE 行业的健康发展；整理行业数据，规划行业发展。

1973 年，美国成立了全美创业投资协会（National Venture Capital Association，NVCA）来协调管理私募基金行业。NVCA 要求：（1）其会员应当是专门从事风险投资或私募基金业务，并且聘任至少 1 名全职直接从事投资的专业人员；（2）会员必须在美国有经营场所；（3）会员的行为必须遵守美国的税法和相关法令，会员在投资前后必须使用专业的方法等。

1996 年，NVCA 发布了《美国风险投资协会交易标准》，作为执业标准用于规范从业人员的交易行为。这些执业标准包括：会员应对经济发展抱有长远眼光并对创投行业进行长期投资，不应参与短期的投资活动；会员应向其投资者充分披露运营及财务报告；普通合伙人不得利用其地位获得不恰当的利益等。

3. 私募基金的市场化监管

公信机构在美国基金业的发展中起到了重要作用。美国基金业诚信传统的维护，得益于美国会计师和律师事务所等这些专业公信机构的紧密合作。因为可信赖、准确、及时的信息是基金市场的基础，投资者需要以那些高质量的信息为基础来做出自己的投资决策。此外，基金评估评级机构也是重要的公信机构。

在投资者资产损失补偿和保险机制方面，美国依据 1970 年《证券投资者保护法》建立了证券投资者保护公司以及其他商业保险。1987 年，由美国投资公司协会发起，各投资公司参股组建了专门为共同基金行业提供保险的保险公司——投资公司协会共同集团。损失补偿和保险机制的健全有效地保护了基金投资者的利益。

3.2.2 美国私募行业监管组织体系

2008 年金融危机后，美国开始实行目标导向型监管模式，有效避开了混业经营和分业监管的问题。通过成立金融服务监管委员会、扩大美国联邦储备系统的监管权力、在美联储下设消费者金融保护局等措施，来协调各金融监管机构；在宏观与微观层面上进行审慎监管，解决道德风险问题，保护投资者和金融消费者利益，实现了由多元化、功能监管模式向双峰、目标监管模式的转变。

特别地，美国对私募基金的监管主要分为三个层次（见图 3-1）。监管的第一层次为具有立法权的美国证券交易委员会、联邦存款保险公司和期货管理委员会，对基金的投资活动、经营活动和交易行为等进行管理与监督。第二层次的监管机构是联邦级的证券交易所和美国金融业监管局（The Financial Industry Regulatory Authority，FINRA）及投资公司协会，致力于全面贯彻落实投资基金运作中的公平交易原则。第三个层次是基金组织的受托人，基金受托人独立于基金管理人和投资者而存在，在对基金管理人的监管过程中，也可以起到一定的作用。

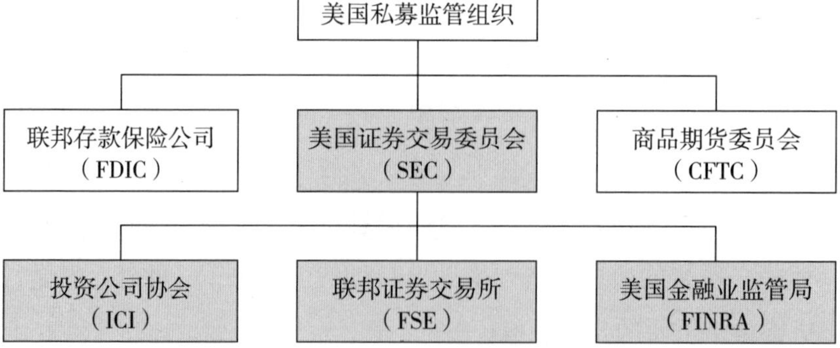

图 3-1 美国私募行业监管组织体系

1. 证券交易委员会

SEC 是美国联邦政府的一个独立的金融管理机构。根据 1934 年《证券交易法》，SEC 具有一定的立法权和司法权，专门行使管理、监督全国证券发行与证券交易活动的职能，检查投资银行、投资顾问、证券发行公司和大股东的经营活动。该委员会建立的目的，旨在监督执行美国《证券法》《证券交易法》《信托条款法》《投资公司法》《投资顾问法和公用事业持股公司法》，以维护证券发行者、投资者和交易者的正当权益，防止证券活动中的过度冒险、投机和欺诈活动，维护稳定的物价水平，配合联邦储备委员会以及其他金融管理机构，形成一个明确、灵活、有效的金融体系。

2. 联邦存款保险公司

联邦存款保险公司是美国联邦政府的独立金融机构，负责办理存款保险业务，根据《1933 年银行法》设立。美国从 1934 年 1 月 1 日起，对联邦储备系统所有会员银行以及申请参加联邦储备保险并符合条件的州银行，实行有法定限额的存款保险制度。2010 年，《多德–弗兰克法案》委任 FDIC 作为接管人清算银行控股公司、受监管的非银行金融机构，被列入受监管的非银行金融机构的私募基金管理人可能会被 FDIC 执行清算。

3. 美国商品期货委员会

1974 年，美国国会组建了商品期货委员会（CFTC），作为一个独立的机构，CFTC 拥有监管美国商品期货和期权的使命。在私募基金交易期货商品的情况下，由于期货市场归属 CFTC 管辖，基金交易期货时基金管理人需受 CFTC 规则规范并登记为期货基金经理人或期货交易顾问。但 CFTC 对基金运用期货的规范是针对基金管理人而非基金本身，CFTC 并不要求基金登记。

4. 联邦证券交易所

SEC 下属的联邦证券交易所（FSE）是一个半管理半经营的机构。它要执行 SEC 的部分管理职能，管理的主要对象是全国各证券交易所，即各交易所市场，同时，它作为有形证券市场，要维持、组织证券市场活动，独立核算，自主经营。

5. 美国金融业监管局

美国金融业监管局（FINRA）成立于2007年，由当时美国最有影响的证券业自律组织——美国证券交易商协会和纽约证券交易所合并发起成立。FINRA受SEC的监管，目前是美国最大的独立非政府证券业自律监管机构，其宗旨是保护所有在美国投资的个人。

6. 投资公司协会

投资公司协会（ICI）不但参与有关投资公司的立法、监督州和联邦有关的立法，充当基金业与证券交易委员会的联系人，而且还有广泛的行业自律任务和推广基金业的职能。在行业自律方面，投资公司协会通过组织和宣传手段，严格执行法规，以保持和提高基金业的良好发展势头；在推广基金业方面，该协会主要是向公众传播基金方面的知识，介绍投资于共同基金的方法，宣传投资基金的好处。

3.2.3 美国私募行业监管法律体系

目前，美国已建立起以《1933年证券法》《1940年投资公司法》《D条例》《144A规则》《1934年证券交易法》《1940年投资顾问法》《1996年全国证券市场促进法》《美国风险投资协会交易标准》《多德-弗兰克法案》为核心的私募基金监管法律体系（见图3-2）。其监管重点包括证券私募发行的注册豁免条件，基金管理人资格和注册条件，以及记录保存和信息披露、防止滥用非公开信息、反欺诈等。

美国有关私募基金的法律主要强调以下三点：

第一，投资人数的限制风险。美国《1940年投资公司法》3（c）条款将投资者人数限制在100人以内。同时，根据其中的3（c）（7）（A）条款，100人限制只在投资者购买基金证券时才发挥作用，如果是由于"赠与或者遗赠的方式获取，或者合法分居、离婚、死亡或其他意外导致转让"进而使基金的人数发生变化从而使投资者人数超过100人的，可不视为违法。

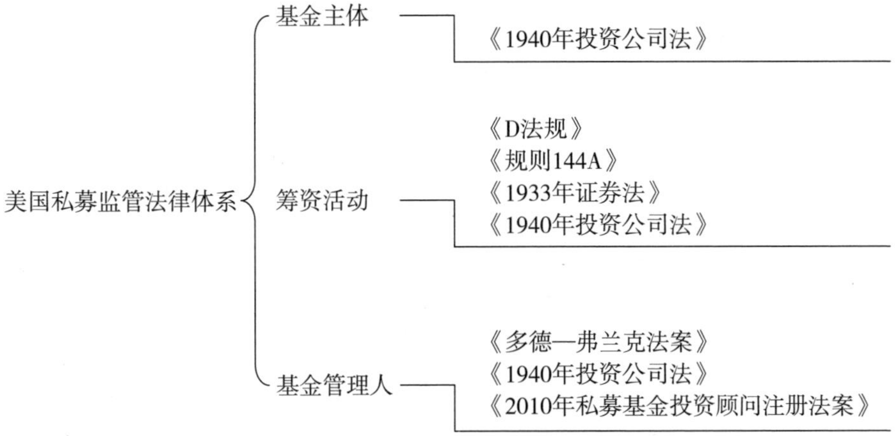

图 3-2　美国私募行业监管法律体系

第二，投资者资格限制。根据美国《1940 年投资公司法》51(A)条款，“合格购买者”指：① 拥有证交会定义的不少于 500 万美元投资的任何自然人（包括持有共有财产、夫妻共有财产或赠与或者遗赠的方式获取除外的一个发行人处持有其他类似利益共享所有权的任何人，包括该人的合格购买者配偶）；② 拥有不少于 500 美元的投资并直接或间接由 2 个或以上自然人所有的任何公司，该自然人或是兄弟姐妹或配偶（包括前夫或前妻），或者是直系血亲或收养的后代，或者是该人的配偶，或者是由该人建立或为了其利益而成立的不动产或基金会、慈善组织或信托；③ 某些信托；④ 为了自己账户或其他合格购买者的账户，或自主决定拥有和投资总计不少于 2 500 万美元的任何人。

第三，私募发行方法和广告的限制。《1933 年证券法》规定“不涉及公开发行的发行人的交易”可免予登记。1982 年的《D 条例》506 条规定，如果向“合格投资者”和 35 名以下非“合格投资者”发行证券就可以免予登记。《D 条例》502 条规定，私募发行禁止以下且不限于以下形式的广告：在任何报纸、杂志及类似媒体和通过电视、广播、计算机的传播进行任何形式的一般性广告宣传；通过一般性召集而召开的研讨会或其他会议。

3.3 英国私募监管模式

英国对私募基金的监管理念为减少干预。英国的私募基金主要是指“未受监管的集合投资计划”。英国是投资基金的发源地，但第二次世界大战之后，英国投资基金的发展速度和规模却远远落后于美国。这一方面是由于战争使英国元气大伤，殖民地各国纷纷独立，英国经济地位日渐衰落；另一方面也与英国对投资基金业的管理风格有很大关系。英国传统上对金融业的管理以自律管理为主，行业协会、工会的规则章程起到了主要作用，专门性的法律较少。

3.3.1 英国私募行业的监管模式

与美国相比较而言，英国投资基金监管体系较为宽松。但随着经济的不断发展变化，为规范市场和保护广大中小投资者的利益，英国政府意识到单靠“看不见的手”规范市场也有缺陷，因此开始重视政府的作用，英国政府为规范证券市场制订了一系列法律法规，颁布全国投资基金法律监管的核心法规，即 1987 年正式实施的《金融服务法》，该法全方位地规范投资基金市场运作，使英国投资基金业更趋法制化。该法在某种程度上标志着英国证券市场监管体系发生了变化，体现出法律监管与自律监管相结合的趋势。

英国对私募基金行业的监管历程是从自律监管向政府监管与自律监管相结合转变的过程，主要有以下几个阶段：

1. 行业自律监管为主阶段

1986 年以前，英国在证券监管理念上主张自律监管，政府注重必要的立法，监管以行业自律为主，政府部门没有专设证券监管机构。1959 年，单位信托和投资基金协会这一行业性自律组织的成立，标志着自律监管正式成为了英国私募监管的主要形式和手段。

在这一阶段，与英国投资基金业发展有关的法律主要有：1939 年《防止诈骗（投资）法》、1944 年《投资业务管理法》、1958 年《防止诈骗（投资）法》、1973 年《公平交易法》、1976 年《限制交易实践法》、1985 年修订的《公司法》，这表明英国对私募基金的监管主要集中在资金募集、管理人资格、记录保持和信息披露、反欺诈以及内部交易等方面。

2. 政府监管与自律监管相结合阶段

1986 年和 2000 年相继颁布的《金融服务法》和《金融服务与市场法》，以及随后金融服务局（Financial Services Authority，FSA）的成立，标志着英国金融监管理念由自律监管向政府监管与自律监管相结合的转变，FSA 是英国金融行业唯一的监管机构。根据有关法律，FSA 拥有监管金融业的全部法律权限，但其并不是政府机构，而是一个独立的非政府的监管组织，是自律组织。

英国虽然没有对明确对私募基金实施监管的机构，但是依据 2000 年《金融服务和市场法案》，FSA 下设立了“另类投资管理部”，对包括私募股权投资基金、对冲基金在内的各项投资咨询类业务进行监督和管理。在具体的监管过程中 FSA 采取了“抓大放小”的措施。对于私募股权投资基金，虽然理论上都需要依照“创业投资联系制度”进行事后备案检查，但是在实际操作过程中，则重点对管理资金超过 15 亿英镑的 18 家大型私募股权投资基金管理公司实时监控。此外，FSA 还要求基金管理公司至少每年向其申报一次所管理的基金信息，并建立相应的监管数据库。

从 1988 年开始，在英国境内的另类投资基金管理人需要根据这两部法律获得授权。金融监管局于 2002 年发布了 DP16 讨论稿，意在对英国境内的基金管理人进行监管，并对该行业的发展、重要性和风险等问题进行了探讨。最后得出结论，包括对冲基金管理人等具有自由裁量权的基金管理人都应当受到监管。此后，所有的投资组合管理人都适用相同的监管规则，包括《投资服务指令》和《金融工具市场指令》。

根据 2000 年《金融服务与市场法案》，私募基金可以一种不受监管的集合投资形式成立，但必须由接受FSA监管的基金管理公司管理。基金管理公司需要获批，才能从事私募的管理业务。金融服务局的监管手册设置了三方面的标准，对私募基金管理公司进行规范：第一方面涉及基金管理公司的董事和高级经理，以及内部控制制度；第二方面要求基金管理公司在其管理的基金中，投入高于一定数额的自有资本；第三方面则涉及反洗钱法案、商业道德规范的内容。

在这一阶段，金融行业自律监管主体主要是行业的同业协会和自律协会等非政府组织，如管理共同基金行业的投资管理协会（Investment Management Association，IMA）、管理私募股权行业的英国风险投资与私募股权协会。这些自律组织大多以有限公司的形式成立和存在，主要起到业务培训、政策游说、教育公众、行业研究和协调关系的作用。

投资管理协会，是由联合信托和投资基金协会和基金管理人协会于2002年合并后产生的。投资管理协会的会员主要是在英国有投资管理业务的公司，总部设在英国伦敦，目前在其他国家并未开设分支机构。其主要职能定位如下：向政策制定者提供信息服务与政策制定意见；制定在英国销售流通的基金的系统性分类标准和要求；进行投资者教育和资质认证；开展行业相关研究，披露英国基金业相关数据。

3. 金融危机后进入强监管时期

在2008年金融危机前，英国没有专门针对私募基金的监管规定。但在2008年金融危机后，理论界和实务界都认识到了另类基金的监管存在问题，同时随着英国私募基金行业的发展，英国的对冲基金呈现向少数规模较大的基金集中的趋势。针对这种情况，英国在2008年成立了政府主导的对冲基金标准管理委员会，颁布了《对冲基金标准管理委员会标准》，这是专门针对私募基金监管的法律文件，着重于发起人资格限制、发行方式和投资者资格限制、信息披露要求、管理人约束等几个方面。

金融危机暴露了英国金融业的脆弱性，英国监管机构迅速审视原有监管体系的缺陷，并拟定了系统的金融监管体制改革计划。本次改革的要点主要包括：

（1）裁撤现有的金融服务管理局

将其金融监管职能分拆为三个机构来承担：在英格兰银行下新设金融政策委员会（Financial Policy Committee，FPC），作为宏观审慎监管机构；新设审慎监管局（Prudential Regulation Authority，PRA），负责对金融机构的审慎监管；新设金融行为监管局（Financial Conduct Authority，FCA），负责消费者保护。

（2）恢复及强化中国人民银行的金融监管职能和权力

FPC 由英格兰银行总裁担任主席，负责宏观审慎监管，监控及解决威胁整体经济金融稳定的系统风险及金融脆弱性，系金融稳定政策的最高决策单位，负责制定维持金融稳定的必要措施。新成立的 PRA 作为英格兰银行的子公司，负责对银行、投资银行、房贷合作社及保险公司等各类金融机构进行审慎监管；FPC 与 PRA 均设立于中国人民银行框架内，进一步强化了中国人民银行的监管职能。

（3）增设金融行为局，注重消费者保护与行为监管

金融行为监管局的主要职能是保护消费者和提升金融服务和市场的信心。改革后，英国将采用双峰金融监管体制，将审慎监管与金融行为监管分离开来，通过成立审慎监管局与金融行为监管局，分别负责上述两项职能。

趋严的金融监管体系使私募基金行业受到更强的监管，另外，随着另类投资基金在金融市场中的重要性与日俱增，以及 2008 年金融危机引发对另类投资私募基金监管的诸多争议，另类投资基金成为全球金融监管改革与合作中的热点话题。在这样的情况下，欧盟于 2009 年 4 月 29 日发布另类投资基金管理人监管指令草案。经过约两年的多边协调后，欧盟于 2011 年 6 月 8 日正式发布了欧盟另类投资基金管理人指令，该指令于 2013 年 7 月即在英国生效，对英国的影响主要有：一是英国另类投资相关法律法规予以相应调整和修改；二是某些已经被授权管理基金的英国管理人需要根据指令的要求获得“二次授权”；三是某些类型的基金管理人将首次纳入监管对象范畴；四是对基金托管提出了新的要求；五是

指令的“护照（passport）”制度，影响基金销售和运作管理（特别是在欧盟设立的基金）；六是在非欧盟设立基金的“护照”制度，对基金本国的私募基金监管体系产生了影响。

3.3.2 英国私募行业监管组织体系

英国是实行自律监管体制的典型代表。自律型监管体制是指政府除了某些必要的立法外较少干预证券市场，对证券市场的管理主要由证券交易所及证券商协会等组织自我管理。其私募行业与其他西方国家的最大不同在于其市场监管以行业自律监管为主，法律监管处于次要地位。英国对于私募投资基金行业的监管框架包括三类，分别是：法定监管机构、行业协会自律组织和国际性行业协会（见图 3-3）。

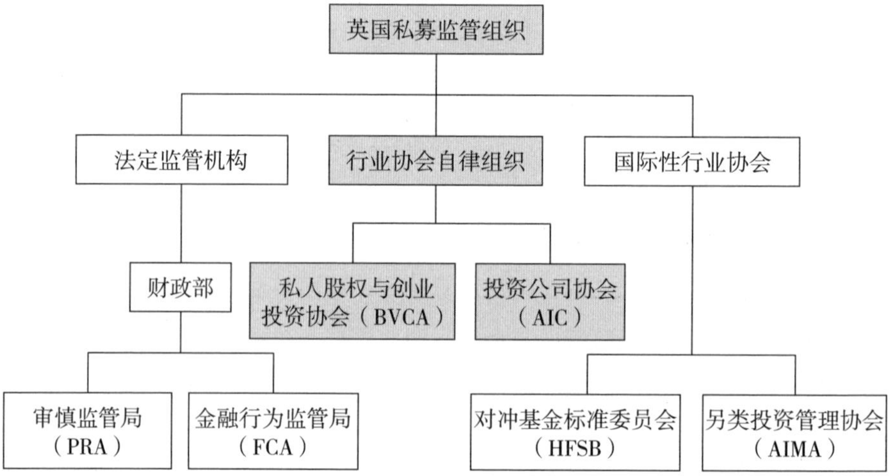

图 3-3　英国私募监管组织体系

1. 法定监管机构

英国私募基金监管最高层是财政部，但该机构并不直接监督监管制度的具体实施，而是由自律组织掌管具体监督权。金融行为监管局承接了金融服务监管局的金融市场监管职责，是英国另类投资基金行业的法定监管机构，主要负责对另类投资基金管理人及其行为进行监管并制定监管原则。另一法定监管机构审慎监管局则主要负责对银行、保险公司进行审慎监管，不对另类投资基金相关行业进行日常监管，但会从系统性风险视角对另类投资基金行业给予关注。

近年来英国的金融监管机构也发生了很大变化，从2003年起，英国金融服务管理局的审慎监管职能向英格兰银行转移，而行为监管职能又向FCA转移，即FSA的审慎监管职能和行为监管职能分别由新设立的审慎监管局和金融行为监管局承继。而PRA和FCA在履行与宏观审慎监管有关的职责方面，均受到金融政策委员会的指导。

2. 行业协会自律组织

针对不同类型的另类投资基金管理人，英国分别成立了相关的行业协会负责制定行业规则、引领行业发展。比如，对私人股权基金管理人与创业投资基金管理人，成立了私人股权与创业投资协会；对于公募类公司型另类投资基金管理人，成立了投资公司协会（Association of Investment Companies，AIC）。上述协会的性质是商会组织，即作为商业利益集团与政府争取应有利益，同时与FCA具有密切联系，积极向FCA反映行业诉求并提供数据和建议，也积极提出和改进最佳实务，增强自律，防范风险。

3. 国际性行业协会

主要是对冲基金标准委员会（HFSB）以及另类投资管理协会（Alternative Investment Management Association，AIMA）。上述委员会制定在国际上通用的对冲基金管理人行业标准，反映出英国作为传统老牌资本主义强国，通过不断的知识积累和学习，在形成特定优势后，将自己的标准转化为国际通行的最佳实务。其中，AIMA已成为国际证监会组织的附属委员会，其成员遍布欧洲、北美和亚太地区，具有广泛的影响力。

3.3.3 英国私募行业监管法律体系

英国对私募基金的监管主要集中在资金募集、管理人资格、记录保持和信息披露、反欺诈以及内部交易等方面。对其监管法律法规体系及相关法律依据包括以下三类：

1. 欧盟指令

主要指私募基金管理人指令，此外还有欧盟证券委员会根据“委任立法”制定的直接适用于各成员国的指令实施细则以及欧盟证券，也有欧洲证券市场管理局制定的直接适用于市场参与主体和监管机构的监管指南以及技术型标准。欧盟的监管标准，通常需要在其成员国的金融法规中得到充分体现。

2016 年 6 月“脱欧”公投后，根据欧盟的相关规定，英国有 2 年时间启动“脱欧”程序及进行谈判，并在获得欧盟议会批准后正式“脱欧”，正式“脱欧”时间已定为 2019 年 3 月 29 日，在这之前，英国仍是欧盟成员国，欧盟指令对其仍有约束力。英国“脱欧”对私募基金行业带来的最大挑战，是英国私募基金管理人能否像现在一样通过“护照”在欧盟市场进行基金产品的管理和销售。

2. 英国国内的相关立法

英国证券投资私募基金监管法律主要有：《反欺诈（投资）法》（1958 年）、《公司法》（1948 年和 1967 年）、《公平交易法》（1973 年）、《财务服务法案》（1988 年）、《金融服务法》（1986 年）、2000 年《金融服务与市场法案》（FSMA）、《集合投资发起（豁免）条例》；金融行为监管局颁布的各项规则及指导意见，比如 2013 年关于实施私募基金管理人指令的指导意见、2014 年关于私募基金管理人报酬的指导意见；财政部颁布的关于税收方面的法律法规，比如英国相关的税收法律以及对中小企业实施的各项税收激励计划。此外，还有关于劳动保护、反洗钱、预防和惩治贿赂等方面的法律法规。另外为了促进私募创业投资基金的发展，出台了《企业扩大计划》《公司投资法规》《创业投资信托法案》《保险公司法修正案》和《公司创业投资法规》。还包括自律监管机构制定的自律性规定，如《证券交易所监管条例和规则》《伦敦城收购与合并准则》及证券业理事会制定的一些规定。

3. 对冲基金标准委员会的行业标准

该行业标准主要包括信息披露、估值、风险管理、基金治理及股东行为等五个方面，任何签字成为委员会会员的对冲基金都应当遵守该行业标准。由于 FCA 颁布的监管原则比较抽象，难以具体适用，因此需要可操作的监管规则；监管规则存在漏洞，又需要监管原则的指导。正是在原则监管理念基础上，标准委员会制定的行业标准，成为对监管原则与监管规则有效补充。此外，委员会也制定了一些不具有强制力的指导原则。

3.4 日本私募监管模式

日本私募基金受到政府严格、全面的监督管理，政府机构的监管范围覆盖基金的发展规模、投资范围及基金的运作方式等各个方面。日本的证券交易所、行业协会等自律组织只是政府监管的辅助者。在日本，金融厅负责金融制度制定及所有金融事务的监管。

日本私募基金的监管理念以防范风险为先。随着金融自由化改革的进行，日本私募基金的监管经历了一个由否定到肯定的过程，私募基金实现了合法化。

3.4.1 日本私募行业监管历程

1941 年 10 月，野村证券公司正式开办投资信托业务，但一直没有相关的法律规范。战后，日本政府在美国占领当局的监督指导下于 1951 年颁布实施了《证券投资信托法》，这是日本私募基金行业监管的法律基础，它与后来 1986 年颁布的《证券投资顾问业管理法》一起成为日本监管私募基金行业的主要法律。构成日本投资私募基金监管法律体系的其他相关法律还有：1948 年颁布的《证券交易法》、1922 年颁布的《信托法》和《信托业法》等。

早期的《证券投资信托法》在第 3 条中明确规定："除证券投资基金外，任何人均不能签订以将信托财产主要投资于有价证券运用为目的的信托契约，但是不以分割收益权，使不特定的多数人取得为目的之行为，不在此限。”所以，日本最初明令禁止投资于证券的私募基金，当时的私募基金主要是私募股权投资基金。

从法律规定看，日本并没有直接针对私募基金的法律规定，但《金融商品交易法》（原《证券交易法》）和《投资信托及投资法人法》中都对“私募发行证券”的相关问题进行了明确规定，尤其是确立了“合格投资者”制度，以规范私募股权投资基金的运作。此外，1998年日本政府出台了《中小企业等投资事业有限责任组合契约法》（即《LPS法》），允许以有限合伙的方式建立私募股权投资基金，这是国际私募股权投资基金最常采用的组织形式，从而大力推动了日本私募股权投资基金国际化、规模化发展的进程。1999年，日本政府通过的《产业活力再生特别措施法》允许国内外投资者建立收购基金进行私募股权投资，有力推动了日本私募股权产业的发展。

从监管环境来看，与欧美国家相比，日本对私募股权投资基金的监管较为严格，政府对私募股权产业的干预力度较大。日本政府针对私募股权投资基金筹集资金的方式、投资者人数、投资者构成等方面都制定了详细的规定，并严格限制私募股权投资基金的投资活动。如1972年11月，日本公正交易委员会出台的《创业投资指导方针》规定：私募股权投资基金持有被投资企业的股份不得超过50%；不得派遣人员担任被投资企业的董事；只能收购被投资企业的新股；其投资目的不是为了控制被投资企业，而是支持该企业的发展。直到1994年，日本政府才部分修改了这一指导方针，允许私募股权投资基金向被投资企业派遣董事，使得私募股权投资基金可以在被投资企业的公司治理和经营活动中发挥更多的作用。同时，在私募股权投资基金的报告义务和信息公开方面，日本的要求也比较严格，规定私募股权投资基金可以免于注册，但要承担申报义务。此外，还要求私募股权投资基金对自身运行状况，包括借贷对照表、损益计算书等制成财务表格，备于办公室以供合伙人查阅，并由注册会计师对财务表格进行外部监督。日本很多私募股权投资基金是以法人公司的形式设立的，所以还需要根据相关规定承担公开公司章程等信息的义务。

从组织形式看，在1982年以前，日本的私募股权投资基金都是依据《商法》建立的股份有限公司，形式单一，无法解决对公司和投资者双重征税的问题。1982年，JAFCO仿照美国的有限合伙制形式，依据《民法》首次建立了私募股权投资基金，解决了双重征税的问题，但是所有合伙人均需承担无限责任，无法有效保护投资者的利益。1998年11月出台的《LPS法》正式允许以有限合伙的方式设立私募股权投资基金。

从投资对象看，2002年日本在私募股权投资基金的投资对象中增加了有限公司和匿名合伙企业，2003年又增加了满足《产业活力再生特别措施法》规定的事业再生企业。2004年日本修改《LPS法》，去除了原来名称中的“中小企业等”，更名为《投资事业有限责任组合契约法》，进一步放松了投资限制，允许私募股权投资基金不仅可以向中小企业投资，还可以对其他类型的大中型企业及大型上市公司进行投资。

从监管机构看，2002年11月，日本成立了第一个私募股权行业性自律组织——日本创业投资协会，作为代表私募股权投资基金利益的公益性组织。

与美英相比，日本的私募股权投资基金发展受到政府管制的监督更多，《投资信托及投资法人法》是主要的法律依据，而大藏省集中行使对私募股权投资基金的监管权，监管制度亦较为严格，虽然日本已尝试加入行业自律的监管方式，但由于大藏省的集中监管已深入日本的私募股权投资基金市场，行业自律难以实行。日本私募股权投资基金主要来源于政府和金融机构注资，因此，对私募股权投资基金的投资范围有严格的规定。

日本在2000年通过立法允许对冲基金在日本正式开展业务，但对冲基金只是被当作集合投资计划的一种。目前尚不存在对冲基金的专门立法，关于对冲基金的设立、发行、投资运作、信息披露杠杆运用和卖空的具体规定，散见于《证券交易法》、《投资信托和投资公司法》、《投资顾问法》以及投资信托协会制订的《投资信托管理规定》中。

3.4.2 日本私募行业监管组织体系

日本私募业的监管模式是以政府监管为主，政府设立证券局集中行使监管权，对投资资金的投资范围有严格规范，其对私募行业的监管组织框架如图 3-4 所示。

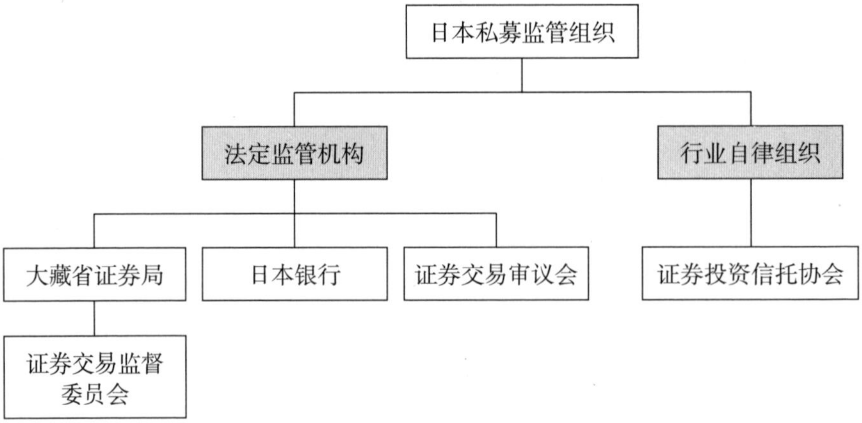

图 3-4　日本私募监管组织体系

其参与私募基金监管的机构主要有：

1. 大藏省证券局

日本在 20 世纪 90 年代末才进行金融自由化改革，2001 年，为了确保金融监管的独立性，大藏省将金融监督厅和金融统计局合并，负责制定金融制度、金融执法和金融监管，撤销金融再生委员会和金融监督厅，设立金融厅，专职监管金融机构。金融厅下设证券交易监督委员会、注册会计师监察审查会、规划署、检察署、监管署；其中银行、保险、证券的分立监管部门隶属于监管署，此外监管署还设有专门的监管协调部门。日本这一监管制度和机构设置一直持续至今。

2. 证券交易审议会

证券交易审议会于 1962 年由大藏省设立，是负责对基金及有关证券的发行、买卖及其他交易等重要事项进行调查审议的最高行政机构。

3. 日本银行

日本银行是日本的中央银行，代表国家对证券市场进行直接或间接的行政指导和干预，对基金托管银行进行监督管理。

4. 证券投资信托协会

证券投资信托协会成立于1957年7月，是为促进证券投资信托业的发展而经大藏省许可成立的，该协会是业界唯一的行业自律组织，主要职责为代表业界与大藏省保持联系和沟通，制定各种自律和行业规则规范从业者行为。协会下设若干专业机构，负责行业内的专业问题进行研究、调查并形成决议。

3.4.3 日本私募行业监管法律体系

日本私募基金监管法律制度分为三个层次。

第一层次是关于规范证券投资基金的法律，包括《证券交易法》《证券投资信托法》《担保债券信托法》《证券交易法执行细则》《证券交易法施行令》《信托法》《信托业法》等。

第二层次是其他涉及私募基金监管的法律，包括《金融商品交易法》《民法典》《商法典》《外贸和外汇管理法》。

第三层次是行政法规和部门规章，包括关于基金上市的政府条例，关于基金认购要约登记等事项的政府条例，关于基金募集、发行和登记的政府条例、关于信托投资公司、证券公司的政府条例等。

3.5 澳大利亚私募监管模式

澳大利亚的私募行业监管处于总的金融监管之下，其金融监管经历了从严到宽，之后再度收紧的过程，不断根据市场需要和监管实施情况进行适当的调整。

2008年全球金融危机爆发，各国金融业遭受重大打击，全球经济面临严峻挑战。澳大利亚却凭借有效的金融监管体制迅速从危机中复苏，其采用的“双峰式监管”也受到其他国家的效仿。

第二次世界大战至20世纪80年代，澳大利亚对金融业一直实行严监管，被列为监管最严格的国家之一，金融市场规模较小。

为应对全球金融改革趋势，澳大利亚在1980—1985年的六年时间内推行以放松管制为内容的金融自由化改革。几乎所有的金融管制措施都被取消，澳大利亚从金融监管最严的国家变为监管最松的国家之一。其金融监管框架主要由联邦和州两层体系构成：在联邦层面，有四家监管机构——澳大利亚储备银行、澳大利亚证券委员会、保险和养老金委员会、澳大利亚竞争和消费者委员会，财政部负责明确上述机构的职责分工。在州层面，澳大利亚金融机构委员会和各州监管机构建立了金融机构监管制度，负责对信用社进行监管。

1996年6月，澳大利亚成立"金融体系调查组"对澳大利亚的金融制度进行调查。1997年，根据调查意见对金融市场监督体制作了大幅度调整，建立了一个新的框架实施对金融体系的治理。新成立两个监管机构——澳大利亚审慎监管局和澳大利亚证券与投资委员会，前者针对金融风险进行审慎监管，保证金融体系安全；后者针对金融机构的市场行为进行合规监管，保护消费者合法权益。"双峰监管"体制框架就此形成（见图3-5）。

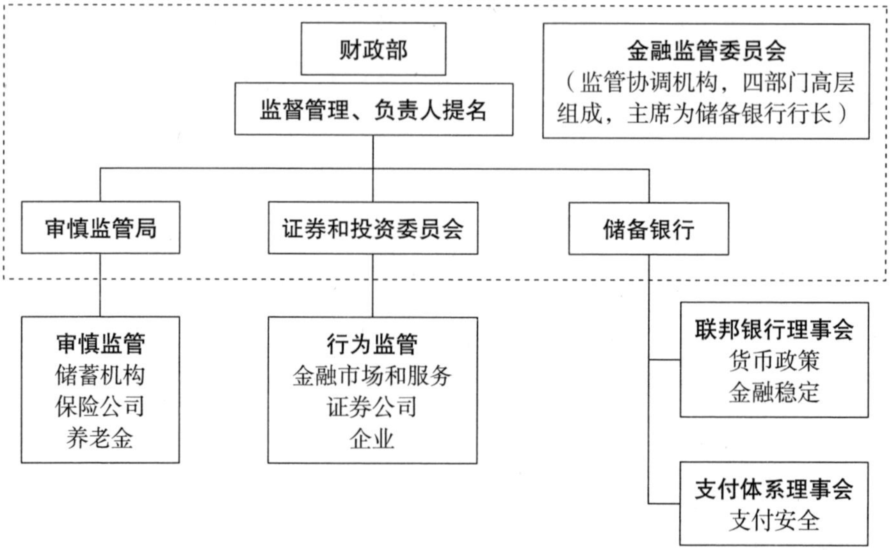

图3-5 澳大利亚私募监管组织体系

在此框架下，财政部主要负责协调各监管机构的行为，提名储备银行行长和审慎监管局及证券和投资委员会董事会成员，必要时可对审慎监管局的政策制定和运作进行指导。澳大利亚储备银行作为中央银行，负责制定并实施货币政策，维护支付体系的安全和稳定，确保金融体系稳定。其下设有两个理事会——联邦银行理事会（RBB）和支付体系理事会（PSB），分别负责货币政策和金融稳定以及支付体系的安全有效运行。审慎监管局负责制定并实施审慎监管标准，对银行和其他存款吸收机构、保险公司和绝大多数养老金进行审慎监管，资金主要来自向金融机构征收的监管费。证券和投资委员会负责监管市场行为和金融消费者保护，确保澳大利亚金融市场公正透明，维护投资者与消费者信心。监管对象包括企业、市场和所有金融服务的提供者。

2008 年金融危机后，澳大利亚的金融监管框架并没有进行大的改动。现行的监管框架仍基于 1997 年澳大利亚金融体系调查委员会主导的报告奠定。在此框架下，澳大利亚形成“双峰”监管的“三元结构”：即由独立于中国人民银行的审慎监管局负责微观审慎监管，证券与投资委员会负责行为监管，在审慎监管局和证券与投资委员会的“双峰”之外，还有澳大利亚储备银行作为中央银行负责宏观审慎政策、货币政策和金融稳定。

在机构监管之外，澳大利亚对金融业的市场化监管也起到重要作用。澳大利亚于 2008 年建立了存款保险制度，即金融赔偿计划，当审慎监管局认为其监管下的机构有破产风险时，可向联邦政府提出申请，而后由财政部激活该计划，以保障在金融动荡时期的市场信心和稳定。

近年来，澳大利亚的契约型投资基金为了降低基金的运营成本，将受托人和基金管理人进行了合并，这种安排在降低治理成本的同时，却牺牲了治理效率，使管理人处于一权独揽、无人监管的境地。因此，澳大利亚监管当局采取了权宜措施，要求基金管理公司董事会中必须设独立董事，以加强对基金管理人的监督。当独立董事不足 50% 时，还要设立一个专门的监察委员会，委员会成员必须半数以上为独立委员。

3.6 中国私募监管模式

私募基金在中国经过三十多年的发展，已进入12万亿“大私募”时代，在我国资本市场中占据着越来越重要的地位。随着私募行业规模迅速扩张，私募基金的高风险、高杠杆、低透明度等特点也带来更大的金融风险。为适应并引导行业发展，自2016年起，监管机构逐渐加大监管力度，出台多部行业规范文件，对行业的合规管理提出了更高的要求。

3.6.1 中国私募行业监管历程

中国的私募监管经历了两个阶段：在发展初期，由国家发展改革委和中国证监会共同监管，2013年《证券投资基金法》实施之后，进入中国证监会监管时代。

20世纪90年代初，境外私募股权投资及风险创投机构相继进入中国，在政策支持下，中国私募行业开始逐渐发展。

中国人民银行在1995年颁布了《设立境外中国产业投资基金管理办法》，对于中资机构作为发起人，单独或者与境外机构共同发起设立，在境外注册、募集资金，主要投资于境内产业项目的投资基金做出了规范。

1997年，中国证监会颁布了《证券投资基金管理暂行办法》，规定证券投资基金的设立制度为审批制，但仅仅是针对公募基金。

2006年，国家发展改革委出台的《创业投资企业管理暂行办法》规定，对创业投资企业实行备案管理。

2010年，中国投资协会股权和创业投资专业委员会经国家发展改革委批准成立，是国内首个经政府主管部门正式审批注册的全国性股权和创业投资行业协会组织，旨在宣传贯彻政策法规、推进理论研究和推动行业发展。

2011年，国家发展改革委发布《关于促进股权投资企业规范发展的通知》（发改办财金〔2011〕2864号）、《国家发展改革委办公厅关于进一步规范试点地区股权投资企业发展和备案管理工作的通知》(发改办财金〔2011〕253号，已失效)，规定私募股权投资基金由国家发展改革委监管并备案。

2012年6月6日，中国基金业协会经国务院批准后成立，是证券投资基金行业的自律性组织，接受中国证监会和民政部的业务指导和监督管理。

2012年12月28日，《证券投资基金法》进行大范围修订，将私募基金纳入监管区域，并确定了私募基金的备案与注册制度，这也标志着中国基金业协会纳入监管机构的体系之中。

2013年6月1日，《证券投资基金法》正式实施，将非公开募集基金纳入监管范围，明确了中国证监会为主管部门，有权制定有关证券投资基金活动监督管理的规章、规则，并行使审批、核准或者注册权；对基金管理人从事证券投资基金活动进行监督管理，对违法行为进行查处。确定了私募基金管理人应向行业协会履行登记备案手续，非公开募集基金的登记、备案；基金行业协会有权制定和实施行业自律规则，监督、检查会员及其从业人员的执业行为。

《证券投资基金法》明确了“公开募集”与“非公开募集”的界限，在私募基金的合同签订、资金募集对象、宣传推介方式、基金登记备案、信息资料提供、基金资产托管等方面，设定了与共募基金明显不同的行为规范和制度安排，实施适度、有限的监管，一直处于游离状态的私募基金因此获得了合法的地位。

2013年6月27日，中央编办发布《关于私募股权基金管理职责分工的通知》，明确了中国证监会负责私募股权投资基金的监督管理，实行适度监管，保护投资者权益。至此，证券类私募基金与股权类私募基金统一纳入中国证监会监管。

2014年1月，经中央编办同意，中国证监会授权中国基金业协会具体负责私募基金管理人登记和私募基金备案工作，当月，中国基金业协会发布《私募登记备案办法》。至此，私募监管形成了中国证监会指导和监督下的基金行业协会组织会员进行自律管理的体系。

2016年，私募行业监管政策密集发布，私募基金进入“强监管”时代。

2016年2月，中国基金业协会连续发布《私募投资基金管理人内部控制指引》(以下简称《内部控制指引》)、《私募投资基金信息披露管理办法》(以下简称《信息披露办法》)、《关于进一步规范私募基金管理人登记若干事项的公告》(以下简称《二五公告》)等，明确了私募基金监管的范围和要求，从多个方面规范了内部控制的原则和措施，搭建了私募基金管理人内部控制的自律监管框架。

2016年4月，中国基金业协会发布《私募投资基金募集行为管理办法》(以下简称《募集行为管理办法》)、《私募投资基金合同指引》，分别对私募基金的募集活动和组织形式进行规范。

2017年8月30日，国务院法制办发布《私募基金暂行条例(征求意见稿)》，这意味着私募基金行业顶层设计即将落地。《私募基金暂行条例(征求意见稿)》对私募基金行业提出了全面的监管要求，明确了对于私募违规行为的规定。

3.6.2 中国私募行业监管组织体系

我国对私募行业的监管组织体系具有两个层级：第一个层级是政府监管机构，包括中国证监会及其派出机构。第二个层级是行业自律组织和其他相关机构，包括中国基金业协会、证券交易所等。私募基金的监管组织体系如图3-6所示。

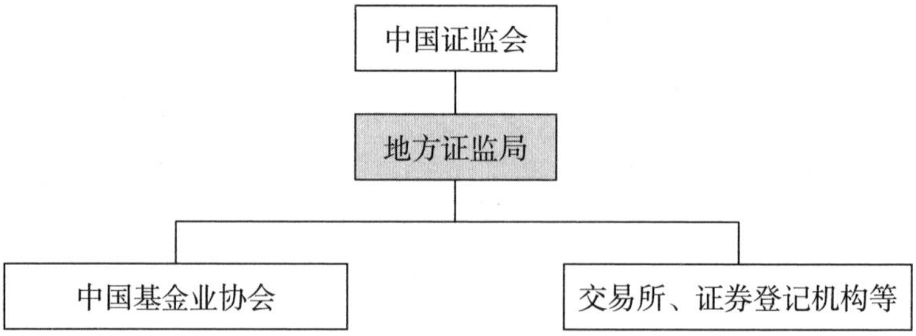

图3-6 中国私募行业监管组织体系

中国证监会承担对私募基金行业实施统一集中行政监管的职责。负责拟订监管私募基金的规则、实施细则：拟订私募基金合格投资者标准、信息披露规则等；负责私募基金的信息统计和风险监测工作：组织对私募基金开展监督检查：牵头负责私募基金风险处置工作；指导中国基金业协会开展登记备案工作：负责私募基金的投资者教育保护、国际交往合作等工作。中国证监会于 2014 年 4 月成立了私募基金监管部，专门负责私募基金监管。

各地方证监局依照中国证监会的授权履行职责，负责对经营所在地在其辖区内的私募证券投资基金管理人进行日常监管，包括对公司治理及其内部控制、私募基金运作等进行日常监管。目前对私募基金的现场检查，通常由地方证监局实施。

中国基金业协会对私募基金行业实施自律管理，包括准入管理和持续管理。准入管理主要指管理人登记和基金备案：持续管理包括对私募基金的行为进行持续性的要求和监督，保护投资者合法权益，促进行业稳定健康发展。中国基金业协会构建了较为完善的自律管理执法体系，建立了投资者投诉处理机制和纠纷调解机制，制定了《自律检查规则（试行）》《纪律处分实施办法（试行）》，对私募基金进行自律检查并相应实施纪律处分。中国基金业协会设立了专门部门，分别负责登记备案等日常管理、投诉处理和自律检查等违规调查职责，同时成立了由行业专家和法律专家组成的自律专业委员会，负责审查、确定对违规会员的自律处分措施。中国基金业协会对于私募证券投资基金的违规信息，包括投资者举报、媒体报道、监管部门转交、自律检查发现、其他政府部门通报等等多种来源。

上海和深圳证券交易所、中国金融期货交易所、中国证券登记结算有限公司、中央国债登记结算有限责任公司等证券市场自律管理者对私募证券投资基金的运作同样十分重要，从不同业务角度对私募证券投资基金实施自律管理。证券交易所设有基金交易监控系统，对私募证券投资基金在证券市场的投资运作行为的合法合规性进行日常监控，重点监控涉嫌违法违规的交易行为。证券交易所在监控中发现私募基金交易行为异常，涉嫌违法违规的，可以根据具体情况，采取电话提示、警告、约见谈话、公开谴责等措施，并同时向中国证监会报告。

3.6.3 中国私募监管法律体系

当前，我国私募行业的法律监管体系已形成了“一法律 + 三规章 + 七办法 + 二指引”的监管体系（见图 3-7）。

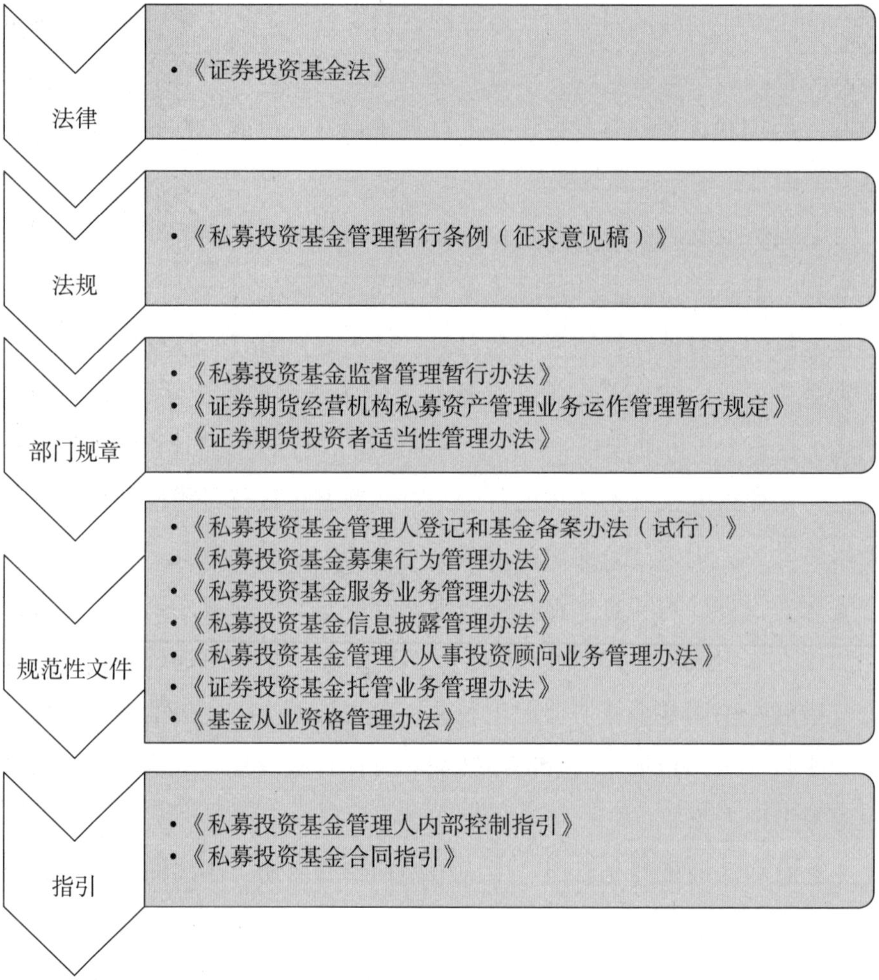

图 3-7 中国私募监管法律体系

延伸阅读

美国金融监管改革之始末

2008年，美国次贷危机使得美国金融业受到重创，许多投资者出于恐慌纷纷赎回投资，麦道夫管理的对冲基金也遭到投资人大规模赎回。当有客户提出赎回70亿美元时，麦道夫旗下对冲基金的巨大资金漏洞暴露出来。12月11日，美国联邦调查局逮捕了纳斯达克股票市场前董事会主席麦道夫，并指控其犯有证券欺诈行为，涉案金额达500亿美元。

就其操作手法而言，麦道夫操纵的金融诈骗案完全具备庞氏骗局的基本条件：其一，制造某种金融创新概念以吸引投资者持续进入；其二，对先期投资者许以超稳定和高水平的收益率；其三，采用先期投资者发展“下线”的金字塔组织方式。具体地说，庞氏骗局的始作俑者查尔斯·庞兹制造了邮券套利交易概念，麦道夫也制造了所谓的“分裂转移”投资策略，结合此前麦道夫的经营和道德记录，人们似乎有足够理由追捧麦道夫的投资机构。同时，作为纳斯达克前董事会主席，麦道夫深知投资者在高风险和高收益之间会寻求理想的均衡点，因此其投资公司提供的年回报率始终维持在10%～12%，这种回报率相当于或略高于道琼斯30种工业股票的平均增长率，稳健且可信的投资回报率最终导致投资者对麦道夫基金趋之若鹜。

这是华尔街历史上持续时间最长、受骗人数和金额最大的诈骗案。麦道夫金融诈骗案，是美国监管体系不足的体现之一。

1. 对冲基金的监管

长期以来，欧美等西方国家认为对冲基金没有给金融市场带来大的系统风险，现有的管理工具和监管程序完全可以预防风险的发生。正是在这种监管理念指导下，对于对冲基金的监管几乎处于失控的状态。

监管部门的失察导致对对冲基金监管不力。SEC作为美国证券行业最高监管机构，自麦道夫的对冲基金在SEC注册以来，SEC从未审查过其账务。而独立第三方的审计监督也只是走走过场。此外，美国对对冲基金的监管法规也十分缺乏。美国对金融机构和市场参与者的监管基于一系列国会通过的条例和法规，主要是《1933 年证券法》《1934 年证券交易法》《1940 年投资公司法》《1940 年投资顾问法》和《1974 年商品交易法》。根据《1933 年证券法》的规定，对冲基金属于证券，通过私募发行，所以对冲基金不用在招股说明书中详细披露基金的相关信息。

《1934 年证券交易法》规定注册经纪商和证券商必须保持完整交易记录，满足最低资本金要求。但是对冲基金属于交易商而不是证券商，所以也不需要提供持仓结构。1996 年修订的《联邦证券法》规定，凡少于 500 名投资者的基金以及投资金额在 2 500 万美元以上，或个人资产在 500 万美元以上的可以获得多项豁免，不必申报投资组合、借贷状况以及投资哪些金融产品。随着对冲基金规模的扩大，美国证监会 2004 年 10 月颁布新法规，要求拥有 15 个以上客户并且资产规模在 3 000 万美元以上的对冲基金经理必须注册为投资顾问，并指定一名总稽核负责风险管理。但从麦道夫案看，美国金融监管部门显然没有严格执行该项法规。

麦道夫庞氏骗术的得逞，也证明了信息披露制度虽然日趋完善，却仍未引起投资者和监管层的充分重视。联邦调查局的起诉书显示，麦道夫公司的资产管理部门和交易部门分别在不同楼层办公。麦道夫对公司财务状况一直秘而不宣。而投资顾问业务的所有账目、文件都被麦道夫“锁在保险箱里”。根据证券法律法规，完全、真实、明白无误的信息披露，是证券法律的基本原则，获得充分的信息也是投资者的基本权利。2008 年 1 月上报的数据显示，麦道夫所营运的咨询业务的规模高达 171 亿美元，而如此庞大的投资额都是被麦道夫的月增长 1% ~ 2%、十几年直线上升的高盈利所吸引过来的。至于为什么在经济不景气时期却能做到逆市扩张，麦道夫仅仅用“内部消息”来解释。由于信息在证券价格形成中的决定性作用，证券市场是信息的博弈市场，投资者希望凭借信息优势获得商业先机。通过营造神秘氛围，麦道夫利用人们的投机心理，欺骗了众多欧美机构投资者，甚至包括很多对冲基金管理者和专业投资人士。

麦道夫欺诈案启示人们，坚持信息披露制度，并非仅仅是立法者的职责，更应深入投资者之心，同时建立相应的制度，使之得到律师事务所、会计师事务所、证券评级机构等中介机构的配合与支持，从而最大限度的解决证券市场中的逆向选择问题，为最终促进资本的有效配置提供有力保障。

2.《多德－弗兰克法案》的提出

麦道夫案引起了SEC和FINRA的反思，并最终推动了《多德-弗兰克法案》的出台。

《多德-弗兰克法案》被认为是自1933年《格拉斯－斯蒂格尔法案》以来最重要的银行监管法案，在美国金融监管历史上具有里程碑意义。法案是美国政府反思金融危机的结果，是对极端市场自由经济思想和长期以来对金融企业放任自流行为的矫正，法案对于政府监管和市场自律有了更加客观和平衡的态度，监管的目的并非要对金融企业实施更加严格的监管，而是试图在维护金融稳定和保持美国金融业竞争力之间寻求平衡。

《多德-弗兰克法案》内容十分丰富，在法案的开头部分就明确提出了其意义和目的："本法案旨在通过提高金融体系的透明度，促进其承担应尽的责任，进而提升美国金融体系的稳定性，终止金融机构'大而不倒'的状况，防止对金融机构无止境的救助而损害纳税人的利益，保护消费者免受有害的金融服务，以及其他目标。"法案的主要内容包括：

（1）加强对消费者权益的保护

新法案将在美联储体系下建立消费者金融保护局（Consumer Financial Protection Bureau，CFPB），对向消费者提供信用卡、按揭贷款等金融产品或服务的银行或非银行金融机构进行监管，其主要负责人由总统提名并经参议院批准。CFPB的预算开支由美联储提供，被授权制定有关金融消费者保护的规则。CFPB将以往不同监管机构的消费者保护职责集于一身，同时拥有检查所有抵押贷款相关业务并对其实施监管的权力，大型非银行金融机构及资产规模超过100亿美元的银行或者销售机构均将在其管辖范围之内。此外，CFPB将下设金融知识办公室加强对公众的金融知识教育，并设立社区热线。

（2）预防系统性金融风险

成立金融稳定监管委员会，其主要职责在于识到和应对影响金融体系稳定的风险。委员会在财政部的领导下工作，由15个部门组成，其中10个部门有投票权，5个部门没有投票权。有投票权的10个部门包括财政部、联邦储备委员会、证券交易委员会，商品期货委员会、货币监理署、联邦存款保险公司、联邦住房金融委员会、全国信用社管理局，以及新成立的消费者金融保护局，还包指一名独立的专业保险成员。

该委员会拥有广泛的职权，主要包括：有权要求任何金融机构提交报告用于评估对金融体系稳定性构成的威胁；有权就加强美国金融市场完整和效率、竞争力和稳定性向国会提出建议；对有系统化风险的金融机构，有权向美联储提出建议在资本充足率、杠杆率、流动性、风险管理等方面实施更加严格的监管要求；定期向国会报告美国金融体系形势。

（3）改变金融机构“大而不能倒”的状况

一是引入“沃尔克规则”。奥巴马总统上任不久，就于2009年2月6日成立了经济复苏顾问委员会，并任命美联储前主席保罗·沃尔克（Paul Volcker）为委员会主席，根据保罗·沃尔克限制银行从事投机性的、损害消费者利益的投资的提议，要求吸收存款的银行必须剥离各自的衍生品业务，限制银行自营交易，切断其和对冲基金及私募股权投资基金的关联，该提议被称为“沃尔克规则”。在《多德-弗兰克法案》中基本采纳了“沃尔克规则”的全部内容，试图在银行传统业务和投行业务之间建立起“防火墙”，但略有松动的是允许银行拥有或投资私募股权投资基金和对冲基金，其投资总额不得超过银行一级资本的3%。

二是建立金融机构的清算和破产机制。要求财政部、联邦存款保险公司和美联储一致同意把行将倒闭的金融机构置于有序的消算程序，降低金融机构倒闭给整个系统稳定带来的危害，损失由股东和无抵押债权人承担，纳税人不再为金融机构清算支付成本。联邦存款保险公司仅仅可以为金融机构支付清算成本的费用贷款，这笔费用还要有待清算结束后偿还。

三是建立“生前遗嘱”。法案要求大型金融机构事先制定破产预案，预案有助于监管者更好地了解金融机构的架构，并且可以在金融机构破产时作为监管者采取应对措施的“路线图”。如果金融机构不能提供可行的破产预案，将会采取更加严厉的监管措施，比如更高的资本要求，在规模和业务上予以更多的限制。

（4）加强金融衍生产品的监管

一是针对场外交易衍生产品监管普遍缺失的状况，交由证券交易委员会和商品期货交易委员会对其实施监管。

二是标准衍生金融产品必须在第三方交易所和清算中心进行清算，非标准或定制的衍生产品仍然可以进行场外交易，但必须提高透明度，相关数据必须集中到交易中心。

三是银行可以保留利率、汇率、金银掉期交易，但对于农产品掉期、未清算的商品掉期、多数金属掉期和能源掉期产品交易必须剥离到特定的子公司。

（5）加强对信用评级机构的监管

一是在证券交易委员会成立信用评级办公室，有权对信用评级机构进行罚款，要求证券交易委员会每年至少对“全国范围认可统计评级组织”进行一次检查，并公布检查中发现的主要问题。对于那些多次出现错误评级的机构，证券交易委员会有权注销其评级资格。

二是要求信用评级机构进行更充分的信息披露。要求“全国范围认可统计评级组织”公布其评级体系、评级方法和历史记录：要求评级机构拓宽信息来源，而不仅仅是从被评级机构获得信息。

三是防止利益冲突。在评级机构内部建立“防火墙”，其销售和市场部门不得影响评级，违规者将被暂停营业或吊销执照；评级机构合规部门主管不得参与评级工作，以及评级方法的确定和销售活动，合规部门员工工资不得与评级机构业绩挂钩，必须保持独立性；评级机构的雇员到被评级公司工作的情况，要在一年时间内报告证券交易委员所。

四是明确了信用评级机构的责任。撤销了《1933年证券法》中第436（g）条规定的在注册说明书中使用信用评级信息的法律豁免权，信用评级机构将承担“专家责任”，对其实行类似会计师事务所、证券分析师的执法和罚款措施。其他的内容还包括：要求评级分析师通过资格考试和接受持续培训；鼓励投资者建立内部评级体系，减少对评级机构的依赖；尝试改变发行者付款给信用评级机构的盈利模式，防止投资者倾向于选择给自身最高评级的机构。

（6）加强对对冲基金的监管

尽管对冲基金并没有被认为是金融危机的主要原因，但由于其在国际金融体系中的重要性和影响越来越明显，也被认为是产生系统性风险的重要因素。针对过去对对冲私募基金监管缺失的状况，为杜绝“影子金融机构”的存在，法案要求资产规模达到1.5亿美元的对冲基金、私募股权投资基金在证券交易委员会登记，并提供交易信息和头寸信息，并接受证券交易委员会的检查和系统风险评估。这些数据同时提供给系统风险管理机构，证券交易委员会每年要向议会报告如何运用这些数据来保护消费者和维护市场稳定的情况。法案同时将由联邦负责监管的投资顾问资产门槛由3 000万美元增加到1亿美元，此举会导致投资顾问更多地由州负责，有助于证券交易委员更多地关注新登记的对冲基金。

（7）对美联储的职责进行改革

一是强化了美联储的消费者保护和系统风险防范的职责，美联储下设消费者金融保护局，同时与新成立的金融稳定监管委员会紧密配合，对银行及非银行金融机构的信息披露、资本要求和流动性风险等方面设立更加严格的标准。

二是对美联储发放紧急贷款权利进行限制，要求紧急贷款的发放必须是出于系统性考虑，禁止利用紧急贷款对个别企业提供救助，而且贷款担保必须有效。

三是美国审计总署要对美联储自金融危机以来发放的紧急救援贷款进行一次审计，所有贷款细项将在2010年12月1日在美联储网站上公布，审计总署将拥有对美联储的紧急贷款、贴现窗口放款和公开市场操作进行审计的权力。

第 4 章

私募基金管理人设立规划

2013 年 6 月，新《证券投资基金法》发布后，私募基金行业获得合法地位，成为资产管理行业的一支新兴力量。此后，我国经济增长过程中对直接融资的需求日益增大，私募行业开始了爆发式的增长，行业规模大幅扩张，私募基金在证券市场和资本市场逐渐具有举足轻重的地位。

彼时站长已从北京海淀区国家税务局离职，进入海淀区国投公司担任投资经理，从事基础性产业和前瞻性战略性产业的股权投资。2013 年至 2016 年，三年的项目投资经历中，站长深感股权投资在我国产业升级中的推动作用，也目睹了私募行业的快速崛起。2016 年年初，《二五公告》等一系列监管条例出台后，私募行业进入规范化发展阶段，专业人才的价值凸显。站长看到了自己的机会，毅然从该公司离职，投入私募大军，决定设立一家股权类私募机构，致力于寻找优质项目，扶持中国新兴产业，获取经济转型和产业升级的发展红利。

为实现这一目标，站长首先进行了详尽的战略规划，设立一家私募机构需要经历哪些步骤？有哪些注意事项？具体的工作进程如何规划？本章将为您一一道来。

4.1 私募基金管理人战略规划

战略规划，是指制定组织的长期目标并将其付诸实施。战略规划不仅适用于发展成熟的企业，初创期的企业或是还未注册的企业都应该制定战略规划，明确企业日后发展的目标和途径。对于私募基金管理人亦是如此。

有效的战略规划一般具备以下特点：目标明确、可执行性良好、组织人事层层落实、灵活性好。

4.1.1 战略规划的内容

1. 方向和目标

创始人在设立企业方向和目标时一般都有自己的价值观和抱负，也要考虑到外部的环境和自己的优势，在确定战略规划的方向和目标时要结合这两者统筹考虑。

2. 环境和政策

战略规划应该找到与自己组织资源之间的平衡。要找到一些最好的活动策略，使它们能最大限度地发挥组织的长处，最快地达到组织的目标。相应地这些政策和约束所考虑的机会是现在还未出现的机会，所考虑的资源也是正在寻找的资源。

3. 计划与指标

计划的责任在于进行机会和资源的匹配。这里的计划考虑的是现在的情况，或者说是不久的将来的情况。由于是短期，有时可以做出最优的计划，以达到最好的指标。

战略规划内容的制定体现了平衡与折中，都要在平衡折中的基础上考虑回答以下四个问题：

一是，我们想要做什么？——确定目标。

二是，我们可以做什么？——确定方向。

三是，我们能做什么？——找到环境和机会与自己组织资源之间的平衡。

四是，我们应当做什么？——拟定可实施的计划。

战略规划是分层次的，战略规划不仅在于最高层，也应该存在于中层和基层。一个企业一般应有三层战略，即公司级、业务级和执行级。

提示：在美国，规模较大的先锋基金公司拥有丰富的产品线；而中小规模的 ProFund 凭借自己在某一领域内不断学习创新，开发出越来越多适应市场发展的基金产品。ProFund 还借此增加了投资者对其基金产品的依赖度，即 ProFund 的投资者可在公司旗下基金产品中随意转换，过程中无任何限制和费用，以满足投资者多元化的需求。

4.1.2 战略规划的制定

私募基金管理人制定战略规划分为五个阶段，通过对分析内外部环境，制定目标，明确举措，制定行动计划，最后确定实施方案。

1. 分析内外部环境

发展环境是制定战略规划的基础，要考虑外部环境和内部环境。外部环境包括宏观经济环境、中观行业环境以及微观竞争环境，具体有行业现状、市场现状、竞争态势、政策环境。内部运行环境包括组织形式、投资范围、投资风格、投资策略、股权结构、发展背景、经营与业务能力、投资研究能力、公司品牌与企业文化。

2. 制定目标

私募基金管理人所制定的战略规划，落脚点应该是保证目标的可评估性、可衡量性、可操作性。比如，要发行什么类型的基金产品，发行规模是多少，面向何种投资者群体，何时完成资金募集，基金要投资于什么领域，采取什么投资策略等，这些都是对目标的量化。

3. 明确举措

确定目标之后，重点是拟定实现目标需要采取的具体措施。在这一阶段，可以对目标进行细化，例如细分为发展目标、基金规模目标、市场地位目标、声誉目标、效益目标等，确定每个阶段每种措施中的重点工作。例如在私募机构设立初期，重点目标是通过中国基金业协会的登记备案，获得基金产品管理资格。在募集阶段，重点目标是设计适当的产品，找到合格的投资者，将产品募集成功。

4. 制定行动计划

确定重点工作目标之后，要将重点工作的进程划分阶段并制定计划，对每个阶段可能遇到的风险进行分析，对每个阶段可能的变数进行分析，以及应对风险和变数的措施。例如设立初期的重点目标是登记备案成功，可将此工作划分为设立主体、内部建设、登记准备工作、登记四个阶段，制定日程表，责任到人。

5. 制定实施方案

实施方案的内容包括：每个阶段、每项工作如何保质保量地完成，每项重点工作由谁负责，需要哪些人配合，需要什么资源支持，什么时间节点完成，通过什么方式方法达成。这是战略落地的关键。

4.1.3 外部环境的分析

外部环境是指与被分析企业相关的市场所有参与者所共同面对的环境与因素。

1. 宏观环境分析

私募机构可以利用 PEST 分析法，通过对政治、经济、社会、科技四个方面因素对所处的宏观外部环境进行分析。

从政治法律环境来看，2013 年开始实施的新《证券投资基金法》将私募基金合法化，在市场准入、投资范围、业务运作等多方面都进行了行业规范。2014 年《私募监管暂行办法》的发行，标志着私募基金行业全面纳入监管，私募基金法律地位的明朗化表明了政府把发展私募基金行业作为构建多层次资本市场的重要举措，随着行业的逐渐规范化，私募基金的规模也快速增长。2016 年，私募行业监管政策密集发布，从内部控制、信息披露、登记备案、募集行为等方面对私募基金和私募基金管理人的行为进行规范，私募基金进入“强监管”时代。2017 年 8 月，国务院法制办发布《私募基金暂行条例（征求意见稿）》，对私募基金行业提出了全面的监管要求。2018 年 4 月，中国人民银行、银保监会、中国证监会等五部委联合发布《关于规范金融机构资产管理业务的指导意见》，进一步明确了私募基金市场地位，私募基金已成为监管部门特许的金融机构，大大加强了其公信力。

从经济环境来看，我国经济结束了连续高增长，进入中高速增长的“新常态”阶段。我国金融市场的整体运行情况较为平稳，社会融资总量增长放缓，表外融资萎缩，利率有所下降，人民币汇率双向波动明显，但货币供应、人民币信贷规模仍保持适度健康增长。金融体系中，有大量资金找不到合适的投资品，出现了资产配置混乱的局面。“资产荒”是转型时期资产配置的新常态，资金“脱实向虚”的倾向加剧了资金的配置需求，导致“资产荒”的矛盾进一步激化。“资产荒”也给财富管理行业带来了新的发展机遇和挑战。未来几年，中国处于经济转型的关键时期，中国经济结构会变得更合理、健康。无论是多层次资本市场建设、资产全球化配置、创新创业等都离不开私募基金的支持与参与。

从社会文化环境来看，社会财富积累，各类企业及个人的资金增值保值的需求，以及居民对财富保值的意识提升以及理财观念的不断成熟也在不断促进行业进步。

从技术环境来看，私募基金的形式越来越多样化，且募集渠道也在不断拓宽。网络和信息技术的发展也为私募行业提供了技术保障。

2. 行业现状

分析企业所处行业现状，可以从行业规模和行业发展周期入手。

2015 年以来我国私募行业进入快速发展期，私募基金规模正式进入

12 万亿时代，私募基金已成为资管行业不可忽视的力量。其中，股权类私募基金延续平稳发展态势，私募股权投资基金深度融入不同阶段实体企业的创新链条，是壮大直接融资、提高资本形成能力的重要载体。

当前，私募基金正处于发展的黄金时期。近年来居民财富的高速增长激发了资产管理的巨大需求，行业监管、自律规则等制度体系也日趋健全，资本市场的繁荣发展和制度创新改革更是促进私募基金的进一步扩容。

与美国相比，我国在私募基金的种类、机构管理规模以及机构投资者的占比等方面仍存在较大差距，行业发展空间巨大。

3. 市场环境

对市场环境的分析可以从以下几方面入手：

（1）经济形势

我国大规模推进去杠杆，导致企业融资困难，市场融资规模大幅度降低。随着上半年的债市违约传导到股市和实体经济，融资形势更加严峻。股市更是由于资金不足，创下了近两年的新低。目前中国人民银行已经将原来的去杠杆改为稳杠杆，逐步化解重大的金融风险隐患。美国经济逐渐复苏，美联储加息，重挫全球股市。此外，反复的中美贸易战也在不断冲击股市。

（2）市场表现

资金不足和股市的惨淡导致私募基金业绩整体表现不佳，有些私募基金为负收益。目前规模较高的私募机构已不再比拼业绩，更多的是守住现有的管理规模，私募股权机构的投资策略逐渐回归理性。在股权投资方面，2018 年第三季度 PE 市场共发生投资案例 983 起，相较 2017 年第三季度投资案例数量上升 15.1%，共涉及投资金额 2 247.72 亿元人民币，同比上升 7.7%，环比降低 24.9%，PE 机构依旧了保持较高的投资活跃度。

（3）融资环境

2018 年上半年证券类私募规模持续缩水，一是在市场下跌、金融去杠杆环境下，募资较难甚至有不少资金主动退出证券私募市场；二是行情低迷导致二级市场波动频现，不少私募基金回撤触发清盘线；三是2015年左右成立的大量私募产品在今年到期清算，资金退出。

2018年私募股权投资基金募集金额数量和规模同比均大幅减少，平均单只基金募集规模也大幅下滑。整体来看，私募股权投资基金募集困难，行业竞争将愈加激烈。私募基金行业将迈进“剩者为王”时代。

（4）投资环境

私募基金行业面临的投资环境良好，一是我国供给侧结构性改革进入深水区，在解决“三去一降”问题时，产业并购成为关键。私募股权投资操作模式能够让市场进行有效的资源整合，可以运用基金的运转方式将社会资本与并购目标公司两者有机地结合在一起。二是在中美贸易战中，我国在新兴产业的劣势明显暴露出来，政府或将痛下决心以前所未有的力度，推动新兴产业升级，实现经济新旧动能转化，这一过程中私募股权投资基金将发挥不可替代的作用，成为实现产业升级的关键因素之一。三是A股向“独角兽企业”开放绿色通道，不仅增加了证券类私募基金的投资项目，私募股权投资也可通过“独角兽企业”A股IPO实现退出。

4. 竞争态势

私募机构战略规划需要分析私募基金业内影响公司竞争环境的经济力量及其变化，进而确定公司的竞争战略。

从潜在进入者角度，对于私募基金行业，潜在进入者既有新进入行业的基金管理人，也包括现有的私募基金管理公司发行的新产品，还包括已经发行的私募基金产品的持续营销。在近期监管趋严，登记备案收紧的背景下，潜在的新进入者增速放缓，一旦产业机构调整完成、经济重新焕发活力，潜在的进入者仍将增加。原有基金产品也面临市场的重新洗牌，业绩稳定持续地产品也会获得大批投资者的认同。

从替代产品或服务角度，私募机构的最大竞争对手是私募基金同行，还有发展更为成熟，客户基础广泛的公募基金，此外，券商资管产品和信托产品也是有力的竞争者。

从客户议价能力角度，私募基金的费用、提成比例大多按通行标准收取，私募基金的客户总体上无太大的议价能力，客户拥有更多的是对私募基金管理人的选择权。

从供应商议价能力角度，议价能力主要取决于销售规模和渠道，有自主发行能力的私募基金管理公司具有最强的议价能力。

从行业竞争角度看，资产管理规模在 1 亿元以下的私募基金公司占绝大多数。市场竞争较为激烈。如图 4-1 所示，截至 2018 年 11 月底，已登记私募基金管理人有管理规模的共 21 460 家，平均管理基金规模 5.96 亿元。其中管理基金规模在 100 亿元及以上的有 233 家，在 50 亿～100 亿元的有 277 家，在 20 亿～50 亿元的有 672 家，在 10 亿～20 亿元的有 796 家，管理基金规模在 5 亿～10 亿元的有 1 151 家，在 1 亿～5 亿元的有 4 320 家，在 0.5 亿～1 亿元的有 2 306 家。

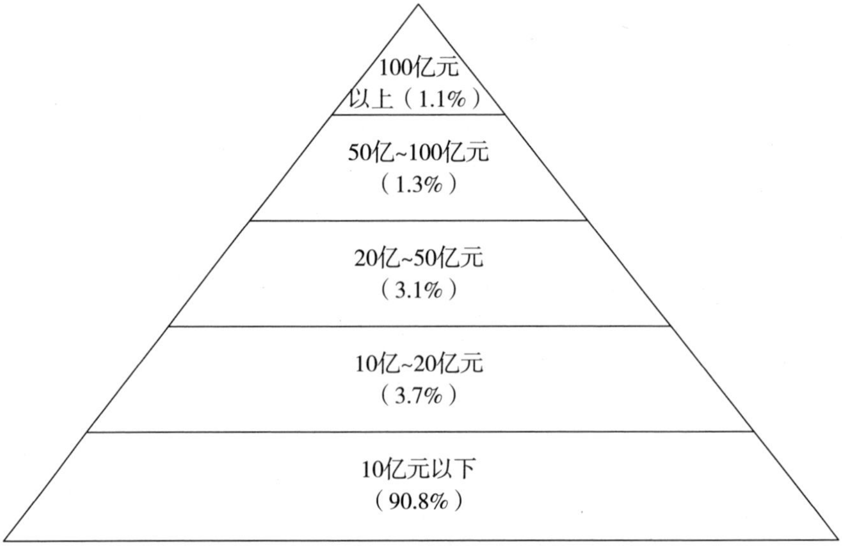

图 4-1　私募行业资产管理规模分布图

在资金募集日益艰难，监管力度持续加强的态势下，私募基金行业竞争将愈加激烈。头部效应将不断增强，行业未来会呈现出优胜劣汰的发展趋势，从现在的行业状况来看，管理规模在前 10% 的私募机构，管理规模占比达到 80%。前 1% 的头部公司，其规模占比在 2017 年已达到 34%，这一比例还将不断上升，马太效应突出。

在监管趋严的同时，私募行业也逐渐正规化，短期内虽然存在阵痛，但从长期来看，私募行业正处在规范健康发展阶段，发展前景光明，潜力巨大。

4.1.4 内部因素的分析

1. 组织形式

根据《证券投资基金法》规定，基金管理人由依法设立的公司或者合伙企业担任。自然人不能登记为私募基金管理人。

设立一家私募基金管理人，首先要确定是按公司型设立还是合伙型。两种组织形式各有优劣，发起人需要从各组织形式对企业产生的激励和约束效果，结合自身实际情况，进行合理选择。第一章列举了这两种组织形式的区别，可结合自身情况选择优势较大的组织形式。

2. 投资范围

根据《私募基金登记备案相关问题解答（十三）》，私募基金管理人只可备案与本机构已登记业务类型相符的私募基金，不可管理与本机构已登记业务类型不符的私募基金；同一私募基金管理人不可兼营多种类型的私募基金管理业务。因此，一个私募基金管理人只能经营一种类型的私募基金管理业务。所以，在设立私募基金管理人时，就要先规划好未来要从事哪一类型私募基金管理业务。

每一家私募机构在设立初期，都要先确定自身未来的投资方向，这取决于发起人对经济、政策和市场的判断，以及发起人自身的价值追求。

《私募基金登记备案相关问题解答（十五）》发布后，增设了"私募资产配置基金管理人"，因此发起人可在四种类型中进行选择：投资于公开交易的证券及其衍生品种的私募证券投资基金管理人，投资于非公开交易的企业股权的私募股权及创投基金管理人，投资于已备案基金及依法设立的资产管理产品的私募资产配置基金管理人，投资于红酒、艺术品等领域的其他类私募基金管理人。

3. 投资风格

投资风格是机构或个人在投资过程中所表现出的理念、操作、风险意识等外部表现的总称。不同的投资风格会让投资者产生不同的操作风格，最终取得的收益也会完全不同。

在私募行业，投资者投资某只私募基金，其实就是投资这个基金的管理人，管理人的投资风格一旦得到投资者的认同，投资者便会长久地追随基金管理人及其产品。所以在设立一家私募基金管理人之前，要先确定一种投资风格。

对于证券投资和股权投资，投资风格有所不同。

（1）私募证券投资基金的投资风格

私募证券投资基金的投资风格有三种：进取型、平衡型、保守型。

进取型私募基金的投资仓位一般较高，且持股集中，重仓股占整体仓位的比例接近 20%，基金净值波动较大。

平衡型私募基金的投资仓位会根据市场行情灵活调整，持股相对均衡，基金净值波动不大。

保守型私募基金的整体投资仓位较轻，只参与确定性强的投资机会，且持股较为分散，重仓股占整体仓位一般低于 10%，基金的净值波动较小。

（2）私募股权投资基金的投资风格

私募股权投资基金的投资风格也有三种：Pre-IPO 投资、双 F 型投资、行业型投资。

Pre-IPO 投资主要投向成熟期项目，Pre-IPO 项目比较成熟，投资周期短，容易募资。但由于 Pre-IPO 项目接近 IPO，基金管理人的成本和竞争优势会减弱。

双 F 型投资的核心判断标准是项目企业的财务报表加投资感觉。投资阶段都比较靠后，这类投资更寄希望于项目的成长性。双 F 型投资比较倚重财务数据加上经验的积累。

行业型投资是指基金管理人集中选择少数几个行业进行投资，它们或是高速成长，市场空间巨大；或者资本市场偏好，给出较高的估值；或是基金管理人自身擅长，有独特的经验。管理人会对这些选定的行业进行深入了解，持续跟踪，并挑选行业内优势企业，结合行业的发展规律对企业的前景进行判断，并确定投资意向。

4. 投资策略

投资策略是投资者在证券投资活动中为避免风险、获取最理想收益而综合采取的策略。投资策略是决定基金业绩的关键因素，是基金投资的灵魂。

投资策略按证券类基金和股权类基金也有所不同。

（1）私募证券投资基金投资策略

私募证券投资基金有九种主要投资模式，具体的投资策略有：

① 投资模式一：股票投资。股票投资系以国内股票为主要的投资标的，是目前国内私募行业中最主流的投资模式，投资策略可以分为多头投资策略、多空投资策略。

② 投资模式二：项目投资。项目投资模式就是通过分析重大项目发生前后对投资标的估值影响变化而决定投资获利。基金一般需要估算事件发生的概率及其对标的资产价格的影响，并提前介入，等待项目完成后择机退出。主要针对该投资模式的投资策略分为定向增发、并购重组、参与新股、大宗交易、热点题材、特殊事件等，以定向增发型基金为主。

③ 投资模式三：跨市场套利。跨市场套利策略强调从资产价格的相对高低中获利，也就是说，跨市场套利策略同时涉及两个具有高度相关性的资产或者不同市场中的同一资产，当这两个资产（市场）之间的价格差变得充分大时，买入价格低的资产，卖出价格高的资产，获取两者之间的价格差。简单来讲，跨市场套利策略是一种无风险或者低风险套利，目前针对该模式国内出现的主要有统计套利和市场中性策略。

④ 投资模式四：期货投资。期货投资被称之为最“分散”的投资模式，基于管理期货基金本身的特性，其可以提供多元化的投资机会，在期货投资模式下的投资策略是管理期货策略，也被称为商品交易顾问策略，该策略主要投资对象包括：商品期货、金融期货、期权与衍生产品、

外汇与货币。管理期货策略区别于其他策略的关键在于期货是杠杆交易，投资者可以成倍的放大收益（或亏损），并且卖空像做多一样稀松平常（每一份期货合约的背后都有一个多头和空头），投资者可以同时从上涨和下跌中获利。该策略一般包含期货趋势策略、期货套利策略、复合期货策略三种子策略。

⑤ 投资模式五：对冲投资。对冲投资模式主要是通过对国内以及全球宏观经济情况进行研究，当发现某一国家的宏观经济变量偏离均衡值，基金经理便集中资金对相关品种的预判趋势进行操作，主要是运用了套利手段或多种金融衍生品进行对冲。目前针对该模式的主要投资策略是宏观对冲策略。

⑥ 投资模式六：债券投资。债券投资的基金主要以债券为投资对象，以绝对收益为目标。投资策略上，由于债券价格对利率变化较为敏感，在国内，债券策略的投资对象主要是国债、金融债和企业债。也可以有一小部分资金投资于股票市场（可转债、打新股）。

⑦ 投资模式七：基金投资。在投资基金时，常采用组合策略，通过投资多种不同类型的专业基金如股票基金，债券基金、货币基金、甚至绝对回报基金作为资产配置的工具。该策略包括 FOF、MOM、TOT 三类子策略。

FOF 即俗称的“基金中的基金”，由专业机构筛选私募基金、构造合理的基金组合，同时参与不同策略的多只基金，业绩相对平稳。MOM 私募基金（Manager of Managers Fund），即“管理人的管理人基金”，这是在 FOF 的基础上发展衍生出的更新型的投资组合，与 FOF 不同的是，FOF 是直接投向现有的基金产品，MOM 则可以理解成把资金交给几位优秀的基金经理分仓管理，更具灵活性。信托的信托（Trust of Trusts，TOT），是指投资于阳光私募证券投资信托计划的信托产品，该产品可以帮助投资人选择合适的阳光私募基金，构建投资组合，并适时调整，以求获得中长期超额收益。

⑧ 投资模式八：复合投资。随着期货品种的加入及对冲策略的普遍

应用，很多私募机构将多种投资策略结合使用，采用复合策略，以期增加获利空间。投资策略因基金管理人的能力不同而有所差异。

⑨ 投资模式九：海外投资。海外基金一般是指由境内私募基金管理人在海外设立分支机构，并发起成立的基金。该类基金由境内私募基金管理人负责投资决策。海外基金一般由美元或港币计价，投资标的涵盖全球股票市场，既较好的分享全球投资机会，又分散了投资风险。目前国内多数海外基金的投资标的以中概股为主，基金管理人通过做多低估值、做空高估值的个股获取投资收益。

目前，伴随着国内经济形势低迷、“国内资产配置荒”等问题和人民币国际化加速、“一带一路”项目推进等机遇的出现，许多私募基金管理机构都开始着手布局海外市场，加大海外投资的规模。

（2）私募股权投资基金投资策略

私募股权投资基金的投资策略涉及内容比较复杂，大致可分为：行业选择、地理位置、投资阶段、投资规模、投资结构、参与程度、预期回报、退出方式等。从目前国内投资实践来看，行业选择、地理位置、投资阶段、退出方式构成了私募股权投资基金投资策略的重要内容。投资策略大致分为五类：

① 专业化策略。专业化策略主要是指成立某一行业的专项基金，专注投资这一行业。很多私募股权投资基金都倾向于选择自己熟悉并擅长的行业，一方面可以更好地发挥自身优势，另一方面可以最大限度地规避投资风险。如九鼎投资在去年成立的医药基金，今年成立的矿业基金，达晨创投旗下的达晨文旅基金。虽然九鼎和达晨都属于综合性的 PE 机构，但其投资策略中包含了专业化发展的理念。专业化策略对 PE 机构团队内的人才要求相对较高，只有具有某行业的专项人才，才有成立专项基金的能力。但是，专业化投资亦存在一定劣势：如果投资的行业容易受到政策风险、经济周期风险等的影响，专业化的投资策略就会使基金的盈利状况出现一定程度的波动。

② 地域化策略。地域化策略主要是指投资于某一特定地域的 PE 基

金。如我国最早的产业基金渤海产业投资基金，最初主要关注天津滨海新区及环渤海地区的高成长中小企业，深创投旗下的多只基金，与各级政府引导基金合作，主要投资于当地政府大力扶植的项目。地域局限性是这类策略的劣势，如果该地域是经济发达地区，优质项目资源丰富，此劣势可以适当缓解。

③ 投资阶段策略。从企业生命周期来看，企业整体遵循以下发展路径：种子期、成长期、收购与重组期。企业在各个发展阶段都有融资需求，私募股权投资基金需要结合企业的发展阶段，分析企业的融资需求，以恰当而高效的方式，适时满足企业的融资需求。与企业发展阶段相呼应，私募股权投资基金业也衍生出不同的投资阶段策略，包括但不限于创业基金、成长基金、并购基金、夹层基金、Pre-IPO 基金等。在投资阶段策略的选择方面，私募股权基金管理机构应该注意：如果私募股权基金管理机构的投资太过集中于种子期的公司，那么就将面临投资对象财务数据过少、信息不对称现象严重、对于项目前景的判断只能依靠经验等问题；如果私募股权基金管理机构的投资集中于 Pre-IPO 阶段的话，很可能会受到投资对象易受二级市场波动的影响，导致退出困难等问题的困扰。

④ 联合投资策略。联合投资是目前常见的投资策略。主要是指某一项目由多家 PE 机构在同一轮次共同投资，这些机构由 1 ~ 2 个领投机构和数个跟投机构构成。最典型的联合投资案例是知名互联网公司奇虎 360，从 2006 年开始，奇虎 360 先后获得了过红杉、鼎晖、高原、红点、Matrix 和 IDG 等 PE 机构 6 轮投资。以第一轮投资为例，由鼎晖和红杉领投，IDG 资本、GMO 和晋汇投资跟投，总投资额为 1 400 万美元。领投机构通常是这个项目的挖掘者，在投资流程中起到主导作用。从对项目的投资决策、接洽、估值、尽调中扮演主要角色。跟投机构则是投资的参与方，可对投资流程提出建议及发挥各自优势使投资过程更加顺畅。

⑤ 独家投资策略。与联合投资相对应，独家投资是指某一项目在某一轮次只由一家 PE 机构投资。这种投资方式通常运用于中早期项目中。

因为中早期项目所需融资额通常较小，一家PE机构即可覆盖，无须联合投资。独家投资中PE机构对项目有完全的主导权，不会因与其他机构的分歧影响投资。但由于没有其他机构共同商议，独家投资对PE机构对项目的挖掘和判断能力要求极高。判断一家PE机构的核心能力，领投和独家投资成功率是一个很重要的指标。

5. 股东/合伙人的选择

企业的股东/合伙人对企业发展有重要作用。股东/合伙人是公司组成与发展的基石，在募集资本、促使公司提高经营及决策水平、促进企业规范化与制度化建设上有重要的作用。

对私募基金管理人来说，股东/合伙人作为投资者享有所有者的分享收益、重大决策和选择管理者等权利。目前市场上的管理人一般分为三类，第一类是有大型国企、央企、上市公司、民营企业等有较强母公司作为股东背景的，但是母公司并非金融行业从业机构；第二类是由金融机构发起下设或者参股的管理人；第三类是由纯的自然人或者投资公司发起的管理人，自然人一般为金融机构前从业人士。

私募基金管理人还应注意：一是确保股权架构简明清晰，不能出现股权结构层级过多、循环出资、交叉持股等情形；二是要专注主营业务，确保股权的稳定性；三是不可以出现股权代持的情形。

在选择股东/合伙人时，要考虑以下几点：

（1）股东/合伙人的背景

在当前监管趋严的环境下，具有国资背景的申请机构登记时的成功率明显较大，经营中也拥有更多的资金和项目资源，且股东背景可作为项目亮点，使机构在与投资人的协议中占据优势地位，利于机构迅速开展业务，取得较快发展。但国资控股较多时，私募基金管理人的激励机制及决策机制的灵活性会受到影响。除考虑是否选择具有国资背景的企业参股，机构发起人还要考虑是否选择金融机构或投资公司作为股东，在项目操作和风险把控上，金融机构或投资公司往往能够提供更专业的帮助。

（2）股东 / 合伙人的资格

选择股东 / 合伙人时，还要考虑其是否符合相关规定。《私募基金暂行条例（征求意见稿）》对私募基金管理人的主要股东或者合伙人的资格采用负面清单的规定模式，有下列情形之一的，不得成为私募基金管理人的主要股东或者合伙人：

① 因故意犯罪被判处刑罚，刑罚执行完毕未逾 3 年的；

② 最近 3 年因重大违法违规行为被金融监管、税收、海关等行政机关处以行政处罚的；

③ 净资产低于实收资本的 50%，或者或有负债达到净资产的 50% 的；

④ 不能清偿到期债务的；

⑤ 法律、行政法规和国务院证券监督管理机构规定的其他情形。

此外，股东 / 合伙人不能为资产管理产品。

（3）股东 / 合伙人的出资能力

申请机构在申请登记时，中国基金业协会对其股东的考量主要从出资能力方面进行审核，申请机构证明出资能力至少要出具两份材料：

① 出资能力的说明（出资款的合法来源）；

② 出资款的证明材料（出资款证明需上传相关详细材料）。

对于日益严格的股东出资能力审查，机构发起人在选择股东时，要确保股东具有足够的资金实力。

（4）股东 / 合伙人的出资目的

一些公司设立或参股私募基金管理人的目的是进行自融，但自融资金的使用和管理对公司和管理人的要求非常高，机构发起人需要慎重考虑。另外，私募行业的利润率与成熟的金融机构是有差距的，对于参股设立私募基金管理人的金融机构，需要明晰其出资目的。特别要注意的是，股东 / 合伙人应当符合竞业禁止的原则，不得从事与私募业务相冲突的活动。

4.1.5 战略规划的确定

通过对私募行业环境的分析，站长制定了本机构的总体战略，首要问题是注册机构、完成登记备案，并在此过程中完成人员组建、组织架构搭建和产品设计，并在登记完成之后发行产品、进行投资，逐步发展业务。

1. 短期战略与目标

当前公司还处于发展的初创期阶段，主要需要解决一系列从无到有的问题，需要努力通过中国基金业协会的登记备案。

① 与股东签订出资协议，注册公司、注入资本金。

② 完善人员架构的搭建和公司内各项管理制度，满足各项业务开展的人员需求及制度依据。

③ 聘请律师事务所，配合完成登记备案工作。

④ 做好项目储备与产品设计，登记备案完成后立即开展业务。

2. 长期战略与目标

私募机构登记备案后，应进一步细化自身的战略规划，既要考虑企业整体的总体规划，更要注重每一个职能部门的战略规划与目标，使公司能更健康均衡的向前发展。

（1）公司整体发展战略与目标

依托公司投研能力及股东背景优势，不断发展创新，努力通过三到五年的发展成为北京市成长能力强、风控能力强、业务优的私募股权投资基金管理公司之一。

（2）投资战略与业绩目标

公司要提高整体的投资研究能力，加强投资研究团队的队伍建设与业绩考核，提高基金产品设计和创新能力。

（3）市场战略与目标

未来5年内，通过对公司的品牌宣传以及加强与政府引导基金、成熟期的私募股权投资机构、银行等机构的沟通与合作，提高公司的知名度，力争公司的基金管理总规模超过20亿。

（4）人力资源战略与目标

加强对人才的吸纳与储备，构建在区域内有吸引力的薪酬体系，以及能充分调动各岗位积极性的绩效考评标准，使公司成为北京优秀金融人才的理想雇主。

（5）企业文化战略与目标

不断加强对企业内部的规范与引导，倡导公司上下逐步形成以学习为核心的企业文化，加强企业的凝聚力的同时更增加企业的战斗力，并形成自身的文化感染力，实现文化的不断延续。同时，企业作为社会中的一分子，在考虑自身发展的同时，应当同时考虑到企业对于行业、对于社会良性发展的贡献，要通过做公益及对广大民众的金融知识普及等形式对社会进行回馈，不断提升企业外部形象，提升公司上下的凝聚力与责任心。

4.2 公司架构规划

4.2.1 治理结构规划

私募基金作为一种受人所托、替人理财的投资理财方式，投资人将财产委托给专业私募基金管理人进行投资运作。委托代理关系在此得到了突出体现。为了解决委托代理关系带来的风险控制和委托成本问题，经济学家提出了相应的约束和激励机制，公司治理应运而生。狭义的公司治理，即公司内部治理机制，是指公司股东、董事和管理层之间形成的相互制衡的制度安排；广义的公司治理则在利益相关人的概念得到扩展的基础上，提出公司治理机制应该在股东权利得到保障的前提下，关注更广范围的职工、债务关系人、社区、环境、政府等与公司具有利益关系群体的权利不受损害。

典型的公司治理结构是由所有者、董事会和执行经理层等形成的一定的相互制衡关系框架。与其他行业相比，私募行业作为风险密集型和资金密集型行业，在大额资金交易与市场不确定以及相关监管规则不完善的前提下，本身就极易诱发道德风险、市场风险、法律风险等。为了防范这些风险，相对于其他公司，私募机构需要更加重视公司治理问题，通过适当的治理结构和治理机制，保证股东（大）会（合伙人大会）、董事会、监事会、管理层的权力均衡，从而保证私募机构的长远发展。

为建立高效的公司治理机制，需要从私募机构治理的决策和监督两个层面来看：

（1）私募机构治理的决策机制

私募机构的决策活动贯穿于公司经营运作的始终，且不存在标准的决策模型，需要依靠管理者的经验积累和个人判断。为避免因个人能力不足导致的主观性决策失误，私募机构应该建立合理有效的决策机制，保证公司的决策正确。

（2）私募机构治理的监督机制

针对私募机构治理的内部监督，重点在于制衡与平衡，共有三层监督机制。

第一，股东（大）会（合伙人大会）对经营管理人员的监督；

第二，投资决策委员会对经营管理人员的监督；

第三，设立监事会或监事。

若在设立初期机构规模较小，且企业员工人数有限，可以以执行董事代替董事会，以监事代替监事会，承担相应的职能。

1. 公司型私募基金管理人的治理结构

公司包括有限责任公司和股份有限公司。有限责任公司的治理结构一般由股东（大）会、董事会（执行董事）、监事会（监事）及高级管理人员组成。股份有限公司的治理结构由股东大会、董事会和监事会构成。

（1）股东（大）会

股东（大）会，是指由全体股东组成的，决定公司经营管理的重大事项的机构。它是公司最高权力机构。

我们需要在股东（大）会议事规则中，对股东会的职权进行明确界定，确保股东（大）会完全的履行其应尽的义务，承担其应承担的责任，并保证决策行为不超过职责权限。

（2）董事会

董事会是由董事组成的、对内掌管公司事务、对外代表公司的经营决策和业务执行机构，公司设董事会，由股东（大）会选举。股东人数较少和规模较小的有限责任公司，可以设一名执行董事，不设立董事会。执行董事可以兼任公司经理。

董事会作为对上向股东（大）会负责，对下掌管公司事务，对外代表公司的经营决策和业务执行机构，直接把握公司命脉和走向，公司许多重大决策都是在董事会上提出、通过并执行的，因此需要制定合理、系统的董事会议事制度，确保决策的高效和合理性，确保决策执行的力度和速度。

（3）监事会

监事会是由股东（大）会选举的监事以及由公司职工民主选举的监事组成的，对公司的业务活动进行监督和检查的法定必设和常设机构。股东人数较少或者规模较小的有限责任公司，可以设一至二名监事，不设监事会。

监事会作为公司的监督和检查机构，作为公司内部错误防范和纠正的一道强有力的防火墙，需要规范有效的议事制度保证监事会履行监管职能。

2. 有限合伙制私募基金管理人的治理结构

相对于有限公司，合伙企业由于其不具有独立法人资格，合伙企业的财产不属于合伙企业独立所有，而是属于合伙人共有，合伙人与合伙企业是连带责任关系。合伙企业法并未对合伙企业的最高权力机构予以明确，原则上合伙企业事务由合伙人（合伙人大会）共同决定。

因此合伙企业组织结构设计具有更大的灵活性。合伙人对合伙企业的经营范围、议事规则和相关程序、合伙人的出资、利润分配、亏损分担、企业的解散和清算等，均可通过合伙协议、协商等多种方式进行约定。

具体来说，普通合伙企业的合伙人对执行合伙事务享有同等的权利，合伙人也可以委托一个或者数个合伙人对外代表合伙企业，执行合伙事务。有限合伙企业由普通合伙人执行合伙事务，有限合伙人不执行合伙事务，但可参与决定普通合伙人入伙、退伙；对企业的经营管理提出建议；参与选择承办有限合伙企业审计业务的会计师事务所；获取经审计的有限合伙企业财务会计报告；对涉及自身利益的情况，查阅有限合伙企业财务会计账簿等财务资料；在有限合伙企业中的利益受到侵害时，向有责任的合伙人主张权利或者提起诉讼；执行事务合伙人怠于行使权利时，督促其行使权利或者为了合伙企业的利益以自己的名义提起诉讼；依法为合伙企业提供担保。

由于合伙企业的运营主要依靠普通合伙人执行合伙事务而这种运营决策关乎企业的命运，所以决策主体应以普通合伙人为主，以降低企业代理风险或成本。但又不能采取传统英美法系国家的典型做法，采用全部以普通合伙人为运营决策主体的模式。虽然这样做的效率最高，但却不符合中国国情，因为我国的信托制度和委托代理制度比较欠缺，所以在我国实践中如采用此种运营决策主体模式肯定会出问题。故对我国的有限合伙私募企业而言，最优的运营决策主体应该是以普通合伙人为主并赋予有限合伙人在一些重大事项上的一定的运营决策权。

4.2.2 组织架构规划

如何建立一个有能力的组织结构，这和私募基金管理人的资源密切相关。要在私募基金管理人中找到可用的资源，建立自己的能力，从而形成核心竞争力，最后获得竞争优势。所以，建立一个有能力的组织，如何使私募基金管理人具有很强的能力，有三个方面需要考虑：为组织配备人才；建立核心竞争力和竞争能力；调整组织结构与工作效果。组织结构设计包括组织架构与职能调整、组织分工、岗位职责描述、汇报关系、考核方式建议、人员编制等。通过组织结构确定对工作任务如何进行分工、分组、协调、合作。

1. 在董事会或合伙人大会下设专业委员会

（1）投资决策委员会

投资决策委员会是基金的最高投资决策机构，是非常设的议事机构，在遵守国家有关法律法规、条例的前提下，拥有对所管理基金的投资事务的最高决策权。投资决策委员会由外聘的专家、基金管理人的总经理、分管投资的副总经理、投资管理部经理等人员组成，决定所管理基金的投资计划、投资策略、投资原则、投资目标、资产分配及投资组合的总体计划等。

（2）风险控制委员会

风险控制委员会也是非常设议事机构，由总经理、风险控制部经理及其他相关人员组成。其主要工作是制定和监督执行风险控制政策，根据市场变化对基金的投资组合进行风险评估，并提出风险控制建议。

2. 总经理

总经理负责全面主持公司的日常经营管理工作，主要行使下列职责：主持公司的日常经营、行政及财务的管理工作；组织实施公司的年度经营计划和投资方案；主持公司基金产品的设计、销售和基金投资管理工作以及基金对外信息披露工作；拟订公司内部机构设置方案、基本管理制度；制定公司的具体规章；拟订公司员工的薪酬制度和福利保障方案等。

3. 副总经理

副总经理在总经理的领导下，行使下列职权：分管筹资、投资、行政管理业务某方面的工作；组织制定、执行公司内部各项工作流程；监督分管部门工作计划的实施；分解落实公司投资、募资指标和其他各项考核指标；掌握公司业务情况，并进行系统分析，定期向有关部门及领导汇报经营管理情况；组织进行市场调研及现行管理模式的探讨，收集有关信息及合理化建议，对公司整体经营管理工作提出改进意见。

4. 风控副总

风控副总在总经理及风险控制委员会的领导下，行使下列职权：负责风险管理工作，建立公司风控团队；建立公司风险管理系统，拟订风险管理流程和风险管理制度，建立风险预警系统；组织人员及中介机构对拟投资项目进行审查，评估项目风险点，对项目的可行性和风险的可控性进行审核；对已投资项目进行合规审查、财务分析、风险量化等，根据项目具体情况提出风险防范建议，针对项目投后的风险进行识别与评估，提示风险并提出风控措施建议；监控各类风险防范措施的执行；定期对内部控制体系做出评价报告。

5. 各职能部门

私募机构进行部门规划时，核心是确保部门职责划分明晰。

设立初期，可设立市场销售部、投资管理部、风险控制部、综合管理部几个部门。运行一段时间之后，随着产品设立、募集资金、投资等业务的开展，可以适当增加运营服务部、人力资源部、财务管理部等部门。各专业部门的职责一般为：

（1）投资管理部

投资管理部负责基金产品的设计与开发，基金产品风险评级，投资策略的制定与执行，投资标的的调研与分析等，力求为投资者提供满意的投资回报。

（2）风险控制部

风险控制部负责建立健全公司风险控制、合规制度及流程；负责投资策略与投资风险的防控与监管；负责监督基金募集、宣传推介、投资者适当性管理工作的落实；保证公司投资资金的合法合规使用，严格按照公司风控规定执行操作流程等。

（3）市场销售部

市场销售部负责市场渠道与投资者的开发与维护；负责基金募集与推介，对投资者风险承受能力进行评估，执行适当性匹配工作；负责市场调查分析、公司形象的宣传维护、重要资讯的传播及业务咨询等工作。

（4）运营服务部

运营服务部负责投资者接待、投资者回访、投资者投诉的受理与协调、处置、反馈、投资者教育等。

（5）人力资源部

人力资源部负责公司人力资源工作，对公司人力资源进行管理与开发，负责招聘、培训、日常管理。

（6）综合管理部

综合管理部处理公司行政事务，负责公司的后勤保障工作；负责公司信息系统的建设和维护；负责与国家行政部门及监管部门的协调。

（7）财务管理部

财务管理部负责组织编制经营计划，定期对执行情况进行检查分析；执行国家的会计政策进行日常财务核算；收集和整理公司资金动态、收入及费用情况、往来款情况等资料，进行分析与建议，定期向总经理报告。

4.2.3 通过公司章程或合伙协议确定的要素

1. 公司章程

公司章程，是指公司依法制定的、规定公司名称、住所、经营范围、经营管理制度等重大事项的基本文件，也是公司必备的规定公司组织及活动基本规则的书面文件。公司章程与《公司法》一样，共同肩负调整公司活动的责任。作为公司组织与行为的基本准则，公司章程对公司的成立及运营具有十分重要的意义，它既是公司成立的基础，也是公司赖以生存的灵魂。

公司章程中必须予以记载的、不可缺少的事项是绝对必要记载事项。公司章程中缺少其中任何一项或任何一项记载不合法，就会导致整个章程的无效。

有限责任公司章程应当载明下列事项：

① 公司名称和住所；

② 公司经营范围；

③ 公司注册资本；

④ 股东的姓名或者名称；

⑤ 股东的出资方式、出资额和出资时间；

⑥ 公司的机构及其产生办法、职权、议事规则；

⑦ 公司法定代表人；

⑧ 股东（大）会会议认为需要规定的其他事项。

股东应当在公司章程上签名、盖章。

2. 合伙协议

合伙协议是依法由全体合伙人协商一致、以书面形式订立的合伙企业的契约。其性质与公司章程相同，对所有合伙人均有法律效力，合伙协议应当载明下列事项：

① 合伙企业的名称和主要经营场所的地点；

② 合伙目的和合伙经营范围；

③ 合伙人的姓名或者名称、住所；

④ 合伙企业的出资方式、数额和缴付期限；

⑤ 利润分配、亏损分担方式；

⑥ 合伙事务的执行；

⑦ 入伙与退伙；

⑧ 争议解决办法；

⑨ 合伙企业的解散与清算；

⑩ 违约责任。

4.2.4 内部控制规划

私募基金管理人内部控制，是指私募基金管理人为防范和化解风险，保证各项业务的合法合规运作，实现经营目标，在充分考虑内外部环境的基础上，对经营过程中的风险进行识别、评价和管理的制度安排、组织体系和控制措施。2016 年 2 月 1 日中国基金业协会发布《私募投资基金管理人内部控制指引》（以下简称《内部控制指引》），对私募基金管理人内部控制的总体目标、原则及主要内容进行规定。

《内部控制指引》中规定了私募基金管理人内部控制的总体目标：一是保证遵守私募基金相关法律法规和自律规则；二是防范经营风险，确保经营业务的稳健运行；三是保障私募基金财产的安全、完整；四是确保私募基金、私募基金管理人财务和其他信息真实、准确、完整、及时。

私募基金管理人根据 COSO（The Committee of Sponsoring Organizations of the Treadway Commission，COSO）内部控制制度和《内部控制指引》搭建内部控制体系时，需要考虑以下内容：从顶层分析，内部控制框架的首要目标应该是保证私募机构的经营效果和效率，为实现这一目标，需要完善内控框架的两个层面：第一是建立合理的组织架构，第二是设计控制力强的运行流程。内控框架的搭建需要实现对三个阶段的控制，即事前防范、事中控制和事后监督评价，在控制过程中运用四大控制手段，即业务控制、财务监督、风险控制、审计稽核，在每个阶段进行相应的管控。

有效的内部控制应当包括五大基本要素：内部环境、风险评估、控制活动、信息与沟通和内部监督。

第一部分是内部环境，内部环境是内部控制的基础，其包括两层含义：第一，对内部环境的控制是内部控制中极为重要的一部分，包括经营理念和内控文化、治理结构、组织结构、人力资源政策和员工道德素质等。第二，良好的内部环境是实施和开展内部控制的基础，只有建立良好的内部环境，公司的内部控制制度才能顺利实施和运行。

第二部分是风险评估，风险评估强调及时识别、系统分析经营活动中与内部控制目标相关的风险，合理确定风险应对策略。在该部分，重点在于及时识别和系统分析经营活动中同企业内部控制目标相关的风险，合理确定风险应对策略。

第三部分是控制活动，控制活动是基于风险评估结果，采取相应的控制措施，将风险控制在可承受范围之内。

第四部分是信息与沟通，基于信息与沟通的内部控制同样包括两层含义，第一，信息与沟通控制主要在于及时、准确地收集、传递与内部控制相关的信息，确保信息在内部、企业与外部之间进行有效沟通，信息披露是其中最为重要的一部分；第二，在内部控制过程中形成的文字记录等信息，是需要进行收集和传递的重要信息的一部分。

第五部分是内部监督与评价，在内控制度建立完成后，内控工作并没有随之结束，还需要后续对内部控制建设与实施情况进行周期性的监督检查，并对内部控制的有效性进行评价，当发现内部控制缺陷或因业务变化导致内控需求有变化的，应当对内部控制制度及时加以改进、更新。

4.3 注册及运营规划

4.3.1 企业名称

机构的名称是机构基本属性、内在规律以及特殊性的综合反映。针对私募机构，根据规定，申请机构的企业名称中须含有与私募基金管理人业务属性密切相关的字样。

根据《私募基金登记备案相关问题解答（七）》，为落实《私募监管暂行办法》关于私募基金管理人的专业化管理要求，私募基金管理人的名称中应当包含“基金管理”“投资管理”“资产管理”“股权投资”“创业投资”等相关字样，对于名称中不含上述相关字样的机构，将不予受理登记申请。

因此，私募基金管理人在进行登记备案时，应该确保私募基金管理人的名称和经营范围中应当包含“基金管理”“投资管理”“资产管理”“股权投资”“创业投资”等相关字样，并确保名称和经营范围相符。

4.3.2 经营范围

1. 法规要求

根据《私募基金登记备案的问题解答（七）》，为落实《私募监管暂行办法》关于私募基金管理人的专业化管理要求，私募基金管理人的经营范围中应当包含“基金管理”“投资管理”“资产管理”“股权投资”“创业投资”等相关字样。

确定私募机构经营范围时应该严格按照上述法规规定。除了上述规定中经营范围相关字样，私募基金管理人经营范围还可选择含有“投资、受托资产管理、从事对未上市企业的投资、私募证券投资、对上市公司非公开发行股票的投资、实业投资、项目投资、创业投资、股权投资管理、创业投资业务”等字样。

2. 专业化经营

根据《内部控制指引》和《私募基金登记备案相关问题解答（十三）》，私募基金管理人应当遵循专业化运营原则，主营业务清晰，不得兼营与私募基金管理无关或存在利益冲突的其他业务。

根据《私募基金登记备案的问题解答（七）》和《中国证券投资基金业协会私募基金管理人登记须知》（以下简称《登记须知》），为落实《私募监管暂行办法》关于私募基金管理人防范利益冲突的要求，对于兼营民间借贷、民间融资、融资租赁、配资业务、小额理财、小额借贷、P2P/P2B、众筹、保理、担保、房地产开发、交易平台等业务的申请机构，因上述业务与私募基金的属性相冲突，为防范风险，协会对从事冲突业务的机构将不予登记。

若私募基金管理人经营范围中包含“组织文化艺术交流活动、文艺创作、承办展览展示、公共关系服务、会议服务、大型活动组织服务、货物进出口、电子产品的安装和销售、计算机软硬件及外围设备、通信设备、日用品、文化用品、体育用品、首饰、工艺品”等，易构成主营业务不突出、经营其他非金融业务。

4.3.3 注册地与办公地

1. 确定注册地址

私募机构在进行工商注册前，需要先确定企业办理工商注册的地方。在选择注册地时要考虑以下因素：

（1）是否允许注册

自2016年起各地工商行政管理部门开展互联网金融全面整顿行动后，全国多个城市全面禁止非金融机构以及不从事金融活动的企业在注册名称和经营范围中使用“交易所”“交易中心”“金融”“资产管理”“理财”“基金”“基金管理”“投资管理”“财富管理”“股权投资基金”“网贷”“网络借贷”“P2P”“股权众筹”“互联网保险”“支付”等字样。因此，在选择注册地址时，首先要考虑其是否允许注册。

（2）政策扶持及配套服务

选择注册地时，可以选择在一些对私募基金有专门扶持政策的行政区域，如上海浦东新区、上海虹口对冲基金园区、深圳前海新区等。这些地区为发展私募行业，对入驻的私募机构提供一系列政策和经济上的支持，包括税收减免政策、优惠的办公场地，甚至现金奖励等。

（3）监管环境及行政效率

确定公司注册地时，除了考虑扶持政策与配套服务外，还要考虑拟注册地对企业的监管环境、服务态度与办事效率。企业在发展的各个阶段都会与政府部门接触，办理审批、登记等手续。注册地政府部门的监管环境透明和行政效率高效，对企业的发展会产生积极影响。

2. 确定办公地

进行工商登记时，要求申请机构具有开展业务所需的独立的营业场所。企业在确定注册地后，还要确定企业实际的办公地址。企业的办公地址关系着企业未来业务的开展活动，选择办公地时，需要考虑以下因素：

（1）相关规定

企业在选择办公地时，首先要确认相关部门对企业办公地的规定，是否要求企业的办公地与注册地在同一行政区域。对于私募机构，根据《私募基金登记备案相关问题解答（二）》中规定，申请登记成为私募基金管理人应符合以下条件：机构具备满足业务运营需要的场所、设施和基本管理制度。《登记须知》规定，私募机构的办公场所应当具备独立性，其工商注册地和实际经营场所不在同一个行政区域的，应充分说明分离的合理性。

（2）地区发展水平

企业的办公所在地就是企业开展经营工作的地区，企业选择办公地通常是供给导向或是需求导向。对于私募机构，需要选择经济发展水平较高的城市，便于资金募集和产品推广，也存在更多的投资机会。

（3）运营成本

企业在选择办公所在城市和具体办公地点时，还要考虑相应的企业运营成本，包括房租、人力成本、交通成本、营销成本等因素。

4.3.4 注册资本

无论是工商登记还是私募基金管理人登记，目前对于私募基金管理人的注册资本均无具体金额要求。申请机构可根据自身实际情况确定注册资本金额大小，应考虑的因素有：股东实际出资能力、中国基金业协会对于实缴资本的公示标准、业务准入的要求、申请特殊资质的要求等。

4.3.5 从业人员

私募基金管理人应当有满足业务运营需要的从业人员，但相关规定未对私募基金管理人的员工总人数提出具体要求，仅要求与其经营业务需求相匹配。按照目前实务经验，在综合考量私募基金管理人的业务开展需要、内部组织架构设置以及内控制度落实需求等因素的基础上，一般对于新登记为私募基金管理人的机构，其员工总人数应不低于5-10名，并且私募基金管理人应与全体员工签署正式劳动合同，依法为员工缴纳社保；兼职员工并不计入私募基金管理人的员工总人数。

根据《二五公告》等的要求，从事私募证券投资基金业务的各类私募基金管理人，其高管人员（包括法定代表人/执行事务合伙人（委派代表）、总经理、副总经理、合规/风控负责人等）均应当取得基金从业资格。从事非私募证券投资基金业务的各类私募基金管理人，至少2名高管人员应当取得基金从业资格，其法定代表人/执行事务合伙人（委派代表）、合规/风控负责人应当取得基金从业资格。根据《募集行为管理办法》的相关规定，对于从事私募基金募集业务的从业人员，必须具有基金从业资格。

因此，高管人员（股权类部分高管）与基金销售人员必须持有基金从业资格证书，通常认为，从事证券投资的基金经理及操作人员也需持有基金从业资格证书，其他人员无严格要求。

提示：中国基金业协会在私募基金管理人登记申请的反馈意见中比较关注申请机构是否具备一定比例的、具有基金从业资格的员工（含高级管理人员）。一般情况下，我们建议新设的私募基金管理人中具备基金从业资格的员工人数应不少于全体员工人数的50%。

根据《内部控制指引》，从事私募基金管理业务相关工作人员应具备与岗位要求相适应的职业操守和专业胜任能力。负责私募合规/风控的高级管理人员，应当独立地履行对内部控制监督、检查、评价、报告和建议的职能，对因失职渎职导致内部控制失效造成重大损失的，应承担相关责任。负责投资的高管人员应当具备相应的投资能力。

4.3.6 内部控制制度

公司进入正常运营后，应该按照战略规划中的内部控制规划，制定相应的内部控制制度。在制度建设过程中，需要考虑的因素有：

1. 符合内控目标要求

按照内部控制规划，企业需要建立完备的内部控制制度，并形成内部控制文件，以实现对公司内部可能存在的风险和问题进行有效的控制。应建立授权与审批制度、财产保护制度、预算管理制度、运营风险控制制度、信息披露制度等管理制度。

2. 匹配组织结构设计

企业的内部控制制度的执行应该建立在企业组织架构职能的履行上，要确保制度的可行性。

3. 符合登记审核的要求

企业进行私募基金管理人登记时，需要提交制度性文件，协会要求的必备制度有 7～9 个。包括但不限于（视业务类型而定）运营风险控制制度、信息披露制度、机构内部交易记录制度、防范内部交易、利益冲突的投资交易制度、合格投资者风险揭示制度、合格投资者内部审核流程及相关制度、私募基金宣传推介、募集相关规范制度，以及适用于私募证券投资基金业务的公平交易制度、从业人员买卖证券申报制度等。

4.3.7 银行开户

私募机构完成工商登记后，应该在银行开立企业基本账户，以满足日常经营管理的需要。还要考虑到基金产品发行时对于募集账户和托管账户的开立要求。

企业选择开户行时需要注意开户行地址的选择。虽然银行政策并没有明文规定不许异地公司开户，也即企业可以在实际办公地的银行办理基本账户，但由于银行开立基本账户时需要核实企业注册地址，大多数银行为避免核查成本，会拒绝企业异地开立基本账户。

4.3.8 税务事项办理

企业领取法人一证通证书后，持法人一证通登录各地网上税务局办理税务事项，并提出增值税发票初次申领申请。

4.3.9 社保开户

新设立的私募机构应当自成立之日起 30 日内凭营业执照、登记证书或者单位印章，向企业注册地的社会保险经办机构申请办理社会保险登记，社会保险经办机构在收到申请之日起 15 日内会予以审核，审核通过后会发给企业社会保险登记证件。

私募机构需要在员工入职并与企业建立劳动关系起 30 日内，为企业内员工办理社会保险登记缴存。

4.3.10 股东注入资本金

私募机构也执行注册资本认缴制，但在公司开业初期，公司股东应实缴部分或全部资本，确保公司有足够的资本金保证机构有效运转。中国基金业协会对具体标准无明确规定，但一般认为实缴资本应该能够覆盖6个月的合理人工薪酬、房屋租金等日常运营开支。另外，私募机构实缴资本低于100万元或实缴比例低于25%的机构会被特别提示，并在私募基金管理人分类公示中被公示。

4.3.11 公司展业计划书

公司正式运营后，应制定展业计划书，对公司未来短期（3～6个月）和长期（一年以上）的发展进行规划。计划书中一般包括以下几方面内容：

（1）整体战略规划

整体规划可以从投资领域、投资安排和运作规划三个方面作为切入点。公司应该根据自身实际情况，选择具体的投资方向，并对未来发行基金产品的投资流程进行简要概括。此外，需要在公司内部组织架构的基础上对未来的业务模式和长期发展的预期做一个概括。

（2）团队构成

详细阐述公司现有的组织架构和人员构成。具体论述合规风控人员如何履行监督、检查、评价、报告和建议职能，结合过往从业经历突出其独立履职能力。

（3）业绩预测

公司对业务发展应该制定财务规划，包括业务收入预测、成本支出预测和机构投入计划。

（4）项目储备

该部分是展业计划书的重点内容，公司需要对自身资源和潜在项目有清晰的认识，制作详尽的项目投资计划书，积极与合伙方签订战略合伙协议或投资意向书。为登记后发行首只私募基金做准备。

4.4 登记规划

4.4.1 登记准备

私募基金管理人申请登记，需要向中国基金业协会履行基金管理人登记手续，向资产管理业务综合报送平台（AMBERS）上传所需信息和材料。登记申请材料不完备或不符合规定的，私募基金管理人应当根据中国基金业协会的要求及时补正，如果机构申请登记连续被反馈五次而未通过审核的，将暂停受理审核三个月。为尽快通过审核，私募机构需要进行充分的准备工作。

1. 聘请律师事务所

申请管理人登记需要律师的参与，企业在聘请律师事务所时需要考虑以下几点：

一是尽早聘请律师事务所并签订协议。中国基金业协会要求律师对所提供材料的真实性、准确性和完整性负责，由于企业大多不具备自我审核的能力，聘请律师事务所后，企业高管可与律师对登记所需材料进行讨论，高效地提供合格材料。

二是尽量聘请从事过证券法律业务的律师。中国基金业协会并没有明确要求出具法律意见书的律师资质，但为避免因律师缺乏经验导致登记出现问题，企业应选择聘请具有相关经验的专业律师。

2. 人员录入

在登记备案之前，企业需要在从业人员管理平台上录入企业高管和员工的信息，以备中国基金业协会进行人员资格审查。

3. 外包协议

在登记备案时，私募基金管理人应该展示其具备发行私募基金产品、独立管理与运营的能力。如果若私募基金管理人现有组织架构和人员配置难以完全自主有效执行相关制度，可考虑采取外包机构的服务，包括律师事务所、会计师事务所等的专业服务。在此期间，应选择合适的外包服务机构，签订外包协议。

4. 准备各项资料

登记备案时，中国基金业协会要求企业上传的信息资料如下：

① 基本信息，包括机构所在写字楼图片、机构前台图片、登记承诺函、实缴出资证明、公司章程 / 合伙协议、营业执照、全套工商内档以及管理人认为需要上传的其他材料。其中登记承诺函包括管理人登记承诺函及承诺管理团队稳定的函（首只产品备案前不变更法人代表、控股股东及实际控制人；不随意变更总经理、风控负责人）。

② 内部控制制度，包括企业运营风险控制制度、信息披露制度、机构内部交易记录制度等协会要求的必备制度。

③ 财务信息资料（仅适用于成立一年以上的申请机构），包括上一年度的资产负债表、损益表、现金流量表，审计报告以及会计师事务所营业执照。

④ 出资人信息资料。

⑤ 实际控制人信息资料。

⑥ 信用信息，包括公司的征信报告、公司及高管人员证券期货市场诚信记录。

5. 法律意见书

律师在尽职调查的基础上，根据中国基金业协会要求出具《法律意见书》，并对要求审核内容逐项发表法律意见。

4.4.2 登记备案

私募机构在律师的协助下完成申请材料准备后，可按照中国基金业协会关于私募基金管理人登记的相关规定，通过电子系统上传材料。企业在进行首次申报时，可参考协会此前公示过的反馈意见，进行自我核查，尽量确保材料的完整性和合规性，减少反馈次数。

1. 信息填报

完成中国基金业协会要求的所有材料整理后，企业登录资产管理业务综合报送平台，如实填报公司信息，上传《法律意见书》等要求材料。

2. 协会反馈

企业成功上传材料后，中国基金业协会经过审核，会将反馈意见发送至企业邮箱，企业按照反馈意见整改并与律师事务所的补充法律意见书后一并提交。

3. 登记成功

经过多次反馈整改后，审核通过，协会将发送通知邮件至企业邮箱，至此，私募基金管理人备案成功。企业应在备案成功的6个月内发行私募基金产品，逾期未发行产品将被注销。

4.5 私募基金管理人登记规划流程

私募基金管理人登记规划流程具体见表4-1。

表4-1　　私募基金管理人登记规划流程表

序号	事项	注意点	时间点
S1	业务规划	同一私募基金管理人不可兼营多种类型的私募基金管理业务，私募基金管理人有四类：证券投资类私募基金管理人、股权及创投类私募基金管理人、资产配置类私募基金管理人和其他类私募基金管理人，需要从中选择一个，也可根据想要发行的基金产品的类型选择相应的管理人类别。	T+1
S2	组织规划	基金管理人必须是依法设立的公司或合伙企业担任。公司型和合伙型在法律人格、税收负担等方面有所不同，发起人需要选择一种组织形式。	T+2
S3	确定股东	《私募基金暂行条例（征求意见稿）》中，对私募基金管理人的主要股东/合伙人资格提出要求，采用“负面清单”形式明确禁止准入。结合股东/合伙人的个人能力、资产状况、公司现有资源等因素确定的股权结构设计应考虑核心股东/合伙人人选和便于认定实际控制人。设计时应尽量避免股权均等分配。关于申请机构股东，除了考虑股东是否具有涉外身份外，还需重点关注股东的关联公司与业务冲突服务机构。当实际控制人或核心股东名下有较多的金融企业、资产管理机构或与基金管理业务相冲突的相关服务机构时，需提前进行规范。	T+5

续表

序号	事项	注意点	时间点
S4	项目储备	发起人在进行规划时，需要考虑自身的项目储备，以及首期私募基金的发行计划，为之后的短期和长期运营做准备。	T+70
R1	高管选定—法定代表人（执行董事、经理）	1. 人员需持有基金从业资格；不得在非关联的私募机构兼职（在关联私募机构兼职需合理说明，在其他普通机构的兼职也尽量要少，否则要论证具有在申请人处正常履行职能的能力）；近三年没有被告涉诉记录、没有刑事处罚（需在 T+45 日提供公安机关开具的无犯罪记录证明）、没有金融监管处罚或行政监管措施、没有协会纪律处分、无失信记录；具有投资管理行业金融工作经验。 2. 需进行工商变更将现有法代替换。 3. 公司同人选签署劳动合同（期限宜长不宜短）、为人员缴纳社保。 4. 一年内变更 2 次以上任职机构的高管，协会将特别关注。	T+10
R2	高管选定—风控负责人	1. 人员需持有基金从业资格；风控负责人要专职，不得在非关联的私募机构兼职（在关联私募机构兼职需合理说明；近三年没有被告涉诉记录、没有刑事处罚（需在 T+45 日提供公安开具的无犯罪记录证明）、没有金融监管处罚或行政监管措施、没有协会纪律处分、无失信记录；具有投资管理、投资项目风险控制等可查的、丰富工作经验。 2. 公司同人选签署劳动合同（期限宜长不宜短）、加上需要为人选于公司缴纳社保。 3. 一年内变更 2 次以上任职机构的高管，协会将特别关注。	T+13
R3	高管选定—基金经理	申请证券类管理人的机构必须有此额外高管的设置，可由法代担任，但法代背景要充分符合履职能力。 1. 人员需持有基金从业资格；不得在非关联的私募机构兼职（在关联私募机构兼职需合理说明），协会亦建议不要在一般机构兼职；近三年没有被告涉诉记录、没有刑事处罚（需在 T+45 日提供公安开具的无犯罪记录证明）、没有金融监管处罚或行政监管措施、没有协会纪律处分、无失信记录；具有投资管理、投资项目、基金管理等可查的、丰富工作经验。 2. 公司同人员签署劳动合同（期限宜长不宜短）、为人选缴纳社保。	T+40

续表

序号	事项	注意点	时间点
R4	公司名称及经营范围	1. 募基金管理人的名称和经营范围中应当包含“基金管理”“投资管理”“资产管理”“股权投资”“创业投资”等相关字样。 2. 鼓励含有“私募基金”字样的名称。	T+11
R5	办公地址选择	1. 实际经营办公场地 100 平方米以上，并且独立隔离于其他办公场地。 2. 可以租赁场地、大股东无偿借用（须出具无利益输送的承诺函、借用协议）、其他关联主体无偿提供场地（借用协议）。 3. 需提供租赁合同、产权证明。	T+20
R6	公司核名	在工商注册前，需要先到市场监督管理局领取一张“企业（字号）名称预先核准申请表”，填写公司名称，在市场监督管理局内部网检索是否有重名，如果没有重名，此名称可以使用，会核发一张“企业（字号）名称预先核准通知书”。若该名称已被提前注册，则需修改后重新检索核名。	T+12
R7	拟公司章程	在公司章程中载明公司名称、住所地、注册资本、财产责任等事项。并由全体股东签字。	T+15
R8	履行金融审批材料	审批程序所需材料包括：（1）申请表原件；（2）企业名称预先核准通知书复印件；（3）企业内部管理制度及风控制度复印件；（4）公司章程复印件；（5）实际控制人的身份证明复印件；（6）企业法定代表人（负责人）、董事、监事、高级管理人员的简历、身份证明、相关从业资格证明文件复印件；（7）企业注册地址证明和实际办公地址的租赁合同复印件；（8）风险提示书；（9）合法合规承诺函；（10）高管人员简历。	T+16
R9	工商注册	将注册材料提交给市场监督管理局，3 个工作日后领取营业执照。	T+26
R10	刻章	凭营业执照，刻印公章、财务章、合同专用章，在公安局备案。	T+30
R11	银行开户	在银行开立基本账号。	T+35

续表

序号	事项	注意点	时间点
R12	组织架构	一般申请机构应配备 8 名以上的员工，组织架构有：总经理，投资部，风控部，综合部，市场部，人事部等，各配备 1-2 名员工，重点加强投资部与风控部的人员配置。考虑到前期公司运营成本，在业务开展初期阶段，组织架构可做适当精简，只设立总经理、投资部和风控部，但协会要求需披露与相关机构签订拟外包的框架协议情况。	T+35
R13	公司制度建设及执行	1. 建立运营风险控制制度、信息披露制度、机构内部交易记录制度、防范内幕交易、利益冲突的投资交易制度、合格投资者风险揭示制度、合格投资者内部审核流程及相关制度、私募基金宣传推介、募集相关规范制度等配套管理制度。 2. 将制度的执行对应到公司组织架构职能的履行上，确保制度有效实施，并出具制度执行的说明。	T+41
R14	人员招聘	对于从业人员中具备基金从业资格人员的比例，中国基金业协会并未做出明确规定，从实际情况来看，除高级管理人员以外的从业人员中，应该有至少 50% 的人具备基金从业资格。	T+35
R15	资本金实缴并出具验资报告	1. 提供实缴验资报告（如需），出资款到账凭证。 2. 过往已做实缴的，仍根据情况判断是否要做会计师的复核验资。 3. 协会会对实缴低于 100 万元或低于注册资本 25% 的申请机构进行提示公示及特别提示。	T+35
R16	税务事项	在网上办理税务事项，并提出增值税发票初次申领申请。	T+45
R17	社保开户	向企业注册地的社会保险经办机构申请办理社会保险登记。	T+50
F1	聘请律师事务所	与一家专业的律师事务所签订协议。	T+40
F2	管理人注册编码申请	公司向协会申请注册编码。	T+41
F3	人员做系统录入或调入	1. 从业人员系统注册、审核及调入。 2. 机构员工情况在资管系统的填写。 3. 以上若涉及（比如异地经营原因）由第三方代扣社保的，需提供《说明函》及《委托代缴协议》和社保真实缴纳证明。 4. 兼职员工不计入申请人的员工人数。	T+60

续表

序号	事项	注意点	时间点
F4	公司全套工商内档	公司注册地所在市场监督管理局查询复印完整档案。	T+45
F5	公司的征信报告、公司及高管人员证券期货市场诚信记录	需打印提供相应资料。	T+46
F6	尽职调查	律师事务所对公司进行尽职调查。	T+60
F7	外包服务协议	提供基金外包服务机构的服务协议或意向协议书。	T+70
F8	登记涉及的承诺函	管理人登记承诺函及承诺管理团队稳定的函（首只产品备案前不变更法代、控股股东及实控人；不随意变更总经理、风控负责人）。	T+80
F9	出具《法律意见书》	根据中国基金业协会要求完成《法律意见书》，并由两名执业律师签名，加盖律师事务所印章，并签署日期。用于私募基金管理人登记的《法律意见书》的签署日期应在私募基金管理人提交登记申请之日前的一个月内。	T+80
F10	资产管理业务综合报送平台申请	登录 https：//ambers.amac.org.cn 后，申请机构需按照进度条的提示一步步完成：机构基本信息——相关制度信息——机构持牌及关联方信息——诚信信息——财务信息——实际控制人信息——高管信息——管理人登记法律意见书。协会对申请机构的反馈次数限定在 5 次，并且提示如果超过 5 次反馈，申请机构将被锁定 3 个月。	T+81
F11	提交协会要求材料	申请机构要提交《法律意见书》、高管信息、实际控制人信息、出资人信息、财务信息、诚信信息、机构持牌及关联方信息、相关制度信息和机构基本信息，以及协会要求的其他信息。	T+81
F12	协会第一次反馈	协会审理企业上传资料后，如果有疑问，会反馈给管理人邮箱。	T+101
F13	提交补充材料	申请机构按反馈意见整改并请律师事务所补充法律意见书之后一并提交。	T+109
F14	登记成功	协会通过审核后，发送邮件至管理人邮箱，私募基金管理人登记成功。	T+128
F15	发行私募基金	中国基金业协会规定登记日后 6 个月需进行基金备案，未备案产品的基金管理人将予以注销。	T+308

第 5 章

注册私募基金管理人

历时一个月，站长完成了战略规划，制订了详细的规划流程表。在这一时期，站长还联系了几家公司寻找合作伙伴。最终确定北京规范运作技术有限公司作为机构投资者，经过商议，该公司将持有所设私募机构 45% 的股份。

投资者确定后，就进入规划的具体实施阶段，站长开始着手注册机构主体的相关事宜。对于私募机构而言，工商注册过程非常重要。一方面，会影响后期登记备案的成功率，机构的注册 / 实缴资本规模、机构名称、经营范围等基本信息在之后的登记过程中都将受到中国基金业协会的审核；另一方面，私募行业作为资产管理行业的新兴领域，在全国各地的发展并不均衡，机构注册地和实际经营地的选择对机构未来的运营和业务开展有很大影响。

那么，如何选择机构注册地与实际经营地？如何确定机构名称与经营范围？工商注册包括哪些环节？本章将为您一一道来。

5.1 注册前的准备工作

注册私募机构的准备工作包括选择注册地，确定实际经营地，拟定机构名称，明确经营范围，确定组织形式、股东结构、注册资本等关键要素，准备工商注册或金融审批的资料。

5.1.1 选择注册地

为何会首先要考虑选择注册地?

目前全国大部分省市已经暂停办理私募类机构的注册，何时能够重启尚无法确定。中国人民银行 2016 年 4 月 14 日出台《互联网金融风险专项整治工作实施方案》，启动互联网金融专项整治工作，各省级政府联合金融监管部门主要从在工商系统登记注册的企业入手，进行业务性质界定，以便分类处置。在整治期内，全国大部分省市暂停登记注册在名称、经营范围中含有金融、投资、资产管理、基金等相关字样的企业。但私募机构在中国基金业协会申请管理人登记时，申请机构的名称和经营范围中应该包含“基金管理”“投资管理”“资产管理”“股权投资”“创业投资”等字样。

因此，如果要注册私募机构，首先明确有哪些可选注册地，也就是可以注册私募机构的地方，然后在可注册的范围内进行其他因素的对比。如：政策的稳定性，税收优惠及财政补贴政策，私募机构的集聚效应，能否提供办公场所及设施，能否提供注册地址及其他配套服务措施。

1. 政策的导向性和稳定性

各地政府对私募行业的接受程度和认可程度大相径庭。从全国范围来看，各地政府对发展私募行业的态度主要有三种类型：

一是积极引导型，诸如浙江杭州、嘉兴、广州、宁波梅山、江西共青城等地区，鼓励私募注册，并且通过制定各种税收优惠政策和财政补贴政策来支持当地私募机构的发展。例如在注册登记、税收优惠、投资奖励等方面提供一站式服务平台，解决了不少私募基金异地管理、节税的需求。另外，此类地区金融投资类企业注册无须前置金融审批，速度快，效率高。

二是谨慎放开型，诸如北京、天津、山东青岛等地区，尽管开放了私募机构注册，但在注册私募机构时前置严格的审批程序。严格的审批制度增加了进入的难度，在一定程度上也限制着当地私募机构的增量发展。

三是严格管理型，诸如上海、河北、吉林、黑龙江、山西等地区尚未开放私募机构注册。此类地区对私募行业持严管态度，这些地区的私募行业的发展也大大受限，基本上处于停滞或待发展状态。

值得注意的是，不同地区在不同时间或不同阶段对私募行业的发展态度是动态变化的，在进行私募基金管理人注册之前应再次慎重确认，必要时，可与当地的主管机构取得联系。

2. 税收优惠及财政补贴

我国税收管辖采用注册地主义，相同业务在不同地方征收的税率可能不同，税收优惠政策幅度不同。有的地方为鼓励私募行业发展，还会给予一定的财政补贴。

例如，对于企业所得税，在西部大开发地区对鼓励发展的行业适用优惠税率。对于采用有限合伙制形式的私募基金，个人所得税在各地的适用也不尽相同。

政府的补贴主要有两类，对投资企业的补贴和对人才的奖励补贴。

对投资企业的奖励补贴包括：办公住房补贴，落户奖励，投资补贴，投资风险补贴，投资收入奖励，贡献奖励，业务补贴等。

对基金人才的奖励补贴包括：人才补贴，购房、租房、购车补贴，户口迁移政策，子女入学优惠政策、配偶就业，个人所得税优惠，培训优惠等。

需要注意的是，上述情况也是动态变化的，实际注册之前需要确认政策的有效性和连续性，必要时，应与当地的主管机构取得联系。

3. 区域优势

有些地区的投资环境优良，私募机构在那里投资注册可以享有各种资源，享受当地政府给予的各种优惠待遇等。区域选择方面考虑到的因素主要包括：自身区位优势、金融产业优势、私募产业集聚效应等方面。

（1）自身区位优势

区域是否属于国家划定的自贸区、实验区，是否属于省级政府重点支持的基金小镇。区域内是否有针对私募机构的特点与业务类型开展业务研究与探索，出台有利于私募机构发展壮大的政策。是否有引导基金或母基金。是否有独立的研究院、咨询机构、合作的众多机构对私募机构进行政策指导和业务辅导。

（2）金融产业优势

区域有无金融产业优势，主要取决于区域金融产业的竞争能力和产业结构的转换能力的强弱。金融方面的参考因素主要包括：GDP 的增长情况、金融业增加值、投资类企业的数量、各类金融企业的数量、是否构建起传统金融机构和新兴金融业态共同发展的多层次金融服务组织体系、是否拥有成熟的金融备案及注册程序。

（3）产业集聚效应

区域内是否形成了私募行业的产业聚集效应，是侧重于股权投资还是侧重于证券投资。产业聚集效应会对私募机构的发展带来积极的影响，例如股权投资方面，如果有多家投资范围类同的私募机构，可以做联合投资、联合尽调、共享信息、互通有无。

5.1.2 确定实际经营地

私募机构要成功登记成私募基金管理人，必须具备满足业务运营所需的基本场所和设施。私募机构在确定注册地后，还需要选择实际经营地以满足日常运营所需的基本场所和设施。在现实中，多数私募基金管理人会选择北京、上海、广州、深圳或沿海发达城市作为办公地，这就可能涉及注册地与实际经营地不符的问题。中国基金业协会对私募基金管理人的实际经营地做出了如下规定。

1. 办公场所

① 允许注册地址与办公地址不一致；营业场所与注册地址可以是同一个，也可以是不同地址。如果是不同地址，需要同时提供注册地址与营业场所的租赁合同或产权证明文件，证明基金管理人对该等场所具有合法、持续的使用权利，以保障基金管理人经营的稳定性与持续性。

办公场地一般是申请机构自行租赁，产权证是为了保证租赁合同的有效性。如果是无偿使用，也需说明申请机构无偿使用办公场所的原因及合理性。若办公场所为股东无偿提供的，应当提交股东与申请机构共同出具的无利益输送承诺函。其中需要强调的是，如果申请机构属于房屋的二次或三次租户，需要提供相应的自上而下的产权证、房屋租赁协议及转租协议来说明申请机构与产权证上房主的关系。

② 对营业场所的总面积、人均办公面积未做强制性量化要求，但是建议根据公司人员、办公需求等方面，设立相对合理、合适的办公场所。办公场所应具备独立性，不可以与其他机构混同办公、应保障经营场所的独立隔离等。

③ 管理人应当设立必要的前台设施，在营业场所显著位置展示公司名称、商标或商号等标识，因为在申请登记时需上传营业场所的前台（包含公司名称、商标、商号等必要显著标识）的照片，以及营业场所所在的写字楼（包含写字楼名称的清晰标识或完整的写字楼）照片。一些孵化器可能存在共用前台的情况，对于该种情况，上传管理系统的照片必须有企业标识（Logo）。若与其他机构共用前台，需说明共用前台的机构与申请机构有无关联关系。

2. 办公设备

① 办公基础设施是基金管理人运营的基本条件与要求。《私募基金暂行条例（征求意见稿）》要求私募基金管理人具备安全防范设施和与基

金管理业务相关的其他设施。尤其是针对私募证券投资基金管理人，可能涉及基金行业投资研究、基金估值、数据研究等工作，需要一定的基础设施条件与数据安全保护设施。如果基金管理人处于展业初期，尚不具备条件或短期内没有紧迫需求的，可以考虑与基金服务机构、行政服务机构等外包机构合作，根据基金运作需求，采购相关外包服务，降低基金管理人的运行维护成本。

② 办公场所可以自置物业或租赁物业。所使用物业的性质可以是商用也可以是商用以外性质的房屋，但必须配置办公所需设备。

5.1.3 拟定机构名称

公司名称，是公司在经营活动时使用的标志性符号。公司只能使用一个名称，不能与同行业企业名称相同或者近似。我们通常看到的公司名称由四个部分组成：行政区划 + 字号 + 行业特点 + 组织形式。

私募基金管理人的名称中应当包含“基金管理”“投资管理”“资产管理”“股权投资”“创业投资”等相关字样，对于名称中不含上述字样的机构，中国基金业协会将不予登记。名称还应符合《名称登记管理规定》。

公司制私募机构可以将名称申报为：“×× 股权投资有限公司”“×× 投资管理有限公司”或“×× 股权投资基金有限公司”等。

合伙制私募机构可以将名称申报为：“×× 股权投资合伙企业 +（有限合伙）”“×× 证券投资基金合伙企业 +（有限合伙）”“×× 资产管理合伙企业 +（有限合伙）”“×× 投资管理合伙企业 +（有限合伙）”或“（普通合伙）”等。

5.1.4 明确经营范围

根据《私募基金登记备案的问题解答（七）》，私募基金管理人的经营范围也应含有“基金管理”“投资管理”“资产管理”“创业投资”“股权投资”等字样，对于经营范围中不含“基金管理”“投资管理”“资产管理”“创业投资”“股权投资”等相关字样的机构，中国基金业协会将不予登记。

除了上述字样，私募基金管理人经营范围还可选择含有“投资”“受托资产管理”“从事对未上市企业的投资”“私募证券投资”“对上市公司非公开发行股票的投资”“实业投资”“项目投资”“创业投资”“股权投资管理”“创业投资业务”等字样（见表 5-1）。

表 5-1

机构类型	企业名称应包含的字样	营业范围的标准描述
私募股权投资基金管理人	“股权投资管理”“股权投资基金管理”“产业投资基金管理”	股权投资管理、受托管理股权投资基金
私募创业投资基金管理人	“创业投资管理”“创业投资基金管理”	创业投资管理、受托管理创业投资基金、为创业企业提供创业管理服务
私募证券投资基金管理人	“私募证券投资管理”“私募证券投资基金管理”	受托管理私募证券投资基金

1. 经营范围禁止性要求

私募基金管理人经营范围不得包含与私募管理业务可能存在冲突的业务、与买方“投资管理”业务相冲突的“卖方业务”以及主营业务不突出、经营其他非金融业务。

（1）可能存在冲突的业务

基于私募基金管理人防范利益冲突的要求，《私募基金登记备案相关问题解（七）》明确要求，对于兼营民间借贷、民间融资、融资租赁、配资业务、小额理财、小额借贷、P2P/P2B、众筹、保理、担保、房地产开发、交易平台等业务的申请机构，这些业务与私募基金的属性相冲突，容易误导投资者。为防范风险，中国基金业协会对从事与私募基金业务相冲突的上述机构将不予登记。上述机构可以设立专门从事私募基金管理业务的机构后申请私募基金管理人登记。

（2）与买方“投资管理”业务相冲突的“卖方业务”

私募基金管理业务系“受人之托，代人理财”，属于“买方业务”，所谓的与买方“投资管理”业务相冲突的“卖方业务”，包括财务咨询、财务顾问、商务信息咨询、经济信息咨询、金融信息服务、企业运营管理、金融信息服务、软件技术开发、接受金融机构委托从事金融业务流程外包等。

（3）主营业务不突出

有些私募基金管理人经营范围中包含“组织文化艺术交流活动、文艺创作、承办展览展示、公共关系服务、会议服务、大型活动组织服务、货物进出口、电子产品的安装和销售、计算机软硬件及外围设备、通信设备、日用品、文化用品、体育用品、首饰、工艺品”等内容，构成管理人主营业务不突出、经营其他非金融业务。

2. 经营范围中包含“投资咨询”

① 私募证券投资基金管理人的经营范围不能包含“投资咨询”，也不得兼营“投资咨询”业务，建议证券投资基金类管理人在实际经营中剥离该等业务，并进行工商变更登记，取消该等营业范围。

② 已通过备案的案例中，私募股权投资基金管理人的经营范围包含“投资管理”“咨询”“从事投融资管理及相关咨询服务”“项目投资及相关咨询服务”等字样，但中国基金业协会要求对“投资咨询”业务进行审慎调查和论证说明。

③《证券、期货投资咨询管理暂行办法》第三条规定：“从事证券、期货投资咨询业务，必须依照本办法的规定，取得中国证监会的业务许可。未经中国证监会许可，任何机构和个人均不得从事本办法第二条所列各种形式证券、期货投资咨询业务。”由于因证券、期货投资咨询业务属于行政许可的范围，因此，“投资咨询”业务的实际经营范围不得触及《证券、期货投资咨询管理暂行办法》中规定的“证券、期货投资咨询”业务。

5.1.5 注册有限责任公司必备要素

1. 企业名称

根据《公司法》第八条的规定，依法设立的有限责任公司，必须在公司名称中标明“有限责任公司”或者“有限公司”字样。

2. 设立主体

（1）股东法定人数

《公司法》第二十四条规定，有限责任公司由50个以下股东出资设立。

（2）人员要求

工商注册时需要确定的人选有：董事（长）、执行董事、监事、总经理、合规风控负责人、财务经理、办税人员等。

3. 公司章程

《公司法》第二十五条规定，有限责任公司章程应当载明下列事项：公司名称和住所，公司经营范围，公司注册资本，股东的姓名或者名称，股东的出资方式、出资额和出资时间，公司的机构及其产生办法、职权、议事规则，公司法定代表人，股东会会议认为需要规定的其他事项。

股东应当在公司章程上签名、盖章。

4. 注册资本及出资比例

注册资本的具体金额以及各股东的出资比例。

5. 出资方式

股东可以用货币出资，也可以用实物、知识产权、土地使用权等可以用货币估价并可以依法转让的非货币财产作价出资，但是，法律、行政法规规定不得作为出资的财产除外。

6. 出资期限

由于目前注册资本制度是认缴制度，所以在办理营业执照的时候，工商局不再需要验资报告，而且注册资本金额的多少以及注册资本认缴的期限都是由股东自行约定，只需要在公司章程中载明即可。

5.1.6 注册有限合伙企业必备要素

1. 企业名称

《合伙企业法》第六十二条规定，有限合伙企业应当在其名称中标明“有限合伙”字样。

2. 设立主体

合伙人由有限合伙人和普通合伙人组成，且至少有一个普通合伙人，合伙人为自然人的，应当具有完全民事行为能力。

通常情况下，合伙人由 2 人以上 50 个人以下组成。

3. 人员要求

工商注册时需要确定的人选有：委派代表、总经理、合规风控负责人、财务经理、办税人员等。

4. 合伙协议

合伙协议应当载明的事项包括：合伙企业的名称和主要经营场所的地点，合伙目的和合伙经营范围，合伙人的姓名或者名称、住所，合伙人的出资方式、数额和缴付期限，利润分配、亏损分担方式，合伙事务的执行，入伙与退伙，争议解决办法；合伙企业的解散与清算，违约责任。

有限合伙协议还应当载明的事项包括：普通合伙人和有限合伙人的姓名或者名称、住所，执行事务合伙人应具备的条件和选择程序，执行事务合伙人权限与违约处理办法，执行事务合伙人的除名条件和更换程序，有限合伙人入伙、退伙的条件、程序以及相关责任，有限合伙人和普通合伙人相互转变程序。

5. 认缴资本及出资比例

认缴资本的具体金额以及各合伙人的出资额度。

6. 出资方式

普通合伙人可以用货币、实物、知识产权、土地使用权或者其他财产权利出资，也可以以劳务出资。有限合伙人可以用货币、实物、知识产权、土地使用权或者其他财产权利作价出资。有限合伙人不得以劳务出资。

7. 出资期限

《合伙企业法》第六十五条规定，有限合伙人应当按照合伙协议的约定按期足额缴纳出资；未按期足额缴纳的，应当承担补缴义务，并对其他合伙人承担违约责任。

8. 运营决策

有限合伙企业由普通合伙人执行合伙事务。有限合伙人不执行合伙事务，不得对外代表有限合伙企业。对于合伙企业运营决策程序、权限等事项，法律赋予合伙人充分自由协商的权利，并可在合伙人协商同意后通过合伙协议约定进行。

9. 各合伙人的权利和义务

明确普通合伙人和有限合伙人的权利与义务。

10. 利润分配

约定有限合伙企业的利润分配模式，有限合伙企业不得将全部利润分配给部分合伙人，但是，合伙协议另有约定的除外。

11. 普通合伙人和有限合伙人的转化

除合伙协议另有约定外，普通合伙人转变为有限合伙人，或者有限合伙人转变为普通合伙人的，应当经全体合伙人一致同意。有限合伙人转变为普通合伙人的，对其作为有限合伙人期间有限合伙企业发生的债务承担无限连带责任。普通合伙人转变为有限合伙人的，对其作为普通合伙人期间合伙企业发生的债务承担无限连带责任。

12. 必要的内部控制制度

企业应遵守国家有关法律法规，在基本管理制度的基础上，制定部门业务规章，对各部门的主要职责、岗位设置、岗位责任和操作守则等作出具体说明。明确揭示不同业务可能存在的风险点，并采取控制措施。

5.2 金融审批

前文提到，在某些地区注册私募机构时，在工商登记之前或之后还有特殊的程序，如前置的金融审批、后置的当地协会备案。

前置审批是私募机构在办理营业执照前需要先在注册地金融局（办）

申请备案，获得金融局审批通过后，才能进行工商登记。包括北京、上海、深圳、珠海横琴新区、天津滨海新区在内的地区采取了这一制度。例如在珠海横琴新区，私募基金管理人在进行工商登记前，需要先向横琴新区金融服务中心申请备案，凭中心出具的《商事登记函》办理工商登记手续。

后置备案是指私募机构在领取营业执照后应该在规定的时间内到当地的协会办理备案手续。有些地区采用后置备案制度，如广州。在广州注册各类股权投资、创业投资、私募基金机构时，不设置前置审批，可直接在工商部门办理营业执照。之后，在取得营业执照30日内联系广州股权投资行业协会、广州创业与风险投资协会，接受行业协会的行业自律管理，并在行业协会的指导下办理私募基金管理人登记及私募产品备案、创业投资企业备案。相关备案信息将在广州市商事主体信息公示平台进行公示；如未按规定完成备案登记手续，将会在广州市商事主体信息公示平台企业页面显示警示信息，广州金融网、广州股权投资行业协会官方网站等网站也将对未备案登记企业名单进行公示。

一般来讲，履行金融审批或备案程序所需的文件有（以广东某地区为例）：

① 申请表原件；

② 企业名称预先核准通知书复印件；

③ 企业内部管理制度及风控制度复印件；

④ 公司章程复印件；

⑤ 实际控制人的身份证明复印件；

⑥ 企业法定代表人（负责人）、董事、监事、高级管理人员的简历、身份证明、相关从业资格证明文件复印件；

⑦ 企业注册地址证明和实际办公地址的租赁合同复印件；

⑧ 风险提示书；

⑨ 合法合规承诺函；

⑩ 高管人员简历。

上述规定在不同地区可能有所变化，私募机构在注册前应进行核实。

5.3 公司注册流程

私募机构申请工商注册及开业的流程为如图 5-1 所示：

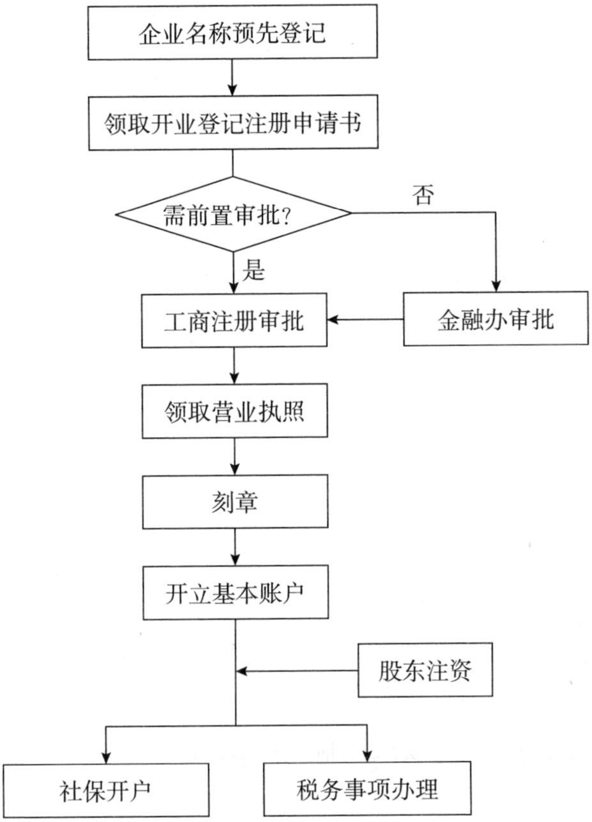

图 5-1　公司工商注册流程图

5.3.1 企业名称预先核准申请

企业名称预先核准登记程序是企业名称登记的特殊程序。应当由全部投资人指定的代表或委托的代理人，向企业名称的登记主管机关提交资料申请核名。需要提交的资料包括：

① 企业名称预先核准申请书；

② 指定代表或委托代理机构及受托代理人的身份证明和企业法人资格证明及受托资格证明；

③ 代表或受托代理机构及受托代理人的身份证明和企业法人资格证明及受托资格证明；

④ 全体投资人的法人资格证明或身份证明。

核准后发放《名称预先核准通知书》。预先核准的名称有效期为 6 个月，有效期届满，预先核准的名称失效。预先核准的名称在有效期内，不得用于从事经营活动，也不得进行转让。

5.3.2 提交登记资料

拟设立的私募机构应根据其拟设立的组织形式向工商行政部门提交登记资料。

1. 有限责任公司设立登记提交的材料

① 公司法定代表人签署的《公司设立登记申请书》。

② 全体股东签署的公司章程。

③ 股东的主体资格证明或者自然人身份证件复印件。

④ 董事、监事和经理的任职文件及身份证件复印件；提交股东会决议、董事会决议或其他相关材料。股东会决议由股东签署，董事会决议由董事签字。

⑤ 法定代表人任职文件及身份证件复印件。

⑥ 住所使用证明。

⑦ 已预先核准名称的提交《商事主体名称预先核准通知书》。

⑧ 申请实收资本备案的提交验资证明文件；如股东出资是非货币财产的，提交评估机构的评估作价证明文件。

⑨ 全体股东签署的《指定代表或者共同委托代理人的证明》及指定代表或委托代理人的身份证件复印件；应标明指定代表或者共同委托代理人的办理事项、权限、授权期限。

2. 有限合伙企业设立登记提交的材料规范

① 委派代表签署的企业“一证一码”登记申请表原件；

② 全体合伙人签署的合伙协议原件；

③ 全体合伙人签署的委托执行事务合伙人的委托书；

④ 委派代表的委托书和身份证明复印件；

⑤ 认（实）缴出资的确认书；

⑥ 全体合伙人主体资格证明或者自然人的身份证复印件；

⑦ 住所证明（实际办公地址）；

⑧ 全体合伙人签署的《指定代表或者共同委托代理人的证明》及指定代表或委托代理人的身份证件复印件；应标明指定代表或者共同委托代理人的办理事项、权限、授权期限。

5.3.3 领取营业执照

工商登记完成后，经办人领取营业执照。

5.3.4 刻章

经办人凭营业执照和介绍信，到注册地所属公安局指定的刻章点，刻法定代表人的私章、公司公章、财务章。

5.3.5 开立企业基本账户

私募机构完成注册后，需要在银行开立基本账户，以满足企业日常和现金收付业务。开户时需注意：

1. 开户行的选择

按照开户的现实情况，企业需要在注册地的银行办理开户业务。在选择开户行时，可以比较各大银行对公业务的收费情况，服务态度，开户速度的快慢以及网点的便利程度，以及今后的托管条件是否适合。确定好银行后，选择离办公地较近的网点，方便以后办公。

2. 开户所需资料

企业法人应出具企业法人营业执照正本、公司章、法人身份证原件（不同银行需资料有差异）；非法人企业应出具企业营业执照正本；民办非企业组织银行开户应出具民办非企业登记证书；异地常设机构应出具其驻在地政府主管部门的批文；外资企业驻华代表处、办事处应出具国家登记机关颁发的登记证；个体工商户银行开户应出具个体工商户营业执照正本；居民委员会、村民委员会、社区委员会应出具其主管部门的批文或证明；其他组织应出具政府主管部门的批文或证明。

3. 银行开户流程

银行验收文件，企业填写《开立单位银行结算账户申请书》，并加盖公章，之后开户行与企业签订“人民币单位银行结算账户管理协议”，开户行与企业各执一份。企业填写“关联企业登记表”。开户行报送中国人民银行批准，中国人民银行核准并核发《开户许可证》后，开户行会将《开户许可证》正本及密码、《开户申请书》客户留存联交于企业签收。

去银行开设企业基本账户。凭营业执照正本、税务登记证正本、组织机构代码证正本及法人身份证、公章、财务专用章、法人章，去银行开立基本账户。开好基本账户去原验资银行办理验资户销户。

5.3.6 办理税务事项

目前，核定为一般纳税人的私募基金管理人增值税税率为6%（全部营业额 /（1+6%）×6%= 增值税额），核定为小规模纳税人征收率为3%。公司制的私募基金管理人企业所得税税率一般为25%；有限合伙制的私募基金管理人所得税执行“先分后税”，视合伙人的类型不同税率亦不同。另外，私募基金管理人一般需要缴纳印花税。

企业领取法人一证通证书后，持法人一证通登录各地网上税务局办理税务事项，并提出增值税发票初次申领申请。具体流程为：

办理法人一证通→登记信息确认（纳税人信息采集表）→实名办税

信息采集→税种认定→［（如需开发票）发票票种认定→税控开票设备发行→发票领用］→财务会计制度备案→银行存款账户账号报告→三方银税协议签订。

网上税务局办理成功后，企业凭借领取回执、法人和购票人持各自身份证原件、营业执照、发票专用章到窗口领取税控及发票。

企业在网上签订三方银税协议后，下载打印受理回执，前往银行进行签署后，返回网上税务局确认。

5.3.7 完成社保开户

私募机构还需要办理员工的社保网上开户，人员增加等事宜。

1. 办理方式

单位负责人进行社保登记，需要在企业所在地的社保网站下载填写登记表，然后可拨打当地社保局电话了解柜面办理所需资料（不同地区会存在差异）。

2. 所需资料

企业营业执照副本原件和复印件（三证合一或五证合一），银行开户许可证原件和复印件，与开户银行签订的《银行缴费合作意向书》原件和复印件，法人身份证复印件；《企业信息登记表》；《北京市社会保险费银行缴费协议》，《工商信息登记表》，公章。（注：办理一证通需要经办人身份证原件和复印件。）

所有资料复印件加盖公章，建议办理的时候携带公章与资料，去单位经营地所在地社保机构柜面办理即可（各地略有不同）。

5.3.8 股东注入资本金

中国基金业协会在私募基金管理人的登记审核中，要求私募基金管理人需要具备一定比例或金额的实缴出资，以确保机构能够维持未来 6 个月的正常经营，并且协会要求私募基金管理人上传《实收资本 / 实缴出资证明》，因此，即使私募基金管理人采取合伙制，且在合伙协议中约定了较晚的出资期限，有限合伙人仍需进行一定比例及金额的实缴。

在实际操作中，合伙制企业的实缴出资证明材料是由会计师事务所出具的验资报告。公司制企业的实缴出资证明材料有三种选择：一是由会计师事务所出具的验资报告；二是由开户银行出具的银行询证函；三是直接由全体股东出具的出资证明书。在这三种情况下，私募机构都需要提供企业接受股东注资的银行进账单，以及公司当月的银行对账单和银行回单。

第6章

注册资本

经过繁忙的一个月，站长成功注册了一家有限责任公司——北京私募早餐资产管理有限公司（以下简称私募早餐资本公司），注册地与实际办公地均在北京市海淀区。

私募早餐资本公司的注册资本为1 000万元，实缴比例100%。其中，站长出资550万元，是私募早餐资本公司的控股股东，北京规范运作技术有限公司出资450万元，为第二大股东。

站长深知注册资本对私募机构的重要性，对于私募机构而言。注册资本规模不仅是登记审核时的重要审核事项，还是机构实力的体现，高注册资本可以提高机构的声誉。并且，在机构后续申请加入协会以及申报产业基金时，注册资本的规模都是一个重要的先决条件。

所以，站长为何将注册资本确定为1 000万元呢？机构后续经营中需要变更注册资本又该如何操作？本章将为您一一道来。

6.1　如何确定注册/认缴资本

注册资本（公司制企业称注册资本，合伙企业称出资，下同）是企业成立的物质基础。企业登记管理实务中注册资本登记环节，可分为实缴资本制和认缴资本制。实缴资本制是指各股东按照章程或协议规定的出资额、出资方式和出资期限实际缴纳出资并按规定验证登记。认缴资本制是指公司出资各方承诺应向公司缴纳一定的资本，各出资方认缴的出资额之和登记后作为公司的注册资本。从我国企业登记情况看，对于公司制企业，自 2014 年 3 月起，按照修订后的《公司法》将注册资本实缴登记制改为认缴登记制。但是，实缴改为认缴，客观上降低了公司初创的门槛和成本，但从公司全周期看，认缴并不是不缴，只是延长了注册资本缴纳时间，最后还是要按照约定在期限内缴足。因此，无论是在实缴资本制还是认缴资本制的环境下，企业成立都需要合伙人或股东按计划投入一定数量的、能够支持企业运营的资本。如果合伙人或股东没有投入资本，企业是无法成立并有效运营的。我们重点从法律规定、机构自身需求和行业监管的要求这三个方面分析基金管理人如何确定注册资本。

6.1.1　有关法律法规关于注册资本的相关规定

1.《公司法》的相关规定

2013 年 12 月 28 日修订的《公司法》第三条规定，公司是企业法人，有独立的法人财产，享有法人财产权。公司以其全部财产对公司的债务承担责任。有限责任公司的股东以其认缴的出资额为限对公司承担责任；股份有限公司的股东以其认购的股份为限对公司承担责任。

2016年4月29日修订的《企业法人登记管理条例实施细则》第十三条第（七）款规定，申请企业法人规定应有符合规定数额并与经营范围相适应的注册资金，国家对企业注册资金数额有专项规定的按规定执行。

2014年3月1日新《公司法》正式实施后，公司注册资本从实缴改为认缴，有限责任公司注册资本不再高低设限，取消了会计师事务所验资程序，不再限制股东首次出资比例和缴足出资的期限。

2.《合伙企业法》的相关规定

2007年6月1日修订施行的《合伙企业法》第二条规定，该法所称合伙企业，是指自然人、法人和其他组织依照该法在中国境内设立的普通合伙企业和有限合伙企业。普通合伙企业由普通合伙人组成，合伙人对合伙企业债务承担无限连带责任。该法对普通合伙人承担责任的形式有特别规定的，从其规定；有限合伙企业由普通合伙人和有限合伙人组成，普通合伙人对合伙企业债务承担无限连带责任，有限合伙人以其认缴的出资额为限对合伙企业债务承担责任。《合伙企业法》第十四条第（三）款规定，设立合伙企业应有合伙人认缴或者实际缴付的出资。第十七条规定，合伙人应当按照合伙协议约定的出资方式、数额和交付期限，履行出资义务。《合伙企业登记管理办法》第十一条第（五）款规定，设立合伙企业，应当由全体合伙人指定的代表或者共同委托的代理人向企业登记机关申请设立登记，登记提交的文件包括全体合伙人对各合伙人认缴或者实际缴付出资的确认书。

《合伙企业法》仅笼统地规定合伙人有出资义务和出资方式：合伙人应当按照合伙协议约定的出资方式、数额和缴付期限，履行出资义务，并没有像《公司法》那样规定合伙企业必须由全体合伙人在公司登记机关登记认缴出资额，这也是合伙企业与公司的显著区别之一。

合伙企业承担的是无限连带责任，它以合伙人的其他财产为企业资信提供了保证，而且从近年来的实际操作情况看，验资形式和验资报告的可信程度有限，注册资本金很难真实反映企业真正的经济实力和清偿能力。另外，合伙企业是一种初级、原始的企业组织形式，它注重的是人合，对于资本的依赖程度不是很强，只要能保证经营的最低需要即可。因此，《合伙企业法》不规定最低注册资本金，而由各合伙人根据实际协商确定出资，为更多的人，特别是一些有能力但一时缺少资金的人参与合伙经营创造了条件。

综上，从法律层面看，从实缴到认缴，是我国企业注册登记制度的重大改革，进一步放松了对市场主体准入的管制，降低了准入门槛。

但是，行业监管制度改革强化了对重点行业重点领域的要求，如明确规定银行业金融机构、证券公司、期货公司、保险公司、基金管理公司（公募）、保险公司等，仍需要按规定执行。对于私募投资行业的实缴资本，中国基金业协会在登记备案时也会重点关注。

6.1.2 中国基金业协会的监管备案要求

中国基金业协会作为私募基金的备案和授权管理机构，对私募基金管理人的注册资本做出了规定。虽然《二五公告》并未要求申请机构应当具备特定金额以上的资本金才可登记，但相关问题解答中指出，作为必要合理的机构运营条件，申请机构应根据自身运营情况和业务发展方向，确保有足够的资本金保证机构有效运转。实缴资本金应覆盖一段时间内机构的合理人工薪酬、房屋租金等日常运营开支。律师事务所应当对私募基金管理人是否具备从事私募基金管理人所需的资本金、资本条件等进行尽职调查并出具专业法律意见。

从备案材料看，基金管理人实缴出资证明应为第三方机构出具的证明，包括资金到账证明、验资证明、银行回单、包含实缴信息的工商登记调档材料等出资证明文件。

从备案标准看，针对私募基金管理人的实收资本 / 实缴资本不足 100 万元或实收 / 实缴比例未达到注册资本 / 认缴资本的 25% 的情况，协会将在私募基金管理人公示信息中予以特别提示，并在私募基金管理人分类公示中予以公示。但根据中国基金业协会反馈意见，一般认为实缴资本至少要覆盖 6 个月的经营成本，从已通过的申请机构情况来看，实缴 200 万元是中国基金业协会的底线，但关键还要看其实收资本能否维持至少 6 个月的运营成本。因此申请机构注册资本写的很高，但是实缴资本很少，会直接影响私募基金管理人登记备案。

因此，中国基金业协会对私募基金管理人的实缴资本给予了适当的关注，要求能够满足必要的开支。私募机构在申请登记备案时应满足相关要求。

6.1.3 私募机构确定注册 / 认缴资本应考虑的因素

除了法律法规和监管备案要求外，私募基金管理人还应根据运营的需要，理性规划注册资本的规模。资本规模过高，可能会造成资源的浪费，股东的违约风险，或当企业公示信息显示注册资本和实收资本差距较大时，影响企业的正面形象。资本规模过低，不能为企业注入必要的运营资本，制约企业发展。

1. 充分关注注册资本过高给企业带来的风险

有些申请机构注册资本高达几千万、几个亿，但是真正实缴的比例很低，有的甚至为零实缴。注册资本设定较高，目的是希望投资者看到自己的实力，赢得对方的信任。但是，注册资本高不代表经济实力强，投资者往往看重的是团队的能力及过往业绩。过高的注册资本不实缴容易带来一些负面的影响。

（1）影响私募基金管理人登记备案

《二五公告》并未要求申请机构应当具备特定金额以上的资本金才可登记，但中国基金业协会认为实缴资本至少要覆盖 6 个月的经营成本。根据中国基金业协会的要求，主办律师需对公司的实缴资本发表意见，对于实缴资本为 0 的，必须对申请机构能从事、开展私募基金管理业务做出合理的解释。凡是实缴资本不能满足基本运营成本，不能达到协会要求的，将会直接影响到管理人登记。

（2）影响法定公积金计提规模

根据《公司法》第一百六十七条的规定，公司分配当年税后利润时，应当提取利润的10%列入公司法定公积金。公司法定公积金累计额为公司注册资本的50%以上的，可以不再提取。根据上述规定，如果公司注册资本过高，则税后利润提取法定公积金的金额就越大，在这种情况下，股东分红比例就会下降。

（3）股东的清算风险较大

《公司法》规定了股东出资义务。股东出资是公司独立财产的重要来源，也是公司对外承担责任的经济基础，对于保护债权人意义重大。注册资本是股东对公司的出资承诺，认缴不等于不用缴，其含义是在设立初期可以暂时缓缴，在经营期限内完成全部注册资本的实缴即可。认缴制没有改变股东以其认缴的出资额承担责任。例如，公司在运营过程中，因企业经营不善而申请破产清算。假设公司资不抵债、陷入破产，在公司清算时，还有1 000万元的债务无法偿还，此时公司如果注册资金只有50万元且全部未实缴，那么股东需要补足50万元资本用于偿还债务；如果公司的注册资金是1 000万元，则需要补足1 000万元。因此，公司如果将注册资金定得虚高，很有可能将陷入不必要的窘境，并给股东个人及家庭带来经济损失。

2. 注册资本过低不利于企业建立良好形象

公司应该根据展业的需求合理确定注册资本的金额，毕竟注册资本的额度可以在工商信息系统中查询到，如果注册资本过低，会对外界造成实力不强的印象。在申请政府基金合作时，也会有最低实收资本的要求。另外，在认缴登记制下，增加注册资本需要履行相应的公司内部决策及外部审批登记手续，如果公司成立时注册资本很低，公司在运营过程中会面临增加注册资本的问题，增加了决议成本。

私募基金管理人在确定注册资本时，不仅要符合设立时的相关要求，也要全面考虑运营和特定领域的规定。一方面，要成为中国基金业协会观察会员，根据2016年9月8日中国基金业协会向部分私募基金管理人定向发布的《关于私募基金管理人近期入会相关工作安排的通知》中磁于观察会员条件的规定：私募基金管理人最近一年的资产管理规模不低于

1 亿元；或者私募基金管理人的实缴资本金不低于 1 000 万元且正在管理的资产规模不低于 1 000 万元。另一方面，《产业投资基金管理暂行办法》第二十一条规定，拟设立的产业基金管理公司或产业基金管理合伙公司的最低实收资本不少于 1 000 万元。如果私募基金管理人申请设立产业基金管理公司或产业基金管理合伙公司，应该满足此资本门槛的要求。

综上，建议一般私募基金管理人的注册资本确定为 200 万元至 1 000 万元较为合适，涉及产业基金的或计划成为协会会员的，注册资本可定于 1 000 万元及以上。具体金额可以由拟设立基金管理公司的股东根据战略规划和自身资金实力，结合以下原则确定：一是量力而行，根据经营需要确定注册资本；二是递增为妥，注册资金可以做增资，公司在创业初期，注册资金设置可以适当少些，等到后期公司规模扩大，企业有能力承担更大责任以及业务所需时再做增资处理；三是行业为准，可以参考同行业的标准。

6.2 实收资本

实收资本是指企业投资者按照企业章程或合同、协议的约定实际投入的资本（或股本），包括货币、实物、无形资产等各种形式的投入，是企业注册登记的法定资本总额的来源，表明所有者对企业的基本产权关系。在一般情况下，实收资本无须偿还，可以长期周转使用。因此，实收资本是企业永久性的资金来源，它是保证企业持续经营和偿还债务的最基本的物质基础，是企业抵御各种风险的缓冲器。

6.2.1 股东 / 合伙人实缴资本

认缴是指股东承诺在章程规定的出资期限内的出资情况，而承诺是否兑现，何时兑现，则是股东实缴资本的情况。实务中实缴资本证明可以由开户银行出具银行询证函，或者由会计师事务所出具验资报告来证明。

企业可以按照以下步骤对实收资本进行确认，避免法律风险和纠纷。

1. 股东实际出资

股东出资时，建议其从其银行账户直接转账到公司账户，自然人股东也可以持现金到公司开户行将投资款存入公司账户，用途写“投资款”，并由公司按银行交易凭证确认。同时，对于实缴出资，应提供相应证明说明实缴款的合法来源：如为工资性收入，需要上传至少近半年的工资流水；如为投资收益，需上传投资和变现时的凭证；如为房产投资收益，需上传买房和卖房合同及相关流水；如为他人赠与财产，需上传赠与人的财产来源说明及赠与的原因说明；如为家族企业财产，需上传家族企业的名称及经营情况，或需根据要求上传家族企业的财报。

2. 签发出资证明

公司确认收到股东缴交的出资款后，应当根据《公司法》第三十一条及第三十二条的规定，向股东签发出资证明书。出资证明书应记载股东的出资额、出资时间、出资方式等主要信息，并由公司盖章确认。出资证明书一式两份，股东和公司各保留一份。

3. 进行会计核算

会计报表中，所有者权益项下设实收资本、资本公积和盈余公积科目。当股东出资后，应当以实际收到或者存入企业开户银行的金额作为实收资本入账，计入实收资本，按照约定实际收到金额超过在该企业注册资本中所占份额的部分，计入资本公积。企业收到股东出资后，应就实收资本和资本公积之和按“营业账本”税目缴纳万分之五的印花税。如有特殊需要，也可以聘请会计师事务所对实收资本情况进行审验，出具验资报告，由公司留存。需要说明的是，申请登记的私募机构最好委托会计师事务所出具验资报告，以证明股东的出资情况。

6.2.2 股东出资能力证明

中国基金业协会在审核管理人登记时要求股东对于认缴资本提供出资证明以证明其出资能力，或股东资产的变现能力。法人股东的出资证明主要是公司审计报告，自然人股东出资来源主要有三类：

① 银行存款及工资收入，银行存款需提供银行存款证明及该账户一年的银行流水，工资收入应该提供劳动合同或单位开具的工资证明及银行的工资流水；

② 投资收益，应该提供对账单及投资时签订的凭证，计算方式为当前资产 - 历史成本 = 投资收益；

③ 房产，已变现的，应该提供卖房合同与买房合同及银行转账流水，计算方式为：卖房收入 - 买房成本 = 卖房收入；尚未变现的，应提供买房合同或者房产证，以及当前房产的市值证明。

6.2.3 公司型私募基金管理人股东的出资责任

对于实行认缴制的公司来说，股东个人尚未缴纳的注册资本，与一般的债务并无区别，可以看作是公司股东对公司所负的债务。《公司法》将股东的出资责任分为出资违约责任和资本充实责任。

1. 出资违约责任

股东违反出资义务的行为表现为根本未出资、未足额出资和未适当出资（即出资的时间、形式或手续不符合规定）三种形式。在股东未履行出资义务的情况下，可采取如下的救济方式：

（1）追缴出资，补足资本

公司可以要求违反出资义务但是仍有履行可能的股东其继续履行出资义务。经公司追缴，股东仍不履行出资义务的，公司有权请求强制履行。

（2）减少资本，取消股权

经必要的催告程序后，经股东（大）会审议，将股东未出资的部分从公司资本中减除，使公司资本与股东的实际出资额一致，取消该股东的股权及股东身份。这种救济方式的采用，会直接缩减公司的财产规模和范围，降低公司的债务清偿能力。因此，减资必须严格按法定减资程序进行，必须在现有债务进行清偿或向债权人提供有效担保之后，未出资的股东才能有效地从公司退出。

（3）替代出资，追偿债务

由其他股东或第三方可以替代未出资的股东履行出资义务，该股东的资格继续存在，股权得以圆满，同时，替代出资的股东取得向该股东追偿的权利，如果追偿失败或该股东无力清偿，替代出资的股东有权选择继续追偿或直接取得该项股权抵偿替代履行的出资。

（4）转让股权，变更股东

可以将未出资股东的股权直接转让给其他股东或股东之外的投资者，由受让者履行相应的出资义务。此与上述第（3）种方式的区别在于越过替代履行、追偿出资款的中间程序，直接通过股权转让的方式取得该项股权。

（5）损害赔偿，按约承担

股东违反出资义务给公司和其他股东造成损失的，应承担损害赔偿责任。在公司成立的情况下，违反出资义务的股东应向公司承担损害赔偿责任，如果由于股东违反出资义务而导致公司不能成立或被撤销、解散，违约的股东应向其他守约的股东承担损害赔偿责任。

2. 资本充实责任

在股东不履行出资义务的情况下，《公司法》也规定了资本充实责任，发起人既要对自己违反出资义务的行为承担出资责任，又要对公司资本的充实相互承担出资担保责任，通过在公司发起人之间建立起一种相互督促、相互约束的出资担保关系，达到资本充实的目的。资本充实责任具体可分为：

（1）缴纳担保责任

即股东虽认购股份但未缴纳股款或交付非现金出资标的，应由发起人承担连带缴纳股款或未交付非现金出资财产价额的义务。公司发起人履行缴纳担保责任后，除非公司已对违反出资义务的股东采取了失权程序的救济手段外，其不能因此而取得代为履行部分的股权，而只能向违反出资义务的股东行使追偿权。

（2）差额填补责任

在公司成立时，如果出资的非货币财产价额显著低于章程所定价额时，发起人应对不足的差额部分承担连带填补责任。履行差额填补责任的发起人可向出资不实的股东行使求偿权。

6.2.4 合伙型私募基金管理人的出资责任

《合伙企业法》第十六条规定，合伙人可以用货币、实物、知识产权、土地使用权或者其他财产权利出资，也可以用劳务出资。

合伙人以实物、知识产权、土地使用权或者其他财产权利出资，需要评估作价的，可以由全体合伙人协商确定，也可以由全体合伙人委托法定评估机构评估。合伙人以劳务出资的，其评估办法由全体合伙人协商确定，并在合伙协议中载明。

其他财产权利，是指货币、实物、知识产权、土地使用权以外的其他具有直接的财产内容的权利，如担保物权、采矿权、资本证券、土地承包经营权、债权、商业秘密等。

劳务出资，是指出资人以自己的劳动技能等并通过自己的劳动体现出来的一种出资形式。可见，在我国法律允许的出资方式并不是单一的，合伙人可以根据自己的实际情况选择最适合自己的出资方式。但是，普通合伙人可以劳务出资，而有限合伙人则不得以劳务出资。这一规定明确地承认了作为管理人的普通合伙人的智力资本的价值，体现了有限合伙制“有钱出钱、有力出力”的优势。而在运行上，有限合伙制企业，不委托管理公司进行资金管理，直接由普通合伙人进行资产管理和运作企业事务。

根据《合伙企业法》第十七条的规定，合伙人应当按照合伙协议约定的出资方式、数额和缴付期限，履行出资义务。以非货币财产出资的，依照法律、行政法规的规定，需要办理财产权转移手续的，应当依法办理。根据中国基金业协会目前的审核要求，要具备一定的实缴出资，并确保可以维持未来至少六个月的正常经营，同时系统需要上传“实缴资本证明”。因此，即使采取合伙制，合伙协议约定了较晚的出资期限，在备案前也需要进行一定比例的实缴。

按约定履行出资义务，是指投资人按照合伙协议约定的出资方式、数额与缴付期限向企业投入资产的行为，是投资设立合伙企业的前提和基础。如果有合伙人未履行出资义务，即属于违反合伙协议，需要承担违约责任。那么，其他合伙人可以找该合伙人协商，要求其尽快按约定履行出资义务，如果该合伙人不同意，其他合伙人可以向法院起诉，也可以对合伙人进行除名。

6.3 注册资本的变更（公司制企业）

私募基金管理人在实际运营过程中，其注册资本会随实际情况发生调整。无论是增资还是减资，都应当修改公司章程并向公司登记机关依法申请办理变更登记。

公司增加注册资本时，由于没有损害公司股东及债权人的利益，因此无须按照公司合并、分立的相关程序进行。公司增加注册资本，实际上是新股东和原有股东对公司新的投入。因此，公司的增资过程按照《公司法》股东缴纳出资的有关规定执行即可。有限责任公司增加注册资本时，按照设立有限责任公司缴纳出资的有关规定执行，股份有限责任公司增加注册资本发行新股时股东认购新股，按照设立股份有限公司缴纳股款的有关规定执行。

公司在减少注册资本时，由于公司的资本减少，会对公司的股东、债权人造成一定的影响，因此一般减资程序都是按照公司合并、分立的程序来进行。公司在减资时，必须编制资产负债表及财产清单。同时，在做出减少注册资本决议之日起 10 日内通知债权人，并于 30 日内在报纸上公告。债权人自接到通知书之日起 30 日内，未接到通知书的自公告之日起 45 日内，有权要求公司清偿债务或者提供相应的担保。

6.3.1 增加注册资本

公司增资是公司为扩大经营规模、拓宽业务、调整股东结构、提高公司的资信程度而依法增加注册资本金的行为。在实际操作过程中，其流程如下：

① 召开股东（大）会审议批准增资事项（国有企业还需遵守特殊规定）；

② 将要增加的资本以投资款形式转入公司账户；

③ 将相关单据收讫，聘请会计师事务所开具验资报告；

④ 办理工商税务变更登记。

企业在完成注册资本增资必需的前期工作后，需要去注册地的工商部门申请变更，要提交的文件有：公司法定代表人签署的《公司变更登记申请书》；股东（大）会关于增加注册资本的决议；公司章程修正案或者新的公司章程；公司增加新股东的，提交新股东的法人资格证明或者自然人身份证明；公司《企业法人营业执照》正、副本原件等相关资料。

6.3.2 减少注册资本

公司减资是指公司资本过剩或亏损严重，根据经营业务的实际情况，依法减少注册资本金的行为。

公司减资，无论是否造成剩余资本少于法定数额的情况，都必须符合法律规定。为了切实贯彻资本确定原则，确保交易安全，保护股东和债权人利益，减资要从法律上严加控制。按照资本不变原则，原则上公司的资本是不允许减少的。我国法律允许减少资本，但必须符合一定的条件。从实际情况看，应具备下列条件之一：

其一，原有公司资本过多，形式资本过剩，再保持资本不变，会导致资本在公司中的闲置和浪费，不利于发挥资本效能，另外也增加了分红的负担。

其二，公司严重亏损，资本总额与实有资产差距过大，公司资本已失去应有的证明公司资信状况的法律意义，股东也因公司连年亏损得不到应有的回报。

若出现以上两种情况中的一种，公司可按照股东（大）会决议、编制资产负债表及财产清单、通知或公告债权人、变更登记的流程来进行减资。减资的具体方法可以是减少出资总额，同时改变原出资比例；或者以不改变出资比例为前提，减少各股东出资。在实际操作中，这两种减资方法可混合使用。

公司减资登记需要的材料一般有：

① 投资者申请书；

② 企业股东（大）会关于减资事项的决议；

③ 股东各方法定代表人签署的合同、章程修改决定；

④ 经中国注册会计师验证的审计报告，包括资产负债表、财产清单、债权人名单；

⑤ 国税、地税部门出具的正常纳税情况证明；

⑥ 董事长签字盖章的债务清偿或债务担保情况说明；

⑦ 省级以上报纸减资公告；

⑧ 通知债权人回执；

⑨ 验资报告复印件；

⑩ 上年度经审计的企业财务报表；

⑪ 营业执照复印件、批准证书原件；

⑫ 原企业合同章程及批复；

⑬ 审批机关需要的其他材料。

上述材料应编制目录，并装订成册。

综上分析可以看出，公司减资是受到严格限制的，而做出这种限制的根本目的，是为了确保交易安全，保护股东和债权人利益。因此在减资的程序中，按照公司法的规定，减资协议必须经股东代表 2/3 以上表决权的股东通过，且要公告或通知债权人，保证债权人有提出清偿或要求提供担保的机会。

6.3.3 中国基金业协会备案信息变更

企业在注册资本发生变更后，不仅要向公司登记机关依法申请办理变更登记，还要向中国基金业协会申请备案信息变更。

1. 变更注册资本或实缴资本都属于重大事项变更

私募基金管理人变更注册资本或实缴资本属于重大事项变更，发生此类事项时，应在中国基金业协会备案更新其变更情况，同时提供新的营业执照、股东（大）会决议（如涉及）及相关证明文件。

2. 出资人变更

企业在注册资本变更时，若出资人发生变更，需要在中国基金业协会备案更新其变更情况。出资人变更需要填写出资人的名称、国籍/类型、出资人类型、出资人认缴出资、实缴出资以及认缴出资及实缴出资的比例、出资资金需明确是否为境外资金，出资人是否为境外股东。此外，出资人变更还需要提交变更后的工商公示的出资人信息截图以及工商存档的出资人信息截图。

3. 控股股东及实际控制人变更

私募基金管理人申请变更控股股东、变更实际控制人、变更法定代表人、执行事务合伙人等重大事项或中国基金业协会审慎认定的其他重大事项的变更，属于重大事项变更。若出因出资人变动导致控股股东或实际控制人变更的情况，私募基金管理人应当在完成工商变更登记后的10个工作日内，通过私募基金登记备案系统向中国基金业协会进行重大事项变更，同时提交由律师出具的《私募基金管理人重大事项变更专项法律意见书》(简称《专项法律意见书》)。

6.4 注册资本相关法律问题

6.4.1 认缴制下股东转让股权

《公司法》将注册资本改为认缴登记制后，由于相关法律法规对公司股东转让未缴纳资本股权的具体问题尚未涉及，导致实务中对未缴纳资本的股权能否转让、股权转让是否合法有效等问题认识不一，可以参考以下三点。

1. 股东未缴纳认缴的注册资本时，是能否进行股权转让

在《最高人民法院关于适用〈中华人民共和国公司法〉若干问题的

规定（三）》（以下简称《公司法司法解释三》）中，第十八条规定："有限责任公司的股东未履行或者未全面履行出资义务即转让股权，受让人对此知道或者应当知道，公司请求该股东履行出资义务、受让人对此承担连带责任的，人民法院应予支持；受让人根据前款规定承担责任后，向该未履行或者未全面履行出资义务的股东追偿的，人民法院应予支持。但是，当事人另有约定的除外。"

因此，在符合约定并保障公司和其他股东的合法权益的情况下，股东在未履行或者未全面履行出资义务情况下转让股权，法律是允许的。

2. 要约定后续的出资义务

根据上述《公司法司法解释三》中第十八条的规定，认缴制下股权转让后，转让人和受让人对未履行或者未全面履行出资的义务是承担连带责任的，为了避免产生不必要的纠纷和风险，认缴制下股东在转让股权时一定要在股权转让协议中约定后续的出资义务。

3. 在确认股权转让的价格时要考虑到认缴资本和实缴资本的情形

由于认缴制下股东转让股权后存在对公司履行缴纳认缴注册资本的义务以及由此引起的，如果公司在经营过程中对外产生债务的，股东承担责任的范围是认缴的全部资本。故认缴制下股东在确认股权转让的价格时一定要考虑到认缴资本和实缴资本的情形，避免产生隐形的风险。

6.4.2 抽逃资本

抽逃资本是指公司股东或发起人依法履行了出资义务即向公司交付了货币、实物或转移了财产权，在公司成立后，原缴纳出资的股东未经合法程序（如合法减资），私自撤走原投入公司注册资本的行为。理论上一般认为股东抽逃出资是指股东将已缴纳的出资又通过某种形式转归其个人所有的行为，其具体表现为：在公司财务账册上，关于实收资本的记载是真实的，并且在公司成立当日足额存于公司，后又以撤回、转移、混同、冲抵等违反公司章程或财务会计准则的各种手段从公司转移为股东所有。

1. 抽逃出资的认定

现有的法律法规对如何认定“抽逃出资”并没有明确的规定，一般认为抽逃出资的构成要件如下：

① 行为主体：该行为的主体是公司出资者，即股东。

② 主观方面：看公司股东有无“抽逃出资”的故意倾向，如果没有正常的业务往来、借贷关系或其他依据，不支付任何代价而长期占用股东出资不还的话，就可能涉嫌抽逃出资。

③ 侵犯客体：国家对公司的管理制度，根据新《公司法》第三十五条规定，“公司成立后，股东不得抽逃出资”。

④ 客观方面：表现为违反《公司法》的规定，在公司验资成立后又抽逃出资的行为，如果抽逃的数额巨大、造成的后果严重，就可能涉嫌构成抽逃注册资本罪。

在认定股东抽逃出资时还应综合考虑：必须是股东侵占了被投资企业的财产；股东侵占被投资企业的资产是偷偷进行的，不被人所知，比如未进行恰当的账务处理；股东侵占企业财产的目的是逃避对企业债务的担保责任。

2. 抽逃出资的常见表现形式

结合实际情况，常见的抽逃出资有以下五种表现形式。

（1）将出资款转入公司账户后又转出

最常见的表现形式即是股东将出资款转入公司账户后又转出。2014年修正的《公司法司法解释三》将“出资款项转入公司账户验资后又转出的行为”不再作为一项明文规定的股东抽逃出资的典型行为，但若公司股东按照章程关于缴付出资的规定将出资款转入公司账户之后，没有合理理由将出资款转出的，实务审理中仍然判断属于抽逃出资。股东将出资款汇入公司账户，该款项即成为公司财产。根据资本维持原则，该款项非经法定程序不得撤回。出资款入账后又将款项撤回的，不管是原路退回到出资股东账户，或者相关联的其他账户，都属于抽逃出资。

（2）制作虚假财务会计报表虚增利润进行分配

公司本没有利润，而通过做假账的方式显示公司有可供分配的利润，再将账面上显示的利润向股东分配，实际分配的是公司的资本金而非所谓的利润。该行为也违反公司的资本维持原则，属于侵害公司财产的行为，构成抽逃出资。

（3）通过虚构债权债务关系将其出资转出

即做一些假合同，比如债务抵消合同、买卖合同等，将资本金以“债务清偿”“货款”等名义转出，而实际上不存在相关债权债务、不发生交易，或只是形式交易，交易金额远远低于转出的资金额，这种侵害公司财产的行为亦属于抽逃出资。

（4）利用关联交易将出资转出公司的日常运行中

股东利用其特殊身份进行关联交易的情况很常见。是否构成抽逃出资，主要通过审查该关联交易价格是否公平合理、当事股东是否具有通过关联交易撤回出资的意图、该关联交易行为是否侵害公司利益来综合认定。若交易价格不具有公平合理性，而是通过关联交易的方式将出资撤回，仍属于抽逃出资。

（5）其他没有正当理由、未经法定程序抽回出资的行为

《公司法司法解释三》第十二条明确列举了几种典型的抽逃出资的行为，同时也规定了抽逃出资的兜底条款（其他未经法定程序将出资抽回的行为）。司法实务中的抽逃出资方式多种多样，相关行为是否抽逃出资，不能拘泥于法条所规定的典型形式，更要从实质上判断是否构成了抽逃出资。

司法实践中，涉及的抽逃注册资本方式很多，但无论形式如何变化，只要将出资非法转出，侵害公司财产，即构成抽逃出资。

3. 抽逃出资的法律后果

抽逃出资是非常严重的违法行为，它侵害了公司利益，甚至是债权人的合法权益，因此，有抽逃出资行为的股东要承担其应有的法律后果。

（1）返还出资本息

《公司法司法解释三》第十四条第一款规定，股东抽逃出资，公司或

者其他股东请求其向公司返还出资本息、协助抽逃出资的其他股东、董事、高级管理人员或者实际控制人对此承担连带责任的，人民法院应予支持。

公司章程及财会制度一般要求公司对外发生较大数额的往来账目时，应履行公司内部批准或表决程序。而现实中却存在诸多公司高管及实际控制人未经批准表决而直接指示相关人员对外发生往来账目的情形。在此情况下，有过错的高管及实际控制人应对抽逃出资部分的本息承担连带责任。另外，抽逃出资属于严重侵害公司及债权人利益的行为，返还抽逃出资本息不适用诉讼时效的抗辩。且股东不论是退出公司或将公司股份转让，其对公司补足出资的责任也并不因此免除。即使是在公司依法破产清算终结之后两年内（《中华人民共和国破产法》第一百二十三条），债权人依然有权要求抽逃出资股东承担相应责任。

（2）公司可限制其部分股东权利

《公司法司法解释三》中第十六条规定，股东未履行或者未全面履行出资义务或者抽逃出资，公司根据公司章程或者股东（大）会决议对其利润分配请求权、新股优先认购权、剩余财产分配请求权等股东权利作出相应的合理限制，该股东请求认定该限制无效的，人民法院不予支持。

股东权利包括自益权和共益权。自益权主要指财产权，利润分配请求权、新股优先认购权、剩余财产分配请求权等属于自益权范畴。而共益权主要是公司管理决策权，表决权、提案权、质询权、查阅公司章程及账簿请求权等都属于共益权。由上述规定可知，公司可限制抽逃出资股东的自益权，但在股东资格尚未解除的情况下，不能对股东共益权进行限制。

（3）抽逃全部出资的，公司可解除其股东资格

《公司法司法解释三》第十七条规定，有限责任公司的股东未履行出资义务或者抽逃全部出资，经公司催告缴纳或者返还，其在合理期间内仍未缴纳或者返还出资，公司以股东（大）会决议解除该股东的股东资格，该股东请求确认该解除行为无效的，人民法院不予支持。

解除股东资格是一种较为严厉的制裁措施，意味着股东完全丧失股东权利。股东抽逃全部出资的，属于严重侵害公司财产权益的行为，该股东实际上也相当于完全未履行出资义务，不应当享有股东权益。在此情况下，公司可解除其股东资格。但需注意一点，只有在抽逃全部出资的情况下才适用股东资格的解除，针对抽逃部分出资的股东，只可限制其股东权利而不能解除其股东资格。

（4）依法追究民事行政责任

根据《公司法》第二百零九条的规定，公司的发起人、股东在公司成立后，抽逃其出资的，责令改正，处以所抽逃出资金额 5% 以上 10% 以下的罚款。《公司法》第二百零六条规定，违反公司法规定，办理公司登记时虚报注册资本、提交虚假证明文件或者采取其他欺诈手段隐瞒重要事实取得公司登记的，责令改正，对虚报注册资本的公司，处以虚报注册资本金额 5% 以上 10% 以下的罚款；对提交虚假证明文件或者采取其他欺诈手段隐瞒重要事实的公司，处以 1 万元以上 10 万元以下的罚款；情节严重的，撤销公司登记。

（5）构成抽逃出资罪的，依法追究刑事责任

关于抽逃出资罪的定性及量刑，《中华人民共和国刑法》（以下简称《刑法》）第一百五十九条“虚假出资、抽逃出资罪”规定，公司发起人、股东违反公司法的规定未交付货币、实物或者未转移财产权，虚假出资，或者在公司成立后又抽逃其出资，数额巨大、后果严重或者有其他严重情节的，处 5 年以下有期徒刑或者拘役，并处或者单处虚假出资金额或者抽逃出资金额 2% 以上 10% 以下罚金。单位犯前款罪的，对单位判处罚金，并对其直接负责的主管人员和其他直接责任人员，处 5 年以下有期徒刑或者拘役。

6.4.3 过桥资金

过桥资金是一种短期资金的融通，期限以六个月为限，是一种与长期资金相对接的资金。提供过桥资金的目的是通过过桥资金的融通，达到与长期资金对接的条件，然后以长期资金替代过桥资金。过桥只是一

种暂时状态，其特点是期限短、含金量高、资金回报高、风险较容易控制。

过桥资金虽然在税务筹划、注册资金融资、过桥贷款方面发挥着重大作用，但是在运用过桥资金时也需要注意其存在的法律风险，特别是虚假出资的法律风险。注册资金融资，从法律上讲，有抽逃公司注册资金之嫌。但法律上讲，并不禁止融资注册公司。问题是成立公司之后，注册资金不能抽走，使之成为一个空壳公司。融资注册之后，股东必须尽快将注册资金以现金或相等的资产注入公司，使注册资金“充实”。

最高人民法院《关于对帮助他人设立注册资金虚假的公司应当如何承担民事责任的请示的答复》规定，资金方帮助他人设立公司之后又抽回注册资金，资金方的不当行为，虽然没有直接给当事人造成损害后果，但由于其行为，使得过桥方公司得以成立，并从事与之实际履行能力不相适应的交易活动，给他人造成不应有的损害后果。因此，资金方应在过桥公司注册资金不实的范围内承担补充赔偿责任。

6.4.4 虚报注册资本

虽然对于虚报注册资本罪、虚假出资罪以及抽逃出资罪等目前只适用于依法实行注册资本实缴登记制的公司。但是对于虚报注册资本的行为，《公司法》第一百八十九条、第一百九十九条，《公司登记管理条例》第六十四条、第六十五条以及《公司注册资本登记管理规定》第十五条、第十六条等规定，虚报注册资本，取得公司登记的，由公司登记机关责令改正，处以虚报注册资本金额 5% 以上 15% 以下的罚款；情节严重的，撤销公司登记或者吊销营业执照。提交虚假材料或者采取其他欺诈手段隐瞒重要事实，取得公司登记的，由公司登记机关责令改正，处以 5 万元以上 50 万元以下的罚款；情节严重的，撤销公司登记或者吊销营业执照。

私募基金管理人不在实行实缴制企业之列，按照《公司法》的规定将不会因为虚报注册资本、抽逃出资等行为而受到行政和刑事处罚。

延伸阅读

A投资公司因注册资本承担补充清偿责任

A投资公司注册资本2 000万元，实缴出资400万元。新《公司法》认缴资本制出台后，A投资公司增资至10亿元。2016年，A投资公司在与国际贸易公司签订近8 000万元的股权收购合同后，在债务即将到期前减资至400万元，并更换了股东。

债权人在首笔转让款2 000万元无法收取后，将A投资公司连同其新、老股东一同告上法庭，要求所有被告均承担债务连带责任。2018年5月25日下午，上海某法院就该起纠纷作出了判决。

法官在审理该案后认为，被告A投资公司作为股权的购买方，没有按照合同约定支付股权价款构成了违约，应以其全部财产对原告承担责任。A投资公司及其股东在明知公司对外负有债务的情况下，没有按照法定的条件和程序进行减资，该减资行为无效，A投资公司的注册资本应该恢复到减资以前的状态，即10亿元，公司股东为徐某和林某。

在公司负有到期债务、公司财产不能清偿债务的情况下，股东徐某和林某应该缴纳相当于全部股权转让款的注册资本，以清偿原告债务。

同时，被告A投资公司未履行法定程序和条件减少公司注册资本，类似于抽逃出资行为，公司债权人也可以要求徐某和林某对于公司不能清偿的部分承担补充赔偿责任。

股权转让协议签订之前已经退出公司的股东毛某不应该对其退出之后公司的行为承担责任。

2018年5月，上海某法院就案件作出一审判决：A投资公司应该在本判决生效之日起10日内向国际贸易公司支付股权转让款2 000万元；对A投资公司不能清偿的股权转让款，徐某和林某在未出资的本息范围内履行出资义务，承担补充清偿责任。

《公司法》第三条第二款规定："有限责任公司的股东以其认缴的出资额为限对公司承担责任；股份有限公司的股东以其认购的股份为限对公司承担

责任。”由此可知，股东的责任范围仍然是其认缴的全部资本。完全认缴制下的“认缴不实缴”不等于“可以不缴”。

最高人民法院在2014年2月颁布了《最高人民法院关于适用〈中华人民共和国公司法〉若干问题的规定（二）》（以下简称《公司法司法解释二》）、《公司法司法解释三》，对如何在认缴资本制下保护债权人的利益做出了更为详尽的安排。

例如，《公司法解释二》第二十二条规定：“公司解散时，股东尚未缴纳的出资均应作为清算财产。股东尚未缴纳的出资，包括到期应缴未缴的出资，以及依照公司法第二十六条和第八十条的规定分期缴纳尚未届满缴纳期限的出资。”

也就是说，当公司财产不足以清偿债务时，债权人主张未缴出资股东，以及公司设立时的其他股东或者发起人在未缴出资范围内对公司债务承担连带清偿责任的，人民法院应依法予以支持。

《公司法解释三》第十三条第二款规定：“公司债权人请求未履行或者未全面履行出资义务的股东在未出资本息范围内对公司债务不能清偿的部分承担补充赔偿责任的，人民法院应予支持。”

对于实行认缴制的公司来说，股东个人尚未缴纳的注册资本，与一般的债务并无区别，同样可以看作是公司股东对公司所负的债务。从最高人民法院有关《公司法》的司法解释来看，也可以得出公司债权人可以要求公司股东履行出资义务的结论。

现行《公司法》及司法解释中对于公司违背法定程序和条件减资未通知已知债权人的，具体应该如何承担责任，没有作出明确规定。但是，这并不妨碍法院根据案件的具体情形参照适用相关的法律及司法解释。

资料来源：注册资本未实缴，企业应注意“认缴制”下的大坑[EB/OL]. http://www.sohu.com/a/251603306_100177369，2018-09-03.

第 7 章

组织架构

私募早餐资本公司成功注册后，站长又遇到了新的问题：刚刚设立的公司，内部组织一片空白，公司要运转，必须建立完善的组织架构。企业的组织架构是一种决策权的划分体系及各部门的分工协作体系，包括企业的治理结构、管理体制和运行机制。

对于私募公司而言，明晰的权力机构，负责的监管机构和高效的执行机构是公司正常经营的关键。此前一直在国有企业工作的站长深知一个高效的组织架构是公司长期存续并发展的基石。考虑到公司设立初期人员较少，站长决定采用简化的组织架构。

那么，如何设计企业组织架构？证券类和股权类私募机构的执行部门设置又有哪些区别？本章将为您一一道来。

7.1 如何设计组织架构

组织架构是指公司或合伙企业按照国家有关法律法规，结合本公司实际情况，明确股东（大）会、董事会、监事会（公司制）或合伙人大会（合伙人制）、经理层和内部各层级机构设置、职责权限、人员编制、工作程序和相关要求的制度安排。确定组织架构的核心是完善公司治理结构、管理体制和运行机制。

私募基金管理人要在私募行业中找到可用的资源，通过组织结构的确定和完善，建立自己的能力，从而形成核心竞争力，最后获得竞争优势。私募基金管理人的组织架构主要由权力机构、监督机构和执行机构三个部分组成。

股东（大）会是公司最高权力机构；由股东（大）会选举董事会，董事会对股东（大）会负责；监事会是在股东（大）会的领导下，与董事会并列设置；董事会下设高级管理层以及各职能部门。公司设立初期，人员较少，业务还没有大规模开展，治理结构和组织架构一般从简设置，在“三会”方面，设置一名执行董事代替董事会行使职能，设置一名监事代替监事会行使监督职能；在职能部门方面，只设置投资管理部、风险控制部、市场销售部、综合管理部等几个必要的部门。同理，合伙人大会是合伙制企业的最高权力机构，合伙人大会下设高级管理层以及各职能部门。

设计组织架构，是指根据组织架构控制目标，分析并确定所要设立的各个部门，整合绘制出私募机构的组织架构图，直观体现各部门的相互联系与制约。

7.1.1 组织架构图

私募基金管理人的组织架构主要由权力机构、监督机构和执行机构三个部分组成。为了更好地进行投资决策和控制风险，股权类私募基金管理人一般在董事会下设置两个专业委员会：投资决策委员会和风险控制委员会；证券类私募基金管理人一般在董事会下设置投资决策委员会。

考虑到私募基金管理人在组织形式上存在差异，本节将分别进行讲解。

1. 公司制组织架构图

（1）设立初期组织架构图

私募基金管理人设立初期规模较小，员工数量有限，一般采取精简型组织架构，可以不设董事会仅设一名执行董事，以一名监事代替监事会，职能部门可以根据必要性设立投资管理部、风险控制部、市场销售部和综合管理部（见图 7-1）。

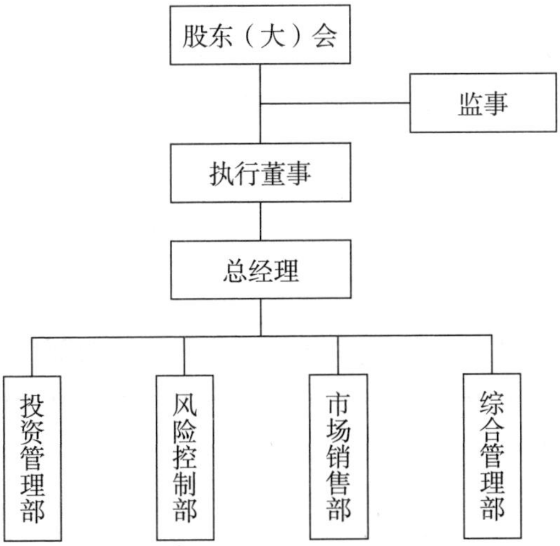

图 7-1　初创期私募公司组织构架图

（2）成长期组织架构图

私募基金管理人运行一段时间后，随着产品设立、募集资金、投资等业务的开展，可以适当增加运营服务部、人力资源部、财务管理部等部门（见图 7-2）。该组织结构图展示了私募基金管理人一般性、常设性的机构，不同的管理人在组织机构名称上可能会各有不同，但是在职能上是大同小异。

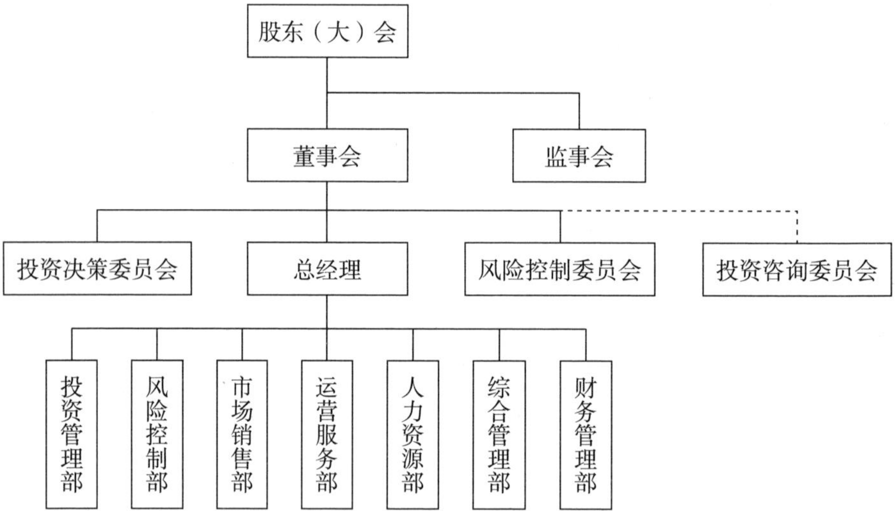

图 7-2　成长期私募公司组织构架

私募股权投资是一级市场的投资，不涉及二级市场交易，而私募证券投资一般会涉及二级市场交易，私募证券投资基金管理人与私募股权投资基金管理人在组织结构设计上最主要的区别在于投资管理部的配置，私募证券投资基金管理人一般在投资管理部中配置交易员执行投资指令。

2. 合伙制企业组织架构图

与公司制基金管理人设股东（大）会、董事会、监事会等机构不同，合伙制私募基金管理人仅设有合伙人大会，普通合伙人行使决策权，执行合伙事务。合伙制私募机构的高级管理层以及下设各部门的设置以及职能与公司制私募机构基本相同（见图 7-3）。

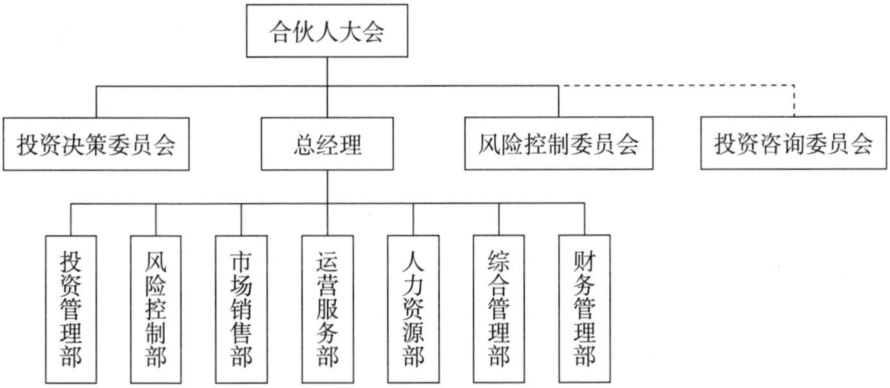

图 7-3　合伙制私募基金管理人组织架构

7.1.2　公司制私募基金管理人治理结构

1. 股东（大）会

股东（大）会由公司全体股东组成，决定公司经营管理的重大事项。它是公司最高权力机构，其他机构都由它产生并对它负责，有权选任和解除董事，并对公司的经营管理有广泛的决定权。

股东（大）会是公司的权力机构，依法行使下列职权：

① 决定公司经营方针和投资计划；

② 选举和更换董事，决定有关董事的报酬事项；

③ 选举和更换由股东代表出任的监事，决定有关监事的报酬事项；

④ 审议批准董事会的报告；

⑤ 审议批准监事会的报告；

⑥ 审议批准公司的年度财务预算方案、决算方案；

⑦ 审议批准公司的利润分配方案和弥补亏损方案；

⑧ 对公司增加或者减少注册资本做出决议；

⑨ 对发行公司债券做出决议；

⑩ 对公司合并、分立、解散和清算等事项做出决议；

⑪ 修改公司章程；

⑫ 对股东向股东以外的人转让出资做出决议；

⑬ 对公司聘用、解聘会计师事务所做出决议；

⑭ 审议达到公司章程规定的上股东（大）会审议标准的交易及担保事项；

⑮ 审议法律、法规和公司章程规定应当由股东（大）会决定的其他事项。

私募公司应该在股东（大）会议事规则中，对股东（大）会的职权做出明确界定，确保股东履行其应尽的义务，承担其应承担的责任，并保证决策行为不超过职责权限；应该对股东（大）会召开流程和每次股东（大）会重点议事内容以及股东的出席要求做出规定，保证股东（大）会平稳有序地召开；应该对股东（大）会决议的审议和表决制度做出规定。

股东作为私募公司的主要出资人，享有一定的权利和义务。只有根据公司法对股东的权利和义务进行明确的界定，才能保证股东不享有超过其应得的权利和承担其应负的责任。另外，一名股东名下可能控制有多个公司的股份，这就很容易导致股东在其控股的多家公司内部产生关联交易，进而损害公司利益。私募公司面临着独特的资本市场环境和监管环境，更应该重视控股股东对公司财产及基金财产的侵占或不公平对待行为。

2. 董事会

根据《公司法》第四章第三节的相关规定，董事会是由董事组成的、对内掌管公司事务、对外代表公司的经营决策和业务执行机构，公司设董事会，由股东（大）会选举。董事会设董事长一人，一般由董事会选举产生。董事任期三年，任期届满可连选连任，董事在任期届满前，股东（大）会不得无故解除其职务。《公司法》第五十条规定，股东人数较少和规模较小的有限责任公司，可以设一名执行董事，不设立董事会。执行董事可以兼任公司经理。大多数规模较小或设立初期的私募公司采用这种方式。

董事应当遵守法律、行政法规和公司章程的规定，忠实勤勉履行职责，维护公司利益。当其自身的利益与公司、股东的利益相冲突时，应当以维护公司和股东的最大利益为行为准则，并保证：

① 在其职责范围内行使权利，不得越权；

② 不得利用内幕信息为自己或他人谋取利益；

③ 不得自营或者为他人经营与公司同类的业务或者从事损害公司利益的活动；

④ 不得利用职权收受贿赂或者其他非法收入，不得侵占公司的财产；

⑤ 不得挪用资金或者将公司资金借贷给他人；

⑥ 不得将公司资产以其个人名义或者其他个人名义开立账户存储；

⑦ 不得以公司资产为本公司的股东或者其他个人债务提供担保；

⑧ 未经股东（大）会同意，不得披露在职期间所获得的涉及公司的商业秘密。

私募公司的董事会议事制度，应明确董事的职责权限，对其权利进行一定的制约，确保董事不会损害公司利益；应明确董事会会议召开的条件，对什么情况下应该召开董事会做出明确规定；应明确董事会会议的记录制度，确保有据可查，并保证在决策执行过程中不出现偏差；应明确董事会会议的审查和决议制度，确保会议决定真实反映集体利益和意志。私募公司应该明确董事会议事规则。

董事会作为股东（大）会选派的权力机构，其决策直接决定公司未来的发展及运行状况，其决策的正确与否主要取决于董事个人能力的高低，而其执行效率和效果则受到董事会内部组织架构的影响。

3. 在董事会下设专业委员会

为了更好地进行投资决策和控制风险，股权类私募基金管理人一般在董事会或合伙人大会下设置两个专业委员会：投资决策委员会和风险控制委员会；证券类私募基金管理人一般在董事会或合伙人大会下设置投资决策委员会。

（1）投资决策委员会

投资决策委员会是在公司股东按照相关协议有关规定共同选举产生

投资决策委员会委员后设立的专门工作机构。投资决策委员会主要对项目立项、投资、投资退出、资产处置等事务进行评审决议，是投资的最高决策机构。

投资决策委员会负责决定公司所管理基金的投资计划、投资策略、投资原则、投资目标、资产分配以及投资组合的总体计划，以及每个项目是否可投资。这些职责的实现需要依赖合理系统的投资决策委员会议事规则，明确投资决策委员会的人员组成，职责和权限；明确会议的召开程序；明确议事与表决程序；建立会议记录制度，保证会议内容被真实记录和留档。

投资决策委员会是私募基金的最高决策机构，是非常设议事机构，在遵守国家有关法律法规、条例的前提下，拥有对所管理基金的投资事务的最高决策权。投资决策委员会由 5 ~ 11 名委员组成，委员由董事会推荐，股东（大）会决定。

投资决策委员会主要行使下列职权：

① 对投资管理部门提报的投资项目进行审议，并审批投资方案和实施计划；

② 对投资产品研发、投资方案和投资策略进行审议；

③ 对以上事项的实施进行投资分析和跟踪检查。

投资决策委员会履行职责时，相关职能部门应给予配合，投资决策委员会可以聘请外部的专业咨询顾问机构和中介机构，提供专业的投资建议，相关顾问费用由基金承担。

（2）风险控制委员会

风险控制委员会的职责主要是对基金运营中的各种风险进行综合性的监督评判。风险控制委员会的组成人员一般是行业专家、律师、会计师等专业人士，从私募机构的运营风险、所投项目的行业风险及投资风险、基金自身的运营风险等多方面提供专业的意见和建议，并在授权之下进行评判或决议。

风险控制委员会负责评估所管理基金的投资风险控制，监督、检查投资决策的执行情况，并提出风险控制建议，向公司董事会负责。风险控制委员会是独立机构，由 3 ~ 5 人组成，委员由公司董事会选举产生。

风险控制委员会主要行使下列职权：

① 制订所管理基金投资风险管理的总体目标和政策，制订风险管理基本制度；

② 审议投资决策、投资风险、业务流程的风险，向董事会提交拟投资项目的风险评估报告；

③ 审议公司审计相关部门提交的风险控制评价报告；

④ 发布关于政治、经济、金融、行业等方面的风险警示；

⑤ 对投资管理部提交的拟投资项目尽职调查报告、投资建议书及其他资料进行审核，对拟投项目资料的真实性、完整性、合理性及合法性进行全面核查；

⑥ 风险控制委员会认为必要时，有权对拟投项目开展独立调研；

⑦ 对公司职员及高级管理人员的独立性和专业能力进行独立检查；

⑧ 公司董事会授权的其他事宜。

风险控制委员会作为风险监测和管理机构，应明确其议事规则，包括委员的产生、委员会的权限、会议召开的流程及表决等。

4. 监事会

根据《公司法》第四章第四节的规定，监事会是由股东（大）会选举的监事以及由公司职工民主选举的监事组成的，对公司的业务活动进行监督和检查的法定必设和常设机构。监事会在股东（大）会领导下，对董事和总经理行政管理系统进行监督。《公司法》第五十一条规定，有限责任公司设监事会，其成员不得少于三人。股东人数较少或者规模较小的有限责任公司，可以设一至二名监事，不设监事会。大多数规模较小或设立初期的私募公司采用这种方式。

监事会行使下列职权：

① 检查公司的财务；

② 对董事、高级管理人员执行公司职务的行为进行监督，对违反法

律、行政法规、公司章程或者股东（大）会决议的董事、高级管理人员提出罢免的建议；

③ 依照《公司法》第一百五十二条的规定，对董事、高级管理人员提起诉讼；

④ 当董事、高级管理人员的行为损害公司的利益时，要求其予以纠正；

⑤ 提议召开临时股东（大）会，在董事会不履行本公司规定的召集和主持股东（大）会会议职责时召集和主持股东（大）会会议；

⑥ 向股东（大）会会议提出提案；

⑦ 公司章程规定的其他职权。

监事会必须对公司履行以下义务：

① 遵守国家法律、行政法规和《公司章程》；

② 对公司承担不得逾越权限的义务；

③ 监事不得从事与公司竞争或损害利益的活动。

监事会应当包括股东代表和适当比例的公司职工代表，其中职工代表的比例不得低于1/3，具体比例由公司章程规定。监事会设主席一人，由全体监事过半数选举产生。董事、高级管理人员不得兼任监事。监事会主席召集和主持监事会会议；监事会主席不能履行职务或者不履行职务的，由半数以上监事共同推举一名监事召集和主持监事会会议。私募公司应该明确监事会议事规则。

监事会是对公司董事会及高级管理层进行监督和检查的机构，可以有效预防公司内问题的产生，并可以在问题产生的第一时间从根源上将其解决。这一切都建立在监事会成员能力足够且整个监事会运行高效的基础上。

5. 高级管理层

高级管理层涵盖了公司总经理、副总经理和总监。《内部控制指引》对私募基金管理人的高级管理层提出了具体要求，要求私募基金管理人应具备至少两名高级管理人员。私募基金管理人还应当设置负责合规风控的高级管理人员，此人应当独立地履行对内部控制监督、检查、评价、报告和建议的职能。

（1）总经理

总经理对董事会负责，执行董事会的战略决策，实现董事会制定的经营目标；负责公司日常业务的经营管理，经董事会授权，对外签订合同和处理业务；向董事会提交年度报告及各种报表、计划、方案，包括但不限于经营计划、利润分配方案、弥补亏损方案等，负责公司运营发展的全方位执行工作。其职责主要有：

① 主持公司的经营管理工作，组织实施董事会决议，并向董事会报告工作；

② 组织实施公司年度经营计划和投资方案；

③ 拟定公司的内部管理机构设置方案；

④ 制定公司的具体规章和基本管理制度；

⑤ 提请董事会聘任或解聘公司副总经理，财务总监；

⑥ 聘任或者解聘除应由董事会决定聘任或者解聘以外的负责管理人员；

⑦ 拟定公司职工的工资、福利、奖惩事项，决定公司职工的聘用和解聘；

⑧ 提议召开董事会临时会议；

⑨ 在董事会授权范围内决定对外投资、资产处置、合同签订及公司其他经营业务；

⑩ 公司章程或董事会授予的其他职权。

总经理因故不能履行职责时，由总经理指定的副总经理代行职务。

（2）副总经理

副总经理在总经理的领导下，行使下列职权：

① 在总经理的领导下，全面负责筹资、行政管理业务等各项工作；

② 负责组织制定、执行公司内部各项工作流程；

③ 根据实际情况制定、监督分管部门工作计划的实施；

④ 分解落实公司投资、募资指标和其他各项考核指标，并组织完成；

⑤ 参加风险控制委员会、投资决策委员会和投资项目评审会等会议；

⑥ 及时掌握公司业务情况，并进行系统分析，定期向有关部门及领导汇报经营管理情况；

⑦ 组织进行市场调研及现行管理模式的探讨，收集有关信息及合理化建议，对公司整体经营管理工作提出改进意见；

⑧ 完成总经理交办的其他各项工作。

（3）风控副总

风控副总在总经理及风险控制委员会的领导下，行使下列职权：

① 在总经理的领导下，全面负责风险管理工作，建立公司风控团队；

② 建立公司风险管理系统，拟订风险管理流程和风险管理制度，建立风险预警系统；

③ 组织人员及中介机构对拟投资项目进行审查，评估项目风险点，对项目的可行性和风险的可控性进行审核，并向总经理及风险控制委员会报送项目风险控制分析报告；

④ 负责对已投资项目进行合规审查、财务分析、风险量化等，根据项目具体情况提出风险防范建议，建立风险数据库和跟踪档案；

⑤ 组织对已投资项目的风控情况进行督导检查，针对项目投后的风险进行识别与评估，提示风险并提出风控措施建议；

⑥ 组织对业务部门风控情况的检查与管理，监控各类风险防范措施的执行；

⑦ 定期对内部控制体系作出评价报告，发现存在的问题并改进；

⑧ 协助总经理正确执行国家的法律、法规，对公司的重大经营决策活动提供独立风控意见。

私募基金管理人应当建立高级管理层工作细则，明确高管层的职权和责任，落实办公会议制度，建立定期报告制度。

高级管理层是对公司内部各项业务直接进行管理和监督审查的机构，

其职责是确保各项业务良好运行，这对管理层的决策能力和执行能力有很高的要求。同时，公司应以一定的任免制度和激励机制作为确保管理层质量并激发其更好进行工作的保障。

7.1.3 合伙制私募基金管理人治理结构

1. 合伙人大会

合伙制企业不设股东（大）会和董事会，仅设合伙人大会，由全体合伙人组成，负责制定企业的发展规划，决定企业内部机构设置和重要人事任免，批准企业内部管理制度和重大工作安排。

合伙人大会是合伙企业的权力机构，依法行使下列职权：

① 决定合伙企业的经营方针和投资计划；

② 选举和更换执行合伙人，决定有关执行合伙人报酬事项；

③ 审议合伙企业处分重大资产的事项；

④ 审议批准合伙人向合伙人以外的人转让其在合伙企业中的财产份额的事项；

⑤ 审议批准合伙人以其在合伙企业中的财产份额出质的事项；

⑥ 审议批准合伙企业的利润分配方案和弥补亏损方案；

⑦ 对合伙企业增加或者减少出资做出决议；

⑧ 审议批准执行合伙人年度事务的执行报告；

⑨ 对合伙企业解散、清算或者变更合伙企业形式做出决议；

⑩ 修改合伙协议；

⑪ 对企业聘用、解聘会计师事务所、律师事务所等中介机构做出决议；

⑫ 审议批准合伙企业对外的担保事项；

⑬ 审议批准普通合伙人与合伙企业进行交易事项；

⑭ 审议批准新合伙人入伙和合伙人退伙事项；

⑮ 审议法律、法规和合伙协议规定应当由合伙人大会决定的其他事项。

合伙企业是一种典型的人合企业，其权利机构设置不同于公司，公司制企业在内部设有专门的法人机关，行使不同的内部权力，合伙企业的内部权力是以个人为本位进行配置。对于有限合伙企业，根据《合伙企业法》的规定，合伙企业事务由普通合伙人执行，有限合伙人不执行合伙事务，不对外代表合伙企业。且由于合伙企业没有专门的监督机构，对普通合伙人的专业能力和职业道德都有很高的要求。

合伙人大会作为合伙企业的最高权力机构，也同时承担了企业的内部监管职能，应对合伙人大会的职责与义务进行明确的界定，以确保合伙企业事务的正常进行，防止合伙人利用执行事务之机谋取私利，从而使合伙企业事务的执行符合全体合伙人的共同利益。

2. 在合伙人大会下设专业委员会

为了更好地进行投资决策和控制风险，股权类私募基金管理人一般在董事会或合伙人大会下设置三个专业委员会：投资决策委员会、风险控制委员会和投资咨询委员会；证券类私募基金管理人一般在董事会或合伙人大会下设置投资决策委员会和投资咨询委员会。

鉴于合伙企业投资决策委员会和风险控制委员会的设置及职权与公司制企业相同，下文仅介绍投资咨询委员会的设置及职权。

咨询委员会一般由认缴出资额达到一定比例的有限合伙人组成，其职权不得超越或代替普通合伙人的咨询。咨询委员会可以商议的事情包括：单笔投资金额占有限合伙实缴资本 20% 以上且普通合伙人与有限合伙人存在潜在冲突的事项；普通合伙人与有限合伙人的关联交易事项；普通合伙人从事与有限合伙人业务相竞争的事项；有限合伙权利分配中所涉及的估值事项。除此之外，合伙企业涉及的投资事项，均由普通合伙人独立决策，应给予普通合伙人充分的自主权，有限合伙人不得以任何理由干预。

3. 高级管理层

由于合伙制企业的对高级管理层的职责设定也遵循了《内部控制指引》对私募基金管理人的高级管理层的具体要求，因此与公司制高级管理层内容相同。

7.2 部门职责及关键岗位职责

私募基金管理人在进行部门规划时，其核心是确保部门职责划分明晰。在实际操作汇总过程中，部门职责的划分要遵循以下原则：

第一，部门职责的划分要能够保障公司的运作顺畅，能够更好地实现公司目标战略。一项工作在部门之间的流转时间要尽量缩短，一个部门能够实现的独立完成的工作不要让多个部门来共同负责。

第二，部门职责没有缺失、重合。部门职责的梳理要避免职责的缺失和重合，每项职责要能够找到一个主要的责任人，不要没有人员负责这个事项，也不要太多的人员都对这个事项负责。

第三，部门职责要实现闭环循环。部门职责可以采用“PDCA（计划、执行、检查、调整）”循环的方式来梳理，让一项工作能够有始有终，在各个阶段都有部门负责，不要一项工作只有开始而不知道何时结束以及如何结束，也不要一项工作只有执行而没有监督检查。

依据上述原则，结合私募基金管理人运营的实际情况，私募基金管理人可划分为七个部门：投资管理部、风险控制部、市场销售部、运营服务部、人力资源部、财务管理部、综合管理部。其中，证券类和股权类私募基金管理人的投资管理部和风险管理部，其部门及所属岗位职责存在一定差异，具体情况介绍如下。

7.2.1 投资管理部

在股权类投资私募基金中，投资管理部负责基金产品的设计与开发，基金产品风险评级，投资策略的制定与执行，投资标的的调研与分析等，力求为投资者提供满意的投资回报；而在证券类投资私募基金中，投资管理部通过对“证券池”的管理和证券投资组合的制定，为公司的证券投资基金产品提出投资建议，并于批准后执行具体操作，确保投资指令能够得到有效执行。

1. 股权类私募投资基金投资管理部岗位职责

（1）部门经理岗位职责

① 负责与项目投资业务相关的产业背景研究与行业研究，设计投资产品，按规定对产品分级；

② 负责投资工作，制定投资策略，筛选投资项目，监督投资进度，执行投资任务，监控投资风险等；

③ 公司拟发起和设立投资基金时负责制作募股文件，提供文件支持；

④ 与合作伙伴、主管部门和潜在标的保持良好的沟通关系。

（2）基金经理岗位职责

① 负责与基金投资业务相关的产业背景研究与行业研究，设计基金产品，执行投资任务和投资计划；

② 负责投资项目的筛选、立项、尽职调查，负责投资项目的尽职调查并在调查过程中与相关中介机构联系、协调；

③ 负责投资项目的跟踪管理直至投资退出；

④ 合理安排调研计划及投资助理的工作计划，及时关注投资标的的最新变化，并做出合理的分析；

⑤ 负责投资助理的招聘、辅导、监督、考核等工作；

⑥ 对宏观微观经济政策及相关行业进行研究分析，并提交相关研究报告。

（3）投资专员岗位职责

① 在投资经理的带领下，进行资本市场、投资行业分析；

② 参与投资项目的可行性研究，负责设计评审工作；

③ 参与投资项目谈判，与合作伙伴、中介机构、项目方保持良好的业务关系；

④ 对投资项目进行财务调查、财务测算、成本分析和敏感性分析；

⑤ 具体承揽投资项目，并设计方案、组织实施，定期汇报工作进度；

⑥ 及时向上级汇报对投资项目产生重大影响的事件或变动信息；

⑦ 收集、整理投资项目档案，建立、维护投资信息库。

2. 证券类私募投资基金投资管理部岗位职责

（1）部门经理岗位职责

① 负责与项目投资领域相关的政策背景研究与行业研究，设计投资产品，对产品进行分级；

② 负责投资工作，制定投资策略，筛选投资项目，监督投资进度，执行投资任务，监控投资风险等；

③ 合理安排投资管理部的工作，向总经理汇报部门工作情况，及时反映政策及投资动向；

④ 协助总经理进行公司投资规划工作；

⑤ 公司拟发起和设立投资基金时负责制作募股文件，提供文件支持；

⑥ 与合作伙伴、主管部门和潜在标的保持良好的沟通关系。

（2）基金经理岗位职责

① 负责与基金投资业务相关的产业背景研究与行业研究，设计基金产品，执行投资任务和投资计划；

② 负责投资标的的筛选及研究工作，对基金操作过程中的影响因素进行深入分析，根据市场形态构建基金投资组合；

③ 对拟投资标的进行分析研究，提供分析及投资价值报告；

④ 负责交易员的招聘、辅导、监督、考核等工作；

⑤ 合理安排调研计划及交易员的工作计划，及时关注投资标的的最新变化，并作出合理的分析；

⑥ 对宏观微观经济政策及相关行业进行研究分析，并提交相关研究报告。

（3）交易员岗位职责

① 执行基金经理下达的交易指令，在授权范围内配合基金经理工作，及时反馈交易指令执行过程中出现的问题；

② 在交易指令的范围内选择最佳的买卖时机；

③ 跟踪市场动态，提供交易信息统计资料。

7.2.2 风险控制部

风险控制部负责建立健全公司风险控制、合规制度及流程；负责投资策略与投资风险的防控与监管；负责监督基金募集、宣传推介、投资者适当性管理工作的落实；保证公司投资资金的合法合规使用，严格按照公司风控规定执行操作流程等。

1. 股权类私募投资基金风险控制部岗位职责

（1）风控总监岗位职责

① 负责拟定公司风险管理、内部控制合规方面的制度，制定细则与流程，监督公司全员的执行情况；

② 关注宏观、微观经济形势和市场变化对投资风险的影响，为投资部门提供信息支持；

③ 协助投资管理部进行尽职调查、投资方案及退出方案的设计与评估；

④ 督促、落实各部门在宣传、销售、投资、日常运营等方面的合规性运作，发现运营风险，主动参与风险处置，并及时向风控副总汇报；

⑤ 负责建立重大风险预警制度；

⑥ 负责向监管部门和投资者进行信息披露；

⑦ 负责公司员工的业务知识培训及风险意识培训。

（2）风控专员岗位职责

① 协助风控总监建设和完善公司风险控制体系，拟定公司业务风险控制和内部管理风险控制的相关工作流程、制度，并对相关的制度提出改进意见；

② 对公司实际操作过程及法律文件进行风险分析与评估，并全程监督执行情况，针对可能出现的风险，提出化解和处置措施，事后完成风险分析评估报告；

③ 对拟投资项目现场调查，收集相关业务信息，核实资料，并制作现场调查报告，进行基本风险点的揭示；

④ 收集整理公司关于宣传、销售、投资、投资者适当性匹配等方面的风险控制情况，完成风险分析评估报告；

⑤ 汇总、审核各部门报送的信息披露材料，制作信息披露报送文件，并及时披露；

⑥ 普及相关风险控制知识，增强全体员工的风险意识。

（3）法务专员岗位职责

① 对公司业务及各项产品条线提供专业的合规意见及支持，出具专业的合规评审报告；

② 承办合规基础管理文件和合规风险管理文件，承办对业务部门的合规检查等；

③ 与外部监管部门和内部职能部门保持联系沟通，应监管部门的意见、征询提出专业回应及建议；

④ 建立并完善公司法务工作的管理制度、配套表格及工作流程；

⑤ 起草 / 审核公司合同、公函等各类法律文件，为各职能部门提供必要的法律咨询和指导。

2. 证券类私募投资基金风险控制部岗位职责

（1）部门经理岗位职责

① 负责拟定公司风险管理、内部控制合规方面的制度，制定细则与流程，监督公司全员的执行情况；

② 关注宏观、微观经济形势和市场变化对投资风险的影响，为投资部门提供信息支持；

③ 督促、落实各部门在宣传、销售、投资、日常运营等方面的合规性运作，发现运营风险，主动参与风险处置，并及时向风控副总汇报；

④ 负责建立重大风险预警制度；

⑤ 负责向监管部门和投资者进行信息披露；

⑥ 负责公司员工的业务知识培训及风险意识培训。

（2）风控专员岗位职责

① 协助建设和完善公司风险控制体系，拟定公司风险管理和内部控

制的相关工作流程、制度，并对相关的制度提出改进意见；

② 对公司实际操作过程及法律文件进行风险分析与评估，并全程监督执行情况，针对可能出现的风险，提出化解和处置措施，事后完成风险分析评估报告；

③ 收集拟投资标的的相关信息，核实资料，进行基本风险点的揭示；

④ 收集整理公司关于宣传、销售、投资、投资者适当性匹配等方面的风险控制情况，完成风险分析评估报告；

⑤ 审核信息披露材料，制作信息披露报送文件，并及时披露；

⑥ 普及相关风险控制知识，增强全体职员的风险意识。

7.2.3 市场销售部

市场销售部负责市场渠道与投资者的开发与维护；负责基金募集与推介，对投资者风险承受能力进行评估，执行适当性匹配工作；负责市场调查分析、公司形象的宣传维护、重要资讯的传播及业务咨询等工作。

（1）部门经理岗位职责

① 负责公司形象宣传与维护、公司产品宣传工作；

② 负责公司重要投资者渠道开拓与维护工作，负责公司对外合作；

③ 及时了解市场最新动向，并形成客观有效的分析报告，向总经理汇报；

④ 负责基金的募集及推介、投资者适当性匹配工作；

⑤ 协助总经理进行公司战略规划、市场管理与开拓等工作。

（2）市场专员岗位职责

① 协助领导制定公司的市场布局、业务发展规划；

② 依据市场及公司情况制定年度募资计划，分解销售目标并组织落实；

③ 负责各渠道重要机构投资者的拓展及维护，根据投资者需求建议可行的产品规划并落实；

④ 负责投资者回访，受理投资者投诉。

（3）企划专员岗位职责

① 制定公司品牌管理的发展策略，不断提升公司品牌形象；

② 负责公司形象宣传的资料制作，负责公司产品宣传的资料制作；

③ 与文案专员合作，制作公司及部门安排的宣传材料；

④ 负责公司网站、微信公众号、博客等相关宣传平台的设计、制作、更新与维护工作。

（4）文案专员岗位职责

① 负责公司形象和产品宣传的文案书写；

② 协助企划专员，负责微信公众号、博客等自媒体的设计、制作、更新与维护工作；

③ 协助企划专员，负责公司网站内容更新维护；

④ 负责与广告公司和各种宣传媒体落实广告宣传和新闻递送等工作。

（5）销售专员岗位职责

① 基金的募集与销售；

② 对特定投资者进行风险测评，落实投资者分类，开展投资者与产品适当性匹配工作；

③ 严格按照销售人员操作规范工作，确保投资者信息、书面资料及留痕信息的完整性。

7.2.4 运营服务部

运营服务部负责投资者接待、投资者回访、投资者投诉的受理与协调、处置、反馈、投资者教育等。

（1）部门经理岗位职责

① 负责组织实施投资者教育工作，定期总结，提出下一步的方案；

② 根据基金合同的签署情况及存量投资者情况拟定回访计划，安排专员进行回访；

③ 负责投诉接待、记录、处理，重大投诉及时汇报给总经理；

④ 负责接待投资者来访，和投资者保持良好的沟通关系。

（2）运营专员岗位职责

① 负责投资者冷静期后的确认回访，根据计划实施日常回访；

② 接待来访投资者，记录投资者的意见及建议，向部门领导反馈；

③ 接待投诉投资者并积极处理投诉事件，及时向相关部门反馈；

④ 实施投资者教育，组织投资者活动。

7.2.5 人力资源部

人力资源部负责公司人力资源工作，对公司人力资源进行管理与开发，负责招聘、培训、日常管理。

（1）部门经理岗位职责

① 负责组织制定各项人力资源部管理制度，处理日常人力资源工作；

② 负责人员招聘、岗位职责设置、工作安排、员工管理等；

③ 负责人力资源培训工作的组织与协调；

④ 拟定员工薪酬、福利等分配激励制度体系，并组织具体实施；

⑤ 负责组织建立完整的职工人事档案。

（2）人事专员岗位职责

① 协助制定各项人事规章制度，并具体负责实施；

② 了解公司各部门人员在岗工作情况，及时提出人员调配建议；

③ 协助做好员工招聘、培训、考核、奖惩工作，为离职员工办好手续并根据规定妥善安排；

④ 检查职工的出勤情况，制定月工资表；

⑤ 建立公司职工档案，落实劳动合同的实施；

⑥ 组织职工的培训、学习计划实施，负责安排培训讲师、教材等项目。

7.2.6 综合管理部

综合管理部处理公司行政事务，负责公司的后勤保障工作；负责公司信息系统的建设和维护；负责工商相关部门及监管部门的协调。

（1）部门经理岗位职责

① 拟定或协助拟定公司的各项经营管理制度；

② 起草或协助起草公司经营管理活动中需要的各种文件；

③ 负责行政公文的签收、登记、流转、归档及业务文件的整理、归档；

④ 负责公司信息系统的建设和维护；

⑤ 组织安排董事会、监事会、投资决策委员会会议、总经理办公会等，协调接待工作；

⑥ 负责公司行政公章的保管、使用及各类文件的缮印；

⑦ 负责公司信息保密及档案管理工作。

（2）行政专员岗位职责

① 具体落实公司领导批复由综合管理部办理的各项工作，并按期完成；

② 负责公司文件材料的草拟、打印、呈报、送达、签收、登记、报审、传阅、归档工作，负责公司重要文件资料的整理、分类、保管、装订、存档及调阅工作；

③ 负责公司资产管理，包括固定资产、通信设备、低值易耗品、办公用品和宣传用品等，做好购置、登记、保管、领用工作；

④ 负责档案管理工作，做好公司历年大事记的原始资料收集和编纂工作，定期或不定期编辑公司简讯、简报或内部发行的刊物。

（3）IT 专员岗位职责

① 建立各种紧急情况下的信息技术应急预案，并定期演练；提升及时判断、处理各种信息技术事故、恢复系统运行的专业能力；

② 系统程序变更、新系统上线前应经过严格的业务测试和审批，确保系统的功能性、安全性符合公司风险管理要求；

③ 对网络、重要系统、核心数据库的安全保护、访问和登录进行严格的控制，关键业务需要双人操作或相互复核，应有多种备份措施和对备份数据的验证措施来确保数据安全；

④ 以权限最小化和集中化为原则，严格公司投研、交易、投资者等各类核心数据的管理，防止数据泄露；

⑤ 选择核心信息技术系统服务商应将服务商在系统生命周期内的长期支持和服务能力、应急响应能力和与公司运行相关的其他系统兼容性列为重点考核内容。

7.2.7 财务管理部

财务管理部负责组织编制经营计划，定期对执行情况进行检查分析；执行国家的会计政策进行日常财务核算；收集和整理公司资金动态、收入及费用情况、往来款情况等资料，进行分析与建议，定期向总经理报告。

（1）部门经理岗位职责

① 负责起草公司年度经营计划；组织编制公司年度财务预算；执行、监督、检查、总结经营计划和预算的执行情况，提出调整建议；

② 执行国家的财务会计政策、税收政策和法规；制订和执行公司会计政策、纳税政策及其管理政策；

③ 公司的会计核算、会计监督工作；公司会计档案管理及合同（协议）的保管；

④ 编制公司经营管理状况的财务分析报告，负责公司绩效考核统计工作；

⑤ 协助设计投资方案及退出方案；

⑥ 负责资金管理及税务筹划；

⑦ 协助设计投资方案及退出方案；

⑧ 协调、配合审计、税务、银行等第三方工作。

（2）会计岗位职责

① 负责日常会计核算、基金核算及账务处理；

② 负责公司内部财务管理制度、合同、流程、成本费用开支、表制式管理的执行、完善、监督工作；单据的审核、监督、整理、分类、完善、

跟踪工作；

③ 负责公司经营成本核算工作，核算各类固定成本费用，为总经理和市场销售部提供业务发展和考核工作的依据；

④ 审核费用的真实性，票据的合理、合规、合法性，报销单据的完整、时效性；

⑤ 负责财务部会计凭证、会计账簿、会计报表、会计文件、合同等档案的管理工作。

（3）出纳岗位职责

① 认真执行国家规定的现金管理制度，负责公司所有现金、银行存款等的收、付业务；

② 负责公司银行账户的开立、核对、注销等所有银行业务，配合银行做好对账、报账工作；

③ 负责资金安全，负责公司所有现金、银行账户信息资料的保全管理。

第 8 章

高管及员工

在私募早餐资本公司的组织架构中，权力机构为股东会，不设董事会，由站长任执行董事，兼任总经理，负责公司日常业务的经营管理，对外签订合同和处理业务。下设四个执行部门：财务 / 综合部、市场销售部、投资管理部、风险控制部。完成组织架构设计后，私募早餐资本公司开始进行人员招聘。

一个企业获得成功的关键之一是优秀的团队，对于私募基金管理人来说更是如此。私募行业面临高风险和严峻的竞争态势，对团队成员素质要求极高。一个具有专业性、凝聚力和责任心的团队是决定私募机构发展前景的重要因素。

公司的员工人数为七人，均获得基金从业资格，其中，站长、高赢、李小沐分别担任公司的总经理、投资总监和风控总监，是私募早餐资本公司的高级管理人员，其余四名员工分别在四个部门任职。中国基金业协会对私募机构的高级管理人员及员工从业资格有哪些要求？高级管理人员及员工不得从事哪些活动？本章将为您一一道来。

8.1 高级管理人员

《公司法》规定的高级管理人员是指公司的经理、副经理、财务负责人，上市公司董事会秘书和公司章程规定的其他人员。《合伙企业法》没有规定高级管理人员的定义，只规定了合伙人对执行合伙事务享有同等的权利，按照合伙协议的约定或者经全体合伙人决定，可以委托一个或者数个合伙人对外代表合伙企业，执行合伙事务。

《私募登记备案办法》《二五公告》《私募基金管理人登记法律意见书指引》对私募基金管理人的高管人员做出了规定："高级管理人员指私募基金管理人的董事长（执行董事）、总经理、副总经理、执行事务合伙人（委派代表）、合规/风控负责人以及实际履行上述职务的其他人员。"

提示：董事是否为高管？在实践中，存在将董事单独作为高管填报的私募基金管理人的情况。可见，中国基金业协会并不要求必须将董事等人员登记为高管人员，是否将其作为高管填报，取决于申请机构是否将相应职务设置为高管并填报。

8.1.1 高级管理人员任职条件

中国基金业协会在对私募基金管理人的登记、备案等各项活动进行监管时，通常把对高管的考察作为重点。管理人登记备案遇到的重点问题之一就是"从业人员（尤其是高管）的数量和资格资质不符合《证券投资基金法》的基本要求，不具备基本的内控制度，显然不具备履行受托义务的专业能力"。

私募基金管理人高管一般应当具备下列任职条件：

① 取得基金从业资格；

② 没有《公司法》《证券投资基金法》等法律、行政法规规定的不得担任公司董事、监事、经理和基金从业人员的情形；

③ 最近 3 年没有受到证券、银行、工商和税务等行政管理部门的行政处罚。

由于高级管理人员对于公司的经营管理和业绩效益负有重要的责任，《公司法》对他们的任职资格有较为严格的限制性条件。有下列情形之一的，不得担任公司的董事、监事、高级管理人员：

① 无民事行为能力或者限制民事行为能力；

② 因犯有贪污、贿赂、侵占财产、挪用财产罪或者破坏社会经济秩序罪，被判处刑罚，执行期满未逾 5 年，或者因犯罪被剥夺政治权利，执行期满未逾 5 年；

③ 担任破产清算的公司、企业的董事或者厂长、经理，并对该公司、企业的破产负有个人责任的，自该公司、企业破产清算完结之日起未逾 3 年；

④ 担任因违法被吊销营业执照、责令关闭的公司、企业的法定代表人，并负有个人责任的，自该公司、企业被吊销营业执照之日起未逾 3 年；

⑤ 个人所负数额较大的债务到期未清偿。

上述各项规定，适用于有限责任公司和股份有限公司的董事、监事和高级管理人员。高级管理人员在任职期间出现上述情形的，公司应当解除其职务。

公司董事会聘任高级管理人员，均应遵守上述规定的条件。如果公司未按上述条件聘任高级管理人员，则该委派行为、选举行为和聘任行为无效。

8.1.2 法定代表人（适用于公司制企业）

法定代表人指依法律或法人章程规定代表法人行使职权的负责人。

我国法律实行单一法定代表人制，法定代表人代表企业法人的利益，按照法人的意志行使法人权利。法定代表人在企业内部负责组织和领导生产经营活动；对外代表企业，全权处理一切民事活动。

1. 法定代表人任职条件

根据《公司法》规定，公司法定代表人必须符合下列条件：

① 具有完全民事行为能力；

② 有企业所在地正式户口或临时户口；

③ 具有管理企业的能力和有关的专业知识；

④ 从事企业的生产经营管理活动；

⑥ 产生的程序符合国家法律和企业章程的规定；

⑦ 符合其他有关规定的文件。

2. 法定代表人的禁止条件

《公司法》《企业法人登记管理条例》规定了只有董事长、执行董事、经理可以担任法定代表人，也对不能担任法定代表人的情形做出了规定，包括：

① 无民事行为能力或限制民事行为能力人；

② 正在服刑或者被执行刑事强制措施的人；

③ 正在被公安机关或者国家安全机关通缉的人；

④ 因贪污、贿赂、侵占、侵占财产、挪用财产或者破坏社会主义市场经济秩序，被判处刑罚，执行期满未逾 5 年，或者因犯罪被剥夺政治权利，执行期满未逾 5 年；

⑤ 担任因经营不善破产清算企业的法定代表人或者董事长、经理，并对该企业的破产有个人责任，自该企业破产清算完结之日起未逾 3 年的人；

⑥ 担任违法吊销营业执照的企业的法定代表人，并对该企业违法行为负有个人责任，自该企业被吊销营业执照之日起未逾 3 年的人；

⑦ 个人负债数额较大，到期未清偿的人；

⑧ 因逾期未参加年检被吊销营业执照企业的法定代表人的人；

⑨ 法律和国务院规定的不能担任企业法定代表人的人。

3. 选任法定代表人的程序

（1）由董事长担任

《公司法》规定，董事长、副董事长的产生办法由公司章程规定，实务中有三种办法，即由股东（大）会直接选举、由董事会选举或通过其他形式（如股东直接任命）产生董事长。所以，由董事长担任法定代表人的，可能由公司股东（大）会或董事会决议产生。

（2）由执行董事担任

《公司法》规定特定公司可以不设董事会，设一名执行董事且能够兼任经理，其执行董事应由股东（大）会选举产生。所以，由执行董事担任法定代表人的，应由公司股东（大）会选任。

（3）由经理担任

对于设立董事会的公司，经理担任法定代表人的，由董事会选任；

对于不设董事会，执行董事兼任经理的，将由同一个人担任法定代表人，应由股东（大）会选任；

对于不设董事会，执行董事不兼任经理的，由经理担任法定代表人时，也应由股东（大）会选任［因为经理应由董事会聘任或解聘，但公司未设董事会，所以交由股东（大）会选任］。

提示：法定代表人与中国基金业协会登记备案系统披露信息不一致会导致登记不通过。首先，可以通过电话与中国基金业协会审核人员进行沟通，然后向中国基金业协会以补充法律意见书的形式就存在上述问题的原因逐项解释并阐述上述反馈问题的最新状态。

8.1.3 执行事务合伙人（委派代表，适用于合伙企业）

执行事务合伙人（委派代表）是指合伙企业日常运作中代表其他合伙人执行合伙事务的合伙人。按照合伙协议的约定或者经全体合伙人决定，可以委托一个或者数个合伙人对外代表合伙企业，执行合伙事务。

《合伙企业法》第六十三条规定：合伙协议应当载明执行事务合伙人应具备的条件和选择程序；执行事务合伙人权限与违约处理办法；执行事务合伙人的除名条件和更换程序。

1. 执行事务合伙人具备的条件和选择程序

执行事务合伙人应具备的条件有两个：系在中华人民共和国境内注册的机构或具有完全民事行为能力的自然人；系合伙人会议同意接纳为合伙企业的普通合伙人。

执行事务合伙人选择程序是指全体合伙人签署合伙协议，则视为普通合伙人被选定为合伙企业的执行事务合伙人。

2. 执行事务合伙人的权限及违约处理办法

执行事务合伙人对外代表合伙企业，对全体合伙人负责。执行事务合伙人有权对合伙企业的财产进行投资、管理、运用和处置，并接受其他普通合伙人和有限合伙人的监督。除合伙协议另有约定外，执行事务合伙人拥有《合伙企业法》及合伙协议所规定的对于合伙企业事务的执行权，包括但不限于：

对外代表合伙企业，代表合伙企业签署文件；主持合伙企业的生产经营管理工作，决定合伙企业的经营计划和投资方案；管理、维持和根据合伙人会议的决定处分合伙企业的资产，包括但不限于投资性资产（包括但不限于投资项目权益）、非投资性资产、知识产权等，但应接受其他合伙人的监督；制定合伙企业的年度财务预算方案、决算方案；制定合伙企业的基本管理制度，拟定管理机构设置方案；采取为维持合伙企业合法存续、以合伙企业身份开展经营活动所必需的一切行动；召集和主持合伙人会议，并向合伙人报告工作；执行合伙人会议决议；合伙人会议授予的其他权力；采取为实现合伙目的、维护或争取合伙企业合法权益所必需的其他行动。

执行事务合伙人应基于诚实信用原则为合伙企业谋求最大利益。若因执行事务合伙人的故意或重大过失行为，致使合伙企业受到重大损害或承担债务、责任，执行事务合伙人应承担赔偿责任。

3. 执行事务合伙人除名条件和更换程序

执行事务合伙人任职期间不得随意更换。执行事务合伙人有下列情形之一的，经其他合伙人一致同意，可以决定将其除名，并推举新的执行事务合伙人：未按期履行出资义务；因故意或重大过失给合伙企业造成特别重大损失；执行合伙事务时严重违反合伙协议的约定。

对执行事务合伙人的除名决议应当书面通知被除名人，被除名人接到除名通知之日，除名生效，被除名人退伙。被除名人对除名决议有异议的，可以自接到除名通知之日起 30 日内，向人民法院起诉。

4. 执行事务合伙人委派的代表

执行事务合伙人应以书面通知合伙企业的方式指定其委派代表，负责具体执行合伙事务。执行事务合伙人应确保其委派的代表独立执行合伙企业的事务并遵守合伙协议约定。

执行事务合伙人可独立决定更换其委派的代表，但更换时应书面通知合伙企业，并办理相应的企业变更登记手续。

8.1.4 委派代表与法定代表人的区别

委派代表与法定代表人两者都是自然人，均记载于企业营业执照，看似职权差不多，但两者在权利来源、行为效力归属、任职资格、任免程序以及工商登记流程上却存在着较大差异。

1. 权利来源不同

根据《中华人民共和国民法通则》第三十八条的规章，“依照法律或者法人组织章程规定，代表法人行使职权的负责人，是法人的法定代表人”，因此，法定代表人系法人的法定代表机关，权利来源于法律及公司章程。然而，合伙企业的直接代表是执行事务合伙人，而非委派代表。《合伙企业法》第二十六条第二、第三款规定，按照合伙协议的约定或者经全体合伙人决定，可以委托一个或者数个合伙人对外代表合伙企业，执行合伙事务。作为合伙人的法人、其他组织执行合伙事务的，由其委派的代表执行。因此，委派代表系经执行事务合伙人委派授权进而代表合伙企业的，应是一种间接代表。

2. 行为效力归属不同

法定代表人作为法人的法定代表机构，其职务行为效力应由法人承担。《中华人民共和国民法通则》第四十三条规定：“企业法人对它的法定代表人和其他工作人员的经营活动，承担民事责任。”《中华人民共和国民法总则》（2017 年 10 月 1 日生效）第六十一条第二款、第六十二条第一款也规定，法定代表人以法人名义从事的民事活动，其法律后果由法人承受。“法定代表人因执行职务造成他人损害的，由法人承担民事责任。”相比较而言，委派代表的职务行为是否由合伙企业承担，则缺乏法律直接规定。

3. 任职资格不同

《公司法》第十三条规定：“公司法定代表人依照公司章程的规定，由董事长、执行董事或者经理担任。”因此，公司法定代表人由这三类公司职位限定，由担任该职位的自然人兼任，并需满足《公司法》对该职位的任职要求。而委派代表则是由执行事务合伙人自主委派，除合伙协议另有约定外并无相关资格要求。

4. 任免程序不同

法定代表人因其由董事长、执行董事或经理兼任，故其任免需要履行相应的程序，即需要股东（大）会或董事会出具相关决议方可任免。而委派代表系执行事务合伙人委派，在合伙协议未做特殊约定的情况下，仅需执行事务合伙人依其内部制度履行相关程序，做出单方决定即可完成任免。

5. 工商登记程序不同

公司设立时，应向登记机关提交由股东签署的法定代表人的任职文件。合伙企业设立时，需要提供两份委托书，一份是合伙人对于执行事务合伙人的委托书，一份是执行事务合伙人对于委派代表的委托书，但只有执行事务合伙人是法人或其他组织时，才需设置委派代表并提交委托书。由此可见合伙企业中执行事务合伙人与委派代表的双层委托代表关系。另外，委派代表与法定代表人虽都记载于企业营业执照中，但在《企业法人营业执照》中，法定代表人的姓名与企业名称、住所、注册资本、实收资本、公司类型、经营范围并列作为主要栏目展示；而在《合伙企业营业执照》中，委派代表的姓名并未单独列行展示，是在执行事务合伙人之后以括号注明的方式表示，隐含着一种附属性。

总之，有限合伙企业中的委派代表与公司的法定代表人虽都有一定的企业象征与代表意义，但在法律地位上却有很大的不同。法定代表人的职务行为的法律后果直接归属于公司，委派代表的职务行为是否归属于合伙企业则存在不确定性。在有限合伙人基金中，作为合伙企业执行事务合伙人的代表，委派代表的职权更多的是象征意义，实践中较少以委派代表的身份参与企业管理。

8.1.5 总经理 / 副总经理

私募基金公司的总经理是由董事会聘任，对董事会负责，在董事会的授权下，执行董事会的战略决策，实现董事会制定的企业经营目标，并通过组建必要的职能部门，组聘管理人员，形成一个以总经理为中心的组织、管理、领导体系，实施对公司的有效管理。

1. 总经理任职要求

根据公司法以及中国基金业协会的相关规定，对总经理的任职要求包括：

① 应当遵守法律、行政法规和公司章程，对公司负有忠实义务和勤勉义务。

② 不得利用职权收受贿赂或者其他非法收入，不得侵占公司的财产。

③ 从事私募证券投资基金业务的各类私募基金管理人，其高管人员包括总经理、副总经理均应当取得基金从业资格。

④ 从事非私募证券投资基金业务的各类私募基金管理人，其对总经理是否取得基金从业资格没有强制要求。

总经理属于公司的员工，公司章程对总经理职权另有规定的，从其规定。公司法并没有直接规定对公司总经理解聘的标准或事由。在公司章程中如果有此类规定且不违反法律强制性规定，具有法律效力。

2. 总经理的职责

《公司法》第四十九条对经理的职权做出了明确规定，主要包括以下四个方面：

① 组织经营权。经理是公司日常业务的执行机构，要负责公司的日常生产经营管理工作。同时，经理作为董事会的执行机构，还要负责执行董事会制定的公司年度经营计划、投资方案以及董事会的其他决议。

② 公司内部规章的拟订、制定权。公司内部规章的拟订、制定权包括公司内部机构设置方案、公司基本管理制度的拟订权和公司的其他具体规章的制定权。

③ 人事任免权。经理可以向董事会提出公司副经理、财务负责人的人选，可以直接聘任或者解聘其他负责管理人员。

④ 董事会授予的其他职权。

除上述职权外，经理作为董事会的执行机构，还可以列席董事会会议。

8.1.6 合规 / 风控负责人

合规 / 风控负责人是私募基金管理人设置的负责合规风控的高级管理人员，其主要职责是独立地履行对内部控制监督、检查、评价、报告和建议的职能，对因失职渎职导致内部控制失效造成重大损失的，应承担相关责任。

1. 中国基金业协会对风控负责人的任职要求

（1）合规 / 风控负责人应当取得基金从业资格

从事私募证券投资基金业务的各类私募基金管理人，从事非私募证券投资基金业务的各类私募基金管理人，其合规 / 风控负责人均应当取得基金从业资格。

（2）各类私募基金管理人的合规 / 风控负责人不得从事投资业务

《内部控制指引》指出：内部控制应当覆盖包括各项业务、各个部门和各级人员，并涵盖资金募集、投资研究、投资运作、运营保障和信息披露等主要环节。因此，合规 / 风控负责人不得从事的投资业务主要是指资金募集、投资研究、投资运作、运营保障和信息披露等，具体包括基金合同中所体现的投资目标、投资范围、投资策略、投资组合、投资限制及其外化的交易行为等。由此可知，投资行为是经营性行为，风控行为是管理性行为，管理行为是为经营行为服务的。所以，合规 / 风控负责人可以参加投资决策委员会或参与类似的私募基金管理人内部的风控机制，但是合规 / 风控负责人不得参与寻找投资项目等工作。

2. 参考任职资格

中国证监会于 2017 年 6 月 6 日发布的《证券公司和证券投资基金管理公司合规管理办法》（以下简称《合规管理办法》）以及中国基金业协会于 2017 年 9 月 13 日发布的《证券投资基金管理公司合规管理规范》（以下简称《合规管理规范》），证券投资基金管理公司应当设置督察长 / 合规负责人，应当符合以下条件：从事证券、基金工作 10 年以上，并且通过中国基金业协会组织的合规管理人员胜任能力考试；或者从事证券、基金工作 5 年以上，并且通过法律职业资格考试；或者在证券监管机构、证券基金业自律组织任职 5 年以上等。《合规管理办法》与《合规管理规范》已于 2017 年 10 月 1 日正式实施，并要求私募资产管理机构参照适用。目前中国基金业协会尚未要求所有类型的私募基金管理人均严格适用《合规管理办法》和《合规管理规范》，但对私募基金管理人合规 / 风控负责人的资质与任职要求越来越严格已是必然趋势。根据登记成功和登记反馈的情况，我们给出如下几点建议：

（1）从业经验

根据协会目前的反馈情况，要求风控负责人学习经历或从业经历能够满足风控负责人工作职能要求。

风控负责人应当具备金融、法律、财务等相关专业本科及以上学历。证券类型的要有二级市场的从业经验，股权创投类风控负责人需要从事过风控或法务工作，从业经验与拟登记的类型相对应。例如，股权类私募基金管理人风控负责人最好具备：3 年以上金融行业法律合规、风险控制或专职律师工作经验，曾任职于大型金融机构、曾参与 IPO 或新三板挂牌项目的运作，或持有律师资格证者。

（2）精通相关法规

精通私募投资工作流程，熟悉“一行三会”相关政策，熟悉基金法、信托法、公司法、合同法、担保法、破产法、合伙企业法等领域的法律理论与实务。

（3）个人资信良好

个人信用状况良好，不得有犯罪记录及被资本市场禁入处罚或个人有重大债务等情况。诚实守信，为人正直，具有较强的沟通协调能力以及执行能力、团队合作能力。

（4）个人能力较强

具有较强的分析、写作能力，能够发现运行过程或投资项目的重大风险，具备撰写业务风险监控报告及法律尽职调查报告的能力。

8.2　登记时对从业人员的要求

2017 年 12 月 2 日，在第四届中国（宁波）私募投资基金峰会上，中国基金业协会会长洪磊发表了名为“防范利益冲突完善内部治理推动私募基金行业专业化发展”的主题演讲，演讲中洪会长列举了目前一些机构通过基金登记备案突显出来的五个问题，重点强调了关于从业人员的素质要求，“一些机构从业人员（尤其是高管）的数量及资格资质不符合《证券投资基金法》的基本要求，不具备基本的内控制度，显然不具备履行受托义务的专业能力”。

8.2.1　对于高管的要求

1. 高管资质要求

《二五公告》及《登记须知》规定：从事私募证券投资基金业务的各类私募基金管理人，其高管人员均应当取得基金从业资格。从事非私募证券投资基金业务的各类私募基金管理人，至少两名高管人员应当取得基金从业资格，其法定代表人 / 执行事务合伙人（委派代表）、合规 / 风控负责人应当取得基金从业资格。各类私募基金管理人的合规 / 风控负责人不得从事投资业务。根据上述规定，可以得出以下结论：

① 合规 / 风控负责人不得从事投资业务；

② 负责投资的高管应具备相应投资能力；

③ 证券类私募基金管理人的高管应当取得基金从业资格；

④ 股权类私募基金管理人的法定代表人 / 执行事务合伙人（委派代表）、合规 / 风控负责人应当取得基金从业资格。

对申请私募资产配置基金管理人的机构，《私募基金登记备案相关问题解答（十五）》中对其高管作出了如下要求：需具有不少于两名三年以上资产配置工作经历的全职高级管理人员，或者具有不少于两名五年以上境内外资产管理相关经验（如投资研究、市场营销、运营、合规风控或者资产管理机构或者资料组织工作经历等）的全职高级管理人员。

2. 高管合规以及诚信方面的要求

关于私募基金管理人高管人员的诚信、合规要求，根据《私募基金管理人登记法律意见书指引》第四条的规定，主要包括以下几个方面：

① 申请机构是否受到刑事处罚、金融监管部门行政处罚或者被采取行政监管措施；

② 申请机构及其高管人员是否受到行业协会的纪律处分；

③ 是否在资本市场诚信库中存在负面信息；

④ 是否被列入失信被执行人名单；

⑤ 是否被列入全国企业信用信息公示系统的经营异常名录或严重违法企业名录；

⑥ 是否在“信用中国”网站上存在不良信用记录等。

3. 高管兼职的要求

根据《私募基金登记备案相关问题解答（十二）》及《登记须知》的规定，高管兼职应当符合以下要求：

① 不得在非关联的私募机构兼职；

② 不得在与私募业务相冲突的机构兼职；

③ 在关联私募机构兼职的，协会可以要求其说明在关联机构兼职的合理性、胜任能力、如何公平对待服务对象等，协会将重点关注在多家关联机构兼职的高级管理人员履职情况；

④ 兼职高管人员应当合理分配工作精力；

⑤ 对于在 1 年内变更 2 次以上任职机构的私募高级管理人员，协会将重点关注其变更原因及诚信情况；

⑥ 高级管理人员应当与任职机构签署劳动合同并原则上应当在任职机构缴纳社保。在私募基金管理人登记、提交高管人员重大事项变更申请时，应上传所涉高管的劳动合同及社保证明。

> 提示：高管可以在存在关联关系的私募基金管理人中兼职，不能在不存在关联关系的私募机构中兼职。

对于高管兼职的机构，如果其名称中包含“投资”“投资管理”“资产管理”“基金管理公司”，也可能令协会关注申请机构与高管兼职机构之间是否存在利益输送情况。因此，建议高管提前与兼职机构沟通并取得有关承诺函。

根据上述要求，结合中国基金业协会的反馈实践，私募基金管理人的高管不得在非关联的私募机构兼职，且合规 / 风控负责人不得兼职。

对于存在兼职情况的高管，一般需要说明高管的兼职情况，全职单位（如非申请机构）及其与申请机构的关系，在全职单位的劳动合同签署情况与社保缴纳情况（须与兼职高管的兼职协议一同上传至资管业务报送平台），高管兼职的合理性，在申请机构担任高管的胜任能力、如何兼顾多方工作以及如何对待公平服务对象等。

4. 高管简历的具体要求

（1）学历要求

高级管理人员的学历要求从高中学历开始填写，直至最高学历。如因各种原因未能向从业人员资格管理系统提交毕业证书的，则应当提交高级管理人员亲自签名的声明，对未能提供毕业证书的原因（比如保管不善遗失等）、毕业院校、时间等进行说明。

（2）从业经历要求

在私募基金管理人登记实务中，协会曾反馈："高级管理人员的从业经历应当具备完整性、连续性。高级管理人员工作经历应从毕业后的首份工作开始，直至目前在申请机构的任职。系统要求填写的工作经历精确至某年某月某日；工作经历中前后两份工作的月份应当连续，如出现无工作经历的空白月份，需说明原因。"

提示：据统计，随着法定代表人工作年限的增加，通过登记的概率也在提高。其中，法定代表人工作年限分别在 2 年、3 年、4 年、5 年的私募基金管理机构通过登记比例从 1% 以下增加到 2%～3% 之间。具有 5 年以上 10 年以内的工作经验的法定代表人的私募基金管理机构通过登记的比例在 20% 左右，其余 10 年以上工作经验的法定代表人的私募基金管理机构占了已通过登记的家数 70% 以上的比例。建议选用工作年限较长的法定代表人。

（3）专业能力要求

目前协会对高级管理人员是否胜任相应职务问题也较为关注，除了需要披露高管人员具备与岗位相适应的学历背景和从业经历外，中国基金业协会还会要求申请机构详细说明高管人员和员工在证券投资领域的专业能力，如涉及相关工作经历或投资经验，需要进一步提供相关的证明材料（如管理规模、历史业绩、从业经验等）。

提示：从可以查询到的私募基金管理人法人相关工作经验来看，在担任私募基金管理人法人之前，大部分的法人在证券、银行、信托、保险、投资管理相关的机构工作或从事经济社会管理工作。

8.2.2 对一般从业人员的要求

1. 员工兼职要求

《登记须知》规定，私募基金管理人的一般员工不得兼职。

2. 员工人数要求

《私募基金管理人登记法律意见书指引》要求律师须核查下列事项并出具法律意见：申请机构是否按规定具有开展私募基金管理业务所需的从业人员。

《登记须知》要求申请机构员工总人数不应低于 5 人。原则上全职员工越多越好，具有基金从业资格的员工越多越好，员工学历背景与工作经验越丰富越好，员工结构与申请机构内部组织部门越匹配越好。如果申请机构的从业人员在上述方面被中国基金业协会认定为不符合要求，则需要从员工的资质与胜任能力、投资决策的参与人员、如何具体落实内部管理制度、是否会将部分业务进行外包等角度进行详细论证，以向中国基金业协会说明申请机构目前具有开展业务所需的从业人员。

提示：申请机构因人数较少而不能成功登记，其实质依然是申请机构不具备真实展业意愿和展业能力。首先，建议增加申请机构将来业务运营中人员的外包计划并表明外包意愿。如果结合申请机构人力资源、外包意愿、业务计划等方面来看，目前的人力资源仍不足以开展私募基金管理业务，建议申请机构适当招聘增加人员。即使申请机构的从业人员有8～10人，仍然会被中国基金业协会认定为“申请机构员工人数较少”，建议私募基金管理人专业化经营，并将部分业务外包。

8.3 基金从业资格

基金从业人员应当具备基金从业资格是《证券投资基金法》对基金从业人员的基本要求，《私募登记备案办法》也强调“从事私募基金业务的专业人员应当具备私募基金从业资格”。

据中国基金业协会不完全统计，截至2016年9月21日，合计有6 988名私募高管未取得基金从业资格，其中证券投资类私募基金高管有1 993名没有取得基金从业资格，股权投资类有3 970名，创业投资类有789名，其他类有236名。取得基金从业资格是高管任职的一个重要条件，公司对持证上岗必须予以重视。

8.3.1 基金从业资格的认定

一般的私募从业人员要取得基金从业资格，需要参加相关科目的考试，并只有考试认定方式。但是私募高管从业资格的认定，分不同情况可以有考试、资格认定、考试+资格认定三种方式。

1. 考试认定

2015年1月底，财政部、国家发展改革委下发了《关于重新发布中国证券监督管理委员会行政事业性收费项目的通知》（财税〔2015〕20号），明确了中国基金业协会组织基金从业资格考试的收费项目，自此基金从业资格考试正式从中国证券业协会移交到中国基金业协会。2015年7月中国基金业协会正式启动基金从业资格考试工作。证券业协会停止基金从业资格考试工作。

（1）基金从业资格考试的考试科目

改革前的资格考试科目由基础科目和专业科目组成，基础科目为“证券市场基础知识”，专业科目包括“证券交易”、“证券发行与承销”、“证券投资分析”和“证券投资基金”。

改革后由证券业协会组织的从业资格考试，考试科目为：“证券投资基金”、“证券市场基础知识”和“证券投资基金销售基础知识”。

由中国基金业协会组织的从业资格考试，考试科目为：科目一“基金法律法规、职业道德与业务规范”、科目二“证券投资基金基础知识”、科目三“私募股权投资基金基础知识”。

（2）不同人员需要通过的考试科目

私募基金管理人的从业人员和在基金销售机构从事宣传推介基金、基金销售信息管理平台系统运营维护的人员需要通过的科目：科目一和科目二；或科目一和科目三；或科目一和“证券投资基金”；或“证券市场基础知识”和“证券投资基金”。

（3）不同考试成绩的认可

① 改革前基金从业资格认定方式

已通过“证券投资基金”、“证券市场基础”或“基金销售基础知识”科目考试，并成绩合格的，按照证券业协会成绩长期有效原则，中国基金业协会2017年7月1日前认可其每一科的成绩，自2017年7月1日后，成绩认定受四年有效期限制。认可期至2019年7月1日，在此之后，高管人员通过上述相关科目考试未注册的，向中国基金业协会申请基金从业资格（含基金销售业务资格）注册，需补齐近两年的后续培训30个学时或重新参加基金从业资格考试。

通过证券从业资格考试后可以申请基金从业相关资格：通过证券业协会组织的“证券投资基金”科目考试，并已在相关机构任职的，可以申请基金销售业务资格；通过证券业协会组织的“证券投资基金”及“证券市场基础”科目考试，并已在相关机构任职的，应当在四年内通过所在机构向中国基金业协会申请注册基金从业资格。已于2015年12月之前通过证券业协会组织的“证券市场基础知识”和“证券发行与承销”科目考试的，也具备向中国基金业协会申请从业资格的条件。

② 改革后基金从业资格认定方式

已经通过证券业协会组织的“证券投资基金”科目考试的，并在四年内通过中国基金业协会的科目一，可以通过所在机构向中国基金业协会申请注册基金从业资格。超过四年未通过中国基金业协会的科目一的，需重新参加中国基金业协会的科目一和科目二（或科目三）考试，合格后可以通过所在机构向中国基金业协会申请注册基金从业资格。

参加中国基金业协会统一组织的相关考试，考试科目包括：科目一“基金法律法规、职业道德与业务规范”、科目二“证券投资基金基础知识”和科目三“股权投资基金基础知识”。参加考试的人员通过科目一和科目二考试，或通过科目一和科目三考试成绩合格的，均可申请注册基金从业资格。

超过四年未通过所在机构向中国基金业协会申请注册基金从业资格的，需通过中国基金业协会的基金从业资格考试，或补齐最近两年的规定后续培训学时后，通过所在机构向中国基金业协会申请注册基金从业资格。

（4）对通过不同专业资格考试的认可

已通过证券从业资格（不含“证券投资基金”和“证券发行与承销”科目）、期货从业资格、银行从业资格、特许金融分析师（CFA）等金融相关资格考试，或者已通过注册会计师资格、法律职业资格、资产评估师职业资格等相关资格考试，并通过基金从业资格考试科目一“基金法律法规、职业道德与业务规范”考试，方可认定取得基金从业资格。

2. 通过资格认定委员会认定取得基金从业资格（只适用于股权、创投类私募基金管理人）

（1）申请资格认定的高管应该具备的条件

申请资格认定的高管人员应具备一定行业地位或社会影响，且申请人应为行业资深人士。根据《私募基金登记备案相关问题解答（九）》，申请人应当具备如下条件之一：

条件一：从事私募股权投资（含创业投资）6 年及以上，且参与并成功退出至少两个项目；

条件二：担任过上市公司或实收资本不低于10亿元人民币的大中型企业高级管理人员，且从业12年及以上；

条件三：从事经济社会管理工作12年及以上的高级管理人员；

条件四：在大专院校、研究机构从事经济、金融等相关专业教学研究12年及以上，并获得教授或研究员职称的。

其中，“从事经济社会管理工作”主要指在政府机关、事业单位等部门从事经济、金融相关工作的。

（2）申请资格认定的高管应该提交的材料

根据《私募基金登记备案相关问题解答（九）》，申请资格认定的高管人员由所在机构或个人向中国基金业协会提交以下材料包括：个人资格认定申请书；个人基本情况登记表；相关证明材料。

具体相关证明材料指：

符合上述条件一的，需提交参与项目成功退出证明和两份行业知名人士署名的推荐信，推荐信中应附有推荐人职务及联系方式；

符合上述条件二的，需提交企业和个人的相关证明和两份行业知名人士署名的推荐信，推荐信中应附有推荐人职务及联系方式；

符合上述条件三的，需提交有关组织部门出具的任职证明；

符合上述条件四的，需要提交相关资格证书和两份行业知名人士署名的推荐信，推荐信中应附有推荐人职务及联系方式。

相关资格认定结果会通过协会网站的从业人员信息公示平台向社会公示。

（3）基金从业资格认定申请人的推荐人应回避的情形

根据《私募基金登记备案相关问题解答（九）》，基金从业资格认定申请人的推荐人如遇以下情形的需要回避：

① 同作为申请人的；

② 申请人与其推荐人互相推荐的；

③ 与申请人在同家机构或关联方及分支机构任职的；

④ 因从事私募基金外包业务、审计或法律服务业务、评级业务等，与申请人存在商业利益关系的；

⑤ 现从事私募投资基金监管、自律管理工作的；

⑥ 一年内累计推荐人数 3 人次以上的；

⑦ 被推荐的申请人近三年内发生违法违规、被行政处罚、被采取监管措施等情形的。

3. 考试 + 资格认定委员会认定

（1）条件

符合下列四项条件之一的私募高管，并通过科目一考试的，可以申请认定基金从业资格；

① 最近三年从事资产管理相关业务，且管理资产年均规模 1 000 万元以上；

② 已通过证券从业资格（不含“证券投资基金”和“证券发行与承销”科目）、期货从业资格、银行从业资格、特许金融分析师（CFA）等金融相关考试；

③ 取得注册会计师资格、法律职业资格、资产评估师资格；

④ 担任上市公司董事、监视及高级管理人员等。

（2）需要提交的资料

以此种认定方式认定的，同时要向协会提交基金托管人（托管部门）或基金服务机构出具的最近三年的资产管理规模证明，或相关资格证书或证明。上述申请资格认定的相关材料以电子版的形式通过私募基金登记备案系统资格认定文件上传端口报送。

需要注意的是，高管人员通过协会资格认定委员会认定的基金从业资格，仅适用于私募股权投资基金管理人（含创业投资基金管理人）。

8.3.2 申请从业资格证书

基金从业资格由机构进行统一注册（目前不支持个人申请）。

1. 申请网址

从业人员管理平台 http://person.amac.org.cn [注意尽量避免用 360 浏览器，容易出 bug（缺陷）]。

2. 申请流程

① 使用机构账号进入从业人员管理平台，进行新增用户操作，自动生成个人登录名及密码。

② 高管及员工使用个人登录名再进入从业人员管理平台，填写个人信息。

③ 再次使用机构账户登录，完成初审、复审的批准。

④ 协会审批通过后，可进行证书查询和打印。

8.3.3 如何维持基金从业资格

按照《二五公告》第四条的规定，私募从业人员取得基金从业资格之后，需要完成每年度 15 学时的后续培训，方可维持其基金从业资格。

2016 年 9 月 2 日中国基金业协会发布《关于中国证券投资基金业协会远程培训系统升级完成正式启用的通知》，私募机构 / 个人（私募机构高管）可通过在远程培训系统中注册、选课，参与培训。

1. 远程培训网址

私募机构 / 个人（私募机构高管）参加远程培训，均需要先登录远程培训系统。登录远程培训系统的方法有二：

一是打开中国基金业协会官方网站，点击网站上方导航栏中的“从业人员管理”—“培训平台”—“远程培训系统”即可直达中国基金业协会远程培训系统。

二是直接登录中国基金业协会远程培训系统（http：//peixun.amac.org.cn/），中国基金业协会远程培训系统可由私募机构高管自行注册参加培训，抑或是由高管所在私募机构统一注册，并为其高管人员统一申请账号、缴费。

2. 机构培训系统的使用

私募基金管理人、基金托管、销售及其他服务机构等，需要在远程培训系统注册申请账户，并指定一名机构管理员负责所在机构的远程培训相关事务，机构管理员应真实完整的在系统中填报所在机构的基本信息及管理员个人信息。

首先要完成机构注册，在“机构申请注册”界面按照相关提示填写信息（见图 8-1）。

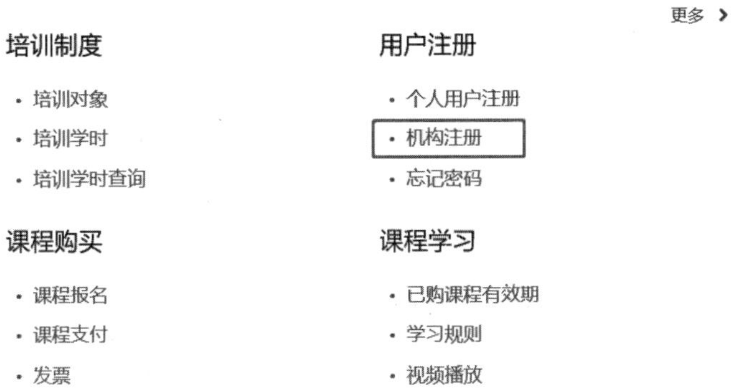

图 8-1 远程培训系统注册界面

注册申请审核通过之后，机构管理员即可登录中国证券投资基金企业协会远程培训系统，进行后续操作。

（1）学员管理

添加学员的操作，在管理平台左侧导航栏中的“学员管理”中“添加学员”，填写学员相关信息后即可完成添加学员的操作。除了逐一添加学员，还可以批量添加学员。导入学员之前，需先下载模板，并根据模板的说明，编辑学员信息。点击页面上的“导入学员”，弹出“导入学员”的页面。选择已保存学员信息的文件。点击“导入学员”的“确定”即可。

（2）选课

在管理平台左侧导航栏中的“培训管理”中选择“选课缴费”，然后点击“导入学员选课”，弹出学员选课页面。选择合适的培训计划，点击“批量导入学员选课”，在弹出的页面，下载“最新课件编号”和“导入模板”，如果机构管理员有本机构的学员信息，直接编辑《导入模板》。如果机构管理员无本机构的学员信息，点击“学员管理”—“学员管理，根据筛选条件，查询出合适的学员。如无特殊条件，直接查询，显示所有学员。然后点击“导出学员”，选择需要导出的信息项，如用户名，真实姓名，工作职务等内容导出。

按照“导入模板”格式要求，录入学员的用户名等内容，从“最新课件编号”中选择此次需要集体付费的课程 ID。如“导入模板”里的数据无任何错误，则所有集体付费的学员选课信息导入成功。

（3）缴费

机构的缴费方式有两种：集体支付订单、学员支付订单。

如果机构管理员选择支付所有学员的费用，则点击“管理员支付”，弹出确认提示。点击“确认”按钮，生成管理员支付的集体付费订单，同时生成每个学员每门选课的订单。

如果机构管理员只是集体选课，然后由学员各自支付，则点击“为学员生成订单”，此时不生成管理员支付的集体付费订单，只生成每个学员每门选课的订单。

购买课程支付方式有两种：一种是通过网上银行的方式进行线上支付，另外一种是通过汇款，申请充值，审核通过后进行支付。

为便于协会收费管理，对于 10 000 元以下的付费，机构管理员只可以进行线上支付，不可以进行汇款支付。对于 10 000 元以上的付费，机构管理员可以进行线上支付和线下汇款。

3. 个人培训系统使用流程

首先，点击系统界面的“个人用户注册”，按照提示填写相关信息后即可完成注册，进行用户登录。

操作主要针对选择课程及支付的问题。登录之后，可以看到相关可选课程。有的课程是有“课件预览”的。点击“课件预览”可以看到一个三分钟左右的小视频。预先了解课程内容，选择并购买自己感兴趣的课程，支付方式按照提示操作即可。

8.4　从业人员管理平台

从业人员管理平台是中国基金业协会下设平台，目前，从业人员管理平台已实现对包括公募基金、基金托管、基金销售、基金评价等机构的从业人员管理。已在协会完成登记的私募基金管理人应使用从业人员管理平台并指定一名资格管理员，对本机构私募基金从业人员基本情况、资质经历、诚信记录、投资业绩、后续培训等信息实现全口径管理。

从业人员管理平台的用户主要分为三类：

第一类是机构资格管理员，其主要功能权限是为机构从业人员开立个人账号、取得基金从业资格的从业人员注册初审复审、无资格人员信息登记审核，个人信息修改审核、人员离职备案、培训报名、综合查询、机构资格管理员信息维护等。

第二类是个人用户，其主要功能权限是取得基金从业资格的从业人员注册、无资格人员信息登记，个人信息修改、人员离职备案等。

第三类是协会管理用户，其主要功能权限是对从业人员进行注册登记及证书管理。

8.4.1 高管登记

拟申请登记的私募基金管理人，在填报资产管理业务综合报送平台中的“高管人员”页签时，其拟填报的高级管理人员，需要先行在从业人员管理平台中完成人员注册，才能在资产管理业务综合报送平台中进行填报。

1. 进入系统的途径

从中国基金业协会官网首页快速登录从业人员管理系统的方式：

登录首页网址：中国基金业协会官网（http：//www.amac.org.cn/）。首页上方（右下）导航栏——从业人员管理——资格平台——从业人员管理系统。

进入系统之前，必须首先对高管人员自行做个区分：

（1）在已经登记为私募基金管理人的私募机构任职高管人员，通过“机构及个人注册登记入口”进入系统。

（2）任职机构正在向中国基金业协会申请登记为私募基金管理人，

还未取得私募基金管理人资质的公司高管，通过“拟登记私募机构高管入口”进入系统。

提示：“高管判定”这一步非常重要，因为上面两个入口登录的账号密码并不互通。只有拟登记为私募基金管理人的公司高管才需要自行申请账号。在私募机构任职的高管无须单独申请账号，从业人员管理平台的账号密码是由私募机构资格管理员分配账号密码，再由个人登录系统完善个人基本信息即可。

2. 注册流程

（1）申请账号并登录

主要填写内容：

姓名：拟注册高管之姓名。

用户名：自动生成，一般为身份证号、护照号码等。

证件类型：大陆居民选择身份证，港澳台及外籍人士选择对应身份证件。

证件号码：上述身份证件之号码。

从业岗位：高级管理人员。

固定电话、移动电话、邮编、传真：应填写真实信息，以备中国基金业协会主动联系。

申请成功后回到 http：//person.amac.org.cn/jump.html 这个网址，进行登录。

（2）承诺函

登录后应在承诺函中选择高管类型，包括：法定代表人、执行事务合伙人（委派代表）、董事长、合伙人、总经理、副总经理、监事、董事总经理、执行董事、合规 / 风控负责人。

提示：不定项选择，即可以选一项，也可以选多项，如同时担任应当同时选择。

（3）需要上传的基本信息

① 申请人基本信息。此步骤需上传“证件扫描件”“高管照片”及“资格扫描件”。以“通过‘基金法律法规、职业道德与业务规范’+资格认定”的方式取得资格的，应上传资格文件。高管照片存在特殊要求：3cm×4cm、不超过100kb及底色为红或蓝。

② 教育经历与工作经历。此处需上传《学历证书》及《学位证书》，需提前准备。

提示：不要求提供高中学历证书，但应提供本科及硕士（如有）学历证书及学位证书。

③ 从业资格。

资格取得方式中有三个选项：“通过从业资格考试”“通过‘基金法律法规、职业道德与业务规范’+资格认定”“资格认定条件的其他方式”，应根据真实情况做出选择。

提示：通过资格认定取得从业资格的人员必须上传认定材料，参加从业资格考试及私募从业人员不得上传。

（4）预览

核对信息无误后，即可点击“提交申请”。如您发现信息存在错误，可以返回修改。

3. 中国基金业协会审核事项

① 审核内容：主要是审核上传系统的照片是否符合要求。

② 提交材料后的审核周期：一般在系统填报完成后提交申请后一天内即可通过审核。

「 提示：由于“从业人员管理平台”高管信息注册是提交私募基金管理人登记申请材料的先决条件，注册者务必注意信息的准确性，以免延误项目进度。 」

8.4.2 新增高管

已成功备案登记的私募机构，进行新增高管的信息填报时共有三个步骤：

第一步，高管使用机构账号进入从业人员管理平台，进行新增用户操作，自动生成个人登录名及密码。

第二步，高管使用个人登录名再进入从业人员管理平台，填写高管个人信息。

第三步，登录资产管理业务报送平台，进行重大事项变更操作。

「 提示：已经登记的私募基金管理人如有新增高管入职，在从业人员管理平台注册登记相关高管人员信息，等待审核通过后，需要再进入资产管理业务综合管理平台提交管理人重大事项变更申请，增加相关高管任职信息。 」

8.4.3 高管离职

1. 高管正常离职

① 登录资产管理业务综合报送平台：“管理人登记”——“管理人重大事项变更”——“新增”。

② 在管理人重大变更界面，操作“高管变更”——“变更”，进入变更页面。

③ 操作“选择删除的高管”，在弹出的窗口中勾选需要删除的高管。

④ 选择完毕后，在“上传证明”处上传离职相关证明。

⑤ 接下来就是等待协会对此次“重大事项变更”的审核了。

待协会审核通过后，信息会在 T+1 日更新到从业人员管理平台，此时可进行从业人员管理系统的相关操作。

⑥ 从业人员管理系统操作

登录从业人员管理平台 http：//person.amac.org.cn，菜单中点击“离职备案”——“离职录入”；选中需要离职的高管，并核对离职人员信息；按要求填写离职时间和离职原因后，点击“提交”。从“菜单”——“离职备案人员查询”，查询办理情况。

2. 高管强制离职

原高管离职之后，公司迟迟不在中国基金业协会系统里办理重大事项变更和离职备案，可能导致无法转入新公司；或者原高管离职之后，公司迟迟找不到合适的人员顶替，重大事项变更一直无法通过中国基金业协会审核，可能导致无法及时办理离职备案。

已经离职的私募机构高级管理人员，可以向协会申请办理个人强制离职，相关流程如下：

（1）向协会报送相关材料

所需材料包括：

① 由原任职机构出具的离职证明（经公证），或劳动争议仲裁裁决书；

② 与现任职机构签署的劳动合同及社保缴纳证明（经公证），或人事情况说明（未就业人员出具）；

③ 个人身份证件扫描件；

④ 个人承诺函（承诺上述材料真实有效）。

将以上材料打包发送至 rygljs@amac.org.cn，并在邮件标题中标注“强制离职申请”。

（2）协会办理

材料完整符合要求的，协会在收到相关材料后 5 个工作日内办理完成。

提示：其一，对于担任私募机构法定代表人／执行事务合伙人（委派代表）的，需先在工商完成变更流程后才能提交强制离职申请。据协会咨询反馈，即使重大事项变更还未经协会审核通过，也可以通过强制离职的方式，把已离职的高管从系统里删除掉。协会在材料清单中提到“经公证的”离职证明、劳动合同及社保缴纳证明，这些材料要送到本地区的公证处进行公证，然后再提交至协会审核。

其二，高管离职时无法进行变更。如果高管同时也是该机构的会员代表，而该机构此前提交了入会申请，但目前仍处在审核阶段并未正式通过，那么高管无法离职。应该如何操作？

正常情况下的高管离职时可以进行删除的重大事项变更操作，但是此案例中的问题比较特别，只能先进行修改操作。因为会员代表变更需在会员管理相关栏目中进行填报操作，并提交变更申请函等材料，且这些操作只有等到正式成为协会会员之后，资产管理业务综合报送平台中才会出现相应操作页面。该位离职高管是该机构的会员代表，且该机构的入会申请并未正式通过，因此无法进行会员代表变更。

注意，在进行高管修改操作时，需要在任职证明项目栏中，提交该位高管的离职证明和无法删除操作说明的书面材料扫描件。无法删除操作说明中，应陈述清楚具体事件原因，表明之后当会员代表可以选现任高管担当时，将会立即更换，并会将该已实际离职的高管从高管列表中删除（同时加盖公司公章）。

8.4.4 普通员工离职

私募基金管理人办理普通员工离职分为两种情况。首先需要用私募基金管理人账号登入“从业人员管理平台”，在左下角菜单“综合查询”中找到“注册情况查询”，进入之后点击“查询”会得知该员工是否已经获得从业资格。根据是否拥有从业资格，我们来分别讨论操作步骤：

1. 为已经获得从业资格的员工办理离职

如果已经获得从业资格，则有两种离职方式可供选择：由离职员工自主发起离职和由私募基金管理人办理离职。

（1）由离职员工自主发起离职

首先使用个人账号登入“从业人员管理平台”，在菜单中找到“离职备案”，点击“离职申请”。在进入的页面中点击“新增”。

选择需要离职的机构后点击“下一步”，在接下来的页面中完善所有信息之后点击提交。

机构管理员需要登入从业人员管理平台，在菜单“离职备案”的“离职人员信息审核”中审核通过离职，来完成离职。

（2）由私募基金管理人办理离职

使用机构管理员账号登录“从业人员管理平台”，之后进入菜单，点击“离职备案”，选择“离职录入”。在进入的页面直接“查询”需离职者姓名，或者点击显示部门信息进入部门进行查询。之后选中需要办理离职的人员，提交“离职时间”与“离职原因”。

成功后在菜单“离职录入”按钮下方点击“离职备案人员查询”按钮即可查询到该离职人员。

2. 为正在申请或者未获得从业资格的员工办理离职

如果需要离职人员因为各种原因还未获得从业资格，则需要在点击菜单中的“注册管理”按钮之后点击“撤销注册”，先对其注册从业人员信息进行删除。

完成删除之后，在“个人用户管理”界面对其账号进行“锁定”，此时，该人员已经无法再在本人的个人账号页面进行任何操作。

在完成“锁定”之后，点击“删除”并确认，即可完成为未获得从业资格人员办理的离职手续。

8.5 基金从业人员“挂靠”探析

前段时间，一些私募机构为满足登记备案时的从业人数要求而寻找具备基金从业资格的外部人员进行“挂靠”，这种行为属于《私募登记备案办法》中规定的“在私募基金管理人登记、基金备案及其他信息报送中提供虚假材料和信息”行为。

根据《中国证券投资基金业协会纪律处分实施办法（试行）》的规定，对于存在上述情况的个人，一经查实，协会将记入个人诚信档案，视情节严重程度，采取行业内谴责、加入黑名单、取消其基金从业资格等纪律处分；针对存在上述情况的私募基金管理人，一经查实，协会将公开谴责，并将虚假填报情况进行公示，情节严重的，将暂停受理其基金备案，撤销其管理人登记。

8.5.1 “挂靠”现象原因分析

《二五公告》出台后，对于私募从业人员的持证监管引发市场上“持证人”和“缺证机构”之间的挂靠交易。

已登记的私募基金管理人应于2016年12月31日前通过私募基金登记备案系统提交高管人员资格重大事项变更申请以完成整改；逾期未能完成整改的，中国基金业协会将暂停受理该机构的私募基金产品备案申请及其他重大事项变更申请。因此，2016年底时，法定代表人“挂靠”之现象愈演愈烈。

进入2017年之后，之前已登记备案的管理人已整改完毕，但新登记的私募基金管理人标准越来越高，其中关于从业人员由最初的2人已变为现在的5人持证以上（非官方标准），特别是法定代表人必须持有基金从业资格证，大量的拟登记管理人因持证从业人员不足而四处寻觅“资格证”。在市场上形成了一定的供求关系，因此基于“有行有市，有供有求”，基金从业资格的“挂靠风”成为一时之景。

法定代表人“挂靠”，对于挂靠双方均存在很大的风险。法律上对法定代表人有十分严格、细致的规定，从资格条件、选任程序、变更要求，到权利义务、处罚办法，不一而足。“挂靠”仅仅是个简单的步骤，一旦完成，私募机构和持证人便联系在了一起，其权责关系将受到法律约束，对二者来说均存在很大风险。

8.5.2 法定代表人“挂靠”对于私募机构的风险

1. 监管部门的处罚

在《私募基金登记备案相关问题解答（十二）》中，中国基金业协会指出私募机构为完成登记备案而寻找具备基金从业资格的外部人员进行“挂靠”行为，属于《私募登记备案办法》中“在私募基金管理人登记、基金备案及其他信息报送中提供虚假材料和信息”行为。

由此可见，对私募基金管理人来说，经查实存在“挂靠”行为的，将会被公开谴责，协会将对虚假填报情况进行公示，情节严重的，将暂停受理其基金备案，撤销其管理人登记。

2. 影响到与中介机构的合作

中国基金业协会在《私募基金登记备案相关问题解答（十二）》中称，为私募基金管理人提供法律、会计、外包业务服务的中介机构，不得误导、诱导私募基金管理人采取“挂靠”的方式，规避协会对私募高级管理人员从业资格管理。所以，如果出现上述违规情形，经查实后，协会将对此类中介服务机构公开谴责，情节严重的，将暂停受理其相关业务并加入黑名单。

因此，在面临私募基金管理人采取挂靠行为的逆向选择时，中介机构可能忌惮于“被连累”，从而谨慎选择合作对象，或者通过抬高费用以弥补其承担的风险。

8.5.3 法定代表人“挂靠”对于挂靠人的风险

一般而言，对于大多数寻找挂靠人的私募机构来说，总体实力比较有限，往往存在较大的经营风险，发生违规事件的概率也比较高。此外，挂靠者并不了解公司的具体活动，一旦公司从事违法违规活动，可能“连坐”到挂靠者，轻者招致中国基金业协会处分、影响日后的法定代表人资格，重者与法人一起承担民事、行政和刑事责任。

1. 中国基金业协会处分

《私募基金登记备案相关问题解答（十二）》中指出，针对挂靠行为的个人来说，协会将记入个人诚信档案，并视情节严重程度，采取行业内谴责、加入黑名单、取消其基金从业资格等纪律处分。

2. 不能再担任法定代表人

《公司法》《企业法人登记管理条例》规定了只有董事长、执行董事、经理可以担任法定代表人，也对不能担任法定代表人的情形做了规定，具体见“8.1.2”小节关于法定代表人的介绍。

由此可见，若挂靠的私募机构破产清算、因违法被吊销营业执照、逾期未参加年检被吊销执照时，可能连累到法定代表人，影响日后担任法定代表人的资格。

3. 承担民事赔偿责任

民事责任是指事业单位法定代表人违反合同义务或法定民事义务而应承担的民事法律后果。法定代表人是代表法人行使职权的主要负责人、是法人民事行为能力的主要实现者，一旦法人的行为产生民事后果，法定代表人很可能要向本企业 / 公司承担民事赔偿责任，具体规定如下：

① 法定代表人没有尽到谨慎、勤勉、忠诚、保密等义务，而向本企业 / 公司承担的合同责任。此时，所在的企业 / 公司可以要求其承担继续履行、采取补救措施或者赔偿损失等违约义务。

② 法定代表人在表见代理情况下，应当向本公司承担的民事责任。

也就是说，在法定代表人超越权限，擅自以单位名义同第三人订立合同的，第三人不知道或不可能知道其超越权限范围的，对外签订的合同有效，但是若给本公司造成损失，则该法定代表人应向本企业 / 公司承担民事赔偿责任。

③ 法定代表人同第三人勾结，损害本企业 / 公司利益的，应当与第

三人一起向本企业/公司承担连带民事侵权赔偿责任。

④ 法定代表人作为企业/公司股东，滥用公司法人独立地位和股东有限责任，逃避债务，损害债权人利益的，其应对公司债务承担连带责任。

⑤ 一人公司的法定代表人作为公司股东，不能证明公司财产独立于自己财产的，对公司债务承担连带责任。

4. 受到行政处分、罚款

根据《最高人民法院关于贯彻执行〈中华人民共和国民法通则〉若干问题的意见》的规定，当法人有下列情形之一时，除法人需承担责任外，对法定代表人直接给予罚款的处罚；对需要给予行政处分（注：主要针对国有企业）的，可向有关部门提出司法建议，由有关部分决定处理；对构成犯罪需要依法追究刑事责任的，应依法移送公安、检察机关。

企业法人有下列情形之一的，除法人承担责任外，对法定代表人可以给予行政处分、罚款，构成犯罪的，依法追究刑事责任：

① 超出登记机关核准登记的经营范围从事非法经营的；

② 向登记机关、税务机关隐瞒真实情况、弄虚作假的；

③ 抽逃资金、隐匿财产逃避债务的；

④ 解散、被撤销、被宣告破产后，擅自处理财产的；

⑤ 变更、终止时不及时申请办理登记和公告，使利害关系人遭受重大损失的；

⑥ 从事法律禁止的其他活动，损害国家利益或者社会公共利益的。

因此，有以上行为的私募机构，对其挂靠人也会形成处罚。

5. 构成刑事犯罪

当法定代表人以单位名义实施违法行为触犯《刑法》时，形成了单位犯罪，根据《刑法》的“单罚制”和“双罚制”要求，可能各自追究法人、法定代表人的责任，或两方同时追责。

比如，法定代表人可能触犯妨害到公司、企业的管理秩序罪（虚报注册资本罪，虚假出资、抽逃出资罪，向公司、企业人员行贿罪），破坏金融管理秩序罪（非法吸收公众存款罪，洗钱罪）；金融诈骗罪（集资诈骗罪），扰乱市场秩序罪（特殊主体的有虚假广告罪，串通投标罪，提供虚假证明文件罪），贪污贿赂罪（对单位行贿罪，单位行贿罪）等。

延伸阅读

肖某因挂靠法定代表人被中基协给予纪律处分

中国基金业协会于2018年4月17日发布《纪律处分决定书》，对深圳市DB资产管理有限公司法定代表人、总经理肖某，合规风控负责人朱某给予纪律处分。

"根据中国证监会深圳监管局（简称深圳证监局）的通报，私募基金管理人深圳市DB资产管理有限公司（简称DB资产）不配合监管部门的调查，登记备案信息与实际情况严重不符。公司向非合格投资者募集资金，涉嫌以私募基金为名非法吸收公众存款，不再符合私募基金管理人的登记规定。DB资产的上述情形严重违反了有关法律法规和自律规则，你们作为公司在协会登记的高级管理人员应当负有主要责任。

鉴于本次纪律处分案的事实已经深圳证监局书面确认，根据《中国证券投资基金业协会纪律处分实施办法（试行）》（以下简称《纪律处分实施办法（试行）》）的有关规定，我会可以根据深圳证监局的核查事实直接作出纪律处分。由于DB资产涉嫌非法吸收公众存款等刑事犯罪，情节恶劣，按照《基金从业人员执业行为自律准则》第一条、《纪律处分实施办法（试行）》第六条的规定，我会决定作出以下纪律处分：取消肖某、朱某的基金从业资格，并将肖某、朱某加入黑名单，期限为3年。"

之后，肖某、朱某向中国基金业协会提交书面复核申请书，请求撤销上述、决定书并恢复其基金从业资格，本文引述肖某的主要申辩意见如下："第一，申请人认为我会纪律处分前未将有关情况向其事先告知。第二，申请人称其一直以来仅是DB资产的一名普通员工，从未履行高管实职并享受相应待遇，从未参与DB资产及旗下基金产品的任何经营活动。被登记为DB资产的法定代表人只是投资人的权宜之策，与DB资产的违法违规行为没有任何关系。”

中国基金业协会于2018年9月18日发布了《纪律处分复核决定书》，维持原纪律处分决定，驳回申请人的复核申请。相关论述有：

“经查明，肖某于2016年11月至2018年4月期间担任DB资产法人代表、总经理，2013年1月至2016年10月担任深圳同盈项目主管，深圳同盈已于2017年2月因涉嫌刑事犯罪被深圳公安立案侦查，并于2018年1月被我会注销管理人登记。我会根据深圳证监局的通报情况注销了DB资产私募基金管理人登记，并对申请人作出了取消基金从业资格、加入黑名单三年的纪律处分。

自律监察委员会组建了复核小组，对申请人纪律处分的相关事实和申辩材料进行了复核，复核小组认为，本案事实清楚、证据充分、法律及自律规则适用正确，申请人上述申辩意见及理由不能成立，有关复核意见如下：

（1）当事人符合从严从快予以纪律处分的情形

根据《证券投资基金法》，我会是证券投资基金行业的自律性组织，是社会团体法人。根据《中华人民共和国社会团体登记管理条例》《协会章程》和《纪律处分办法》，我会纪律处分程序由理事会决定。为了进一步规范基金行业秩序，牢固树立基金从业人员的合规意识，强化基金从业人员的受托责任，我会第二届第四次理事会于2018年3月23日通过了《关于进一步加强私募基金行业自律管理的决定》（以下简称《决定》）。根据《决定》的规定，“对因重大违法违规而被注销的机构中具有基金从业人员资格的高级管理人员一律取消基金从业资格，加入黑名单”，我会可以直接对申请人作出纪律处分决定。

（2）关于减免纪律处分的理由不成立

作为私募基金管理人在我会登记的高级管理人员，不论其是否与公司的违法违规情形有关系，都应对公司的违法违规行为承担责任。申请人在复核申请书中称其被登记为DB资产的高级管理人员只是投资人的权宜之策，自己实际只是普通员工的情况，不仅不是减免纪律处分的理由，反而正是我会做出纪律处分的原因。登记备案情况与实际情况不符，本身就是严重违反法律法规和自律规则的情况。”

资料来源：纪律处分决定书（肖潇、朱慧珉）[EB/OL].http://www.amac.org.cn/xxgs/jlcf/392959.shtml，2018-04-17；纪律处分复核决定书（肖潇）[EB/OL].http://www.amac.org.cn/xxgs/jlcf/393396.shtml，2018-09-18；纪律处分复核决定书（朱慧珉）[EB/OL].http://www.amac.org.cn/xxgs/jlcf/393397.shtml，2018-09-18

第9章

内部控制制度

完成了之前的各项事宜后，私募早餐资本公司终于进入了正常运转阶段。此时，站长意识到，要规范公司的经营活动，保证公司在日趋严格的监管环境中保持合规经营，还需要制定完善的内部控制制度。

内部控制制度是企业内部建立的，使各项业务活动相互联系、相互制约的措施、方法和规程，是公司为防范和化解经营风险，保证各项业务的合法合规运作，实现经营目标，在充分考虑内外部环境的基础上，对经营过程中的风险进行识别、评价和管理的制度安排、组织体系和控制措施。内部控制贯穿于私募早餐资本公司运营、基金募集、投资、投后管理到退出的全过程，其质量直接影响到私募机构发展的稳定性和投资财产的安全性。是否具备完备的内部控制制度还会影响到私募早餐资本公司未来申请私募基金管理人的登记审核结果。

那么，私募机构的内部控制制度如何制定？证券类和股权类私募机构的内部控制制度有何不同？本章将为您一一道来。

9.1 私募基金管理人的内部控制

2016 年 2 月 1 日，中国基金业协会发布的《内部控制指引》第二条规定，私募基金管理人内部控制，是指私募基金管理人为防范和化解风险，保证各项业务的合法合规运作，实现经营目标，在充分考虑内外部环境的基础上，对经营过程中的风险进行识别、评价和管理的制度安排、组织体系和控制措施。

内部控制贯穿私募机构运营、基金募集、投资、投资管理到退出的全过程，内部控制的质量直接影响到私募机构发展的稳定性和投资财产的安全性。《登记须知》指出，申请机构应当建立健全内部控制机制，明确内部控制职责，完善内部控制措施，强化内部控制保障，持续开展内部控制评价和监督。

例如，私募股权投资要想获得好的投资收益，必须有一定比例的优质项目作为基本保障，成功投资一个优质项目，要做实投资决策前各个环节的工作，这些行为必须通过建立健全的内控体系来约束。因此，相比于其他企业，私募机构更有必要建立基于风险管理的内部控制体系，以保证企业经营和运作过程中各个环节平稳有效的运行，保障企业效益。对比于其他行业，对投资环节的控制是私募机构内部控制体系中需要被格外重视的一部分，因为它直接关系到企业未来的发展和收益。

9.1.1 内部控制的目标

《内部控制指引》确定了私募机构内部控制的四大目标，从合规、经营稳健、财产安全和信息完整四个角度对私募机构内控体系构建所要达到的目标提出了基本制度性要求。

合规目标要求私募基金管理人在完善的内控体系的控制下，在实际操作中保证遵守私募基金相关法律法规和自律规则；经营稳健目标要求在合规的基础上，私募基金管理人要防范经营风险，确保私募机构经营业务的稳健运行；财产安全目标强调私募机构自身运营状况的稳定只是私募机构良好运行的基础，私募机构更要在此基础上保障私募基金财产的安全、完整；信息完整目标要求私募机构在合理的内控体系的控制下应该做到私募基金、私募基金管理人的财务信息和其他信息的真实、准确、完整和及时披露。

9.1.2 内部控制的原则

《内部控制指引》第五条提出了私募基金管理人根据自身情况制定内控制度时所需遵循的七项基本原则，分别是：合法性原则、全面性原则、重要性原则、有效性原则、制衡性原则、适应性原则和成本效益原则。

（1）合法性原则

内部控制应当符合法律、行政法规的规定和有关监管部门的监管要求。

（2）全面性原则

内部控制在层次上应当涵盖董事会、管理层和全体员工，在对象上应当覆盖各项业务和管理活动，在流程上应当渗透到决策、执行、监督、反馈等各个环节，避免内部控制出现空白和漏洞。

（3）重要性原则

内部控制应当在兼顾全面的基础上突出重点，针对重要业务与事项、高风险领域与环节采取更为严格的控制措施，确保不存在重大缺陷。

（4）有效性原则

内部控制应当能够为内部控制目标的实现提供合理保证。全体员工应当自觉维护内部控制的有效执行。内部控制建立和实施过程中存在的问题应当能够得到及时地纠正和处理。

（5）制衡性原则

岗位设置和权责分配应当科学合理并符合内部控制的基本要求，确保不同部门、岗位之间权责分明和有利于相互制约、相互监督。履行内部控制监督检查职责的部门应当具有良好的独立性。任何人不得拥有凌驾于内部控制之上的特殊权力。

（6）适应性原则

内部控制应当合理体现经营规模、业务范围、业务特点、风险状况以及所处具体环境等方面的要求，并随着外部环境的变化、经营业务的调整、管理要求的提高等不断改进和完善。

（7）成本效益原则

内部控制应当在保证内部控制有效性的前提下，合理权衡成本与效益的关系，争取以合理的成本实现更为有效的控制。

需要强调的是，私募机构在制定内控制度时，应该兼顾成本和效率，不应盲目制定过量刻板的内部控制制度，导致企业内控系统过于冗杂，企业内部运行效率低下，成本效益降低。

依据上述七项基本原则，私募机构在制定自身内控制度时，应注意以下几点：① 确保内控制度覆盖到私募机构各项业务、各个部门和各级人员，并重点关注资金募集、投资运作、运营保障和信息披露等重要环节；② 确定的组织架构做到权责分明，确保各层级相互制约；③ 通过科学的内控方法，建立合理的内控程序，并维护内控制度的有效执行；④ 保证基金财产、管理人固有财产和其他财产的独立运作，以及相对应的部门和岗位职责的相对独立；⑤ 避免内控制度过于庞杂，以合理的成本控制达到最佳的内部控制效果；⑥ 因为企业外部环境和私募机构内部运营状况每时每刻都在发生变化，所以内控制度应随着外部环境的变化以及企业经营战略、方针的变化及时修改和完善。

9.1.3 内部控制体系搭建的流程

私募机构制定内部控制措施的具体流程如图 9-1 所示：

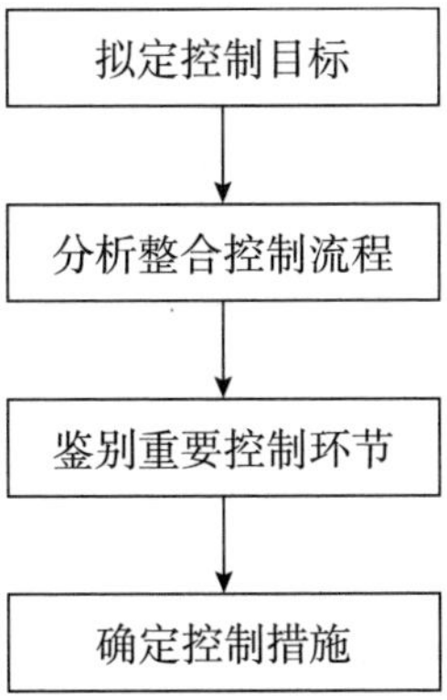

图 9-1　内部控制体系搭建流程

1. 拟定控制目标

私募机构应结合行业特点及公司战略，确定本单位内部控制的各项目标。

2. 分析整合控制流程

私募机构的控制流程是依次贯穿于某项业务活动始终的基本控制步骤及相应环节，通常与业务流程相吻合，并主要由控制点组成。

结合公司的业务特点对现有流程进行分析描述，当发现公司的业务流程存在缺陷（不完整、不符合实际或者太烦琐）时，应当根据控制目标和控制原则加以整合，力求简洁、系统地归纳出公司所有的业务流程。

3. 鉴别重要控制环节

鉴别重要控制环节的目的在于实现控制目标，防止关键控制点与业务环节发生偏差。在所有的控制流程中，重点找出容易发生错误而需要控制的业务环节，以及在业务处理中发挥作用大、影响范围广，甚至起决定性的控制点。

4. 确定控制措施

为了预防与发现在业务环节和控制点上的错误或舞弊，私募机构需要运用各种控制技术和方法来控制，这就是控制措施。由于控制的业务内容不同，所要实现的控制目标不同，因而相匹配的控制措施也不相同。

经过以上的流程，私募机构可以采取以下方法记录其设计的内部控制：

（1）业务流程描述法

这种方法有利于打破公司内部不同部门之间的界限，按照业务事项发生的本质对各部门、各岗位的工作职责进行理顺。但可能存在着业务流程描述冗长、控制点不清晰、风险列示不直观等劣势。

（2）流程图标法

这种方法能够直观地表现业务事项发生发展的逻辑关系，重点突出，一目了然；但其缺点是不能全面记录流程的详细内容，有些重要的控制点难以用简练的语言概括。

（3）编写控制点列表法

这种方法有利于内部控制记录持续更新，较为方便地添加或删减控制点；但其缺陷是由于控制点之间逻辑关系不强而容易存在控制点提炼不充分、遗漏重要控制点的可能。

私募基金管理人应当按照内部控制设置的要求制定相关的内部控制制度，并在中国基金业协会登记备案系统填报并上传相关内部控制制度。

9.2 内部控制制度范本

根据中国基金业协会登记备案的要求，律师事务所在上传法律意见书中应当对申请机构是否已制定内部控制和风险管理制度发表意见。本节为私募基金管理人搭建了“8+2”内部控制制度框架，其中前八篇，即运营风险控制制度，信息披露制度，机构内部交易记录制度，防范内部交易、利益冲突的投资交易制度，合格投资者风险揭示制度，合格投资者内部审核流程及相关制度，私募基金宣传推介，募集相关规范制度，此八篇以股权类私募基金管理人作为范本，其他类型的私募基金业务可能考适用。后两篇，即公平交易制度和从业人员买卖证券制度，仅适用于私募证券投资基金业务。可参考下面的范本。

9.2.1 风险控制制度

运营风险控制制度，共八章三十二条，包括总则、主要风险类别及定义、风险控制组织体系及职责、风险控制流程、风险控制措施、危机处理、风险监控及责任追究和附则。“总则”一章对制度制定时遵循的法律法规、总体目标、遵循的原则进行了说明；“主要风险类别及定义”一章对私募基金管理人可能面临的九大风险进行了识别；“风险控制组织体系及职责”一章对规定了组织体系和职责；“风险控制流程”一章对内部风险控制流程进行了规定；“风险控制措施”一章为公司应对风险提出了思路；“危机处理”一章要求公司逐步建立危机处理机制；“风险监控及责任追究”一章规定了如何进行风险自查以及员工失职或违反本制度规定的责任承担；“附则”一章规定了制度的生效时间和解释方。可参考下面的范本。

风险控制制度

第一章 总 则

第一条 为强化私募早餐资产管理有限公司（简称公司）风险管理意识，建立全面的风险控制体系，指导、规范风险控制活动，确保各项业务稳健发展、持续经营，实现公司的经营目标和经营战略，依据《证券投资基金法》《私募投资基金监督管理暂行办法》《证券期货投资者适当性管理办法》《私募投资基金管理人内部控制指引》及相关法律法规，结合公司实际业务需要，制定本制度。

第二条 本制度所称风险控制，是指公司围绕经营目标和经营战略，建立健全风险控制体系，培育良好的风险管理文化，对公司运营过程中的各种风险进行识别、评估，实施动态监控，提出应对方案，从而实现公司风险控制总体目标的一系列行为。

第三条 风险控制的总体目标：

（一）保证公司及所管理基金的运作遵守国家有关法律法规和合同规定。

（二）确保公司及所管理基金的稳健运行和管理财产的安全完整。

（三）有效防范、控制、化解公司面临的各种风险，将风险程度和风险损失降低到公司可以承受的范围之内，为公司持续经营提供安全保障。

（四）逐步采用科学统一的风险量化方法，建立完整的风险控制体系和流程，实现对风险的科学管理。

（五）提高公司经营效率，维护公司声誉和品牌。

第四条 公司风险控制应遵循以下原则：

（一）全面性原则

风险控制应做到事前、事中、事后控制相统一，覆盖公司的所有业务、部门和人员，渗透到决策、执行、监督、反馈等各个流程和环节；公司所有部门、所有员工都是风险控制的责任主体，根据部门、岗位职责的要求承担相应的风险控制责任与义务。

（二）持续性原则

风险控制不是静态的制度，而是一个由目标设定、风险识别、风险评估、风险应对和监督反馈等流程组成的动态、循环的管理过程。

（三）独立性原则

公司设立独立于其他职能部门的风险控制部，专职对各种风险履行日常检查、监控、评估和报告等风险控制工作，并具有相对独立的汇报路线。

（四）有效性原则

公司风险控制应与公司战略发展目标、经营规模、业务范围、风险状况及公司所处的环境相适应，追求效率与效果统一，利用最经济的成本实现公司风险控制总体目标。

（五）制衡性原则

公司合理设置内部组织架构，科学规划业务流程，实现决策部门、执行部门与监督检查部门以及各岗位的权责分明和相互牵制。

（六）适时性原则

公司应根据国家法律法规、市场环境等外部环境以及经营战略方针等内部环境的变化及时对风险进行评估，并对其风险控制度进行相应的调整。

第二章　主要风险类别及定义

第五条　根据业务特点，公司面临的主要风险有政策风险、市场风险、流动性风险、信用风险、声誉风险、操作风险、业务风险、合规风险、子公司管控风险等。

第六条　政策风险是指国家、地方政府及各类监管组织对于资本市场、私募行业或与私募股权投资行业相关领域的政策发生重大变化或是有重要的举措、法规出台，从而对公司的经营带来的负面影响。

第七条　市场风险，是指由于投资行业竞争加剧，或者宏观经济状况发生变化（如利率变化、经济周期变化等）导致公司的投资发生损失或者投资回报率下降的风险。

第八条　流动性风险是指无法以合理成本及时获得充足资金，用于偿付到期债务、履行其他支付义务和满足正常业务开展的其他资金需求的风险。

第九条　信用风险，是指公司、投资者、融资企业的一方不能履行合约的规定而对其他方造成的风险，不按照合约履行的一方必定造成另一方的利益受损。

第十条　声誉风险，是指具由公司经营和管理、员工个人违法违规行为或外部事件导致利益相关方对公司负面评价的风险。

第十一条　操作风险，是指由于内部程序、人员和系统的不完备或失效，或外部事件而导致的直接或间接损失的风险，主要包括制度和流程风险、信息技术风险、业务持续风险、人力资源风险、新业务风险和道德风险。

第十二条　业务风险，是指公司实施募投管退业务的过程中，可能导致投资损失或无法达到预期回报率的各种风险。该风险存在于基金募集、项目筛选、尽职调查、投资决策、组织实施、后续管理和退出安排等各个投资流程与环节中，具体包括基金募集风险、目标公司风险、投资分析风险、投资决策风险、项目管理风险、项目退出风险等。

（一）基金募集风险：指公司因基金募集过程中的不确定性或募集行为本身不规范产生的风险。

（二）目标公司风险：指公司中小企业成长和发展过程中本身具有的不确定性，包括技术风险、经营风险、财务风险等。

（三）投资分析风险：指项目筛选及尽职调查过程中，由于尽职调查不彻底、评估方法不合理等原因，不能全面识别、正确评估项目潜在问题的风险。

（四）投资决策风险：指项目投资决策过程中，由于决策流程不完善、投资决策者个人偏好、知识结构不全面等原因，造成决策失误的风险。

（五）项目管理风险：指项目投资后，在组织实施及后续管理的过程中，由于跟踪管理不善，无法及时发现项目不良迹象并进行控制的风险。

（六）项目退出风险：指由于各种原因造成的项目无法退出或者亏损退出的风险。

第十三条 合规风险，是指因公司或其员工违反法律法规、基金合同和公司内部规章制度等而导致公司可能遭受法律制裁、监管处罚、重大财务损失和声誉损失的风险。

第十四条 子公司管控风险是指由于子公司违法违规或出现重大经营风险，造成母公司财产、声誉等受到损失和影响的风险。

第三章 风险控制组织体系及职责

第十五条 公司风险控制的组织体系由董事会、风险控制委员会、风险控制部组成。

第十六条 董事会是风险控制的最高决策机构，担负公司风险控制的最终责任。在风险控制方面的主要职责包括：

（一）确定公司风险控制的总体目标、风险偏好、风险承受度。

（二）决定公司风险控制方面的其他重大事项。

第十七条 风险控制委员会在董事会授权范围内，负责监督、决定对风险的控制活动。

第十八条 风险控制部是公司负责风险控制和管理的具体部门，对风险控制委员会负责，专职组织实施风险控制的具体工作，其主要职责包括：

（一）拟定公司的风险控制制度和各项风险控制措施、办法。

（二）建立健全公司风险识别、风险评估和衡量、风险应对、风险监测、风险报告的循环处理及反馈流程，并将其整合、落实到公司各岗位及业务流程之中。

（三）组织业务部门定期识别、分析各个岗位和流程中的风险，进行评估并提出控制措施的建议。

（四）检查、评估公司业务流程及其他职能部门对于风险控制制度和风险控制措施、办法的执行情况。

（五）组织职能部门对风险控制的实施情况进行总结和反馈，提出完善建议并督促执行。

（六）对投资项目的投资风险进行独立核查，具体职责包括：

1. 对尽职调查工作进行检查，可以实地走访拟投资公司、查阅工作底稿，掌握尽职调查工作开展情况；

2. 参与项目立项会、投资决策委员会等重要会议，对拟投资项目进行风险协查，为相关决策提供风险评估意见；

3. 对基金和项目投资中《股权投资协议》等重要法律文件进行风险评估；

4. 对项目后续管理进行风险监控；

5. 对项目退出方案进行风险评估。

（七）宣传公司风险控制理念，培育风险管理文化。

（八）研究公司危机处理机制的建立，在出现危机事件时拟定处理建议、方案，报风险控制委员会审议。

第十九条 投资管理部是项目投资的具体负责部门，也是公司针对投资风险实施控制的第一道防线，其在投资风险控制方面的主要职责包括：

（一）在投资决策前负责行业研究、项目筛选、尽职调查，全面识别和评估投资项目的各种潜在风险，出具投资建议报告。

（二）在项目谈判、组织实施、后续管理以及退出阶段，勤勉尽责、密切跟踪、积极管理，及时发现投资风险并如实报告。

（三）协助、配合风险控制部对项目的投资风险履行核查、监控职责。

第二十条 各职能部门是公司风险控制工作的最终落实部门，在风险控制方面的主要职责包括：

（一）执行公司风险控制制度和各项风险控制措施、办法。

（二）协助、配合风险控制部定期进行本部门各岗位以及业务流程风险点的识别、分析以及评估。

（三）定期总结本部门风险控制措施的实施情况，向风险控制部提供反馈意见。

（四）协助风险控制部倡导风险管理文化。

（五）办理风险控制其他有关工作。

第四章 风险控制流程

第二十一条 公司的风险控制流程如下：

（一）目标设定

风险控制部负责拟定公司风险控制的总体目标、风险偏好、风险承受度，并上报董事会决定。

（二）风险识别、分析和评估

各部门应当在风险控制部的组织下，定期对部门内各个岗位以及业务流程中的风险点进行识别、分析和评估。

（三）制定并执行风险控制措施

在风险识别、分析和评估的基础上，风险控制部应制定相应的风险控制措施以及具体的实施办法，各个部门、岗位应当严格执行。

（四）监督与检查风险控制的执行情况

风险控制部定期或不定期检查评估公司业务流程以及其他职能部门对于风险控制制度和风险控制措施、办法的执行情况，及时向风险控制委员会汇报检查评估结果。

（五）反馈与完善风险控制体系

各部门应及时总结风险控制措施的实施情况，向风险控制部提供反馈意见，风险控制部结合监督检查结果，提出完善建议并督促执行。每年年初，风险控制部在业务部门及其他职能部门的配合下，对上一年度风险控制工作的执行情况进行总结，并提出本年度风险控制的计划方案，向风险控制委员会提交年度风险控制工作报告。

第五章　风险控制措施

第二十二条　公司应针对本制度第二章所列各类风险，结合业务实际情况，采用第四章所列风险控制流程，研究经济实用、有效的风险控制措施。

第二十三条　为控制投资风险，公司应采取如下具体措施：

（一）确定科学的投资策略，明确开展投资业务的方向、标准。

（二）建立健全公司治理结构，实现投资决策、项目执行、项目监督各岗位权责分明、相互制约。

（三）制定合理的投资流程和投资业务管理办法。

（四）完善投资协议的交易设计，利用法律手段保护权益。

（五）对已投资项目密切跟踪、积极管理。

（六）加强研究支持，团队经验共享，提升公司整体投资水平。

第二十四条　为控制管理风险，公司应树立持续发展的经营战略，建立健全治理结构、激励机制、监督和约束机制，不断提升公司管理能力。

第二十五条　为控制市场风险，公司应通过建立优良的品牌应对行业竞争；公司应加强对宏观经济的跟踪研究，及时发现外部环境的变化趋势，为经营决策提供依据。

第二十六条　为控制合规风险，公司应随时跟踪、深入研究相关法律法规及监管政策，及时建立健全内控制度并将其贯穿于经营活动的全流程。

（一）投资合规控制措施

1. 建立有效的投资流程和投资授权制度；

2. 投资范围应符合法律、法规的要求；

3. 重点监控投资过程中是否存在内幕交易、利益输送和不公平对待不同投资者等行为；

4. 制订、审阅投资业务的相关合同、协议，确保合同的规范性和合法性。

（二）销售合规控制措施

1. 对宣传推介材料进行合规审核；

2. 对销售协议的签订进行合规审核，对销售机构签约前进行审慎调查，严格选择基金销售合作机构；

3. 制定适当的销售政策和监督措施，防控销售人员违法违规。

（三）投资者适当性合规控制措施

1. 严控投资者信息收集及风险调查过程，防止资料不齐全或销售人员未严格按流程操作；

2. 确保投资者分类与产品分级相匹配，投资者提出购买风险不匹配的产品时按流程书面警示及确认；

3. 对于普通投资者的重点交易事项做好录音、录像或网络留痕处理。

第二十七条 为控制声誉风险，公司应通过专业的服务、良好的投资者关系管理来取得投资者信任，当发生风险事件时应及时做出积极、恰当的反应，以维持投资者信任，降低声誉风险的损失。

第六章 危机处理

第二十八条 危机事件是指由于外部环境变化、内部风险控制工作疏漏、无效导致的，超出预期、并可能给公司造成严重危害的事件。

第二十九条 公司应逐步建立有效的危机处理机制，在危机事件发生时及时启动，以防止事态进一步扩大，使损失降到最低限度。

第七章 风险监控及责任追究

第三十条 公司各部门应定期对风险管理工作进行自查，及时发现缺陷并改进，其自查报告应及时报送风险控制部。

第三十一条 公司员工由于工作失职或违反本制度规定，给公司造成严重不利影响或损失的，公司将根据具体情况给予责任人批评、警告、降薪、赔偿、调职直至解除劳动合同等处分。对于违反法律的，公司将追究相关责任人的法律责任。

第八章 附 则

第三十二条 本制度由风险控制部负责制定、修订与解释。本制度未尽事宜，按相关法律法规执行。

第三十三条 本制度经董事会审议通过后生效，自发布之日起施行。

9.2.2 信息披露管理制度

信息披露管理制度，共八章二十八条，包括总则、信息披露的基本原则、信息披露的内容、信息披露文件的档案管理、突发事件应急预案和附则。“总则”一章说明了制度制定时遵循的法律法规，定义了信息和披露；“信息披露的基本原则”一章规范了信息披露时要遵循的原则，对信息披露禁止的行为进行了说明；“信息披露的内容”一章规定了公司和宣传推介材料时需要披露的信息内容；“信息披露的时间与方式”一章规定了信息披露的内容、制度、披露方式、披露责任以及信息披露的渠道；“信息披露的管理与实施”一章对指定了信息披露的部门和信息披露的审查程序；“信息披露文件的档案管理”一章对负责信息披露档案管理的部门，和管理档案的时间进行了说明；“突发事件应急预案”一章对突发事件的应对进行了说明；“附则”一章规定了制度的生效时间和解释方。可参考下面的范本。

股权类私募基金管理人信息披露管理制度

第一章 总 则

第一条 为规范私募早餐资产管理有限公司（简称公司）信息披露行为，提高信息披露管理水平和信息披露质量，正确履行信息披露义务，切实保护公司、股东、债权人及其他利益相关者的合法权益，根据《公司法》、《私募投资私募基金管理人登记和基金备案办法（试行）》、《私募投资基金信息披露管理办法》、《私募投资基金信息披露内容与格式指引2号——适用于私募股权（含创业）投资基金》等法律法规的规定，结合公司实际情况，制定本制度。

第二条 本制度所称"信息"是指根据《私募投资私募基金管理人登记和基金备案办法（试行）》《私募投资基金信息披露管理办法》及中国基金业协会私募基金备案系统要求披露的信息。所称"披露"是指在规定的时间内，在中国基金业协会指定的私募基金信息披露备份平台，以中国基金业协会规定与公司章程、《基金合同》中约定的披露方式向投资者公布前述之信息。

第三条 信息披露是公司的持续性责任，公司应当根据中国基金业协会的相关规定，持续履行信息披露义务。信息披露义务人应当按照中国基金业协会的规定以及公司章程、《基金合同》约定向投资者进行信息披露。

第二章 信息披露的基本原则

第四条 公司信息披露要体现公开、公平、公正、及时的原则。公司应当保证所披露信息的真实性、准确性和完整性。

第五条 公司作为信息披露义务人应当按照中国基金业协会的规定以及基金合同、公司章程或者合伙协议（以下统称基金合同）约定的频度以信息披露报告或基金份额净值或基金份额累计净值的方式向投资者进行信息披露。公司还应主动、及时地披露所有可能对股东和其他利益相关者决策产生实质性影响的信息。

第六条 份额净值是每份基金单位的净资产价值，等于基金的总资产减去总负债后的余额再除以基金全部发行的单位份额总数。份额累计净值 = 份额净值 + 基金成立后累计份额分红金额。

第七条 公司作为信息披露义务人应当依法对所获取的私募基金非公开披露的全部信息、商业秘密、个人隐私等负有保密义务。

第八条 公司作为信息披露义务人保证信息披露报告披露的信息不存在任何虚假记载、误导性陈述或者重大遗漏，并对内容的真实性、准确性、完整性承担法律责任。

第九条 公司披露基金信息，禁止以下行为：

（一）公开披露或者变相公开披露。

（二）虚假记载、误导性陈述或者重大遗漏。

（三）对投资业绩进行预测。

（四）违规承诺收益或者承担损失。

（五）诋毁其他私募基金管理人、基金托管人或者基金销售机构。

（六）登载任何自然人、法人或者其他组织的祝贺性、恭维性或推荐性的文字。

（七）采用不具有可比性、公平性、准确性、权威性的数据来源和方法进行业绩比较，任意使用“业绩最佳”“规模最大”等相关措辞。

（八）法律、行政法规、中国证监会和中国基金业协会禁止的其他行为。

第十条 除基金合同另有约定的外，基金份额净值或基金份额累计净值应通过公司官方网站或微信公众平台进行发布。投资者须登入后查询。

第三章 信息披露的内容

第十一条 公司需定期披露如下信息：

（一）基金合同。

（二）招募说明书等宣传推介文件。

（三）基金销售协议中的主要权利义务条款（如有）。

（四）基金的投资情况。

（五）基金的资产负债情况。

（六）基金的投资收益分配情况。

（七）基金承担的费用和业绩报酬安排。

（八）可能存在的利益冲突。

（九）涉及私募基金管理业务、基金财产、基金托管业务的重大诉讼、仲裁。

（十）中国证监会以及中国基金业协会规定的影响投资者合法权益的其他重大信息。

第十二条 私募基金募集期间，应当在宣传推介材料（如招募说明书）中向投资者披露如下信息：

（一）基金的基本信息：基金名称、基金架构（是否为母子基金、是否有平行基金）、基金类型、基金注册地（如有）、基金募集规模、最低认缴出资额、基金运作方式（封闭式、开放式或者其他方式）、基金的存续期限、基金联系人和联系信息、基金托管人（如有）。

（二）私募基金管理人基本信息：私募基金管理人名称、注册地/主要经营地址、成立时间、组织形式、私募基金管理人在中国基金业协会的登记备案情况。

（三）基金的投资信息：基金的投资目标、投资策略、投资方向、风险收益特征等。

（四）基金的募集期限。

（五）基金估值政策、程序和定价模式。

（六）基金合同的主要条款：出资方式、收益分配和亏损分担方式、管理费标准及计提方式、基金费用承担方式、基金业务报告和财务报告提交制度等。

（七）基金的认购安排。

（八）私募基金管理人最近三年的诚信情况说明。

（九）其他事项。

第四章 信息披露的时间与方式

第十三条 基金合同中应当明确信息披露义务人向投资者进行信息披露的内容、披露频度、披露方式、披露责任以及信息披露渠道等事项。

第十四条 私募基金运行期间，公司应当在9月底之前（半年报）向投资者披露基金运行情况等信息，主要有：

（一）基金基本情况。

（二）私募基金管理人和托管人。

（三）基金投资者情况（选填）。

（四）基金投资运作情况。

（五）基金持有项目/基金特别情况说明（选填）。

（六）基金费用明细。

（七）管理人报告（选填）。

第十五条 私募基金运行期间，公司应当在次年6月底（年报）前向投资者披露以下信息：

（一）基金的财务情况。

（二）基金投资运作情况。

（三）投资者账户信息。

（四）投资收益分配和损失承担情况。

（五）私募基金管理人取得的管理费和业绩报酬，包括计提基准、计提方式和支付方式。

（六）基金合同约定的其他信息。

第十六条 发生以下重大事项的，公司应当按照基金合同的约定及时向投资者披露：

（一）基金名称、注册地址、组织形式发生变更的。

（二）投资范围和投资策略发生重大变化的。

（三）变更私募基金管理人或托管人的。

（四）管理人的法定代表人、委派代表、实际控制人发生变更的。

（五）管理费率、托管费率发生变化的。

（六）基金收益分配事项发生变更的。

（七）基金存续期变更或展期的。

（八）基金发生清盘或清算的。

（九）发生重大关联交易事项的。

（十）私募基金管理人、实际控制人、高管人员涉嫌重大违法违规行为或正在接受监管部门或自律管理部门调查的。

（十一）涉及私募基金管理业务、基金财产、基金托管业务的重大诉讼、仲裁。

（十二）基金合同约定的影响投资者利益的其他重大事项。

第十七条 公司信息披露的方式如下：

（一）经办人将应披露的信息以电子邮件形式，将信息文件扫描件发至信息披露负责人。

（二）由信息披露负责人在中国基金业协会指定的私募基金信息披露备份平台，进行信息披露与公示。

（三）信息披露文件的格式为PDF。

第五章 信息披露的管理与实施

第十八条 公司风险控制部为信息披露的负责部门，风险控制部负责人为信息披露负责人。

第十九条 信息披露前应严格履行下列审查程序：

（一）提供信息的负责人应核对相关信息资料。

（二）综合管理部按照信息披露的有关要求及时组织汇总各部门提供的材料，编写信息披露文稿。

（三）风险控制部进行合规性审查。

（四）相关管理部门对信息进行核对确认。

（五）总经理审核同意。

第二十条 披露信息的组织与审议程序：

（一）分管总经理、投资管理部负责人、风险控制部负责人等高级管理人员负责信息披露文件的编制组织工作。

（二）总经理审核和批准定期报告。

（三）总经理应当对信息披露文件签署书面确认意见。

第二十一条 凡可能属于重大信息范围的，公司有关部门及人员应事先及时征求风险控制部负责人的意见，以决定是否需要及时披露或是否可以披露。未征求风险控制部的意见之前，公司有关部门及人员不得擅自传播和泄露公司重大信息。

第二十二条 风险控制部负责信息的保密工作，制定保密措施；当内幕信息泄露时，应及时采取补救措施加以解释和澄清。

第二十三条 公司各部门在做出任何重大决定之前，应当从信息披露角度征询风险控制部的意见。

第二十四条 在可能涉及重大信息的情况下，公司任何人接受媒体采访均必须先取得或征求风险控制部的意见，并将采访内容要点提前提交风险控制部。未履行前述手续，不得对媒体发表任何关于公司的实质性信息。

第二十五条 公司相关部门和人员应向风险控制部提供必要的协助。

第六章 信息披露文件资料的档案管理

第二十六条 信息披露文件资料由综合管理部负责归档管理，由综合管理部专员负责保管。

第二十七条 综合管理部应当妥善保管私募基金信息披露的相关文件资料，保存期限为自基金清算终止之日起，不得少于10年。

第七章 附 则

第二十八条 本制度由风险控制部负责制定、修订与解释。本制度未尽事宜，按相关法律法规执行。

第二十九条 本制度经董事会审议通过后生效，自发布之日起施行。

9.2.3 机构内部交易记录制度

机构内部交易记录制度，共四章十四条，包括总则、内部交易管理、内部交易记录和附则。“总则”一章说明了制度制定时遵循的法律法规和遵循的原则，定义了内部交易；“内部交易管理”一章规范了内部交易适用范围、性质、审批程序、定价原则和定价方法、内部交易后续处理；“内部交易记录”一章对规定了内部交易相关的文件档案的内容和形式；“附则”一章规定了制度的生效时间和解释方。可参考下面的范本。

机构内部交易记录制度

第一章　总　则

第一条　为加强私募早餐资产管理有限公司（简称公司）内部交易和投资业务的管理工作，规范各主体之间的交易管理，明晰内部交易处理规则，根据《私募投资基金管理人内部控制指引》《企业会计准则》等有关规定制定本制度。

第二条　本制度所称内部交易是指由母公司与其控制的附属企业之间，以及附属企业之间发生的，包括资产、资金、服务等资源、劳务或义务转移的行为。

第三条　内部交易的管理原则有：

（一）集中控制原则：所有内部交易由母公司审批，经常性交易按集团安排执行。

（二）主动规避原则：各公司在经营活动中，应有意识地避免或减少内部交易的发生。

（三）准确记录原则：各公司对于内部交易要真实、准确记录。

（四）合理交易原则：内部交易应符合商业原则、行业和市场惯例，交易价格应当公允。

（五）及时核对原则：各公司应及时结算发生的各项内部交易，内部交易应按月核对，双方盖章签字确认。

第二章　内部交易管理

第四条　本制度适用于集团内各分、子公司，各公司按本管理规定制作内部交易资料、管理内部交易事项。

第五条　内部交易根据其产生的性质可以分为：

（一）以资产为基础的内部交易，包括：资产租赁、资产买卖与委托处置、资产重组等。

（二）以资金为基础的内部交易，包括：投资、融资、资金拆借、担保、抵押等。

（三）以中间服务为基础的内部交易，包括：投资、财务顾问、业务代理等。

（四）其他内部交易。

第六条 内部交易的审批程序

（一）内部交易发起方提出交易申请，拟定内部交易文件。

（二）母公司审批同意。

（三）财务管理部根据交易文件进行资金划拨和账务处理。

（四）按规定进行信息披露。

（五）按规定进行事后处理，如记录、对账等。

第七条 定价原则和定价方法

内部交易的定价主要遵循市场价格的原则；如果没有国家定价和市场价格，按照成本加合理利润的方法确定。

如无法以上述价格确定，则由双方协商确定价格；此外，交易双方根据关联事项的具体情况确定定价方法，并在相关的关联交易协议中予以明确。

第八条 各公司在内部交易时应做好风险隔离，增加内部交易的透明度，降低内部交易的复杂程度，不得通过内部交易不当转移利润和转嫁风险。

第九条 内部交易后续处理

（一）因集团内部交易而产生的损益将在合并会计报表中予以抵销。

（二）集团内部交易的处理。

1. 内部交易分为借方交易和贷方交易，借方交易指一主体对另一主体有经济要求权，而另一主体所对应的交易则为贷方交易；

2. 当集团内部发生往来产生内部交易时，双方应及时记账；

3. 借方交易所在主体应及时确认该项往来，并向集团内部交易所在主体发出《交易通知单》，贷方交易主体及时对账，稽核交易通知单，无误后及时进行账务处理，生成凭证，确认该事项；

4. 各主体应在每月月底相互之间进行内部交易的核对，并编制相关的《内部交易往来表》；

5. 月末，母公司根据《内部交易项目明细表》做抵销合并，为合并报表提供准确无误的重要基础数据。

第三章　内部交易记录

第十条　内部交易记录包括与内部交易相关的所有过程性文件（包括申请资料、审批记录、协议、原始单据）以及交易文件。相关部门要定期整理并按档案管理规定存档。

第十一条　交易记录档案应采用书面形式、电子文档形式或声像档案形式等。其中声像档案是指录音、录像、照片、影片等辅以文字说明的历史记录资料。

第十二条　交易记录的保存形式分为书面纸质版与电子版。纸质版交易记录制作完毕后，应专门放置档案袋归档保存。电子交易记录应设置专门文件夹予以保存。每一交易指令对应一文件夹。电子交易记录应按期刻录成光盘或者上传至公司专门服务器进行备份，防止系统损害情况发生时，交易记录的灭失。

第四章　附　则

第十三条　本制度由财务管理部负责制定、修订与解释。本制度未尽事宜，按相关法律法规执行。

第十四条　本制度经董事会审议通过后生效，自发布之日起施行。

9.2.4　防控内幕交易及利益冲突的投资交易制度

防控内幕交易及利益冲突的投资交易制度，共六章二十五条，包括总则、内幕信息利益冲突的界定、内幕信息知情人利益冲突人的范围、内幕信息的保密管理、公司相关人利益冲突的回避、附则。“总则”一章说明了制度制定时遵循的法律法规和遵循的原则；“内幕信息利益冲突的界定”一章界定了内幕信息的范围；“内幕信息知情人、利益冲突人的范围”一章界定了内幕信息知情人和利益冲突人的范围；“内幕信息的保密管理”一章对相关人员的行为进行了限制；“公司相关人员利益冲突的回避”一章说明了相关情况，并从公司层面给出了规范；“附则”一章规定了制度的生效时间和解释方。可参考下面的范本。

防控内幕交易及利益冲突的投资交易制度

第一章　总　则

第一条　为建立健全私募早餐资产管理有限公司（简称公司）的内部控制，防范内幕交易与利益冲突，保护投资者利益和公司合法权益，根据《公司法》《证券投资基金法》《刑法》等相关法律法规及《私募投资基金管理人内部控制指引》的规定，结合公司实际情况，制定本制度。

第二条　未经批准和授权，公司股东及工作人员不得向公司以外的人泄露、报道、传送公司涉及的内幕信息，也不得同公司以及公司管理的基金发生交易。

第三条　本制度规定的内幕信息知情人和利益冲突人应做好内幕信息的保密工作和利益冲突事项的回避工作。

第二章　内幕信息、利益冲突的界定

第四条　内幕信息是指为内幕信息知情人所知悉的，涉及对公司管理的基金产品产生较大影响的尚未公开的信息。

尚未公开，是指尚未在私募基金登记备案系统上正式公开及尚未向公司管理的基金投资者报告的事项。

利益冲突，是指相关人士与公司或公司管理的基金将要投资、可能投资或已经投资的标的企业存在共同投资关系、投资或被投资关系或其他可能影响基金价值的事项。

第五条　本制度所指内幕信息的范围包括但不限于下列事项：

（一）公司研究或决定的重大业务中的保密事项。

（二）公司管理的基金所涉及的客户合同、项目资料、尽职调查报告、投资协议、意见书、财务数据等。

（三）公司在基金管理过程中获悉的尚未公开的各类信息。

（四）其他经股东会决议应当保密的事项。

第三章　内幕信息知情人、利益冲突人的范围

第六条　内幕信息知情人是指公司涉及的内幕信息公开前能直接或间接获取内幕信息的人员。

第七条　内幕信息知情人分为内部知情人和外部知情人。在公司内部任职的人员作为内幕信息的内部知情人；未在公司任职，但能获知公司内幕信息的人员及单位作为公司内幕信息的外部知情人。

内幕知情人、利益冲突人的范围包括但不限于：

（一）公司的董事、监事与高级管理人员。

（二）公司的股东及其董事、监事与高级管理人员。

（三）其他因工作原因获悉内幕信息、或可能导致利益冲突的单位和人员。

（四）上述（一）、（二）、（三）项人员的配偶、父母和子女。

（五）股东会决议的其他人员。

第四章　内幕信息的保密管理

第八条　相关内幕信息知情人内幕信息尚未披露前，应严格将信息的知情范围控制到最小。

第九条　员工应避免被动接受与职责无关的内幕信息，如经被动接受内幕信息成为知情人的，应当向公司报告，并进行内幕信息知情人登记。

第十条　投研人员对因履行工作职责知悉的内幕信息必须立即向公司报告，并进行内幕信息知情人登记。

第十一条　内幕信息公开前，内幕信息知情人应将载有内幕信息的文件、光盘、录音带等资料妥善保管，需外带时必须向公司报告，不准借给他人阅读、复制，不准交由他人代为携带、保管。内幕信息知情人应采取相应技术措施，保证电脑储存的有关内幕信息资料不被调阅、拷贝。

第十二条　公司涉及的内幕信息公布之前，内幕信息知情人不得将有关内幕信息的内容向公司以外的人泄露、报道或传送，不得以任何形

式进行传播。

第十三条 由于工作原因，经常接触内幕信息的部门或相关人员，在有利于内幕信息的保密和方便工作的前提下，应具备相对独立的办公场所和办公设备。

第十四条 公司需加强内部的事前提示，在召开公司内部重要会议前，应对与会人进行知情人登记，明确内幕信息的范围、内容及保密工作的重要性以及相应的违反后果，必要时应要求参会人员签署《保密承诺函》。

第十五条 内幕信息知情人将知晓的内幕信息对外泄露，或进行内幕交易或建议他人利用内幕信息进行交易等给公司造成严重影响或损失的，公司股东会将按情节轻重，对相关责任人员给予警告、降职降薪、没收非法所得、解除劳动合同等处分，以及适当的赔偿性处罚。前述处分及处罚可以单处或并处。

第十六条 内幕信息知情人违反国家有关法律、法规及本制度的规定，利用内幕信息操纵股价造成严重后果，构成犯罪的，将移交公安机关，依法追究刑事责任。

第十七条 内幕信息知情人违反本制度规定进行内幕交易或其他非法活动而受到公司、行政机构或司法机关处罚的，公司将把处罚结果进行公告。

第五章　公司相关人员利益冲突的回避

第十八条 公司利益冲突人应当报告个人投资情况。

第十九条 公司利益冲突人，非经公司总经理或股东会决议同意不得同公司发生交易，也不得将应属于公司的投资机会归己方所有或转移给第三方；非经所受托管理基金的投资决策委员会决定同意，不得同公司管理的基金发生交易，也不得将应属于公司管理基金的投资机会归己方所有或转移给第三方。

第二十条 公司股东、董事、监事与高级管理人员应在上述期间内，明确向公司提示其与交易事项存在的利益冲突情形，并应当申请回避。

对于公司股东、董事、监事与高级管理人员应当申请利益冲突回避而未申请的情形，公司股东会应做出令前述人员回避或不予回避的决议。

第二十一条 如前述人员确因客观情况无法回避，公司或公司管理的基金确需发生此类交易的，该股东、董事、监事、高级管理人员或相关工作人员应在投资决策时予以回避。

第二十二条 公司应定期和不定期对内幕信息知情人是否买卖股票情况和利益冲突人是否回避情况进行自查并形成书面记录。

第二十三条 公司应当对敏感岗位工作人员以及前述人员的直系亲属的内部交易、利益冲突未回避情况实行问责追究，问责追究方式包括但不限于：诫勉谈话、通报批评、停职、经济处罚、解除劳动关系、诉讼或仲裁，以及移交公安机关等方式。

第六章 附 则

第二十四条 本制度由风险控制部负责制定、修订与解释。本制度未尽事宜，按相关法律法规执行。

第二十五条 本制度经董事会审议通过后生效，自发布之日起施行。

9.2.5 合格投资者风险揭示制度

合格投资者风险揭示制度，共四章十八条，包括总则、风险管理、风险类型和附则。“总则”一章说明了制度制定时遵循的法律法规和遵循的原则；“风险管理”一章规范了公司管理风险的措施；“风险类型”对私募基金存续和投资过程中存在的风险类型进行了识别；“附则”一章规定了制度的生效时间和解释方。可参考下面的范本。

合格投资者风险揭示制度

第一章 总 则

第一条 为加强北京私募早餐资产管理有限公司（简称公司）基金风险控制，保护投资者合法权益，根据《证券投资基金法》《私募投资基金监督管理暂行办法》《私募投资基金募集行为管理办法》《证券期货投资者适当性管理办法》及相关法律法规，制定本制度。

第二条 公司应当建立健全投资者适当性管理工作机制和业务流程，切实履行投资者适当性管理职责，了解投资者的身份、财产与收入状况、投资经验、风险偏好、投资目标等相关信息，有针对性地进行风险揭示、投资者培训、投资者教育等工作，引导投资者在充分了解投资市场特性的基础上参与投资。普通投资者在风险警示方面应享有特别保护，并且公司不向普通投资者推介风险等级高于其风险承受能力的产品和服务。

第二章 风险管理

第三条 公司应通过风险测评问卷方式，了解投资者的风险承受能力。

第四条 公司提示投资者应如实提供自身的身份信息、财务状况，并提供相应的证明资料，复印件应与原件核对无误。

第五条 为降低投资风险，公司应对参与的投资者设置准入条件，投资者准入条件包括但不限于财务状况、投资知识水平、投资经验等方面的要求。

第六条 公司对合格投资者的风险揭示书中应明确，投资者适当性风险提示不能取代投资者本人的投资判断，也不会降低产品的固有风险，相应的投资风险、履约责任以及费用由投资者自行承担。

第七条 投资者应向公司确认其已充分了解拟参与基金产品的分级、内容、性质及风险，并承诺其自愿购买私募公司提供的产品，并自愿承担投资风险。

第八条 公司应开展投资者教育和风险揭示，引导投资者理性投资。主要内容有。

（一）普及基金投资的基础知识和风险收益特征，帮助投资者及时掌握并树立正确的投资理念。

（二）宣传相关法律法规，特别是新出台的法律法规，并提供政策法规咨询服务，接受和妥善处理投资者的投诉。

（三）宣传基金投资相关规则和流程，提醒投资者相关风险，进行风险教育。

（四）通过宣传材料等媒介告知投资者投诉电话、投诉部门、投诉地址、投诉邮箱等，同时完善投资者投诉处理流程，做好投诉记录及汇报工作。

（五）培养投资者健康的投资心态，教育投资者结合自身投资偏好和风险承受能力，选择适合于自己的投资品种和投资策略。

第三章　风险类型

第九条　在私募基金存续和投资过程中，存在市场风险、投资标的风险、募集失败风险、基金管理风险、基金财产的风险、投资者的流动性风险以及其他风险。

第十条　市场风险表现为市场整体低迷对私募基金造成的风险，造成这类风险的原因有政策因素、经济周期因素、利率因素、购买力因素等。

第十一条　投资标的风险是指所投资的企业存在的经营风险，包括该企业在管理、技术研发、销售、市场、人事和财务等方面潜在的风险，市场宏观调控政策、财政税收政策、产业政策、法律法规、经济周期的变化以及区域市场竞争格局的变化等对标的企业的影响。这些风险会对标的企业造成一定程度的负面影响，从而会影响到基金收益。

第十二条　募集失败风险是指基金的设立和募集的过程中存在的一些瑕疵导致基金不能成立的风险，也存在资金募集不足的风险。

第十三条　基金运营风险是指基金管理人依据基金合同约定管理和运用基金财产所产生的风险，由基金财产及投资者承担。

第十四条　基金财产的风险是指基金非正常终止或因战争、自然灾害、金融危机、重大政治事件等情况引起的基金财产损失，以及因投资项目不能顺利退出导致的基金财产不能流动的风险。

第十五条　投资者流动性风险是指基金存续期内，投资者可能面临资金不能随时退出带来的流动性风险。根据实际投资运作情况，基金有可能提前结束或延期结束，投资者可能因此面临委托资金不能按期退出等风险。

第十六条 其他风险包括但不限于法律与政策风险、发生不可抗力事件的风险、技术风险和操作风险等。

第四章 附 则

第十七条 本制度由风险控制部负责制定、修订与解释。本制度未尽事宜，按相关法律法规执行。

第十八条 本制度经董事会审议通过后生效，自发布之日起施行。

9.2.6 合格投资者内部审核制度

合格投资者内部审核制度，共四章十九条，包括总则、审核内容和流程、与审核相关的事项和附则。“总则”一章说明了制度制定时遵循的法律法规和遵循的原则和本制度的适用范围；“审核内容和流程”一章规范了审核内容和流程；“与审核相关的事项”对风控部、市场部的工作任务、投资者冷静期和回访进行了规定；“附则”一章规定了制度的生效时间和解释方。可参考下面的范本。

合格投资者内部审核制度

第一章 总 则

第一条 为规范私募早餐资产管理有限公司（简称公司）投资者适当性审核工作，保护投资者合法权益，根据《证券法》《证券投资基金法》《证券期货投资者适当性管理办法》《私募投资基金募集行为管理办法》《私募投资基金管理人内部控制指引》及其他相关法律法规，制定本制度。

第二条 公司向投资者提供基金产品适用本制度、公司其他业务规则及相关行业自律组织有关投资者适当性管理的规定。公司各业务部门可按照本制度的规定，制定具体产品的投资者适当性审核指引。严格投资者适当性管理，坚持面向合格投资者募集资金。

第三条 投资者适当性审核的实施不能取代投资者本人的投资判断，也不会降低产品的固有风险。相应的投资风险、履约责任以及费用由投资者自行承担。

第二章　审核内容和流程

第四条　投资者适当性审核包括以下内容：

（一）了解投资者的相关情况并评估其风险承受能力。

（二）了解拟提供的产品信息。

（三）向投资者提供与其风险承受能力相匹配的产品，并进行持续跟踪和管理。

（四）提供产品前，向投资者介绍产品的分级、内容、性质、特点、业务规则等，进行有针对性的投资者教育。

（五）揭示产品的风险，与合格投资者签署《基金风险揭示书》。

第五条　公司可对参与的投资者设置准入条件。投资者准入条件包括但不限于对财务状况、投资知识水平、投资经验等方面的要求。法律法规对投资者准入条件另有规定的，从其规定。

第六条　除法律、行政法规、规章制度和本公司业务规则另有规定外，公司市场销售部向投资者提供产品，应当履行以下投资者适当性审核义务：

（一）对于投资者，应当全面履行本制度规定的投资者适当性审核义务。

（二）对于投资者，应当向其充分揭示产品的风险，并要求合格投资者签署《基金风险揭示书》。

（三）根据投资者的资料判断其属于普通投资者还是专业投资者，签署《投资者风险匹配告知书及投资者确认函》。

第七条　投资者要求公司提供产品，公司认为该产品超出投资者的风险承受能力的，应当向投资者警示风险。投资者坚持购买的，公司履行确认程序之后可以出售产品。对于不符合法律、行政法规、规章或公司业务规则规定的产品准入条件的投资者，公司应当拒绝为其提供相应产品。

第八条　自然人投资者拟认购本公司管理的基金产品需填写《投资者信息表》并提供如下资料：

（一）身份证。

（二）近5年投资履历。

（三）自然人持有金融性资产的证明文件（证券账户、基金账户、认购的信托产品的证明文件等）。

（四）依据《投资者基本信息表》所应采集的其他信息。

第九条 机构投资者拟认购本公司管理的基金产品，需填写《投资者基本信息表》，并提供如下资料：

（一）营业执照。

（二）章程/合伙协议。

（三）验资报告。

（四）最近两年审计报告。

（五）持有金融性资产的证明文件（证券账户、基金账户、认购的信托产品的证明文件等）。

（六）依据《投资者适当性管理制度》所应采集的其他信息。

第十条 投资者应在其提供给本公司审核的上述资料的复印件上签字或盖章，并应签署书面文件承诺上述提交文件的真实准确性。

第十一条 投资者应当填写本公司制定的《私募基金投资者风险测评问卷》，通过该问卷对投资者的风险承受能力进行评估，问卷的评分细则由公司制定。

第十二条 公司对投资者提供的上述资料原件进行核查后，保留上述文件的复印件留存，留存时间不少于20年。

第十三条 市场销售部的基金销售人员应当在向投资者推介私募基金之前采取问卷调查等方式履行特定对象确认程序，对投资者风险识别能力和风险承担能力进行评估，并要求投资者签字承诺其符合合格投资者标准。

投资者的评估结果有效期最长不得超过3年，逾期需重新进行投资者风险评估。投资者风险承担能力发生重大变化时，可主动申请对自身风险承担能力进行重新评估。

第三章　与审核相关的事项

第十四条　风险控制部按照本制度的规定，对公司基金销售人员、其他相关人员及相关部门的合格投资者适当性管理行为进行定期或不定期的监督、检查，公司基金销售人员、其他相关人员及相关部门应当予以配合。

第十五条　公司市场销售部负责开展投资者教育和风险揭示工作，引导投资者理性投资。

第十六条　在投资者签署完毕基金合同并缴纳投资款后，公司应给予投资者不少于24小时的投资冷静期。

第十七条　公司应当在投资者签署基金合同后，指令公司的非基金销售业务人员以面谈、录音电话、电邮等适当方式进行回访，回访过程不得出现诱导性陈述，须客观确认合格投资者的身份及投资决定。在回访结束后方可将投资人缴纳的投资款从募集账户汇入基金账户。

第四章　附　则

第十八条　本制度由风险控制部负责制定、修订与解释。本制度未尽事宜，按相关法律法规执行。

第十九条　本制度经董事会审议通过后生效，自发布之日起施行。

9.2.7　私募基金宣传推介制度

私募基金宣传推介制度，共四章十三条，包括总则、推介材料、推介行为和附则。"总则"一章说明了制度制定时遵循的法律法规和遵循的原则和本制度的适用范围；"推介材料"一章对推介材料的内容进行了规定；"推介行为"一章对允许和不允许的推介行为进行了界定；"附则"一章对违约者的法律责任进行了说明，此外还规定了制度的生效时间和解释方。可参考下面的范本。

私募基金宣传推介制度

第一章　总　则

第一条　为规范私募早餐资产管理有限公司（简称公司）的宣传与

推介行为，保护投资者及相关当事人的合法权益，根据《证券法》《证券投资基金法》《私募投资基金监管管理暂行办法》《私募投资基金募集行为管理办法》《证券期货投资者适当性管理办法》《关于进一步规范私募基金管理人登记若干事项的公告》《私募投资基金管理人内部控制指引》及相关规章并结合公司实际情况，制定本制度。

第二条 本制度的适用对象为公司以及公司员工。从事私募基金募集业务的人员应当具有基金从业资格，应当遵守法律、行政法规和中国基金业协会的自律规则，恪守职业道德和行为规范，并应当按照规定参加后续执业培训。

第二章 推介材料

第三条 私募基金的推介材料应由公司制作并使用，公司对推介材料内容的真实性、完整性、准确性负责。除公司委托的基金销售机构外，其他任何机构或个人不得使用、更改、变相使用该等推介材料。

第四条 私募基金推介材料内容应与基金合同主要内容一致，不得有任何虚假记载、误导性陈述或者重大遗漏。推介材料内容包括但不限于：

（一）私募基金的名称和基金类型。

（二）私募基金管理人名称、私募基金管理人登记编码、基金管理团队等基本信息。

（三）中国基金业协会私募基金管理人以及私募基金公示信息（含诚信信息）。

（四）私募基金托管情况（如无，应以显著字体特别标注）。

（五）私募基金的外包情况。

（六）私募基金的投资范围和投资限制概况。

（七）私募基金收益与风险的匹配情况。

（八）私募基金的分级情况及风险揭示。

（九）私募基金募集结算资金专用账户及其监督机构信息。

（十）投资者承担的主要费用及费率。

（十一）私募基金承担的主要费用及费率。

（十二）私募基金信息披露的内容、方式及频率。

（十三）明确指出该文件不得转载或给第三方传阅。

（十四）中国基金业协会规定的其他内容。

第三章　推介行为

第五条　公司仅能通过合法途径公开宣传公司的品牌、发展战略、投资策略以及由中国基金业协会公示的已备案私募基金的基本信息。

公司应确保前述信息真实、准确、完整，且不得包含基金产品的推介内容。

第六条　公司不得通过公众传播媒体或者公开渠道向不特定对象宣传推介，具体有：

（一）公开出版资料。

（二）面向社会公众的宣传单、布告、手册、信函、传真。

（三）未经邀约面向公众的讲座、报告会、分析会。

（四）海报、户外广告。

（五）电视、电影、电台及其他音像等公共传播媒体。

（六）公共网站链接广告、博客等。

（七）未设置特定对象调查程序的公司官方网站、微信朋友圈等互联网媒介。

（八）未经特定对象调查程序的电话、短信和电子邮件等通讯媒介。

（九）法律、行政法规、中国证监会的有关规定和中国基金业协会自律规则禁止的其他行为。

第七条　公司在宣传、推介私募基金产品时，不得向投资者承诺投资本金不受损失或者承诺最低收益。

第八条　公司应当在向投资者推介私募基金之前采取问卷调查等方式履行特定对象确认程序，对投资者风险识别能力和风险承担能力进行评估，并要求投资者签字承诺其符合合格投资者标准。

第九条　公司通过互联网媒介在线向投资者推介私募基金的，应当设置在线特定对象调查程序，并要求投资者承诺其符合合格投资者标准。前述认定程序包括但不限于：

（一）投资者如实填报真实身份信息及联系方式。

（二）公司应通过验证码等有效方式核实用户的注册信息。

（三）投资者阅读并同意公司的网络服务协议。

（四）投资者阅读并确认其自身符合《私募监管暂行办法》中关于合格投资者的规定。

（五）投资者在线填写风险识别能力和风险承担能力测评问卷。

（六）公司根据风险测评问卷及其评估方法在线确认投资者的风险识别能力和风险承担能力。

第十条 公司及其从业人员推介私募基金时，禁止有以下行为：

（一）公开推介或者变相公开推介。

（二）推介材料虚假记载、误导性陈述或者有重大遗漏。

（三）以任何方式承诺投资者资金不受损失，或者以任何方式承诺投资者最低收益，包括宣传预期收益、预计收益、预测投资业绩等。

（四）夸大或者片面推介基金，违规使用安全、保证、承诺、保险、避险、有保障、高收益、无风险等可能使投资人认为没有风险的表述。

（五）登载任何自然人、法人或者其他组织的祝贺性、恭维性或推荐性的文字。

（六）恶意贬低同行。

（七）允许非本公司雇佣的人员进行推介。

（八）推介非本公司募集的私募基金。

（九）法律、行政法规、中国证监会的有关规定和中国基金业协会自律规则禁止的其他行为。

第四章　附　则

第十一条 公司员工违反本制度规定给公司造成严重影响或损失的，公司将根据具体情况给予责任人批评、警告、降薪、赔偿、调职直至解除劳动合同等处分。对于违反法律的，公司将依法追究相关责任人的法律责任。

第十二条 本制度由风险控制部负责制定、修订与解释。本制度未尽事宜，按相关法律法规执行。

第十三条 本制度经董事会审议通过后生效，自发布之日起施行。

9.2.8 私募基金募集制度

私募基金募集制度，共七章三十五条，包括总则、一般规定、特定对象确定、募集流程、基金账户、基金备案和附则。“总则”一章说明了制度制定时遵循的法律法规；“一般规定”一章规范了募集的流程、保存时间、账户开立、监管协议等；“特定对象确认”流程规范了调查问卷设计要求、认定程序标准、合格投资者的资格；“募集流程”一章规范了募集的各项程序；“基金账户”一章要求公司以私募基金的名义开立募集结算资金专用账户和基金托管账户，并要求公司与基金募集结算专业账户开户行监督协议，由开户行进行监督；“基金备案”一章规范了备案手续报送的基本信息；“附则”一章规定了制度的生效时间和解释方。可参考下面的范本。

私募基金募集制度

第一章　总　则

第一条 为规范私募早餐资产管理有限公司（简称公司）基金募集行为，根据《证券法》《证券投资基金法》《私募投资基金监督管理暂行办法》《私募投资基金募集行为管理办法》《证券期货投资者适当性管理办法》及相关法律法规、行业自律管理规定并结合公司实际情况，制定本制度。

第二条 从事私募基金募集业务的人员应当具有基金从业资格，应当遵守法律、行政法规和中国基金业协会的自律规则，恪守职业道德和行为规范，并应当按照规定参加后续执业培训。

第二章　一般规定

第三条 公司应当恪尽职守，履行诚实信用、谨慎勤勉等私募基金管理人应当履行的义务，承担基金合同约定的责任，应当履行合理的注意义务，并承担审查投资者适当性的相关责任。

公司委托基金销售机构募集私募基金，应当对基金募集机构进行审慎调查，了解基金募集机构的内部控制情况、信息管理平台建设、账户管理制度、销售人员能力和持续营销能力，并将调查结果作为选择基金募集机构的重要依据。应当按照法律法规的规定履行报告与信息披露义务，公司不得因委托募集免除其依法应当承担的责任。

第四条 公司委托基金销售机构募集私募基金的，应当签订基金销售协议作为基金合同的附件，基金销售协议中应当明确管理人、基金销售机构的权利义务与责任划分，并由基金销售机构负责向投资者说明相关内容。

第五条 公司采取自行销售私募基金方式的，应当采取风险测评问卷方式，对投资者的风险识别能力和风险承担能力进行评估，由投资者书面承诺符合合格投资者条件；应当制作产品风险揭示书，由投资者签字确认。

第六条 公司不得为规避合格投资者标准募集以私募基金份额或其收益权为投资标的的产品，或者将私募基金份额或其收益权进行拆分转让，变相突破合格投资者标准。

第七条 公司应对投资者尽到合理的注意义务，包括但不限于：

（一）确保投资者以书面方式承诺其为自己购买私募基金。

（二）在基金合同中约定转让的条件。

第八条 公司应当对投资者的商业秘密及个人信息严格保密。除法律法规和自律规则另有规定的，不得对外披露。

第九条 公司应当妥善保存投资者适当性管理以及其他与私募基金募集业务相关的资料，保存期限自基金清算终止之日起不得少于20年。

第十条 公司应当根据基金设立情况，为基金产品开立募集专用账户，统一归集所募集的资金。

第十一条 公司应当与监督机构签署托管协议或资金监管协议，监督机构负责对募集结算资金专用账户实施有效监督。协议中须明确反洗钱义务履职、责任划分及保障投资者资金安全的连带责任条款。

第十二条 涉及募集专用账户开立、使用的机构不得将募集资金归入其自有财产。禁止任何单位或者个人以任何形式挪用募集资金。相关机构破产或者清算时，募集资金不属于其破产财产或者清算财产。

第三章 特定对象确认

第十三条 公司在向投资者推介私募基金之前，应当采取问卷调查等方式履行特定对象确认程序，对投资者风险识别能力和风险承担能力进行评估，并要求投资者签字承诺其符合合格投资者标准。

投资者的评估结果有效期最长不得超过3年，逾期需重新进行投资者风险评估。投资者风险承担能力发生重大变化时，可主动申请对自身风险承担能力进行重新评估。

第十四条 公司应科学设计合格投资者风险测评问卷，确保问卷结果与投资者的风险识别能力和风险承担能力相匹配。调查问卷主要内容应包括但不限于以下方面：

（一）投资者基本信息，其中个人投资者基本信息包括身份信息、年龄、学历、职业、联系方式等信息；机构投资者基本信息包括工商登记中的必备信息、联系方式等信息。

（二）财务状况，其中个人投资者财务状况包括金融资产状况、最近三年个人年均收入、收入中可用于金融投资的比例等信息；机构投资者财务状况包括净资产状况等信息。

（三）投资知识，包括金融法律法规、投资市场和产品情况、对私募基金风险的了解程度、参加专业培训情况等信息。

（四）投资经验，包括投资期限、实际投资产品类型、投资金融产品的数量、参与投资的金融市场情况等。

（五）风险偏好，包括投资目的、风险厌恶程度、计划投资期限、投资出现波动时的焦虑状态等。

（六）其他必要信息。

第十五条 公司通过互联网媒介在线向投资者推介私募基金的，应当设置在线特定对象调查程序，并要求投资者承诺其符合合格投资者标准。前述认定程序包括但不限于：

（一）投资者如实填报真实身份信息及联系方式。

（二）公司应通过验证码等有效方式核实用户的注册信息。

（三）投资者阅读并同意公司的网络服务协议。

（四）投资者阅读并确认其自身符合《私募投资基金监督管理暂行办法》关于合格投资者的规定。

（五）投资者在线填写风险识别能力和风险承担能力测评问卷。

（六）公司根据风险测评问卷及其评估方法在线确认投资者的风险识别能力和风险承担能力。

第十六条 根据特定对象调查采集的数据，将合格投资者划分为专业投资者和普通投资者。

第十七条 符合下列条件之一的合格投资者，应将其定位为专业合格投资者：

（一）经有关金融监管部门批准设立的金融机构。

（二）上款所述机构发行的理财产品。

（三）社会保障基金、企业年金等养老基金，慈善基金等社会公益基金，合格境外机构投资者（QFII）、人民币合格境外机构投资者（RQFII）。

（四）同时符合下列条件的法人或其他组织：

1. 最近1年末净资产不低于2 000万元；

2. 最近1年末金融资产不低于1 000万元；

3. 具有2年以上证券、基金、期货、黄金、外汇等投资经历。

（五）同时符合下列条件的自然人：

1. 金融资产不低于500万元，或者最近3年个人年均收入不低于50万元；

2. 具有2年以上证券、基金、期货、黄金、外汇等投资经历，或者具有2年以上金融产品设计、投资、风险管理及相关工作经历，或者属于第（一）项规定的专业投资者的高级管理人员、获得职业资格认证的从事金融相关业务的注册会计师和律师。

前款所称金融资产包括银行存款、股票、债券、基金份额、资产管理计划、银行理财产品、信托计划、保险产品、期货及其他衍生产品等。

第十八条 专业合格投资者以外的其他合格投资者为普通合格投资者。

第四章 募集流程

第十九条 公司应针对单个私募基金制订《私募基金募集说明书》，内容包括但不限于基金宗旨、基金结构、基金的报告和分配、基金权益的转让、基金费用和开支、风险因素、认购方式等信息，力求让投资者对私募基金有较为全面的了解。

第二十条 公司应当自行或者委托第三方机构对私募基金进行风险评级，建立科学有效的私募基金风险评级标准和方法，并应当根据私募基金的风险类型和评级结果，向投资者推介与其风险识别能力和风险承担能力相匹配的私募基金。

第二十一条 拟认购私募基金的投资者应详细阅读《私募基金募集说明书》及其他基金推介材料。

第二十二条 在投资者签署基金合同之前，公司应当向投资者说明有关法律法规，须重点揭示私募基金风险，并与投资者一同签署风险揭示书。风险揭示书的内容包括但不限于：

（一）私募基金的特殊风险，包括基金合同与中国基金业协会合同指引不一致的风险、基金未托管风险、基金委托募集的风险、未在中国基金业协会备案的风险、聘请投资顾问的风险等。

（二）私募基金投资运作中面临的一般风险，包括资金损失风险、流动性风险、募集失败风险等。

（三）投资者对基金合同中投资者权益相关重要条款的逐项确认，包括当事人权利义务、费用及税收、纠纷解决方式等。

第二十三条 在完成私募基金风险揭示后，投资者应当向公司或委托的销售机构提供金融资产证明文件，募集机构应当审查其是否符合合格投资者条件。

第二十四条 私募基金的合格投资者是指具备相应风险识别能力和风险承担能力，投资于单只私募基金的金额不低于100万元且符合下列相关标准的单位和个人：

（一）净资产不低于1 000万元的单位。

（二）金融资产不低于300万元或者最近三年个人年均收入不低于50万元的个人。

前款所称金融资产包括银行存款、股票、债券、基金份额、资产管理计划、银行理财产品、信托计划、保险产品、期货权益等。

下列投资者视为私募基金的合格投资者：

（一）社会保障基金、企业年金等养老基金，慈善基金等社会公益基金。

（二）依法设立并在中国基金业协会备案的投资计划。

（三）投资于所管理私募基金的私募基金管理人及其从业人员。

（四）中国证监会规定的其他投资者。

第二十五条 公司根据《合格投资者内部审核制度》对投资者进行风险评估和风险揭示后的三个工作日内，应做出是否接受投资者认购私募基金的决定。如投资者未能通过公司的风险评估，公司应书面告知。

第二十六条 投资者签署基金合同的要件包括：

（一）基金合同一式两份。

（二）公司要求的其他法律文件。

（三）履行出资义务并提交出资证明原件（包括但不限于对资金合法来源、未非法汇集他人资金的书面承诺以及银行转账等）。

（四）基金收益分配账户信息。

（五）个人投资者应亲自签署上述文件。授权他人签署的，需提供授权人签署的《授权委托书》原件及授权人、委托人分别签字确认的身份证复印件。

（六）机构投资者应在上述文件中加盖公章并由法定代表人签字。授权他人签署的，需提供授权人签署的《授权委托书》原件以及受托人签字确认的身份证复印件。

第二十七条 在投资者签署基金合同之后，公司或委托的销售机构应给予投资者不少于二十四小时的投资冷静期。

第二十八条 公司应当在冷静期之后，指令本公司的非基金推介业务人员以录音电话、电邮等适当方式进行回访，回访过程不得出现诱导性陈述，须客观确认合格投资者的身份及投资决定。未经回访确认，公司不得签署基金合同。

第二十九条 基金合同应当约定，投资者在公司回访确认成功前有权撤回基金合同。出现前述情形时，公司应当按合同约定及时退还投资者的全部认购款项。

第五章 基金账户

第三十条 公司应以私募基金名义开立募集结算资金专用账户，作为接受、归集投资者出资的专门账户。投资者应按照基金合同的约定，按时将出资额足额付至募集结算资金专用账户。

第三十一条 公司应以私募基金名义在托管银行开立基金托管账户，作为运用资金、接收收益和财产分配的专用银行账户。基金托管账户在私募基金存续期内不可变更和撤销。

第三十二条 公司应当与基金募集结算资金专用账户开户行签署监督协议，由基金募集结算资金专用账户开户行负责对募集结算资金专用账户实施有效监督。监督协议中应明确反洗钱义务履职、责任划分及保障投资者资金安全的连带责任条款。

第六章 基金备案

第三十三条 私募基金募集完毕，公司应当根据中国基金业协会的规定，办理基金备案手续，报送以下基本信息：

（一）主要投资方向及根据主要投资方向注明的基金类别。

（二）基金合同、《私募基金募集说明书》和私募基金的营业执照正副本复印件。

（三）托管协议。

（四）中国基金业协会规定的其他信息。

第七章　附　则

第三十四条　本制度由风险控制部负责制定、修订与解释。本制度未尽事宜，按相关法律法规执行。

第三十五条　本制度经董事会审议通过后生效，自发布之日起施行。

9.2.9　公平交易制度

公平交易制度，适用于证券类私募基金管理人。共五章二十六条，包括总则、投资决策公平的保障、公平交易执行情况的分析与报告和附则。“总则”一章说明了制度制定时遵循的法律法规，和制度适用的范围；“投资决策公平的保障”一章规范了保障投资决策公平的措施；“公平交易的监控与稽核”一章规范了各投资经理、投资管理部、风控部等部门的监控要求和监控内容；“公平交易执行情况的分析与报告”一章规范了报告的时间和保存要求；“附则”一章规定了制度的生效时间和解释方。可参考下面的范本。

公平交易制度

第一章　总　则

第一条　为确保北京私募早餐证券资产管理有限公司（简称公司）公平对待不同类别的投资者，根据《证券投资基金法》《私募投资基金监督管理暂行办法》《私募投资基金管理人内部控制指引》等法律法规、规范性文件及相关监管要求，制定本制度。

第二条　公平交易原则适用于公司所有投资品种，涵盖二级市场交易的所有投资管理活动，在研究、授权、决策、交易执行等与投资管理活动相关的各个环节均应严格遵守该原则。

第三条　公司应严格遵守法律法规关于公平交易的相关规定，在投资管理活动中公平对待不同投资组合，严禁直接或者间接通过与第三方的交易安排在不同投资组合间进行利益输送，严禁利用所管理的投资组合为任何第三方谋取不正当利益。

第二章 投资决策公平的保障

第四条 建立科学合理的投资运作体系

研究业务为投资运作提供公平、全方位的支持；投资决策实行投资决策委员会领导下的投资经理负责制，明确投资决策委员会、投资总监以及投资经理各自投资权限；交易执行从人员和空间上与投资决策严格分离；业绩与风险评估以数量分析为基础，对投资组合进行事后监控。

第五条 通过例会制度确保投资各环节的高效及时沟通

例会内容包括：总经理办公会、投资管理部每周例会、交易团队的动态沟通。

第六条 所有投资组合共享统一的投资研究平台

投资研究采取内部研究为主、外部研究为辅、内外部研究相结合的方式，所有投资分析和建议均应有充分的事实和数据支持，严禁利用内幕消息作为投资依据。保证同类资产管理业务内部不同投资组合经理之间投资决策的独立性。

第七条 建立投资决策的风险防范体系

投资决策是投资运作的重要环节，通过对不同层次的决策主体明确授权范围，建立公司投资决策的风险防范体系。投资决策委员会是公司投资的最高决策机构。

第八条 投资决策委员会确定投资总目标

投资决策委员会依据投资管理部提供的研究分析报告及其投资建议，并根据现行法律、法规和投资组合相关合同或协议的有关规定，根据投资的期望回报率和风险性确定投资原则、投资目标、投资策略以及投资组合的总体目标和总体设计。另外，投资决策委员会还将根据风险控制部的建议和监督，在投资组合相关合同或协议规定的范围内，适时调整投资组合，提高投资组合的抗风险能力。

第九条 投资经理制定并执行投资方案

投资经理在投资决策委员会的授权范围内，遵循投资决策委员会制定的投资目标和总体投资计划，制定具体的投资组合方案，起草投资计划书，执行有关决策决议；负责具体的投资运作和交易指令的下达；负责投资组合中投资对象的研究分析。

第十条 投资经理的决策权限

投资经理在授权范围内可以自主决策，超过权限的操作需要经过严格的审批程序。投资决策各个层面的权限如下：

（一）投资决策委员会决定各投资组合的资产配置比例范围。

（二）超出规定比例限制的个股需提交投资决策委员会和投资总监审批。

（三）基金经理/投资经理在公司规定比例限制范围内决定个股选择。

第十一条 不同投资组合买卖同一标的证券时，根据时间优先、价格优先、数量优先、比例分配的原则。

第十二条 公司应建立公平交易的内部控制流程，将投资管理职能和交易执行职能相隔离，实行包括所有投资品种的集中交易制度，并确保公平交易可操作、可稽核、可持续。

第十三条 投资经理投资某一证券时，除非出现申购赎回、个股投资比例超标等因素，在为其管理的投资风险相似的所有投资组合下达投资指令时应公平对待，使它们获得相同或相近的交易价格。

第十四条 当某一基金下达买卖某一证券的指令后，如同时有其他基金正在买卖该证券，交易员应立即停止执行该证券的有关指令，并通知相关投资经理公平交易条件触发。相关投资经理之间应进行协调，约定统一的指令价格，修改指令价格后发送交易室。投资经理意见不一致时，由投资总监协调。交易员只有在各基金以相同指令价格买卖同一证券时，才开始执行指令。

第三章 公平交易的监控与稽核

第十五条 公司交易部门对投资经理的投资指令进行复核，如发现违反公平交易制度的异常交易行为应立即向投资总监汇报，并抄送风险控制部；必要时应停止执行可疑的异常投资指令。

第十六条 公司投资管理部每日对所负责的投资限制指引指标进行日终报告。风控人员就各投资组合突破投资限制指引指标的情况进行记录和跟踪。投资管理部在投资管理系统中维护投资黑名单池，并对银行间交易对手的变动申请进行审批。

第十七条 公司风险控制部对资产管理各业务环节的执行情况以及相关内部风险控制制度的实施情况进行监督与评价，对公平交易的执行情况进行日常监控，发现异常情况及时报告公司管理层，进行跟踪调查，对可能导致违法违规行为的异常交易，应当及时向主管部门报告。

第十八条 风险控制部对不同投资组合临近交易日的同向交易和反向交易情况进行抽样查看，重点关注任何可能导致不公平交易（如内幕交易、利益输送）的情形。对于识别的异常情况，由相关投资经理负责对异常交易情况提供合理解释。

第十九条 公司严禁同一投资组合或不同投资组合之间在同一交易日内进行反向交易及其他可能导致不公平交易和利益输送的交易行为，并通过在系统中进行设置，禁止同日反向交易和交叉交易。

第二十条 确因投资组合的投资策略或流动性等需求而发生的同日反向交易，投资经理应根据公司有关制度流程的要求提供决策依据等资料，并留存记录备查，但完全按照有关指数的构成比例进行投资的组合等除外。

第二十一条 公司应主动避免可能的利益冲突，对于资产管理合同、交易行为中存在的或可能存在利益冲突的关联交易应当进行说明，并向中国证监会报告。

第四章 公平交易执行情况的分析与报告

第二十二条 公司相关部门如果发现涉嫌违背公平交易原则的行为，或涉嫌操纵证券市场的行为，应及时向公司管理层汇报并采取相应的控制和改进措施。

第二十三条 公司应定期对公司管理的不同投资组合在连续四个季度的同向交易价差进行分析，由投资经理、总经理签署后，妥善保存分析报告备查。

第二十四条 与公平交易有关的调查记录、工作底稿、证据材料、分析报告等文档应妥善保存。

第五章 附 则

第二十五条 本制度由投资管理部负责制定、修订与解释。本制度未尽事宜，按相关法律法规执行。

第二十六条 本制度经董事会审议通过后生效，自发布之日起施行。

9.2.10 从业人员个人投资申报制度

从业人员买卖证券制度，适用于证券类私募基金管理人。共四章二十三条，包括总则、申报内容与申报流程、违规处罚和附则。“总则”一章说明了制度制定时遵循的法律法规和原则，定义了“个人投资”的相关术语和“利害关系人”；“申报内容与申报流程”一章对申报信息、投资禁止行为、申报内容、审批要求、审批提交时限、变更时的审批要求、审批不通过的处理方法和相关时间节点等进行了说明；“违规处罚”一章对规定了对违反制度的员工的处理形式；“附则”一章规定了制度的生效时间和解释方。可参考下面的范本。

从业人员个人投资申报制度

第一章 总 则

第一条 为规范私募早餐证券投资管理有限公司（简称公司）员工本人及其配偶、利害关系人的个人投资及信息申报行为，维护投资人的合法权益，防范利益冲突和道德风险。根据《证券投资基金法》《私募投资基金监督管理暂行办法》《私募投资基金管理人内部控制指引》等法律法规、规范性文件及相关监管要求，制定本制度。

第二条 公司员工本人、配偶、利害关系人进行投资，应当遵循如下原则：

（一）合法合规性原则

个人投资行为应当符合相关法律法规、自律规则的规定及公司内部的制度要求。

（二）防范利益冲突原则

个人的投资行为不应受益于公司旗下组合的投资行为。在投资人利益与个人利益发生冲突时，个人应严格遵循投资人利益优先的原则。

（三）利益一致性原则

员工的利益应与投资人的利益保持一致。

第三条　本制度所称“个人投资”，特指证券投资及非上市股权投资，相关用语含义如下：

（一）“证券投资”包括对在上海证券交易所、深圳证券交易所交易的股票、债券、封闭式基金，以及金融衍生品和国务院依法认定的其他证券品种的投资行为。

（二）“非上市股权投资”指对即将上市或未上市公司股权的投资行为，包括公司设立时的初始投资以及通过股权转让、赠与或增资等方式对公司进行投资。

除此以外的资产投资，按照相关法律法规执行。

第四条　本制度所称“利害关系人”，指公司员工承担主要抚养费或赡养费的父母、子女及其他亲属，或者公司员工可以实际控制其账户的运作，或向其提供具体投资建议，或可直接获取其账户利益，或作为其账户资金的实际持有人的员工或机构。

第二章　申报内容与申报流程

第五条　公司投资管理部是个人投资及信息申报管理的负责部门，对公司员工本人、配偶、利害关系人投资交易申报进行登记和审批，记录和管理相关账户信息和投资交易信息。

第六条　公司员工须向公司如实申报以下信息：

（一）本人、配偶、利害关系人的身份、相关账户及交易信息。

（二）未列入利害关系人的父母、子女的相关账户信息。

相关信息发生变更的，公司员工应当自发生变更之日起的5个工作日内进行申报。对于新入职员工，应当于入职之日起的5个工作日内如实申报相关信息。

第七条 公司员工本人、配偶、利害关系人的证券投资禁止行为，包括但不限于：

（一）利用内幕信息和未公开信息交易。

（二）非公平交易及任何形式的利益输送。

（三）利用职务便利牟取个人利益。

（四）与基金或投资人之间发生利益冲突的交易。

（五）欺诈、欺骗或市场操纵性交易。

（六）法律法规、基金管理人禁止的其他交易。

第八条 证券投资申报的内容包括：投资人员名称、与本人关系、申请日期、开户券商、证券类型、证券代码、证券名称、拟交易数量、拟交易方向、买卖理由、是否知悉公司投资组合对该证券的投资情况以及未来的投资计划（若有需详细描述，如无则需进行声明），声明未知悉拟投资证券的重大非公开信息、备注说明（如有）等信息。

第九条 一般员工本人、配偶及利害关系人的证券投资申报由公司投资管理部审批；投资管理部员工本人、配偶及利害关系人的证券投资申报由投资总监复核审批；投资总监本人、配偶及利害关系人的证券投资申报由总经理复核审批。

第十条 审批需在提交申请后2个交易日内完成。公司根据公司业务及资本市场的发展情况，适时调整和完善相关审核规则，保证审核规则的有效性。

第十一条 已批准的证券投资申报需基本按照申请的交易要素，在审批通过后5个交易日内完成交易，变更证券投资计划的情况应当重新申报。若实际交易情况与申请的交易要素明显不符，需说明原因。

第十二条 禁止公司员工使用公司设备进行个人证券投资交易行为。

第十三条 审核不通过的情况下，原则上禁止交易。若申请人确有特殊原因需要进行证券交易的，可再次进行申报，并说明理由，如再次被驳回，则不可再进行投资申报。

第十四条 个人证券投资结束后5个工作日内完成交易结果的事后报备。如出现以下两种情况，公司员工应将本人、配偶、利害关系人的证券投资情况变动信息进行事后补报：

（一）因故未能事前申报的，须于发现之时立即进行补报，向投资管理部说明合理原因并备案。

（二）对于因配股、债券到期等原因被动引起的持仓变动，须于持仓变动之日起的10个工作日内进行补报。

第十五条 个人交易结果完成事后报备后，公司投资管理部应会同风险控制部进行如下分析工作：

（一）个人投资交易结果数据与事前申报数据的比对校验。

（二）个人投资交易结果数据与公司投资组合在前后相关期间的交易数据的比对及合理性分析。

如经分析发现异常情况，申报人须向投资管理部和风险控制部提供合理解释并备案。

第十六条 公司员工本人、配偶、利害关系人持有证券期限不得少于6个月。公司员工本人、配偶、利害关系人不得在公司规定的持有期限内卖出所持证券，特殊情况申请提前卖出的，需书面提出合理理由并经投资管理部总监和风险控制部负责人批准。

第十七条 公司员工应当于每季度结束后20个工作日内申报上一季度本人、配偶、利害关系人的证券投资交易记录和证券账户的证券资产持有情况。并向公司投资管理部提交本人、配偶、利害关系人的证券经纪商出具的对账单或交易流水信息。公司投资管理部应会同风险控制部通过系统或人工的方法，将公司员工申报信息与证券经纪商出具的对账单或交易流水信息进行比对。如经分析发现异常情况，申报人须向投资管理部和风险控制部提供合理解释并备案。

第十八条 公司员工须申报本人非上市股权的投资信息，并就可能的利益输送进行说明。此外须向公司投资管理部提供合伙协议、投资协议、股权转让协议、验资报告或其他相关证明性材料的复印件存档备查，如发现非上市股权投资存有可能产生利益冲突等异常情况，申报人须就具体问题提供合理解释并备案。

第十九条 公司投资管理部负责相关档案的保管工作，保管期限自申报之日起不少于10年。

第三章 违规处罚

第二十条 对于违反本制度的公司员工，公司应在综合考虑原因、后果、相关责任人过错程度等各种因素后做出处理决定。处理形式包括但不限于，责令改正并作检讨，通报批评，经济处罚，调离原工作岗位、停职、降职、撤职，解除劳动合同。对于公司员工违反本制度进行证券交易产生的收益，公司有权进行处理。

第二十一条 公司发现公司员工的投资行为涉嫌违反法律法规的，应当按照法律法规的要求，及时报告中国证监会和中国基金业协会。

第四章 附 则

第二十二条 本制度由风险控制部负责制定、修订与解释。本制度未尽事宜，按相关法律法规执行。

第二十三条 本制度经董事会审议通过后生效，自发布之日起施行。

第 10 章

出具法律意见书

私募早餐资本公司现已具备申请私募基金管理人的基本制度条件，站长开始着手准备登记备案的各项事宜。2016 年发布的《二五公告》中规定，新申请私募基金管理人登记，需通过私募基金登记备案系统提交中国律师事务所出具的法律意见书。

《法律意见书》作为登记申请时提交的重要材料，对申请机构的登记结果有着至关重要的作用。私募早餐资本公司聘请了北京市知名律师事务所——爱华律师事务所，作为其登记备案的法律顾问。两名执业律师李爱国、徐晓谦是多年从事金融类业务的法律顾问，具有丰富经验。私募早餐资本公司与爱华律师事务所签订合同后，两名律师就来到公司开始进行尽职调查。

尽职调查的主要内容有哪些？发现问题后如何处理？公司未来出现哪些情形时需要出具《私募基金管理人重大事项变更专项法律意见书》？本章将为您一一道来。

10.1 法律意见书与私募基金管理人的关系

《二五公告》中明确规定，私募基金管理人存在以下几种情况，必须聘请律师出具法律意见书并进行备案：

① 自 2016 年 2 月 5 日起，私募基金管理人申请登记备案需通过私募基金登记备案系统提交《私募基金管理人登记法律意见书》。

②2016 年 2 月 5 日前已提交申请但尚未办结登记的私募基金管理人申请机构，应提交《私募基金管理人登记法律意见书》。

③ 已登记且尚未备案私募基金产品的私募基金管理人，应当在首次申请备案私募基金产品之前，补提《私募基金管理人登记法律意见书》。

④ 已登记且备案私募基金产品的私募基金管理人，中国基金业协会将视具体情形要求其补提《私募基金管理人登记法律意见书》。

⑤ 已登记的私募基金管理人申请变更控股股东、变更实际控制人、变更法定代表人 / 执行事务合伙人等重大事项或中国基金业协会审慎认定的其他重大事项的，应提交《私募基金管理人重大事项变更专项法律意见书》(以下简称《专项法律意见书》)。

10.1.1 法律意见书的内容

中国基金业协会并未提供法律意见书的统一模板，申请私募基金管理人登记的机构（下称“申请机构”）聘请的执业律师和律师事务所需要按照《私募基金管理人登记法律意见书指引》，以及私募基金登记备案系统或资产管理业务综合报送平台的填报要求，结合申请机构的实际情况，出具相关法律意见书。中国基金业协会将在私募基金管理人登记公示信息中列明出具法律意见书的经办执业律师信息及律师事务所名称。在实践中，法律意见书一般包括如下形式要件：

1. 法律意见书的格式

凡在中国境内依法设立、可就中国法律事项发表专业意见的律师事务所及其中国执业律师，均可受聘按照《私募基金管理人登记法律意见书指引》的要求出具《法律意见书》。

一般来讲，法律意见书应具有明确的题目和编号，例如“××律师事务所关于××《私募基金管理人登记申请之法律意见书》”，并标注法律意见书的编号。

在开篇部分，律师事务所和经办执业律师应声明身份和受托内容，并明示律师出具法律意见书的法律、法规和规范性文件的依据；还应对出具法律意见书的主要问题做出声明，以便于中国基金业协会在审核给予充分关注，并确认法律意见书的适用范围。

根据《私募基金登记备案相关问题解答（八）》，律师事务所及其经办律师出具法律意见书的格式的一般性要求如下：

① 律师事务所及其经办律师出具的《法律意见书》内容应当包含完整的尽职调查过程描述，对有关事实、法律问题作出认定和判断的适当证据和理由。

② 法律意见书的陈述文字应当逻辑严密、论证充分，所涉指代主体名称、出具的专业法律意见内容具体明确。

③ 法律意见书应当包含律师事务所及其经办律师的承诺信息。示例：本所及经办律师依据《中华人民共和国证券投资基金法》《律师事务所从事证券法律业务管理办法》《律师事务所证券法律业务执业规则（试行）》等规定及本法律意见书出具日以前已经发生或者存在的事实，严格履行了法定职责，遵循了勤勉尽责和诚实信用原则，进行了充分的核查验证，保证本法律意见书所认定的事实真实、准确、完整，所发表的结论性意见合法、准确，不存在虚假记载、误导性陈述或者重大遗漏。本所及其经办律师同意将本法律意见书作为相关机构申请私募基金管理人登记必备的法定文件，随其他在私募基金登记备案系统填报的信息一同上报，

并愿意承担相应的法律责任。”

④ 法律意见书所涉内容应当与申请机构在私募基金登记备案系统填报的信息保持一致，若系统填报信息与尽职调查情况不一致的，应当做出特别说明。

⑤ 经办执业律师及律师事务所应在充分尽职调查的基础上，就《私募基金管理人登记法律意见书指引》中规定的内容逐项发表法律意见，并就对私募基金管理人登记申请是否符合中国基金业协会的相关要求发表整体结论性意见。

⑥ 法律意见书的结论应当明晰，不得使用“基本符合条件”等含糊措辞。对不符合相关法律法规和中国证监会、中国基金业协会规定的事项，或已勤勉尽责仍不能对其法律性质或合法性作出准确判断的事项，律师事务所及经办律师应发表保留意见，并说明相应的理由。

⑦ 法律意见书应当由两名执业律师签名，并签署日期；《法律意见书》及私募基金登记备案系统中律师事务所就“私募基金管理人重要情况说明”出具的确认函，均需加盖律师事务所公章及骑缝章，列明经办律师的姓名及其执业证件号码并由经办律师签署。

⑧ 用于私募基金管理人登记的法律意见书的签署日期应在私募基金管理人提交私募基金管理人登记申请之日前的一个月内。

另外，法律意见书上传提交后不得在原文直接修改，应当以出具补充法律意见书的形式对相关问题予以说明。

提示：法律意见书一经出具不得修改，为保证严肃性，法律意见书应加盖骑缝章。

2. 法律意见书的必备内容

根据《二五公告》和《私募基金管理人登记法律意见书指引》的规定，经办执业律师及律师事务所应在充分尽职调查的基础上，就下述 14 项内容在《法律意见书》中逐项发表法律意见，并就私募基金管理人登记申请是否符合中国基金业协会的相关要求发表整体结论性意见。不存在下述事项的，也应明确说明。若引用或使用其他中介机构结论性意见的应当独立对其真实性进行核查。

法律意见书应核查的 14 项内容是：

① 申请机构是否依法在中国境内设立并有效存续。

② 申请机构的工商登记文件所记载的经营范围是否符合国家相关法律法规的规定。申请机构的名称和经营范围中是否含有“基金管理”“投资管理”“资产管理”“股权投资”“创业投资”等与私募基金管理人业务属性密切相关字样；以及私募基金管理人名称中是否含有“私募”相关字样。

③ 申请机构是否符合《私募监管暂行办法》第二十二条专业化经营原则，说明申请机构主营业务是否为私募基金管理业务；申请机构的工商经营范围或实际经营业务中，是否兼营可能与私募投资基金业务存在冲突的业务、是否兼营与“投资管理”的买方业务存在冲突的业务、是否兼营其他非金融业务。

④ 申请机构股东的股权结构情况。申请机构是否有直接或间接控股或参股的境外股东，若有，说明穿透后其境外股东是否符合现行法律法规的要求和中国基金业协会的规定。

⑤ 申请机构是否具有实际控制人。若有，说明实际控制人的身份或工商注册信息，以及实际控制人与申请机构的控制关系，并说明实际控制人能够对机构起到的实际支配作用。

⑥ 申请机构是否存在子公司（持股 5% 以上的金融企业、上市公司及持股 20% 以上的其他企业）、分支机构和其他关联方（受同一控股股东 / 实际控制人控制的金融企业、资产管理机构或相关服务机构）。若有，说明情况及其子公司、关联方是否已登记为私募基金管理人。

⑦ 申请机构是否按规定具有开展私募基金管理业务所需的从业人员、营业场所、资本金等企业运营基本设施和条件。

⑧ 申请机构是否已制定风险管理和内部控制制度。是否已经根据其拟申请的私募基金管理业务类型建立了与之相适应的制度，包括（视具

体业务类型而定）运营风险控制制度、信息披露制度、机构内部交易记录制度、防范内幕交易、利益冲突的投资交易制度、合格投资者风险揭示制度、合格投资者内部审核流程及相关制度、私募基金宣传推介、募集相关规范制度以及（适用于私募证券投资基金业务）的公平交易制度、从业人员买卖证券申报制度等配套管理制度。

⑨ 申请机构是否与其他机构签署基金外包服务协议，如有，说明其外包服务协议情况，是否存在潜在风险。

⑩ 申请机构的高管人员是否具备基金从业资格，高管岗位设置是否符合中国基金业协会的要求。高管人员包括法定代表人执行事务合伙人委派代表、总经理、副总经理（如有）和合规风控负责人等。

⑪ 申请机构是否受到刑事处罚、金融监管部门行政处罚或者被采取行政监管措施；申请机构及其高管人员是否受到行业协会的纪律处分；是否在资本市场诚信数据库中存在负面信息；是否被列入失信被执行人名单；是否被列入全国企业信用信息公示系统的经营异常名录或严重违法企业名录；是否在“信用中国”网站上存在不良信用记录等。

⑫ 申请机构最近三年涉诉或仲裁的情况。

⑬ 申请机构向中国基金业协会提交的登记申请材料是否真实、准确、完整。

⑭ 经办执业律师及律师事务所认为需要说明的其他事项。

综合考虑律师事务所和经办律师对申请机构存在问题的主观判断，以及相关各方是否选择披露等限制，结合申请机构设立、出资、运营、规范管理、信息披露等主要事项，“需要说明的其他事项”一般包含以下内容：

一是，对不符合相关法律法规和中国证监会、中国基金业协会规定的事项，或已勤勉尽责仍不能对其法律性质或其合法性做出准确判断的事项，律师事务所及经办律师仅能发表保留意见的，应在本部分做出特别说明及阐述相应理由。

二是，律师事务所和主办律师发现申请机构已登记／提交系统填报资料的信息披露与尽职调查不一致的，应做出特别说明。

三是，申请机构股权／出资份额出现质押、查封等导致可能出现股东不稳定性因素的情形。

四是，在未进行私募基金管理人备案前，已进行私募基金管理工作的，无论该等托管基金是否进行备案登记，均应对此进行披露和发表审核意见。

五是，申请机构存在持续经营困难的，律师在判断时，除从公司工商登记的角度进行核查外，还可从营运资金来源和财务状况、规范管理的可持续性、经营运作人员配置的合理性和可运作性等方面加以核查，如发现存在问题，应在本部分给予披露和发表法律意见。

10.1.2 律师和律师事务所出具法律意见书的资格条件

由《二五公告》及《中国基金业协会负责人就落实〈二五公告〉相关问题答记者问》等可知，中国基金业协会没有对出具法律意见书的律师和律师事务所的资格做出限制。在中国境内依法设立、可就中国法律事项发表专业意见的律师事务所及中国执业律师，均可受聘按照《私募基金管理人登记法律意见书指引》的要求出具法律意见书。

但中国基金业协会对律师事务所和律师的资质有鼓励性标准和禁止性规定。

1. 鼓励性标准

中国基金业协会鼓励私募基金管理人选择符合《律师事务所从事证券法律业务管理办法》相关资质要求的律师事务所及其执业律师出具法律意见书。根据《律师事务所从事证券法律业务管理办法》，鼓励性标准主要有：内部管理规范，风险控制制度健全，执业水准高，社会信誉良好；有 20 名以上执业律师，其中 5 名以上曾从事过证券法律业务；已经办理有效的执业责任保险；最近两年未因违法执业行为受到行政处罚。

对于律师，中国基金业协会鼓励具备下列条件之一，并且最近两年未因违法执业行为受到行政处罚的律师参与出具法律意见书：

① 最近三年从事过证券法律业务；

② 最近三年连续执业且拟与其共同承办业务的律师最近三年从事过

证券法律业务；

③ 最近三年连续从事证券法律领域的教学、研究工作，或者接受过证券法律业务的行业培训。

2. 禁止性规定

根据《私募基金登记备案相关问题解答（十四）》，除鼓励性标准外，中国基金业协会也对律师事务所及律师制定了禁止性规定：

① 律师事务所及经办律师为一家被不予登记机构提供私募基金管理人登记相关法律服务，且出具了肯定性结论意见的，中国基金业协会将通过电话沟通、现场约谈等多种途径及时提醒该律师事务所及经办律师相关业务的尽职、合规要求。

② 律师事务所的经办律师累计为两家及以上被不予登记机构提供私募基金管理人登记相关法律服务，且出具了肯定性结论意见的，出于审慎考虑，自其服务的第二家被不予登记机构公示之日起三年内，中国基金业协会将要求由该经办律师正在提供私募基金管理人登记相关法律服务的申请机构，提交现聘律师事务所的其他执业律师就申请机构私募基金管理人登记事项出具的复核意见；该申请机构也可以另行聘请其他律师事务所重新出具法律意见书。同时，中国基金业协会将有关情况通报相关经办律师任职的律师事务所。

③ 律师事务所累计为三家及以上被不予登记机构提供私募基金管理人登记相关法律服务，且出具了肯定性结论意见的，出于审慎考虑，自其服务的第三家被不予登记机构公示之日起三年内，中国基金业协会将要求由该律师事务所正在提供私募基金管理人登记相关法律服务的申请机构，重新聘请其他律师事务所就私募基金管理人登记事项另行出具法律意见书。同时，中国基金业协会将有关情况通报所涉律师事务所所在地的司法行政机关和律师协会。

④ 律师事务所及经办律师为已登记的私募基金管理人出具入会法律意见书或者其他专项法律意见书，存在虚假记载、误导性陈述或者重大遗漏，且出具了肯定性结论意见的，参照以上三条规定处理。

律师事务所及经办律师为申请机构就私募基金管理人登记事项出具的法律意见为否定性结论意见，但申请机构拒绝向中国基金业协会提供的，律师事务所及经办律师可以将否定性结论意见及相关证明材料送达申请机构，同时抄送至中国基金业协会邮箱：pflegal@amac.org.cn（邮件以“申请机构名称——律师事务所名称/律师姓名——否定性结论意见”命名）。针对此种情形，相关机构经认定属于不予登记情形的，中国基金业协会将对外公示该机构信息，并注明律师事务所及经办律师发表了否定性结论意见。此种情形，不计入前述公示机制的累计案例次数。

10.1.3 律师出具法律意见书的依据

中国基金业协会于2016年2月5日发布的《私募基金管理人登记法律意见书指引》第一条规定：“经办执业律师及律师事务所应当勤勉尽责，根据相关法律法规、《律师事务所从事证券法律业务管理办法》、《律师事务所证券法律业务执业规则（试行）》及中国基金业协会的相关规定，在尽职调查的基础上对本指引规定的内容发表明确的法律意见，制作工作底稿并留存，独立、客观、公正地出具《法律意见书》，保证《法律意见书》不存在虚假记载、误导性陈述及重大遗漏。”

所以，除中国基金业协会相关规定外，《律师事务所从事证券法律业务管理办法》《律师事务所证券法律业务执业规则（试行）》及相关规定也属于律师出具法律意见书的法律依据。

10.1.4 律师出具法律意见书应承担的法律责任

《证券投资基金法》第一百零七条规定，律师事务所、会计师事务所接受基金管理人、基金托管人的委托，为有关基金业务活动出具法律意见书、审计报告、内部控制评价报告等文件，应当勤勉尽责，对所依据的文件资料内容的真实性、准确性、完整性进行核查和验证。其制作、出具的文件有虚假记载、误导性陈述或者重大遗漏，给他人财产造成损失的，应当与委托人承担连带赔偿责任。

10.2　出具法律意见书实务

律师出具法律意见书的流程（见图 10-1）主要包括：了解基本情况、签订专项合同、进行尽职调查、提出整改方案、制作工作底稿、出具法律意见书等。如在尽职调查过程中发现不符合要求的事项，还应建议委托人进行整改。

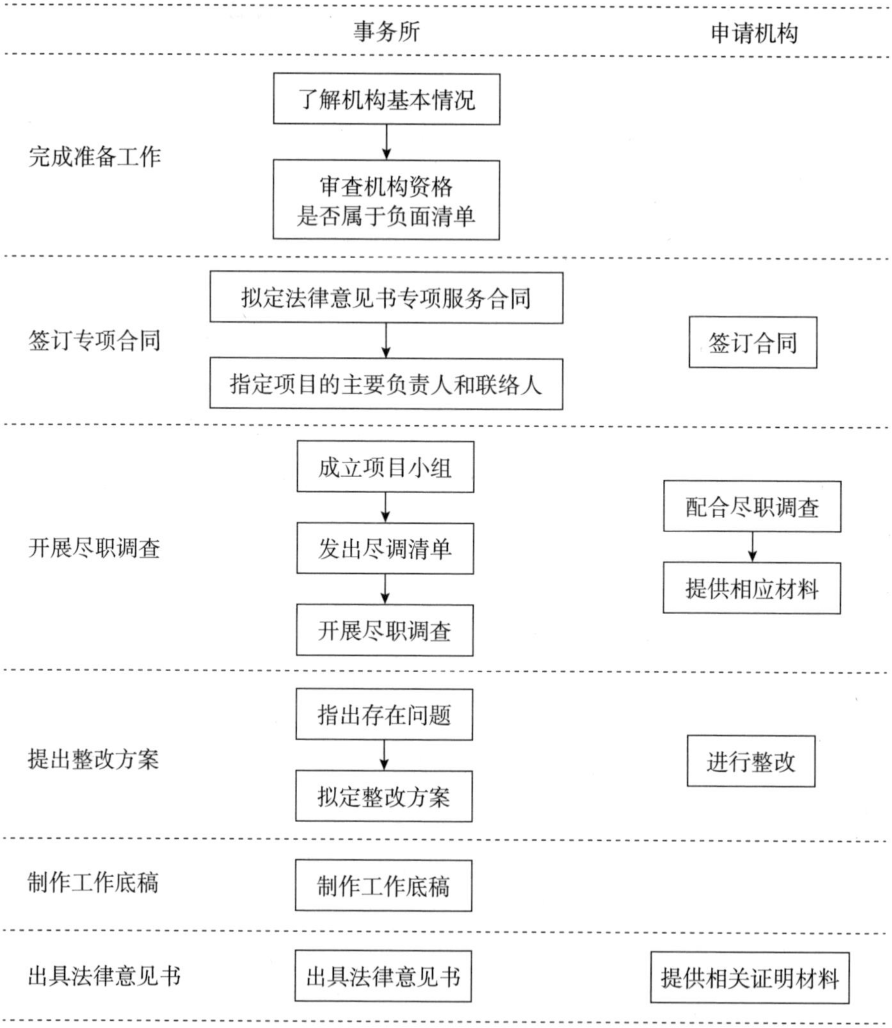

图 10-1　律师工作流程

10.2.1 完成准备工作

在签订法律意见书专项服务合同之前，律师事务所应了解申请机构基本情况，包括委托人名称、事项的名称、是否存在利益冲突，是否属于中国基金业协会的负面清单等。

1. 负面清单内容审核

《私募基金登记备案相关问题解答（十四）》规定了律师事务所不能为已在登记负面清单里的私募基金管理人出具法律意见书，规定的情形主要有：

① 申请机构违反《证券投资基金法》《私募监管暂行办法》关于资金募集相关规定，在申请登记前违规发行私募基金，且存在公开宣传推介、向非合格投资者募集资金行为的。

② 申请机构提供，或申请机构与律师事务所、会计师事务所及其他第三方中介机构等串谋提供虚假登记信息或材料；提供的登记信息或材料存在误导性陈述、重大遗漏的。

③ 申请机构兼营民间借贷、民间融资、融资租赁、配资业务、小额理财、小额借贷、P2P/P2B、众筹、保理、担保、房地产开发、交易平台等《私募基金登记备案相关问题解答（七）》规定的与私募基金业务相冲突业务的。

④ 申请机构被列入国家企业信用信息公示系统严重违法失信企业名单的。

⑤ 申请机构的高级管理人员最近三年存在重大失信记录，或最近三年被中国证监会采取市场禁入措施的。

⑥ 中国证监会和中国基金业协会规定的其他情形。

2. 签订专项工作合同

在提供出具法律意见书的服务前，律师事务所与申请机构签订提供法律服务的专项工作合同。

10.2.2 开展尽职调查

出具法律意见书的第二步是成立项目小组、律师向申请机构发出尽职调查清单，开展尽职调查工作。尽职调查的主要事项有：

1. 主体资格及经营范围

律师对主体的资格以及其经营范围进行核查时，主要包括以下内容：

（1）经营证照

包括：批准证书、营业执照、组织机构代码证、银行账户开户许可证、税务登记证（或三证合一的提供社会信用代码营业执照）、公司章程、外汇登记证、社保登记证、公积金开户证明、国有资产产权登记证（如有）；国有控股的申请机构提供国有资产管理机构的批准文件或有决策权的董事会、股东（大）会决议文件。

（2）工商档案

包括工商简档和工商详档，工商简档是从工商行政管理机关打印的列明申请机构目前基本情况的基本信息查询单（盖有工商行政管理部门的查询章）。工商详档是申请机构自设立以来的全套工商登记资料（盖有工商行政管理部门的查询章），包括但不限于设立、历次变更、年度报告、良好及警示信息。

（3）其他证明文件

主要有：

① 申请机构注册资本实缴的历次验资报告（包括出资原始凭证）。

② 申请机构任何有关特殊行业或业务的政府批复、证书或许可（如有）。

③ 申请机构最近三年经审计的财务报告以及最近一个月的财务报表。

④ 公司成立至今获得的主要荣誉和奖励（若有）及相关文件。

律师对上述材料的核查方法包括：根据申请机构提交的材料，前往工商登记部门调取登记资料，核对原件，进行书面核查；到申请机构实地查看经营场所，以核实登记的经营场所与实际经营场所是否一致；查验申请机构办公场所租赁合同及相关权证以及租金缴纳情况，实地调查申请机构办公场所情况和拍摄照片存证，查验申请机构验资报告等。

2. 涉外申请机构的审批情况（如适用）

如申请机构及其子公司、关联机构存在境外机构股东（直接、间接），律师需要核查相关主管部门核发的如下文件：

①《外商投资企业批准证书》；

②《FDI 业务登记凭证》（银行开具）；

③ 商务部批复（适用于外商投资性企业、外商投资创业投资企业）；

④《证券投资业务许可证》（适用于合格境外机构投资者境内证券投资）；

⑤ 深圳市金融办或其他合格境外有限合伙人（Qualified Foreign Limited Partner，QFLP）试点区域主管部门核发的业务资质文件或批复；

⑥《基金管理资格证书》（适用于中外合资的证券投资基金管理公司）；

⑦ 其他主管部门核发的有关外资准入投资行业的证照或者批复文件。

3. 专业化经营

律师对申请机构经营情况的调查包括以下内容：

（1）主营、兼营业务范围

主要核查公司、子公司及关联机构最近一年及一期经审计的财务报告及原始财务报表，公司近 12 个月重大经营合同。

（2）经营许可或批文

核查申请机构为从事其经营范围内的各项业务而获得的由政府授予的所有经营许可证或批文。

（3）是否形成业务冲突

① 申请机构的工商经营范围或实际经营范围中是否兼营可能与私募基金管理业务存在冲突的业务，如从事民间借贷、民间融资、融资租赁、配资业务、小额理财、小额借贷、P2P/P2B、众筹、保理、担保、房地产开发、交易平台等业务。如有，核查相关情况。

② 申请机构的工商经营范围及（或）实际经营范围中是否兼营与“投资管理”的买方业务存在冲突的业务，是否兼营其他非金融业务。如有，核查相关情况。

③ 申请机构在申请登记时，在“私募证券投资基金管理人”“私募股权、创业投资基金管理人”等机构类型，以及与机构类型关联对应的业务类型中，仅选择一种机构类型及业务类型进行登记；应核查申请机构是否备案与本机构已登记业务类型不符的私募基金。同一申请机构不可兼营多种类型的私募基金管理业务。

④ 重大经营合同，核查最近一年的所有重大经营合同，并说明合同履行的情况，包括款项支付进度的说明，任何一方履约、违约、中止或终止合同的详情。

⑤ 若申请机构已实际展业，应核查展业的具体情况，并对此事项可能存在影响今后展业的风险进行特别说明。若已存在使用自有资金投资，应核查私募基金财产与私募基金管理人自有财产之间是否独立运作，分别核算。

律师对申请机构经营情况的核查方式包括：律师根据申请机构提交的材料，到工商登记部门调取登记资料；律师根据申请机构提交的材料，核对原件，进行书面核查；到外包机构实地查看，与相关人员面谈，以确认外包协议的真实、合法性；通过中国基金业协会核查外包机构是否具有外包资格。

4. 股权结构、股东及实际控制人

律师需调取申请机构目前股权结构图，结构图应披露至各个股东的最终权益持有人（实际控制人）及持股比例，即披露至自然人、国资控股企业或集体企业、上市公司、受国外金融监管部门监管的境外机构。

① 申请机构的股东若为自然人，律师需核查如下材料：境内自然人股东的身份证复印件；境外自然人股东的身份证明文件；核查自然人股东个人信息说明（调查表），包括但不限于：姓名、性别、国籍、出生年月日、最高学历院校名称、文化程度、职称、基金从业资格、工作经历、对外投资情况。

② 申请机构的股东若为境内机构股东，律师需核查如下材料：营业执照；最新的公司章程（合伙协议）；从工商行政部门打印的列明其目前

股东（合伙人）及出资情况的基本信息查询单（须追溯至自然人或国有资产管理机构、上市公司）。

③ 申请机构的股东若为境外机构股东，律师需核查如下材料：商业登记证；历年周年申报表；公司章程。

④ 申请机构若存在实际控制人，律师需核查的材料包括：实际控制人主体资格（身份）证明文件；工商注册信息；实际控制人对外投资的情况说明。

律师对实际控制人材料的核查方式包括：对申请机构提交的工商登记资料、身份资料等进行核查分析；对于因协议而形成的关联关系，对协议各方进行访谈并制作访谈笔录；与其工作人员面谈。

对于股东（合伙人）的相关协议安排，律师需核查申请机构股东（合伙人）之间是否签署相关协议安排，如有，核查全部协议、附件及补充协议。

此外，若存在未进行工商登记的股权变更，律师需要核查相关协议、资料。律师对申请机构股权结构的核查方式包括：律师根据申请机构提供的材料调取境内法人股东的登记资料；律师通过公安部门的身份证系统核查身份证的真实有效性；律师核对复印件与原件是否一致，书面审查经公证的材料，以及相关批准、批复文件。

另外，律师还需核查股东或实际控制人是否从事与私募业务存在利益冲突的活动。

5. 子公司、分支机构及其他关联机构的基本情况

若申请机构存在子公司、分支机构、其他关联机构，律师需要核查以下内容：

（1）营业执照和公司章程

包括申请机构的子公司、分支机构及其他关联机构现行有效的营业执照和公司章程。其中子公司是指持股 5% 以上的金融企业、上市公司及持股 20% 以上其他企业；关联机构指受同一控股股东 / 实际控制人控制的金融企业、私募基金管理人、投资类企业、冲突业务企业、投资咨询及金融服务企业等。

（2）工商档案

从工商行政管理机关打印的列明申请机构的子公司、分支机构及其他关联机构目前基本情况（包括注册资本、成立日期、经营范围、经营期限、股东及出资情况、股权是否质押或被查封等）的基本信息查询单。如为境外子公司、分支机构及其他关联机构，应该提供商业登记证、历年周年申报表、公司章程等。

（3）私募基金管理人登记文件

申请机构的子公司、分支机构和其他关联机构是否已经登记为私募基金管理人，如是，则核查相关基金管理人登记文件。

已登记私募基金管理人为某只基金的设立或投资目的，出资或派遣员工专门设立的无管理人员、无实际办公场所或不履行完整管理人职责的特殊目的载体（包括出于类似目的为某只有限合伙型基金设立的普通合伙人机构），无须申请私募基金管理人登记。

（4）财务状况

申请机构子公司最近三年经审计的财务报告以及最近一个月的财务报表。

此外，还需核查相关机构业务开展情况、申请机构是否存在业务来往等。

律师对上述材料采取的核查手段主要有：根据工商登记资料和财务资料，进行书面核查和访谈，确定子公司及关联机构范围；根据子公司、关联机构的基本信息，通过全国企业信用信息公示系统 http：//gsxt.saic.gov.cn/“倒查”股东情况；依据申请机构的子公司、关联方的名称，通过中国基金业协会 http：//www.amac.org.cn/ 查询是否已登记为私募基金管理人。

6. 运营基本设施和条件

对于申请机构的运营基本设施和条件情况，律师需调查的内容包括：

（1）员工状况

核查申请机构及其子公司、分支机构的员工状况（员工花名册），包括但不限于：姓名、部门、职务、性别、年龄、籍贯、政治面貌、婚姻状况、文化程度、专业、职称、证件类型及号码、工资、入职年月日。

（2）劳动合同

核查申请机构与员工之间劳动合同的签署情况、公司对人事档案的管理情况。劳动合同情况包括：首次签订劳动合同起止年月、最近一次续签劳动合同起止年月、未签订劳动合同、签订其他用工协议（协议名称、起止年月）情况说明。

（3）社保登记

核查申请机构及其子公司、分支机构社保开户登记资料。

（4）社保缴纳

核查申请机构及其子公司、分支机构为员工办理社会保险情况，以及社保费用的缴纳情况（缴纳险种、未缴纳险种及情况说明）。还应核查申请机构及其子公司、分支机构近三年是否存在欠缴社保费及受到社保行政处罚的情况，如有，核查相关的行政处罚通知书（整改通知书）、罚款缴纳凭证。

（5）经营场所

包括与申请机构注册地一致的经营场所证明，若是自有产权，则提供产权证明；若是租赁的，则须提供租赁合同、最近一次租赁费支付凭证及完税证明。

（6）办公设施证明

如为自有资产，提供相应的权属凭证及完税证明；如为租赁使用，提供租赁合同、租金支付凭证。

（7）财务状况

核查申请机构是否建立健全财务制度，是否存在到期未清偿债务、资产负债比例较高、大额或有负债等情形。核查资料包括内部控制制度、申请机构成立至今的资产负债表、现金流量表、利润表以及银行流水等。

（8）主要支出（包括员工薪酬、办公场所租金、办公设施费用等）及其资金来源情况

律师核查申请机构员工及社保采用的核查方式包括：到中国基金业

协会核实从业人员、高管所持从业资格证书的真实性，是否经过年检；在中国基金业协会官网基金从业人员查询栏查询；和从业人员会谈、核对身份的真实性；核查经营场所产权或租赁合同真实性；核查办公设施及人员真实性，资金来源及支出合理性。

7. 风险管理和内部控制

律师应该核查机构的组织架构图，架构图应包括所有部门及下属控股或参股子公司、分公司，还要对各组织机构的具体职能进行核查。

在内部制度方面，需要核查申请机构是否已根据其申请的私募基金管理业务类型建立了与私募基金管理人相适应的现行有效的制度，如有，核查所有的制度文件（具体制度视具体业务类型而定）。

公司的基本制度包括："三会"议事规则，总经理工作细则，关联交易制度，对外担保制度，对外投资管理制度，子公司管理制度，财务管理制度，行政管理制度，人事管理制度，保密制度，岗位隔离制度等。

私募基金管理人必备的基金管理配套管理制度包括：

① 运营风险控制制度；

② 信息披露制度；

③ 机构内部交易记录制度；

④ 防范内幕交易、利益冲突的投资交易制度；

⑤ 合格投资者风险揭示制度；

⑥ 合格投资者内部审核流程及相关制度；

⑦ 私募基金宣传推介、募集相关规范制度；

⑧ 公平交易制度（适用于私募证券投资基金业务）；

⑨ 从业人员买卖证券申报制度（适用于私募证券投资基金业务）。

对申请机构的风险管理和内部控制制度开展尽职调查时，应当核查和验证包括但不限于以下内容：① 申请机构是否已制定《私募基金管理人登记法律意见书指引》第四条第（八）项所提及的完整的涉及机构运营关键环节的风险管理和内部控制制度；② 判断相关风险管理和内部控制制度是否符合中国基金业协会《内部控制指引》的规定；③ 评估上述制度是否具备有效执行的现实基础和条件。例如，相关制度的建立是否与机构现有组织架构和人员配置相匹配，是否满足机构运营的实际需求等。若私募基金管理人现有组织架构和人员配置难以完全自主有效执行相关制度，申请机构可考虑采购外包服务机构的服务。

8. 外包情况

核查公司是否与其他机构签署基金外包服务协议（包括提供销售、销售支付、份额登记、估值核算、信息技术系统等业务的服务），核查相关的外包协议、申请机构相应的风险管理制度、对外包机构的尽职调查报告。

9. 高级管理人员

申请机构的高管人员包括法定代表人（执行事务合伙人委派代表）、董事、监事、总经理、副总经理（如有）、财务负责人、董事会秘书和合规/风控负责人等。在对高管人员进行尽职调查时，需要填写《高管人员调查表》。

调查表的内容包括但不限于：姓名、性别、国籍、出生年月日、最高学历院校名称、文化程度、职称、工作经历（参加工作以来的职业及职务情况）、目前的任职情况（包括在申请机构及其他单位的各项任职）。证明材料包括以下几项：

① 核查身份证明、职称证书、学历学位证书等的情况说明。

② 申请机构最近社保、住房公积金汇缴书、社保、公积金缴款凭证（社保部门、公积金管理部门出具）。

③ 基金管理人与高管人员聘用合同、业绩奖励协议、项目跟投协议等。

④ 核查高管人员的基金从业资格证书复印件的情况说明。

律师核查高管人员的信息时，通常采用的核查方式有：核查书面材料；和高管一对一访谈；通过中国基金业协会基金从业人员年检信息公示和基金从业人员资格信息公示中查询，以确认其真实性和合法性。高管人员包括法定代表人/执行事务合伙人委派代表、总经理、副总经理（如有）和合规/风控负责人等。已经通过基金业从业资格考试的，审查资格证书或显示通过结果的网页截屏；正在进行考试的，可以审查考试报名页面；需要进行资格认定的，审查中国基金业协会资格认定的结果公示信息或结合申请机构提供的申请材料进行分析并出具法律意见。此外，还需要核查高管的教育经历、工作经历，确定就高管是否具备相关教育背景及从业经历。

律师还应核查申请机构是否存在股权激励、信托持股、委托持股、职工持股会或类似安排。如有，核查相关协议。

10. 刑事处罚、行政处罚、失信情况、申请人高管的纪律处分及重大诉讼、仲裁和行政处罚

（1）诉讼仲裁

核查申请机构及其子公司、分支机构、实际控制人、高管人员最近三年尚未了结、已结案的重大诉讼、仲裁案件；是否存在潜在的重大诉讼、仲裁。如有，核查其在案件中的地位（原告、被告、第三人）、对方当事人、争议事由及管辖机构、案件最新进展情况的简要介绍、对诉讼或诉求结果的预计（包括预期所需的时间等）、索赔金额、采取措施的详细说明。

核查与案件有关的文件，包括但不限于：起诉状、仲裁申请书、上诉状、双方证据、代理意见、答辩状、判决书、调解书、裁定书、申请执行文件及款项支付凭证。

（2）政府调查

对于申请机构及其子公司、分支机构、实际控制人、高管人员目前如涉及任何政府部门以前、现在或预期将会对公司进行的核查或询问（包括正式与非正式的）的报告或者重要通信，核查有关情况并核对相关文件。

（3）处罚处分

核查申请机构及其子公司、分支机构、实际控制人、高管人员是否受到过刑事处罚、金融监管机构部门行政处罚、被采取行政监管措施或受到行业协会的纪律处分。如有，核查相关处罚文件、处罚的缴款凭证。

此外，还应该核查申请机构是否有到期未偿还债务等情况，是否有欺诈或其他不诚实行为等情况，公司与高管人员的征信报告。

（4）负面报道

核查申请机构是否存在媒体负面报道，如有，核查相关报道文件及公司声明。

（5）不良记录

核查申请机构及其子公司、分支机构、实际控制人、高管人员是否曾有不良记录，包括：是否受到过中国基金业协会或其他行业协会的纪律处分；在资本市场诚信数据库中是否有任何负面信息；是否被列入失信被执行人名单；是否被列入全国企业信用信息公示系统的经营异常名录或严重违法企业名录；是否在“信用中国”网站上存在不良信用记录。

如有，核查情况及相关资料。

律师对申请机构涉及的重大诉讼、仲裁和行政处罚事项采取的核查方式包括：

① 通过中国裁判文书网询申请机构是否受到刑事处罚。通过中国裁判文书网和中国法院网法院公告栏目查询申请机构的涉诉和仲裁情况。

② 通过中国证监会网站行政处罚决定栏目、市场禁入决定栏目查询受申请机构是否受到金融监管部门行政处罚或者被采取行政监管措施。

③ 通过中国基金业协会纪律处分查询申请机构及其高管人员是否受到行业协会的纪律处分。

④ 通过中国证券会网站失信记录查询平台查询申请机构及其高管人员是否在资本市场诚信数据库中存在负面信息。

⑤ 通过中国执行信息公开网查询申请机构及其高管人员是否被列入失信被执行人名单。

⑥ 通过全国企业信用信息公示系统查询申请机构及其高管人员是否被列入经营异常名录或严重违法企业名录。

⑦ 通过信用中国网站查询申请机构及其高管人员是否在存在不良信用记录。

⑧ 赴申请机构，与其法务、合规人员访谈，了解其高管受处罚的情况。

⑨ 通过全国法院被执行人信息查询网查询申请机构的涉诉和仲裁情况。

⑩ 对公司合规人员及法律服务机构当面进行访谈，以了解近三年涉诉或仲裁情况。

⑪ 查阅公司财务审计报告，打印企业信用报告，印证公司涉诉或仲裁情况。

11. 其他

① 税务方面的调查。对税务方面的尽职调查事项包括税收优惠、税务争议和税务登记文件。

对税收优惠的调查内容包括申请机构适用的税种和税率及其享受的政府税收优惠情况的说明。申请机构（包括但不限于：税收优惠政策，免税期，对正常适用税率的减税，税务部门出具的证明）以及相关政府批文。

对税务争议的调查内容包括申请机构和税务部门之间的所有税务争议、税务部门对申请机构的罚款的陈述。

需要核查的税务登记文件包括税务登记证及其他有关的税务文件。

② 核查守法证明文件：申请机构及其子公司、分支机构工商、税务、劳动、社会保险、住房公积金主管部门出具的近三年守法证明文件。

③ 核查无犯罪记录证明：申请机构的实际控制人、高管的无犯罪记录证明。

④ 核对申请机构在填报系统中提交的登记申请材料是否真实、准确、完整，截屏留存。

10.2.3 如何处理尽职调查中发现的问题

律师完成尽职调查后，根据中国基金业协会的登记备案要求，对照出具法律意见书的内容和要求，结合协会的既往反馈意见，指出申请机构存在的合规问题，并与申请机构的高管人员讨论后确定整改方案。

尽职调查中发现的合规问题通常有以下几种类型：

1. 名称或经营范围不合规

中国基金业协会对私募基金管理人名称中是否含有“私募”相关字样无强制性规定，但名称中应含有“基金管理”“投资管理”“资产管理”“股权投资”“创业投资”等与私募基金管理人业务属性密切相关的字样。如果不符合此要求，申请机构应通过内部决议修订机构名称以满足条件，并在出具法律意见书前完成工商变更登记手续。

中国基金业协会要求私募基金管理人应遵循“专业化原则”，如果在尽职调查中发现申请机构存在与私募投资基金业务存在冲突的业务，诸如民间借贷、民间融资、融资租赁、配资业务、小额理财、小额借贷、P2P、P2B、众筹、保理、担保、房地产开发、交易平台等，或同时经营买方业务和卖方业务的，应对该申请机构的业务进行整合，对与私募投资基金业务存在冲突的业务采用剥离、终止等方式进行处理。

如果仅仅是工商登记的经营范围存在冲突业务，实际经营中不存在此类业务，可以修改申请机构的经营范围，排除冲突业务项。符申请机构经营范围整改完毕并且办妥工商变更登记手续后，再重新提交法律意见书。

2. 经营场所不合规

如果申请机构的经营场所登记地址不准确，只需变更经营场所，但在出具法律意见书前应完成工商变更登记手续。如因实际经营地址与登记地址不符而被列入经营异常名录，应当尽快改正移出。

申请机构注册地和实际经营场所不在同一个行政区域的，不影响私募基金管理人登记。但申请机构应对有关事项如实填报，律师事务所则需做好相关事实性陈述，说明管理人的经营地、注册地分别所在地点，是否确实在实际经营地经营等事项。

3. 股东不适格或股东身份存在争议

股东不适格的主要原因为：股东不具备公司法、合伙企业法、外商投资管理规定、国有资产管理规定明确的作为私募基金管理人的资格。

出现这种情况时，申请机构完全不具备登记条件，如果变更主要股东或部分股东的成本较高，建议另行组建新的私募机构。如果系非主要股东，则采用该股东退出的方式处理。

4. 设立文件和审批文件不齐全

申请机构需要在完成工商登记后才能进入在中国基金业协会登记阶段，需要制作完整的工商登记文件，并取得内部审批手续，同时，带有国资成分的公司还需取得国资管理部门的事前批准或许可。

律师应该对申请机构设立的全套文件和审批授权进行审核，如果发现不齐备的情况，应要求申请机构或股东补办批准手续，以确保提交备案文件和出具法律意见书结论意见前，申请机构的设立和存续处于合法状态。

对于未能按照国有资产管理规定进行出资的股东，在无法取得国资部门补办审批或许可授权手续时，应征询国资管理部门的意见，更换该股东。

5. 高级管理人员不合规

根据协会新的要求，私募基金管理人的高级管理人员应详细描述履历等信息，不符合规定主要包含如下几种情况：

（1）高级管理人员的岗位设置不合规

在发现申请机构存在高级管理人员的岗位设置不符合规定的情况下，律师应按照申请机构所管理基金的类型，指导申请机构按照规定的高级管理人的人数和分工进行调整。

（2）高级管理人员的资格不合规

此种情况包含不具备私募基金从业资格，以及存在法律、法规和证券监管机构规定的不得担任高级管理人员的情形。如系前者应尽快要求相关管理人员参加和通过具备私募基金从业资格考试，如果后者则应及时更换高级管理人员。

6. 存在违法、违规行为的问题

此种情况既包含申请机构存在的违法违规行为，也包含高级管理人员存在的违法违规行为。主要核查内容为：是否受到刑事处罚、金融监管部门行政处罚或者被采取行政监管措施；行业协会的纪律处分；是否在资本市场诚信数据库中存在负面信息；是否被列入失信被执行人名单；是否被列入全国企业信用信息公示系统的经营异常名录或严重违法企业名录；是否在“信用中国”网站上存在不良信用记录等。如果是高级管理人员存在前述行为，应更换该高级管理人员。

如果是申请机构在近三年内存在前述行为，则该申请机构不具备登记条件。

7. 未建立规范管理流程与经营所需规章制度的问题

根据《内部控制指引》的规定，私募基金管理人应具有完善规范管理流程和制定经营所需规章制度。从规范经营、控制风险、保护投资者权益和保护投资者知情权、防止内幕交易和违规行为的要求，一个规范运作的私募基金管理人应通过制度建设来予以保障。

如果申请机构未能建立规范管理流程和制定经营所需规章制度，可以请律师结合机构自身特点制订符合登记要求的全套内控制度，详见本书第 9 章。

8. 在登记前存在管理私募基金的问题

在发现申请机构存在前述问题时，律师应根据实际情况，对申请机构经营的合法性、所管理基金产品的合法合规性和风险进行分析和判断。同时，应指导申请机构对所管理的基金产品完成补办备案登记工作。

9. 持续经营存在不确定性的问题

尽管法律意见书仅对出具日前申请机构的法律状态发表意见，但是如果在尽职调查时发现申请机构的存续和经营出现不确定性，应指导申请机构进行整改或妥善处理。该等问题主要包括：

① 申请机构没有运营资金或运营资金严重缺乏，导致正常经营出现障碍；

② 股东的股权或出资份额被查封、质押或其他不确定因素，进而影响主要高级管理人员稳定性；

③ 申请机构与主要高级管理人员之间存在劳动合同争议等问题，从

而影响正常运营。

10. 关于关联方同业竞争的问题

律师在尽职调查中应当重点关注申请机构关联方的同业竞争问题，一旦出现同业竞争，可采取的方案一般而言有四种，分别为：收购关联方合并报表、安排实际控制人在关联方中退出、变更关联方的经营范围、注销关联方。

11. 关于外包服务协议的问题

关于外包服务协议的风险，应当从外包服务机构的主体资格、外包服务协议的真实性、外包服务协议的内容是否对申请机构存在风险等几方面进行论证。

10.2.4 制作工作底稿

工作底稿是指律师在从事证券法律业务过程中形成的工作记录及在工作中获取的相关文件、会议纪要、谈话记录等资料。工作底稿是支持律师得出发表在法律意见书中的最终结论的材料的总和。

1. 工作底稿要求

① 工作底稿应当做到内容完整、记录清晰、结论明确，并标明索引编号及顺序编号，而且应当是经两名以上有证券资格的律师及其所在的有从事证券法律业务的资格的律师事务所签字、盖章的正式文本。

② 工作底稿应当就《法律意见书》中涉及的每条法律意见所依据的事实、法律及律师的判断，做出详尽、完整的阐述。

③ 工作底稿的管理工作由与客户订立委托合同的律师事务所负责。工作底稿的所有权属于该律师事务所。律师事务所应当在律师协会、司法行政部门、相关的政府机构要求时提供工作底稿以备检查。

④ 律师工作底稿应当至少保存十年。律师事务所分立式合并的，则应当在律师事务所的分立或合并协议中规定以前年度的律师工作底稿的保管存放义务。律师事务所解散及无法确定律师工作底稿存放地点的，由所属律师协会或律师协会指定的机构存放律师的工作底稿。

⑤ 律师尽职调查应当对被调查对象的行业特征、与行业有关的特别政策与规定有相应的了解，并在尽职调查的范围、内容、与工作方法上有所反映。律师对被调查对象的行业特征缺乏足够的了解而导致的律师尽职调查出现差错或遗漏的，不能免除律师及律师事务所的责任。

⑥ 律师应当及时记录与管理层、治理层和其他人员对重大事项的讨论，包括讨论的内容、时间、地点和参加人员。

2. 工作底稿内容

依据《私募基金管理人登记法律意见书指引》需要核查的14个事项出具的法律意见书以及各具体意见所依据的事实，需要形成记录清晰的工作底稿。工作底稿应当包括以下内容：

① 律师接受申请机构委托事项的基本情况，包括委托人名称、事项的名称；律师接受申请机构委托事项不存在利益冲突的承诺函。

② 与申请机构签订的委托协议，即专项工作合同。

③ 调查计划及其操作程序的记录；包括律师与申请机构之间的洽谈书面记录、电子邮件往来记录、微信往来记录等。

④ 核查相关文件的说明，如设立批准证书、营业执照、合同、章程等文件、变更文件或者上述文件的复印件；申请机构的风险管理及内部控制制度、申请机构高管人员的从业资格证等。

⑤ 执业律师借助网络系统查询的相关记录，包括：全国企业信息公示系统、申请机构、控股股东及实际控制人注册所在地市场监督管理局网站、境外股东注册地的工商网站、中国基金业协会网站、资本市场诚信数据库、全国法院被执行人信息查询、“信用中国”网站。

⑥ 核查其他内容的说明，如相关的重大合同、协议及其他重要文件和会议记录的摘要或者副本，包括但不限于外包服务协议等。

⑦ 与政府有关部门、司法机关、中介机构、申请机构等单位及相关人员相互沟通情况的记录，对委托人提供资料进行调查的访问记录、往来函件、现场查验记录、查阅文件清单等相关的资料及详细说明。

⑧ 申请机构及相关人员的书面保证或者声明书的复印件。

⑨ 法律意见书草稿。

⑩ 执业律师的内部讨论、复核的记录。

⑪ 其他与出具法律意见书相关的重要资料。

3. 工作底稿注意事项

工作底稿要真实反映项目工作过程和申请机构的真实情况（包括整改过程和整改结果）。工作底稿是律师尽职的证明，律师应当对其有足够的重视。

根据中国证监会抽查后的反馈意见及相关的处理措施，结合中国证监会抽查后的反馈意见及实务中的操作经验，律师制作工作底稿时需要注意以下几个要点：

① 在编制工作底稿时，有关的材料应当对应法律意见书发表意见的顺序。为方便查找，还可以编制目录、页码，制作索引页。

② 要注意须签名、签章、填写日期的文件是否已经规范制作。

③ 某些文件的实质内容以附件的形式呈现的，应注意核查到附件，如有限公司的股东会决议通常以通过《__________的议案》表述，就应当附上相应的议案。

④ 工作底稿中应当包括工作记录、会议记录及项目中所遇到问题的讨论记录。

⑤ 以网上查询、检索为发表意见的依据的，应当制作查询、检索的记录文件，并编制查询记录表，记录查询的时间、地点、对象、网址、查询结果等。

⑥ 对需要进行实地考察的事项，须制作实地考察的记录，其中应当包含现场照片等证明文件。

⑦ 对股东或高管进行访谈的，请其在每一页及紧挨着正文之后签署日期和姓名，并附其身份证明文件及访谈现场的照片。

⑧ 必要时，还须进行询证。应保留询证函及反馈确认的文件，已经邮寄询证函的快递底单。

10.2.5 出具法律意见书

经过尽职调查和问题整改，确保申请机构符合中国基金业协会的登记规定，便可出具法律意见书。目前中国基金业协会无统一的《法律意见书》模板，但要求申请机构聘请的执业律师和律师事务所按照《私募基金管理人登记法律意见书指引》以及私募基金登记备案系统的填报要求，结合申请机构的实际情况，出具相关《法律意见书》。详细模板见本书附录。

10.2.6 22个私募基金管理人重要检查事项说明

申请机构在上传《法律意见书》的同时，需填写22个私募基金管理人重要检查事项说明，打印出来后由出具法律意见书的两名律师签字，加盖律所公章，签署日期后上传到登记备案系统。出具法律意见书之后，律师事务所需协助申请机构办理此证明。

我们将22个重要检查事项汇总如下（见表10-1）：

表10-1　律师审查22个私募基金管理人重要事项说明

私募基金管理人重要事项说明	1. 申请机构向中国基金业协会提交的登记申请材料是否真实、准确、完整 注：出具《法律意见书》的律师事务所，应对申请机构在私募基金登记备案系统中提交的登记申请材料的真实性、准确性和完整性出具意见	○否 ○是
	2. 申请机构的名称和经营范围中是否含有“基金管理”“投资管理”“资产管理”“股权投资”“创业投资”等与私募基金管理人业务属性密切相关字样	○否 ○是
	3. 私募基金管理人名称中是否含有“私募”相关字样	○否 ○是
	4. 是否符合《私募监管暂行办法》第22条规定的专业化经营原则（备注1）	○否 ○是
	5. 申请机构的工商经营范围或实际经营业务中，是否兼营可能与私募投资基金业务存在冲突的业务	○否 ○是

续表

私募基金管理人重要事项说明	6. 申请机构的工商经营范围或实际经营业务中，是否兼营可能与“投资管理”的买方业务存在冲突的业务	○否 ○是
	7. 申请机构的工商经营范围或实际经营业务中，是否兼营其他非金融业务	○否 ○是
	8. 申请机构直接或间接控股或参股的境外股东，穿透后其境外股东是否符情况说明合现行法律法规的要求和中国基金业协会的规定	○否 ○是 ○无境外股东
	9. 申请机构是否存在子公司、分支机构和其他关联方	○否 ○是
	10. 申请机构是否按规定具有开展私募基金管理业务所需的从业人员、营业场所、资本金等企业运营基本设施和条件	○否 ○是
	11. 申请机构是否已制定风险管理和内部控制制度，其中包括但不限于：运营风险控制制度，信息披露制度，机构内部交易记录制度，防范内部交易、利益冲突的投资交易制度，合格投资者风险揭示制度，合格投资者内部审核流程及相关制度、私募基金宣传推介、募集相关规范制度以及（适用于私募证券投资基金业务的）公平交易制度、从业人员买卖证券申报制度等	○否 ○是 ○部分建立
	12. 申请机构是否与未取得中国基金业协会外包服务资格的机构签署基金外包服务协议	○否 ○是
	13. 申请机构的高管人员基金从业资格情况是否符合中国基金业协会的要求	○否 ○是
	14. 申请机构的高管岗位设置是否符合中国基金业协会的要求	○否 ○是
	15. 申请机构及其高管人员是否受到刑事处罚、金融监管部门行政处罚或者被采取行政监管措施	○否 ○是
	16. 申请机构及其高管人员是否受到行业协会的纪律处分	○否 ○是
	17. 申请机构及其高管人员是否在资本市场诚信数据库中存在负面信息	○否 ○是
	18. 申请机构及其高管人员是否被列入失信被执行人名单	○否 ○是
	19. 申请机构及高管人员是否被列入全国企业信用信息公示系统的经营异常名录或严重违法企业名录	○否 ○是
	20. 申请机构及高管人员是否在“信用中国”网站上存在不良信用记录	○否 ○是
	21. 申请机构最近三年是否涉诉或仲裁	○否 ○是
	22. 其他需要说明的情况	○否 ○是

10.3 出具专项法律意见书

10.3.1 重大事项变更的情形

此前，资产管理业务综合报送平台显示的私募机构重大事项变更包括7个方面：① 主体资格证明文件及相关内容变更；② 管理人合法合规及诚信情况变更；③ 机构类型及业务类型变更；④ 出资人变更；⑤ 实际控制人变更；⑥ 高管变更；⑦ 管理人挂牌上市情况变更。2018年7月阜兴系私募风波过后，中国基金业协会加大了对关联方变动的审核力度，将关联方变动也列为重大事项变更，私募机构重大事项变更从原本的7个方面变为8个方面。

《二五公告》中指出，私募基金管理人申请变更控股股东、变更实际控制人、变更法定代表人、执行事务合伙人等重大事项或中国基金业协会审慎认定的其他重大事项的变更，属于重大变更。私募基金管理人应当在完成工商变更登记后的10个工作日内，通过私募基金登记备案系统向中国基金业协会进行重大事项变更，涉及控股股东、实际控制人、法定代表人/执行事务合伙人变更的，要同时提交《私募基金管理人重大事项变更专项法律意见书》。

1. 主体资格证明文件及相关内容变更

基金管理人的主体资格证明文件涉及工商营业执照、营业执照号码、组织机构代码证、税务登记证、税务登记证号码、机构名称、注册资本/认缴资本、实收资本/实缴资本、实收资本证明文件、机构性质、机构组织形式、法定代表人/执行事务合伙人（委派代表）、外商投资企业批准证书/台港澳侨投资企业批准证书（如有）、机构注册地址、经营范围等。上述内容发生变更时，需要提供的文件有新的营业执照、股东（大）会决议（如涉及）及相关证明文件。

变更法定代表人/执行事务合伙人（委派代表）需要律师事务所出具法律意见书。

2. 管理人合法合规及诚信情况变更

基金管理人合法合规及诚信情况包括管理人近三年是否受到刑事处罚、中国证监会的处罚、是否被中国证监会采取行政监管措施、是否受到其他监管部门处罚、是否被中国基金业协会采取自律措施、是否被其他组织采取自律措施、是否涉及诉讼及仲裁以及其他合法合规及诚信情况，如管理人涉及诉讼、仲裁、行政处罚等，需要及时进行信息变更，如实对投资者进行信息披露。

3. 机构类型及业务类型变更

私募机构类型有证券类、股权及创投类、资产配置类、其他类四类；业务类型包括股权投资基金、创业投资基金、股权 FOF 基金、创投 FOF 基金、证券基金、证券 FOF 基金、资产配置基金、其他类基金、其他类 FOF 基金等。

基金管理人变更机构类型及业务类型需提交变更申请书，同时说明变更原因，变更后应符合专业化经营的原则。

4. 出资人变更

出资人变更需要填写出资人的名称、国籍 / 类型、出资人类型、出资人认缴出资、实缴出资以及认缴出资及实缴出资的比例、出资资金需明确是否为境外资金，出资人是否为境外股东等。

出资人变更需要提交变更后的工商公示的出资人信息截图以及工商存档的出资人信息截图。

5. 实际控制人 / 控股股东变更

实际控制人 / 控股股东变更需要填写实际控制人 / 控股股东变更的相关信息。可以新增实际控制人（自然人或机构实际控制人）、修改实际控制人（对已经存在的实际控制人）、删除实际控制人（对已经存在的实际控制人）。

实际控制人变更应上传公司决议文件及其他相关证明文件，实际控制人 / 控股股东变更需出具专项法律意见书。

6. 高管变更

进行高管变更时需要先到从业人员管理平台进行注册，注册成功

T+1 日后，可在平台上进行信息录入，填写变更后高管的相关信息。

7. 管理人挂牌 / 上市情况变更

如果是挂牌或上市的，需说明挂牌或上市场所及其所属国家和地区、交易代码以及上市证明文件。如管理人自身为新三板公司或上市公司又退市的，则需要填写退市原因同时提交退市相关文件。

8. 分支机构、子公司信息及关联方信息变更

私募基金管理人的关联方是指：私募基金管理人持股 5% 以上的金融企业、上市公司，或持股 20% 以上的其他企业，分支机构，以及其他关联方，包括受同一控股股东 / 实际控制人控制的金融企业、私募基金管理人、投资类企业、冲突业务企业、投资咨询及金融服务企业等。

私募基金管理人提交关联方变更后，中国基金业协会需要进行人工审核，但未要求变更关联方信息时必须出具法律意见书。

上述八项重大事项变更中，已登记的私募基金管理人申请变更控股股东、变更实际控制人、变更法定代表人 / 执行事务合伙人等重大事项或协会审慎认定的其他重大事项的，应提交《专项法律意见书》，在《专项法律意见书》中，律师应对私募基金管理人重大事项变更的相关事项逐项明确发表结论性意见，还应当提供相关证明材料，充分说明：① 变更的原因及合理性；② 变更事项已按基金合同、基金公司章程或者合伙协议的相关约定，履行基金份额持有人大会、股东（大）会或合伙人会议的相关表决程序；③ 变更事项已按照《信息披露办法》相关规定和基金合同、基金公司章程或者合伙协议的相关约定，向私募基金投资者及时、准确、完整地进行了信息披露。

10.3.2 出具《专项法律意见书》的情形及审查事项

已登记的私募基金管理人申请变更控股股东、变更实际控制人、变更法定代表人 / 执行事务合伙人（委派代表）等重大事项或协会审慎认定的其他重大事项的情况下，需要提交私募基金管理人重大事项变更专项法律意见书，对私募基金管理人重大事项变更的相关事项逐项明确发表结论性意见。

1. 法定代表人变更

法定代表人变更，通常有两个方面的原因：一是与法定代表人的基金从业资格有瑕疵；二是私募机构出于经营管理的需要，变更公司的执行董事或者总经理。

可能存在的情况是：某些申请机构的法定代表人暂无基金从业资格，在进行私募基金管理人登记时，为满足法代必须具有基金从业资格的要求，向协会申请登记时，暂时将法定代表人确定为有基金从业资格的人，待成功登记且拟任的法定代表人取得资格后，再进行变更。

法定代表人变更，应聘请律师出具《专项法律意见书》，律师主要审查以下内容：

（1）新法定代表人的资格、诚信情况

律师不仅要审查新法定代表人的基金从业资格，还要审查新法定代表人的诚信记录：最近三年是否有重大失信记录、是否被中国证监会采取市场禁入措施等。

（2）法定代表人变更的程序

一般公司章程通常规定执行董事或总经理为法定代表人，而执行董事、总经理的变更，需要通过股东（大）会议或者董事会决议决定。法定代表人的变更程序审查，就是要审查是否有相应的股东（大）会决议或者董事会决议，是否就法定代表人变更已经进行了工商登记变更。

（3）变更的通知事项

审查私募基金管理人是否将此变更事项通知了旗下基金产品的投资者。通知的方式一般在基金产品相关的《基金合同》《合伙协议》中约定，通常有通过电话、电子邮件、快递、托管人网站通知等。律师需要审查私募机构是否按照约定方式，将法定代表人变更事项通知了所有投资者。

2. 控股股东变更

控股股东变更的原因一般是公司股权发生了转让。控股股东的股份份额增加或减少，不影响控股股东的控制地位的，不需要出具专项法律意见书。

对于控股股东变更，应聘请律师出具《专项法律意见书》，律师主要审查以下事项：

（1）股份转让协议

核查原控股股东和新控股股东之间签订的股份转让协议，是否合法合规，转让价格是否公允、是否缴纳股权转让有关税款等。

（2）关联方发生变化的情况

如果私募机构的控股股东发生变化，相应的，私募机构的关联方也会发生变化。律师要审查变更后关联方发生了哪些变化。

（3）控股股东变更的程序审查

股份转让是否符合公司章程规定，是否经过其他股东同意，是否经过股东（大）会决议，是否进行了相应的工商登记等。

（4）控股股东变更的通知事项

控股股东的变更，需要通知私募机构旗下基金产品的投资者。律师需要审查私募机构是否已经把控股股东的变更事项按照约定方式通知了基金产品的所有投资者。

3. 实际控制人变更

私募机构的实际控制人变更，通常因为控股股东发生变化，或者私募机构的股东之间对股东表决权做出授权、一致行动协议等安排。

对于实际控制人变更，应聘请律师出具《专项法律意见书》，律师主要审查以下事项：

（1）实际控制人变更的原因是否合法合规

实际控制人的变更，如果是基于控股股东的变化，则与控股股东的审查情况相同。如果是基于股东之间对股东表决权做出了安排，就需要审查相关的文件是否合法合规，是否由股东亲自签署，是否是真实意思表示等。

（2）关联方发生变化的情况

如果私募机构的实际控制人发生变更，私募机构的关联方也会随之发生变化。律师需要审查实际控制人变更后，关联方发生了哪些变化。

（3）实际控制人变更的通知事项

实际控制人的变更，需要通知私募机构旗下基金产品的投资者。律师需要审查私募机构是否已经把控股股东的变更事项按照约定方式通知了基金产品的所有投资者。

10.3.3 《专项法律意见书》的内容

私募基金管理人应当聘请在中国登记注册的律师事务所，由律师事务所指派两名执业律师就变更事项进行尽职调查，并根据调查结果出具无任何保留意见的《专项法律意见书》。《私募基金管理人登记法律意见书指引》第五条规定，需要出具《专项法律意见书》的，对私募基金管理人重大事项变更的相关事项逐项明确发表结论性意见。根据实务经验，专项法律意见书主要包含以下几项内容：

1. 变更前的情况

《专项法律意见书》需如实陈述管理人需要变更的重大事项变更前的基本情况，包括但不限于管理人于中国基金业协会私募基金登记备案系统填报的信息情况。需核查通过私募基金管理人最新的工商公示材料和章程、工商内档等材料，核查私募基金管理人是否存在法律法规及公司章程需要终止的情形。

2. 变更的情况

在《专项法律意见书》中，律师需陈述管理人本次变更的基本情况。主要内容包括：一是变更缘由，需要说明变更前遇到的困难、变更的原因（如身体不适、年龄偏大、经营策略调整、经验不足等）、变更的目的（从有利于私募基金管理人经营角度出发）、变更的交接（私募基金管理人内部平稳过渡，防范不利影响）；二是变更过程，在《专项法律意见书》中，需要按照时间、地点、内容对变更过程进行完整说明；三是变更事项的决定，包括变更事项的提案、决策会议的召集、召开表决情况；四是变更结果，包括决策、表决的结果提交工商变更登记的情况（如需）。

3. 控股股东变更是否影响实际控制人

《专项法律意见书》需如实陈述控股股东发生变更是否导致实际控制人变更。

4. 法定代表人 / 实际控制人的资格与履历

《专项法律意见书》需介绍管理人法定代表人 / 实际控制人的资格与履历，包括：法定代表人的从业资格；法定代表人是否受到刑事处罚、行政处罚或被采取行政监管措施；是否受到行业协会的纪律处分；是否在资本市场诚信数据库中存在负面信息；是否列入失信被执行人名单；是否在“信用中国”网站上存在不良信用记录，是否存在《公司法》规定不得担任法定代表人的情况等；法定代表人 / 实际控制人的连续不间断的履历情况。

若法定代表人 / 实际控制人连续 6 个月以上无工作履历，需披露 / 填报期间状态（无业、待业等）并说明原因。

5. 股东实缴出资情况、控股股东 / 实际控制人对外投资情况以及变更后管理人关联机构情况

《专项法律意见书》需对变更后的股东是否涉及外资，关联方变更等情况进行详细说明，主要内容包括：控股股东变更后各股东的认缴、实缴出资情况；变更后股东是否涉及外资；控股股东或实际控制人发生变更，是否导致关联方发生变化，披露关联方背景情况；控股股东发生变更，同时实际控制人未发生变更的，要说明实际控制人未发生变更的认定分析，以论证关联方的变化情况。

6. 变更信息披露情况

《专项法律意见书》需说明向投资者披露变更信息的情况，如尚未备案产品，要求已在产品筹备、介绍说明文件中（或其他公示手续），披露变更后信息，不存在虚假、隐瞒；如已备案产品，要求已向投资者完整披露，要求按《基金合同》的约定、公示、通告或直接联络等方式向投资者完整披露了变更的原因、过程、潜在风险、防范措施等。

7. 结论

律师应对本次变更是否合法，是否有效等发表结论性意见。

10.3.4 重大事项变更要求

《登记须知》对私募基金管理人重大事项变更提出了以下几点要求：

1. 期限及整改次数要求

私募基金管理人进行主要出资人、实际控制人、法定代表人 / 执行事务合伙人（委派代表）等需提交重大事项变更法律意见书的重大事项变更申请，若首次提交后 6 个月内仍未办理通过或退回补正次数超过 5 次，协会将会暂停申请机构新增产品备案直至办理通过。

2. 发生实质性变化

若已登记私募基金管理人 1 年内法定代表人 / 执行事务合伙人（委派代表）、主要出资人、实际控制人均发生变化，应重新提交针对发生变更后私募基金管理人登记法律意见书，根据《私募基金管理人登记法律意见书指引》对申请机构整体情况逐项发表法律意见，同时提交变更的内部程序证明材料、向投资人就该事项信息披露材料，并详细说明变更的原因。

3. 高管离职情形

私募基金管理人原高管人员离职后，私募基金管理人需要在 3 个月内完成聘任具备与岗位要求相适应的专业胜任能力的高管人员。

延伸阅读

D 律师事务所被取消出具法律意见书资格

Z（北京）资产管理有限公司（下称“Z 公司”）于 2015 年 1 月 29 日在中国基金业协会（下称“协会”）登记为私募基金管理人。2016 年 6 月 21 日江苏 D 律师事务所（简称“D 事务所”）为公司出具了法律意见书。2017 年 11 月 6 日，Z 公司因失联被协会注销私募基金管理人登记。

1. 情况说明

（1）Z 公司违规情况

Z 公司成立于 2012 年 1 月 9 日，注册资本为 30 000 万元，实收资本为 10 000 万元，注册地址和办公地址（略），法定代表人为瞿某某，经营范围为资产管理、投资管理。

Z 公司于 2015 年 1 月 29 日登记为股权投资类私募基金管理人，其高级管理人员瞿某某、蔡某某均无基金从业资格，其在协会备案的私募基金产品为“政府民生重点工程未来城专项资产管理计划”（下称“未来城计划”），该基金拟通过股权投资于张家界 × 房地产开发有限公司，募集款项用于张家界未来城项目的基础设施建设、棚户区改造建设，基金托管人为国信证券，实缴出资额为 16 765 万元，备案时间为 2016 年 3 月 30 日。Z 公司自 2016 年 6 月以来未更新过协会备案信息。

2017 年 3 月，北京证监局依据协会备案信息致电 Z 公司董事长、法定代表人瞿某某，其手机号码停机或为空号。经北京证监局实地查看，Z 公司办公地址已无人办公，且办公场所门上被物业公司张贴了催缴房租的通知。2017 年 4 月 24 日，协会发布《关于失联私募机构最新情况及拟公示第十三批失联私募机构的公告》，对 Z 公司失联情况进行了公告。Z 公司曾在 2015 年 7 月因“未按责令期限公示有关信息”及“通过登记的住所或者经营场所无法取得联系”被北京市工商部门两次列入经营异常信息名录，后分别于 2016 年 2 月、3 月移出经营异常名录信息。

（2）国信证券报告情况

北京证监局针对 Z 公司被举报事项约谈了托管人国信证券相关负责人，并要求国信证券提供书面报告及相关材料。根据国信证券提供的资料，Z 公司“未来城计划”存续期 1 年，预期收益率 11%～13%，2016 年期间陆续向 99 名投资者募集资金共 21 246 万元；截至 197 号函、290 号函出具之日的份额本金余额 19 996 万元，涉及投资者 93 人（其中 92 名投资者为个人）。截至 2017 年 3 月 5 日，国信证券接到 32 名投资者的电话，反映 Z 公司未按期兑付本息、未正常办公、实际控制人张某某失联等情况。经北京证监局核实，张某某已被北京市东城区公安部门采取控制措施。

根据国信证券向北京证监局的汇报，瞿某某与×地产监事瞿某是父子关系，张某某与×地产公司实际控制人王某某为合作关系，但×地产公司否认参与未来城计划，称未与Z公司签订有关协议，亦未收到投资款项，且×地产公司法定代表人欧阳某某称：×地产公司从2014年起已与王某某没有关系，但工商登记至今未变更。据悉，2017年2月底，×地产公司分别向张家界市政法委员会、公安局经侦支队、永定区人民政府报送《情况报告》，报告×地产公司未参与未来城计划的相关情况。国信证券已于2017年3月初报案，深圳市公安部门于2017年3月15日正式立案侦查。另据国信证券介绍，除Z公司外，该案还涉及H（北京）投资基金管理有限公司（实地查看未找到该公司，经向大厦保安了解，该公司1年前曾发生客户集体上门要账事件）、H资产管理有限公司等张某某、王某某担任高管的私募公司。

（3）募集基金核查情况

经北京证监局查询Z公司向国信证券出具的“未来城计划——划款指令”中约定的“张家界×房地产开发有限公司”（开户行为平安银行北京亚奥支行）收款账户信息，该账户收到国信证券划转的募集资金后，全部在当天转到“北京国信Y资本管理中心（有限合伙，下称“国信Y公司”）”银行账户。经查，国信Y公司的执行事务合伙人是中创国信（北京）投资基金管理有限公司，此为Z公司的旧名。经查询国信Y公司银行账户信息，收到上述转账期间，该账户中的资金主要用于：以“投资本金”“收益”等转给很多的自然人；以“渠道费用”“垫支费用”等转给北京XYD投资管理中心（有限合伙）；以“未来城投资款”“往来”等转给×地产公司；以“其他合法款项”转给瞿某某。

核查中亦发现，除国信Y公司外，由Z公司担任执行事务合伙人的机构还有4家：北京ZTXC资本管理（有限合伙）、北京JSXC资本管理中心（有限合伙）、北京YTXC资本管理中心（有限合伙）、北京PYTC资本管理中心（有限合伙）。经核实，Z公司未将国信Y公司等上述5家有限合伙作为私募基金产品在协会备案，且北京市海淀区工商部门于2016年7月因“未按规定公示公司年度报告”将该5家机构列入经营异常名录信息。

截至197号函、290号函出具时，未来城计划约20 000万元募集资金在2017年年内陆续到期，相关风险已经暴露，且已发生群体性事件（2017年4月11日下午，约30名Z公司投资人到中国证监会群访）。

（4）涉嫌违法违规情况

根据197号函、290号函，Z公司涉嫌伪造公章和非法集资：

经对比Z公司《股权认购协议书》《抵押和担保协议》等文件中的×地产公司印章、×地产公司法定代表人欧阳某某签字与×地产公司《情况报告》中的×地产公司印章、欧阳某某签字不一致。据此分析，Z公司涉嫌伪造公章及冒名签字。

经核对举报人提供的《未来城计划合同》约定基金资金用于张家界未来城项目的基础设施建设、棚户区改造建设，与国信证券提供的《未来城计划合同》中约定的“通过股权投资于张家界×房地产开发有限公司”的不一致。核查发现，×地产公司账户收到募集资金后均在当天划转到国信Y公司账户的行为与《未来城计划合同》约定投向明显不符，国信Y公司收到转账后的资金使用行为亦与“通过股权投资于×地产公司”明显不符。据此分析，Z公司涉嫌虚构或隐瞒事实，挪用和侵占基金财产。

2. 法律意见书情况

（1）法律意见书披露的信息与材料不一致

①Z公司的工商登记情况。

根据《登记法律意见书》第3页“一、1、Z（北京）资产管理有限公司系依法设立的有限责任公司”，Z公司的注册登记情况为“…统一社会信用代码：9111××××××××××××XK…，住所：（略），经营范围：资产管理、投资管理，…核准日期：2016-03-23”。

根据律师工作材料中Z公司的《营业执照》，Z公司的注册登记信息为“注册号：1100×××××××××××；住所：（略）；经营范围：资产管理，投资管理，项目投资，投资咨询，企业形象策划，企业管理咨询，经济贸易资讯，会议服务，市场调查；核发日期：2015年4月13日”。因此，《登记法律意见书》关于公司工商登记信息的披露内容与律师工作材料中留存的相应底稿文件所载信息不一致。

②股东的出资时间。

根据《登记法律意见书》第4页“一、2.股东的姓名（名称）、认缴的出资额、出资时间、出资方式”，Z公司股东的出资时间为2031年11月26日。

根据律师工作材料中由Z公司股东于2015年4月1日签署盖章的《Z(北京）资产管理有限公司章程》，Z公司股东的出资时间为2015年4月12日。因此，《登记法律意见书》关于公司股东出资时间的披露内容与律师工作材料中留存的相应底稿文件所载股东出资时间不一致。

（2）法律意见书披露的相关信息无底稿支持

在协会核查过程中，D律师事务所经办律师除Z公司营业执照、公司章程外，无法提供能够证明其出具法律意见书过程中开展过核查工作的底稿材料和费用支出凭证。同时，D律师事务所经办律师还向协会提供了几篇工作日记作为工作底稿材料。但是，有关日记内容不仅无法体现其尽职调查工作，而且部分内容描述与法律意见书完全无关。还有部分内容反映了律师对法律意见书制度的认识存在误区。

此外，樊某某与刘某某两位经办律师商议法律意见书工作计划的时间为2016年2月21日，是2016年春节假期后的第一个星期日，不是工作日。该日距协会2016年2月5日发布的《二五公告》仅10余天。在春节假期后的休息日即开始经办这项工作并不合理。

（3）法律意见书披露的相关信息与事实不符

根据《登记法律意见书》第10页，“Z（北京）资产管理有限公司没有被列入全国企业信用信息公示系统的经营异常名录或严重违法企业名录”。

但根据协会在国家企业信用信息公示系统、北京市企业信用信息网的查询结果，Z公司曾于2015年7月14日被北京市工商局依据京工商石异列字〔2015〕2823号《列入经营异常名录决定书》列入经营异常名录，原因为“未按责令的期限公示有关企业信息”，后于2016年2月23日被北京市工商局依据京工商石异移字〔2016〕306号《移出经营异常名录决定书》移出该经营异常信息；曾于2015年7月14日被北京市工商局依据京工商石异列字〔2015〕2881号《列入经营异常名录决定书》列入经营异常名录，原因为“通过登记的住所或者经营场所无法取得联系”，后于2016年3月22日被北京市工商局依据京工商朝异移字〔2016〕3241号《移出经营异常名录决定书》移出该经营异常信息。

因此，《登记法律意见书》关于公司经营异常信息的披露不真实。

资料来源：关于不再接受江苏东方之光律师事务所等三家律师事务所出具的私募基金管理人登记法律意见书的公告［EB/OL］. http：//www.amac.org.cn/xhdt/zxdt/392928.shtml，2018-04-13.

第11章

私募基金管理人登记实务

私募早餐资本公司按照律师尽职调查后提出的意见进行了整改，两名律师为私募早餐资本公司出具了《法律意见书》，私募早餐资本公司进入了规划流程表的重要环节——私募基金管理人登记。

我国私募行业经历了早期的爆发式增长后，行业规模急剧扩大，在2016年初就已有超过1万家的私募机构。为引导行业健康发展，提升行业参与者的专业性，中国基金业协会对私募机构的登记审核日益严格，行业准入门槛不断提高。

私募早餐资本公司想要成功通过审核，需要准备哪些材料？登记系统如何操作？中国基金业协会对申请材料的审核包括哪些环节？登记结果如何公示？本章将为您一一道来。

11.1 登记材料的准备

申请机构在登记之前需要确认相关文件和信息是否齐备，主要包括以下五个方面。

11.1.1 常规格式文件

申请机构在进行登记之前，应先在中国基金业协会网站上下载协会提供的常规格式文件，包括《中国证券投资基金业协会入会申请书》（协会格式文本）、《基金管理人登记和基金备案承诺函》（协会格式文本，盖章承诺）。申请机构应按协会要求填写文件，以备后续审核。

11.1.2 申请机构信息

申请机构初次登记信息时，需要在系统中录入机构的基本资料，包括：外商投资企业批准证书/台港澳侨投资企业批准证书（若是）；管理人的公司章程/有限合伙协议；营业执照；机构所在写字楼图片、机构前台照片。

此外，还需上传协会要求的相关制度资料。所有类型的私募基金管理人均需提供的制度包括：运营风险控制制度；信息披露制度；机构内部交易记录制度；防范内幕交易、利益冲突的投资交易制度；合格投资者风险揭示制度；合格投资者内部审核流程及相关制度；私募基金宣传推介、募集相关规范制度。证券类私募基金管理人还需额外提供两项制度资料，即公平交易制度和从业人员买卖证券申报制度。

11.1.3 实际控制人信息

申请机构需要在系统中录入实际控制人的相关信息，具体包括以下内容：

① 基本信息：实际控制人是自然人的，需要出具身份证、学历/学位证书证明文件。实际控制人是法人及其他组织的，需要出具营业执照或主体资格证明文件。此外，两者均需出具与管理人之间的控制关系图。

② 合规信息：实际控制人应证实最近三年合法合规及诚信情况。

③ 财务信息：若实际控制人为法人及其他组织，且存续期超过一年，需出示上一年审计报告，会计师事务所营业执照，上一年度资产负债表，上一年度利润表，上一年度现金流量表。

11.1.4 股东/合伙人信息

申请机构需要在系统中录入股东/合伙人的相关信息，具体包括以下内容：

股东/合伙人是自然人的，需要出具身份证、学历/学位证书证明文件及其与管理人之间的控制关系图。

股东/合伙人是法人及其他组织的，需要出具机构营业执照或主体资格证明文件及其与管理人之间的控制关系图。

11.1.5 主要人员信息

私募基金管理人的主要人员包括高级管理人员与基金经理，其需要出具的信息包括身份证、学历证明、个人信用报告、无犯罪记录证明、个人简历等，个人简历中应包括姓名、性别、出生年月、国籍、任职时间、职务、是否为执行事务合伙人、是否为风控负责人、是否为信息填报负责人、学历经历和工作经历等。同时，建议私募基金管理人的主要人员提供与其岗位相匹配的履职能力相关证明文件。

11.1.6 法律意见书

上传法律意见书（PDF格式，无须压缩包）时，还需同时上传出具法律意见书的律师事务所的执业许可证，以及律师事务所就“私募基金管理人重要情况说明”出具的确认函，确认函需要加盖律师事务所公章，并填写律师执业证号。

11.2 登记系统操作

11.2.1 从业人员管理系统

申请机构应先登录“从业人员管理系统”，从中进行从业资格注册或个人信息登记（见图 11-1）。高管信息在“从业人员管理系统”中注册或登记成功后，会在 T+1 日更新至“资产管理业务综合报送平台”。

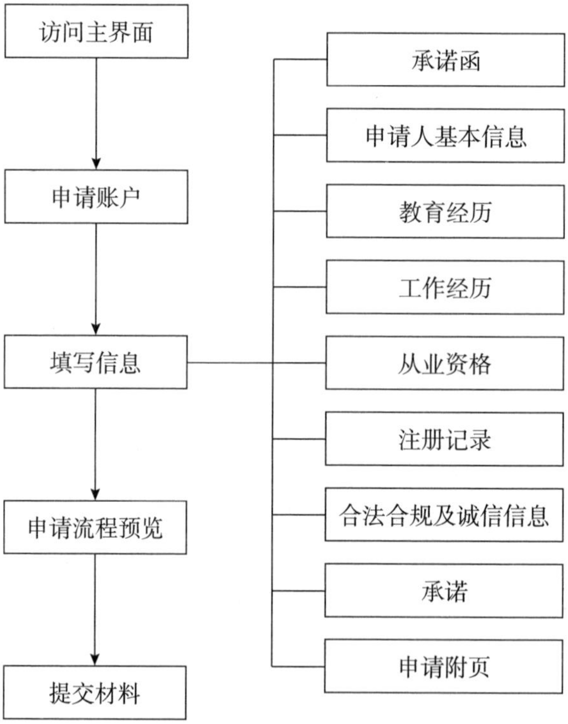

图 11-1 从业人员管理系统信息填报流程

需在“从业人员管理系统”中完成的操作如下：

1. 主界面（见图 11-2）

图 11-2 从业人员管理平台登录窗口

2. 申请账户

（1）用户名为身份证号，无须自行填写。

（2）登录密码首次为系统自动生成的 8 位密码，后续可以自行修改。

（3）固定电话和传真为非必填项，此处可以不用填写。

（4）证件类型、所属地区、从业岗位为下拉选项。其中从业岗位下拉菜单包括诸多岗位选择，点击时要多加注意。

3. 信息填写

（1）有基金从业资格的点击“有基金从业资格高管登记”（通过基金从业资格考试或者通过资格认定皆可），无资格的点击“无资格高管登记”。

（2）非私募证券投资基金包括法定代表人和风控 / 合规负责人在内的至少 2 名高管必须具备基金从业资格，私募证券投资基金则要求包括法定代表人、风控 / 合规负责人、总经理、副总经理等全部高管人员均应具备基金从业资格。

提示：根据实际情况，在关联方的问题上，对于关联非私募机构，如果其名称包含“投资”“投资管理”“资产管理”“基金管理公司”的，协会会要求说明关联方实际开展业务情况及未登记为私募基金管理人的原因。如无计划登记为私募基金管理人，需出具不登记承诺函；如有计划登记私募基金管理人，需说明计划登记时间、未来展业方向以及与本机构业务隔离防范措施。此要求的目的，旨在尽量避免申请机构与关联方之间存在利益输送、利益冲突等情况（放到登记里面）。

4. 提交材料清单

填报“从业人员管理系统”涉及许多需要提交的资料，填报者应在申请前提前准备，如表 11-1 所示。

表 11-1　　从业人员管理系统填报资料汇总表

序号	资料名称	备注
1	从业人员任职机构名称	
2	身份证件	jpg 格式的图片
3	婚姻状况、手机、办公电话、电子邮件、职务、从业岗位、政治面貌	
4	个人照片	照片规格为 3cm×4cm，大小不超过 100KB，底色为红或蓝（电子版）
5	资格证明文件	PDF 格式文件，包括通过基金从业资格考试及资格认定等，多张证件的合并为一个文件
6	教育经历及学历证明文件	最低必需学历为高中（中专），提供学历 / 学位证明编号及证明文件（不超过 20M 的 PDF 文件或者不超过 500k 的图片）
7	出生地、家庭住址、家庭邮编、办公地址、办公传真、工作所在区域	家庭电话、办公地邮编可选择性提供
8	工作经历、证明人及证明人联系方式	工作经历中包括工作单位、部门、职务、工作内容等。
9	任职证明	劳动合同或社保缴纳清单或股东（大）会决议（任职文件）等，PDF 格式且不超过 20M
10	填写简历	与法律意见书一致

11.2.2 资产管理业务综合报送平台

2016 年 9 月 8 日，中国基金业协会发布《关于资产管理业务综合报送平台上线运行相关安排的说明》，“资产管理业务综合报送平台”正式上线运行。私募基金管理人登记、私募基金备案以及信息更新必须在平台上进行。图 11-3 展示了申请机构进行私募基金管理人登记的具体流程。

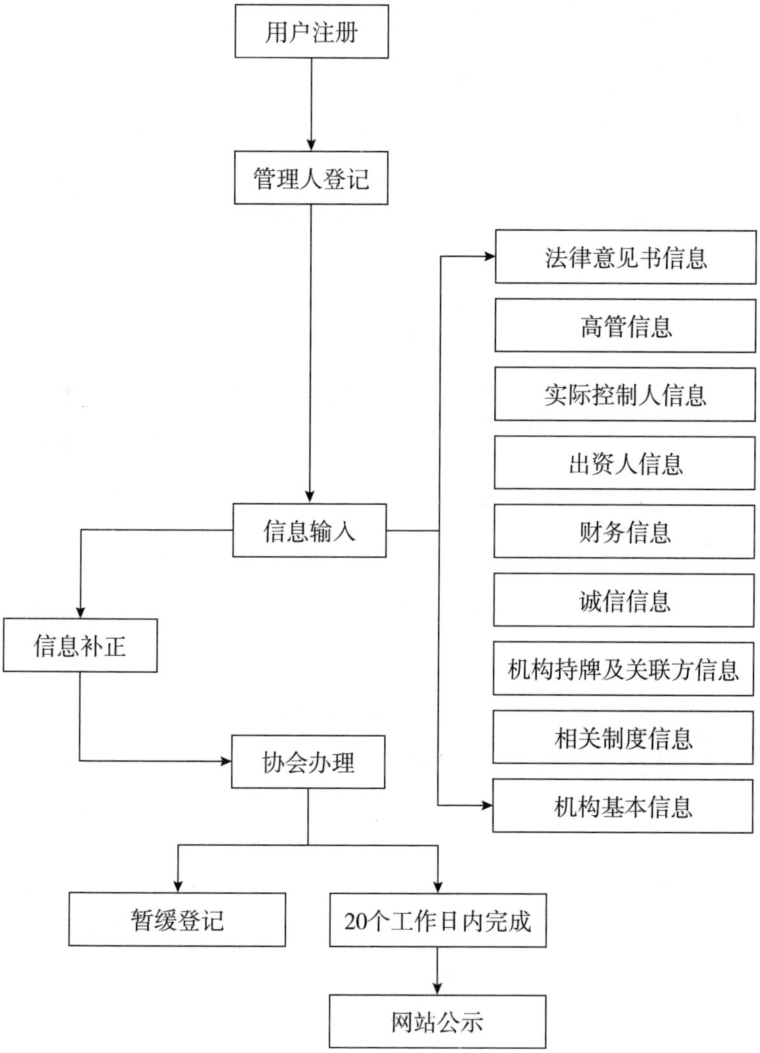

图 11-3　私募基金管理人登记流程

1. 系统登录及注册

（1）系统登录

在浏览器中输入系统地址进入登录界面（见图 11-4）。输入用户名和密码，点击“登录”按钮，进入系统主页面。

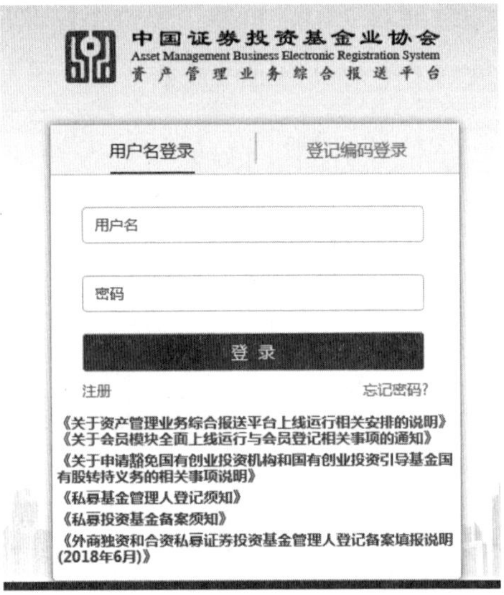

图 11-4　资产管理业务综合报送平台登录页面

（2）注册

首次使用用户，需要申请平台账号，点击页面下方的“立即注册”按钮，进行注册操作（见图 11-5）。

图 11-5　资产管理业务综合报送平台账号注册界面

① 注册信息：包括机构名称、组织机构代码、主要联系人邮箱、用户名、密码、验证码。

② 操作说明：机构名称需输入中文，组织机构代码等信息必须真实有效，注册成功后不可修改。

2. 首页

（1）首次注册登录

首次注册登录则该界面显示为注册申请提交，首次登录时，提示维护用户基本信息，以及基本信息处理流程。

（2）非首次注册登录

非首次注册登录则该界面显示当前登录用户的待办业务，包括管理人待办及产品待办。

3. 管理人登记信息

（1）首次登记信息

① 功能概述：该界面为补充完善管理人账号基本信息，注册申请提交，首次登录时，提示维护用户基本信息，以及基本信息处理流程。

② 基本信息：包括机构办公地址、邮编、机构网址、主要联系人姓名、主要联系人办公电话、主要联系人移动电话、主要联系人邮箱、主要联系人传真、机构所在写字楼图片、机构前台图片、备用联系人姓名、备用联系人办公电话、备用联系人移动电话、备用联系人邮箱、备用联系人传真。

提示：新平台填报时需上传机构所在写字楼图片、机构前台图片的要求，进一步落实了私募基金管理机构应具有与开展业务相适应的经营场所。建议写字楼图片的取景应包含显著的楼宇名称或Logo，机构前台图片的取景应包含机构的全称或Logo。

（2）机构基本信息

基本信息：包括机构全称（中文）、机构全称（英文）、机构简称、机构成立时间（下拉选择）、机构性质（下拉选择）、机构组织形式（下拉选择）、机构注册地址（下拉选择）、注册资本 / 认缴资本、实收资本 / 实缴资本、实收资本 / 实缴资本出资证明、机构类型（下拉选择）、业务类型（复选框）、管理人的公司章程 / 合伙协议、组织机构代码、税务登记号码、税务登记证（图片）、营业执照号码、营业执照（图片）、经营范围、员工总数、是否挂牌 / 上市（单选按钮）、管理人认为需要说明的情况、管理人认为需要上传的文件。

提示：机构可考虑上传实缴出资的《验资报告》，或各出资人实缴出资的证明文件合并扫描件，各出资人的实缴出资证明文件（如银行回单）应能够显示出资由出资人名下直接支付至私募基金管理人账户，不能为代付代缴凭证。

（3）相关制度信息

① 功能概述：该界面显示为完善相关制度信息，机构基本信息保存后，提示维护机构基本信息。

② 基本信息：包括运营风险控制制度、信息披露制度、机构内部交易记录制度、防范内幕交易及利益冲突的投资交易制度、合格投资者风险揭示制度、合格投资者内部审议流程及相关制度、私募基金宣传推介及募集相关规范制度、公平交易制度、从业人员买卖证券申报制度等。

（4）机构持牌及关联方信息

① 功能概述：该界面显示为补充机构持牌及关联方信息，相关制度信息保存后，提示维护机构持牌及关联方信息。

② 基本信息：包括机构持有行政许可相关信息和分支机构、子公司信息及关联方信息。

（5）诚信信息

① 功能概述：该界面显示为完善管理人诚信信息，机构持牌及关联方信息保存后，提示维护诚信信息。

② 基本信息：最近三年是否受到刑事处罚、被市场禁入、最近三年是否受到中国证监会的行政处罚、最近三年是否被中国证监会采取行政监管措施、最近三年是否被中国基金业协会采取自律措施、最近三年是否被其他自律组织采取措施、最近三年是否涉及诉讼或仲裁。

（6）财务信息

① 功能概述：该界面显示为完善管理人财务信息，诚信信息保存后，提示维护财务信息。

② 基本信息：会计年度、总资产、总负债、净资产、总收入、管理费、业绩报酬、其他收入、职工薪酬、外包服务费用支出、其他支出、营业利润、净利润等。

（7）出资人信息

功能概述：该界面显示为记录出资人信息，财务信息保存后，提示维护出资人信息。

提示：实缴出资的证明（如银行回单）应能够显示出资由出资人名下直接支付至私募基金管理人账户，不能为代付代缴凭证。

（8）实际控制人信息

① 功能概述：该界面显示为记录实际控制人信息，出资人信息保存后，提示维护实际控制人信息。

② 基本信息：包括名称、国籍、证件类型、证件号码、证件扫描件、出生年月、性别、通讯地址、最高学历、毕业院校、办公电话等。

（9）高管信息

功能概述：该界面显示为记录高管信息，实际控制人信息保存后，提示维护高管信息。

提示：新平台中要求高管人员填报信息前，应先完成在“从业人员管理平台”上进行从业资格注册或个人信息登记。

（10）管理人登记法律意见书

① 功能概述：该界面显示为记录管理人登记法律意见书信息，高管信息保存后，提示维护管理人登记法律意见书。

② 基本信息：律师事务所名称、律师事务所执业许可证、律师事务所执业许可证号、法律意见书以及出具意见书律师信息等。

11.3 登记审核

11.3.1 登记审核流程

2018年5月18日，洪磊会长在“2018年度地方基金行业协会联席会”上公开了登记审核流程，包括以下几个步骤。

1. 信息维护

申请机构首次登录资产管理业务综合报送平台时，需提交机构通用信息，包括九个模块：机构基本信息、相关制度信息、牌照及关联信息、诚信信息、出资人信息、实际控制人信息、财务信息、高管信息、法律意见书。

2. 信息对比

申请机构信息填报完成后，协会首先会审核申请机构信息的准确性，主要是从工商、舆情、诚信、从业人员系统等渠道获取申请机构信息进行对比，找出各个系统和数据源中是否存在差异。这说明协会的系统有自动核对的功能，以找出各个系统和数据源当中的差异和不同。

3. 协会审核

协会系统完成信息对比后，会按照申请机构的类型将审核任务自动分配到私募部的相关审核人员。此环节的核心审核人员为主办，负责将反馈和补正意见传达给申请机构。主办的审核结果还会依次经过资深主办、高级主管、主任或总监、分管领导的审核。经所有审核人员通过后，才能进入过会审批阶段。

4. 过会审批

登记审核会议是协会中最高的审批组织，登记审核会议审核后，会将“过会结果”表示在过会系统中，登记审批流程结束。

协会还可以采取约谈高级管理人员、现场检查、向中国证监会及其派出机构、相关专业协会征询意见等方式对私募基金管理人提供的登记申请材料进行核查。

11.3.2 登记审核具体内容

1. 申请机构的设立与存续

对申请机构设立与存续的审核是基于申请机构自设立之日起的工商登记档案、全国企业信用信息公示系统的披露信息。

审查内容包括：申请机构基本信息，申请机构历史沿革是否合法合规，申请机构是否存在解散、清算、被列入经营异常名录等影响企业有效存续的情形等（见图 11-6）。

2. 申请机构的名称及经营范围

对申请机构的名称及经营范围的审核基于申请机构营业执照、申请机构公司章程、全国企业信用信息公示系统的披露信息等。

审查内容包括：申请机构营业执照与公司章程经营范围是否存有不一致的情形，以及申请机构的企业名称和经营范围中是否包含“基金管理”“投资管理”“资产管理”“股权投资”“创业投资”等相关字样。

3. 申请机构是否符合专业化经营原则

对申请机构专业化经营情况的审核基于申请机构的财务报表、审计报告，申请机构高管访谈、书面说明，申请机构现场及周边走访情况，网络舆情调查（主流搜索引擎调查、微信、微博等平台关键字查询）等。

审查内容包括：申请机构实际开展业务情况，申请机构是否兼营与私募业务存在冲突的业务，如民间借贷、民间融资、融资租赁、配资业务、小额理财、小额借贷、P2P/P2B、众筹、保理、担保、房地产开发、交易平台等业务。

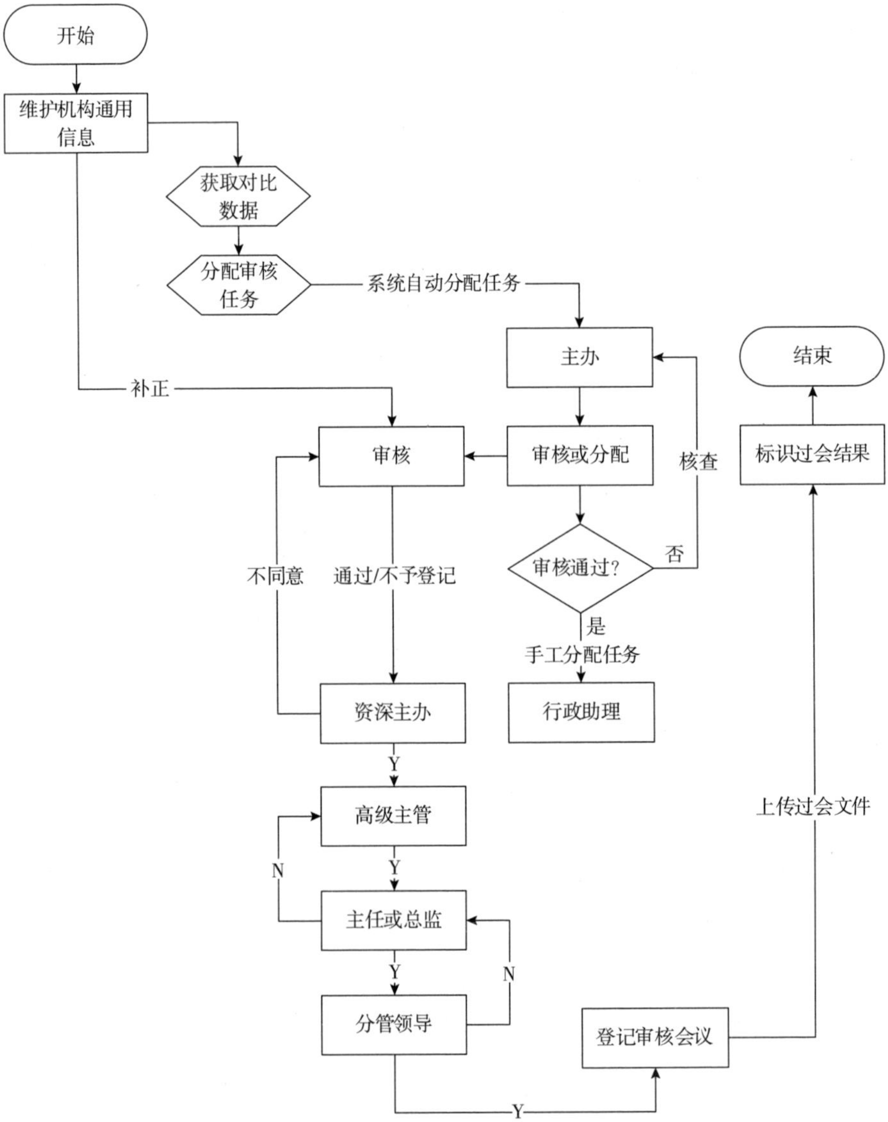

图 11-6　私募基金管理人登记审核流程

4. 申请机构的股东及股权结构

对申请机构股东及股权结构的审核基于启信宝 APP 平台及全国企业信用信息公示系统等。

审核内容包括：申请机构股权结构穿透审查的完整性，申请机构穿透后的直接及间接股东是否具有境外背景。对私募股权投资基金、创业投资基金等非证券类私募基金的管理人，协会并未对外资比例进行限制，但应披露股东的基本情况。

5. 申请机构的实际控制人

对申请机构实际控制人的审核基于启信宝APP平台、全国企业信用信息公示系统、实际控制人链条下的企业章程、一致行动协议、申请机构书面说明等。

审核内容包括：申请机构实际控制人的认定（应以平台填报要求进行认定），实际控制人与申请机构之间的控制关系（股权控制或协议控制等），实际控制人对申请机构起到的支配作用。

6. 申请机构的子公司、分支机构、其他关联方及关联交易情况

对申请机构关联交易情况的审查基于启信宝APP平台、全国企业信用信息公示系统、中国基金业协会官方网站基金管理人公示系统、申请机构书面说明、审计报告等。

审查内容包括：申请机构的子公司、关联方是否已登记为私募基金管理人，未登记的需说明原因，以及申请机构与关联方的关联交易情况。

7. 申请机构的从业人员、营业场所、资本金等企业运营基本设施和条件

对申请机构基本设施和条件的审核基于申请机构从业人员的劳动合同及社保资料、申请机构经营场所的房屋产权证或房屋租赁合同、申请机构验资报告及股东出资证明材料，生产设备采购合同、实地走访等。

审查内容包括：申请机构是否具有开展私募基金管理业务所需的从业人员，以及这些从业人员是否与申请机构建立了合法的劳动关系；此外，还需审查申请机构开展经营活动的固定场所是否与工商登记情况一致，如不一致需说明理由，申请机构对其营业场所是否具有合法的所有权或使用权；还需审查申请机构的实缴资本情况。

8. 申请机构是否已制定风险管理和内部控制制度

对申请机构的制度审核基于申请机构已制定的风险管理和内部控制

制度汇编，制度制订、发布、执行等决议文件，申请机构内部组织架构、人员配置情况等书面材料。

审查内容包括：申请机构是否根据自身具体业务类型制定了完备的风险管理和内部控制制度，并公告实施；申请机构子公司存在已登记为管理人情形的，是否制定业务隔离等机制；申请机构的风险管理和内部控制制度与自身组织架构和人员配置是否相匹配，该等制度能否切实执行。申请机构的风险管理和内部控制制度能否达到《内部控制指引》所规定的全面性原则、相互制约原则、执行有效原则、独立性原则、成本效益原则、适时性原则。

9. 申请机构是否与其他机构签署基金外包服务协议，并说明其外包服务协议情况，是否存在潜在风险

对申请机构外包服务协议的审核基于申请机构与外包服务机构签订提供销售、销售支付、份额登记、估值核算、信息技术系统等业务的服务协议等。

审查内容包括：申请机构是否与外包服务机构签订提供销售、销售支付、份额登记、估值核算、信息技术系统等业务的服务协议；前述协议是否存在潜在的法律风险。

10. 申请机构的高管人员是否具备基金从业资格，高管岗位设置是否符合中国基金业协会的要求

对申请机构的高管人员从业资格的审核基于高管人员的身份证明及简历、所取得的基金从业资格证书、职务证明、与基金管理人之间的劳务合同、派遣协议、公司章程、股东（大）会决议等。

审查内容包括：申请机构的高管人员是否具备至少 2 名高级管理人员，且法定代表人执行事务合伙人（委派代表）、合规风控负责人是否取得基金从业资格；申请机构的高管人员的兼职情况、兼职是否有合理理由及兼职行为对申请机构的影响；申请机构的高管人员是否有违反“静默期”的情形；申请机构的高管人员高管设置与公司章程是否具有一致性；合规风控负责人是否存有从事投资业务的情况。

11. 申请机构的处罚情况

对申请机构所受处罚情况的审查主要包括以下内容：

（1）申请机构是否受到刑事处罚、金融监管部门行政处罚或者被采取行政监管措施

刑事处罚的查询路径包括：中国裁判文书网、公安机关出具的《无犯罪记录证明》、检察机关出具的《检察机关行贿犯罪档案查询结果告知函》等。金融监管部门行政处罚、行政监管措施查询路径包括：中国证监会官方网站行政处罚决定公告信息、中国证监会官方网站市场禁入决定公告信息、政府金融办出具的未受行政处罚证明等。

（2）申请机构及其高管人员是否受到行业协会的纪律处分

处分记录可从中国基金业协会官方网站信息公示栏中的纪律处分公告信息获取。

（3）是否在资本市场诚信数据库中存在负面信息

申请机构的诚信数据可在中国证监会官方网站市场诚信信息查询平台上获取。

（4）是否被列入失信被执行人名单

该信息可在全国法院失信被执行人名单信息查询系统中获取。

（5）是否被列入全国企业信用信息公示系统的经营异常名录或严重违法企业名录

该信息可在全国企业信用信息公示系统中获取。

（6）是否在“信用中国”网站上存在不良信用记录

该信息可在“信用中国”官方网站查询。

12. 申请机构最近三年涉诉或仲裁的情况

申请机构关于最近三年涉诉或仲裁情况的承诺。对于存在诉讼及仲裁等案件的，应核查资料包括：起诉状、仲裁申请书、上诉状、双方证据、代理意见、答辩状、判决书、调解书、裁定书、款项支付凭证、案件最新进展情况的简要介绍、对诉讼或诉求结果的预计（包括预期所需的时间等）、索赔金额、采取措施的详细说明。

13. 申请机构向中国基金业协会提交的登记申请材料是否真实、准确、完整

对申请材料可靠性的审核基于法律尽职调查综合审查，审查内容包括：申请机构向中国基金业协会提交的登记申请材料是否真实、准确、完整；尽职调查结果与登记信息不一致的说明。

14. 经办执业律师及律师事务所认为需要说明的其他事项

律师在尽职调查过程中，结合申请机构实际情况，认为该等事项会对私募基金管理人登记产生实质性影响的，均应当予以完整披露及说明。

11.3.3 中止办理情形

根据《登记须知》的规定，申请机构出现下列两项及以上情形的，协会将中止办理该类机构私募基金管理人登记申请 6 个月：

① 申请机构名称不突出私募基金管理主业，与知名机构重名或名称相近的，名称带有“集团”、“金控”等存在误导投资者字样的；

② 申请机构办公场所不稳定或者不独立的；

③ 申请机构展业计划不具备可行性的；

④ 申请机构不符合专业化经营要求，偏离私募基金主业的；

⑤ 申请机构存在大额未清偿负债，或负债超过净资产 50% 的；

⑥ 申请机构股权代持或股权结构不清晰的；

⑦ 申请机构实际控制关系不稳定的；

⑧ 申请机构通过构架安排规避关联方或实际控制人要求的；

⑨ 申请机构员工、高管人员挂靠，或者专业胜任能力不足的；

⑩ 申请机构在协会反馈意见后 6 个月内未补充提交登记申请材料的；

⑪ 中国证监会、中国证券投资基金业协会认定的其他情形。

11.4 登记结果及公示

11.4.1 登记成功

申请机构通过中国基金业协会审核后，协会将发送通知邮件至申请机构预留的邮箱中，并在官方网站公示私募基金管理人的基本信息，并接受社会监督。

登记公示时限：除暂缓登记情形外，私募基金管理人提供的登记申请材料完备的，中国基金业协会应当自收齐登记材料之日起 20 个工作日内，以通过网站公示私募基金管理人基本情况的方式，为私募基金管理人办结登记手续，同时相应办理会员入会手续。

登记公示内容：包括私募基金管理人的名称、注册地址、成立时间、登记时间、登记编号、企业性质、注册资本 / 认缴资本、法定代表人 / 执行事务合伙人（委派代表）姓名及工作履历、其他高管人员姓名、具有从业资格的员工人数、机构网址等基本信息。

11.4.2 不予登记

根据《证券投资基金法》《私募监管暂行办法》《私募登记备案办法》《二五公告》及相关自律规则，申请登记私募基金管理人的机构存在以下情形的，中国基金业协会将不予办理登记，且自该机构不予登记之日起一年内不接受办理其高管人员担任私募基金管理人高管人员、作为私募基金管理人的出资人或实际控制人。

① 申请机构违反《证券投资基金法》《私募监管暂行办法》中关于资金募集相关规定，在申请登记前违规发行私募基金，且存在公开宣传推介、向非合格投资者募集资金行为的。

② 申请机构提供，或申请机构与律师事务所、会计师事务所及其他第三方中介机构等串谋提供虚假登记信息或材料；提供的登记信息或材料存在误导性陈述、重大遗漏的。

③ 申请机构兼营民间借贷、民间融资、融资租赁、配资业务、小额理财、小额借贷、P2P/P2B、众筹、保理、担保、房地产开发、交易平台等《私募基金登记备案相关问题解答（七）》规定的与私募基金业务相冲突业务的。

④ 申请机构被列入国家企业信用信息公示系统严重违法失信企业名单的。

⑤ 申请机构的高级管理人员最近三年存在重大失信记录，或最近三年被中国证监会采取市场禁入措施的。市场禁入，是指对于那些违反法律、法规或者中国证券监督管理委员会有关规定，情节严重的有关责任人员，中国证监会依法采取的禁止其在一定期限内或终身不得担任上市公司董事、监事、高级管理人员或者从事证券业务的一种监督管理措施。

⑥ 中国证监会和中国基金业协会规定的其他情形。

11.4.3　公示制度

为推动私募投资基金登记备案工作，完善私募机构的诚信自律和事中事后监控制度，推动行业诚信建设，加强私募基金管理人自律管理工作。中国基金业协会不断完善私募机构公示制度，促进私募行业实行分类公示和差异化管理。

2015 年 3 月，中国基金业协会发布《关于实行私募基金管理人分类公示制度的公告》，在对私募基金管理人及基金产品进行基本信息公示的基础上，针对基金的规模、基本信息、诚信记录等情况，进行规模类公示、提示类公示和诚信类公示。2015 年 9 月，中国基金业协会又发布《关于建立“失联（异常）”私募机构公示制度的通知》，正式实施“失联（异常）”私募机构公示制度。

1. 规模类公示

管理基金规模以管理人在登记备案系统中填报的认缴规模为准。基金指正在运作的基金，不包括已经清盘的基金。根据私募基金管理人所管理基金的不同类型，选取不同的划分标准。规模类公示的内容包括私募基金管理人名称、登记编号、登记时间、成立时间、注册地等基础信息。

规模类公示不属于强制性公示，当事人可自行选择是否公示管理基金规模。

2. 提示类公示

该类公示主要有管理基金规模为零、实缴资本低于注册资本 25% 或低于 100 万元等情况。公示内容包括私募基金管理人名称、登记编号、登记时间、成立时间、注册地等基础信息，其中，涉及实缴资本的，公示内容还包括实缴资本数额以及占注册资本的比例。

3. 诚信类公示

诚信类公示包括六种类型：失联机构、异常机构、虚假填报、重大遗漏、违反“八条底线”、相关主体存在不良诚信记录。

私募基金管理人出现以下情形时，会被列为失联机构：

① 通过在私募基金登记备案系统预留的电话无法取得联系，同时协会以电子邮件、短信形式通知机构在限定时间内未获回复。存在该情形时，协会通过网站发布“失联公告”催促相关机构主动与协会联系，公告发出后 5 个工作日内仍未与协会联系的，认定为“失联（异常）”私募机构。

② 因存在异常经营情形，协会要求出具专项法律意见书的书面通知无法送达私募基金管理人的，私募基金管理人将被认定为失联机构，并按照相关程序办理，直至注销。

因协会无法取得联系被列为“失联（异常）”的私募基金管理人应在三个月之内主动与协会联系并按照要求提供相关资料并说明情况。对于未及时联系协会的私募基金管理人，中国基金业协会将注销该机构的私募基金管理人资格，并将“失联（异常）”情况记入相关机构诚信档案，并报告中国证监会。

私募基金管理人出现以下情形时，会被列入异常机构：

① 私募基金管理人未按时履行季度、年度和重大事项信息报送更新义务累计达两次；

② 已登记的私募基金管理人因违反《企业信息公示暂行条例》相关

规定，被列入企业信用信息公示系统严重违法企业公示名单的；

③已登记的私募基金管理人未按要求提交经审计的年度财务报告的。

对于被列入异常机构的私募基金管理人，在完成整改之前，协会将暂停受理其私募基金产品的备案申请。私募机构需要按照具体情形采取不同的整改措施。整改完毕后，还要至少6个月才能恢复正常的公示状态。但在6个月的公示期内，其产品备案申请不受影响。

虚假填报的相关情形包括四项：机构基本信息与工商基本登记信息不符；股东信息与工商信息不符；高级管理人员基金从业资格考试成绩与填报信息不符；虚报员工总人数。

重大遗漏的相关情形包括四项：未填报或漏报正在运作的基金信息；未填报投资项目基本情况；机构财务数据缺失；未填报相关违法违规及不良记录诚信记录的情况。

“八条底线”是以《证券期货经营机构私募资产管理业务运作管理暂行规定》的形式正式发布的，明确适用于证券期货经营机构通过资产管理计划形式开展的私募资产管理业务，私募证券投资基金管理人参照执行，暂不适用于私募股权投资基金、创业投资基金。

违反“八条底线”的相关情形有：不当宣传，违规设立结构化资产管理计划，委托个人或不符合条件的第三方机构提供投资建议，投资不符合国家产业政策、环境保护政策的项目，违法交易，利益输送，开展“资金池”业务，对管理团队实施过度激励。

相关主体存在的不良诚信记录主要包括：私募基金管理人、实际控制人、相关高管人员受到中国证监会行政处罚或者中国基金业协会纪律处分。公示信息中的相关情形部分将提供中国证监会信息公开和中国基金业协会纪律处分的查询链接。

诚信类公示的公示内容包括私募基金管理人名称、登记编号、登记时间、成立时间、注册地以及相关情形和整改情况。列入虚假填报、重大遗漏、违反八条底线的私募基金管理人，如已经完成整改，则不再列入此类公示。

延伸阅读

工银金投完成私募基金管理人登记

2018年8月3日，工商银行旗下注册资金高达人民币120亿元的工银金融资产投资有限公司（简称工银金投）通过了私募基金管理人登记备案，成功拿下私募股权牌照，这是银行业首家市场化债转股实施机构成立的私募基金公司。

1. 工银金融资产投资有限公司设立背景

2017年8月8日，为规范商业银行新设债转股实施机构的行为，推动市场化银行债权转股权健康有序开展，中国银保监会起草了《商业银行新设债转股实施机构管理办法（试行）》（征求意见稿），向社会公开征求意见。同年9月，工银金投获批，工银金投为中国工商银行股份有限公司（简称工行）的全资子公司，在江苏南京开业，主要从事债转股及配套支持业务，注册资本金为120亿元。工银金投于8月3日在中国基金业协会完成私募基金管理人登记，管理基金主要类别为私募股权、创业投资基金管理人，工银金投的设立，与政策导向相契合。

工银金融资产有限公司注册信息见图11-7。

中国证券投资基金业协会
Asset Management Association of China 信息公示
组织机构代码：71783348
社会团体法人登记证书：社证字第4951号

私募基金管理人公示信息

< <中国证券投资基金业协会提示> >

机构诚信信息：

机构信息

基金管理人全称(中文):	工银金融资产投资有限公司 投诉		
基金管理人全称(英文):	ICBC Financial Asset Investment Co.Ltd		
登记编号:	P1068792		
组织机构代码:	91320100MA1R80HU09		
登记时间:	2018-08-03	成立时间:	2017-09-26
注册地址:	江苏省南京市浦口区浦滨路211号江北新区扬子科创中心一期B幢19-20层		
办公地址:	北京市西城区西城区金融大街4号金益大厦5层501、502、503		
注册资本(万元)(人民币):	1,200,000	实缴资本(万元)(人民币):	1,200,000
企业性质:	内资企业	注册资本实缴比例:	100%
管理基金主要类别:	私募股权、创业投资基金管理人	申请的其他业务类型:	
员工人数:	73	机构网址:	

图11-7

作为国内首批商业银行债转股实施机构，工行选择以发起设立私募基金管理人开展债转股业务，这与日前，国家发展改革委、中国人民银行、财政部、中国银保监会、国资委联合印发的《2018年降低企业杠杆率工作要点》（以下简称《工作要点》）中提到的“积极拓宽实施机构的融资渠道，支持金融机构发行专项私募资管产品、发起私募股权投资基金募集资金开展市场化债转股”相对应。由此可见，以私募方式推行债转股是当前政策支持方向。

2. 工银金投120亿元“巨无霸”私募基金管理人登记要点

（1）机构名称及经营范围

工银金融资产投资有限公司的名称中包含“资产投资”字样，符合中国基金业协会的要求。在经营范围方面，工银金投的经营范围为“突出开展债转股及配套支持业务；依法依规面向合格社会投资者募集资金用于实施债转股；发行金融债券，专项用于债转股；经银监会批准的其他业务。（依法须经批准的项目，经相关部门批准后方可开展经营活动）”（见图11-8），与常见的私募基金管理人经营范围不同，但依然通过登记，这也是工银金投与其他申请机构相比的特殊之处。

企业地址：	南京市浦滨路211号江北新区扬子科创中心一期B幢19-20层 查看地图 附近公司
经营范围：	突出开展债转股及配套支持业务;依法依规面向合格社会投资者募集资金用于实施债转股;发行金融债券,专项用于债转股;经银监会批准的其他业务。(依法须经批准的项目,经相关部门批准后方可开展经营活动)

图11-8

（2）注册地址和办公地址

工银金投的注册地址为“江苏省南京市浦滨路211号江北新区扬子科创中心一期B幢19-20层”，办公地址为“北京市西城区金融大街4号金益大厦5层501、502、503”（见图11-9）。

基金管理人全称(中文):	工银金融资产投资有限公司 投诉		
基金管理人全称(英文):	ICBC Financial Asset Investment Co.Ltd		
登记编号:	P1068792		
组织机构代码:	91320100MA1R80HU09		
登记时间:	2018-08-03	成立时间:	2017-09-26
注册地址:	江苏省南京市浦口区浦滨路211号江北新区扬子科创中心一期B幢19-20层		
办公地址:	北京市西城区西城区金融大街4号金益大厦5层501、502、503		

图11-9

工银金投的注册地址和办公地址不在一个地方，甚至不在同一个行政区域内，在申请登记时，其登记承办律师应对注册地址和实际办公地址进行核查，并在法律意见书中阐述注册地址与实际办公地址不一致的原因。

（3）注册资本及实缴资本

将工银金投称之为“巨无霸”私募基金管理人的一大重要原因就是其注册资本高达120亿元，并全部实缴（见图11-10）。

注册资本(万元)(人民币):	1,200,000	实缴资本(万元)(人民币):	1,200,000
企业性质:	内资企业	注册资本实缴比例:	100%
管理基金主要类别:	私募股权、创业投资基金管理人	申请的其他业务类型:	
员工人数:	73	机构网址:	

图 11-10

（4）高管岗位设置及高管人员配置

工银金投属股权类基金管理人，按照中国基金业协会要求，最少需设置两个高管岗位。从公示信息上看，工银金投共有五名高管，符合协会规定（见图11-11）。这五名高管中，仅张正华和陆胜东两名具有基金从业资格，两人分别为机构的法定代表人兼执行董事、合规风控负责人，符合协会要求的形式要件。

	高管姓名	职务	是否具有基金从业资格
高管情况:	张正华	法定代表人 执行董事 其他	是(通过考试)
	郑卫东	执行董事 其他	否
	朱晓平	董事长	否
	陆胜东	合规风控 信息填报负责人 其他	是(通过考试)
	管戟	其他	否

图 11-11

从高管的从业经验来看，工银金投的法定代表人兼执行董事张正东的工作履历显示，自1989年至2016年期间，其都在中国工商银行股份有限公司任职，有长达二十七年在银行的工作经验，符合协会要求。合规风控负责人陆胜东2005年已在中国工商银行信贷管理部任职，且为北京理工大学硕士，从工作背景和学历要求两方面考虑皆符合协会要求。

（5）员工配置

工银金投的公示信息显示员工人数为 73 名（见图 11-12），这在私募基金管理人中也属规模较大。

注册资本(万元)(人民币):	1,200,000	实缴资本(万元)(人民币):	1,200,000
企业性质:	内资企业	注册资本实缴比例:	100%
管理基金主要类别:	私募股权、创业投资基金管理人	申请的其他业务类型:	
员工人数:	73	机构网址:	

图 11-12

（6）关联方问题

当前监管环境下，中国基金业协会对申请机构的关联方的审核日益严格。工银金投作为工行的全资子公司，关联方问题受到重点关注。其主要关联方如图 11-13 所示。

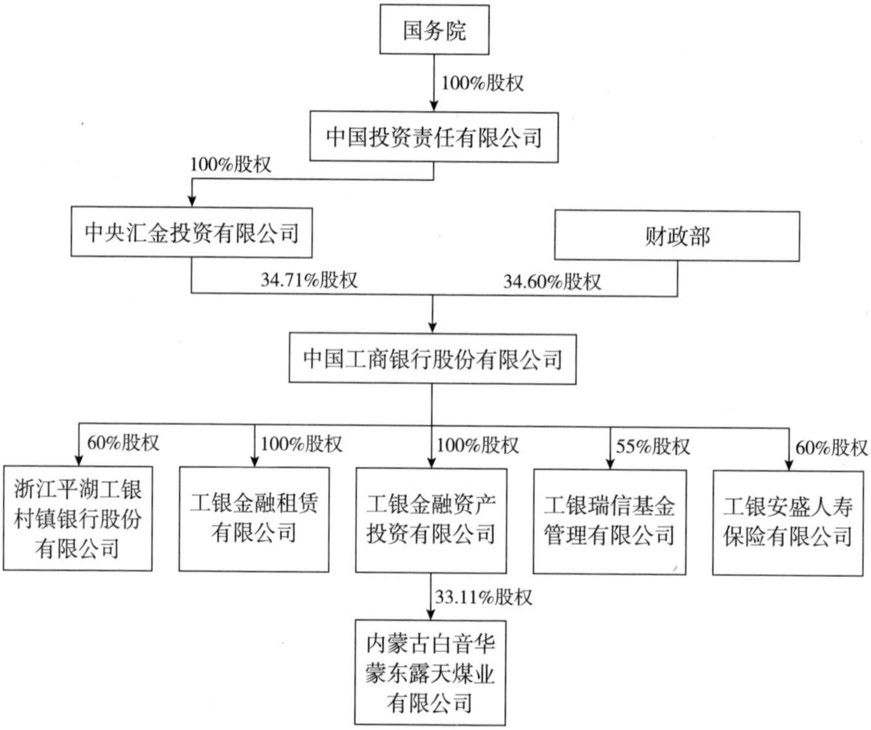

图 11-13

通过股权穿透，工银金投的实际控制人为国务院，其主要关联方有浙江平湖工银村镇银行股份有限公司、工银瑞信基金管理有限公司、工银金融租赁有限公司、工银安盛人寿保险有限公司、内蒙古白音华蒙东露天煤业有限公司。

从工银金投通过私募基金管理人登记中可以看到，在商业银行传统盈利模式受到挑战的背景下，债转股涉及多个方面的利益关系。商业银行应当通过转变传统经营模式来基金拓展包括私募股权投资业务在内的新兴金融业务，同时也可看到私募基金在资本市场中的巨大潜力，把握私募基金管理人登记的要点，成为开拓新兴金融业务的关键之一。

资料来源：陈晶晶．工银120亿元“巨无霸”私募基金管理人登记要点分析［EB/OL］. https：//mp.weixin.qq.com/s/3x6–x–MOyUbPsEPZPN8Cew，2018–08–16.

第 12 章

登记后续事宜

经历两次反馈后，私募早餐资本公司成功登记为私募股权投资基金管理人，但登记成功并不意味着结束。

3 个月后，私募早餐资本公司发行了首只基金产品：北京爱我中华股权投资基金合伙企业，基金规模为 1 亿元。

除此之外，私募机构在经营中需要注意哪些方面的合规性？信息披露的内容和形式是什么？私募行业还有哪些特性？中国基金业协会的会员有哪些分类？分别享有哪些权利和义务？入会登记流程包括哪些环节？股权类管理人能否申请投顾资格？信用信息报告和公司有什么关系？本章将为您一一道来。

12.1 登记后续工作

在目前的监管体系下，新登记的私募基金管理人完成登记后，首先要与地方证监局取得联系，在地方证监局进行登记，并且要在首次登记后6个月内发行首只基金产品。

12.1.1 地方证监局备案

《私募基金管理人登记须知》中关于私募基金管理人登记完成应特别知悉事项中“登记完成的私募基金管理人自登记完成后的10个工作日内主动与注册地所属地方证监局取得联系”，这一要求预示着中国基金业协会与中国证监会联动，共同强化私募行业监管要求，体现了统一监管的时代趋势。

2018年1月，北京、浙江、深圳、广东、宁波等多地证监局陆续发布通知，要求注册在该地的、已登记的私募基金管理人在10个工作日内与证监局取得联系，基本要求是通过填报诚信合规经营倡议书、私募基金管理人基本情况表等材料，各地联系部门及具体要求有所不同，详见表12-1举例。

表12-1　地方证监局登记要求汇总表

地区	联系部门	报送要求
北京	打非处	填报《北京地区私募基金管理人诚信合规经营倡议书》
辽宁	机构监管处	填报《辽宁地区私募基金管理人诚信合规经营承诺书》
重庆	机构监管二处	填报《重庆地区私募基金管理人诚信合规经营倡议书》

续表

地区	联系部门	报送要求
青岛	机构监管处	（1）填报《青岛辖区私募基金管理人诚信合规经营倡议书》 （2）核对数据，约谈高管进行核实
广东	会计监管处	填报《广东辖区私募基金管理人诚信合规经营倡议书》
宁波	综合业务监管处	（1）2016年10月31日前登记的私募基金管理人填报《宁波辖区私募基金管理人诚信承诺书》 （2）2016年10月31日以后登记的私募基金管理人填报《私募基金管理人基本情况表》、《宁波辖区私募基金管理人诚信承诺书》
浙江	综合业务监管处	（1）填报《管理人基本情况表》、《基金基本情况表》，季度更新 （2）填报《浙江辖区私募基金行业诚信倡议书》 （3）对募集销售、投资运作、合规管理、风险控制等环节展开自查，在2018年1月30日前上交整改计划
四川	综合业务监管处	（1）填报《私募基金管理人基本信息表》、《私募投资基金基本信息表》 （2）核对数据，约谈高管进行核实
深圳	平台	登录深圳私募基金信息服务平台录入相关信息

《诚信合规经营倡议书》，主要有以下五点内容：

第一，要求私募机构严守《私募监管暂行办法》等相关规定，坚持诚信守法，坚守职业道德底线；坚持私募原则，决不变相进行公募；坚持投资者适当性管理，面向合格投资者募集资金；坚持合规经营，不得承诺保本保收益。

第二，按有关规定履行信息披露义务，自觉接受监管机构、自律组织、投资者和社会公众的监督，自觉履行登记、备案义务。

第三，加强内部控制，建立结构合理、控制严密、运行高效的内部控制体系，制定并执行切实有效的内部控制制度，增强风险控制意识，提高风险管理能力，有效防范和化解各类风险。

第四，不断提升从业人员的专业素养和道德水平，规范从业人员的执业行为。

第五，杜绝损害投资者合法权益的非法活动。

此外，宁波、四川、浙江等地证监局还要求私募机构填写管理人、产品的基本信息，或者对募集销售、投资运作、合规管理、风险控制等环节展开自查，提交整改计划等。部分地区证监局还表示，未来将会核对数据，约谈高管进行核实。

12.1.2 发行基金产品

自 2016 年 2 月 5 日《二五公告》发布之日起，私募基金管理人首次登记 6 个月之内未发行基金产品，中国基金业协会将注销该私募基金管理人登记。2017 年全年共注销和撤销的管理人合计为 965 家，占到全年管理人登记新增总量的 16.27%。其中因无展业能力发行产品被注销的私募机构占比达到 90% 以上。

1. 基金备案规定

2016 年 2 月 5 日，中国基金业协会发布《二五公告》，要求私募基金管理人依法及时备案私募基金。

（1）私募基金管理人登记后首只基金产品的备案

为实现对私募基金管理人的有效监管，督促已登记的私募基金管理人依法展业，及时备案私募基金产品，中国基金业协会在《二五公告》中对私募基金管理人依法及时备案私募基金提出以下要求：

① 自该公告发布之日起，新登记的私募基金管理人在办结登记手续之日起 6 个月内仍未备案首只私募基金产品的，中国基金业协会将注销该私募基金管理人登记。

② 自该公告发布之日起，已登记满 12 个月且尚未备案首只私募基金产品的私募基金管理人，在 2016 年 5 月 1 日前仍未备案私募基金产品的，中国基金业协会将注销该私募基金管理人登记。

③ 自该公告发布之日起，已登记不满 12 个月且尚未备案首只私募基金产品的私募基金管理人，在 2016 年 8 月 1 日前仍未备案私募基金产

品的，中国基金业协会将注销该私募基金管理人登记。

被注销登记的私募基金管理人若因真实业务需要，可按要求重新申请私募基金管理人登记。对符合要求的申请机构，中国基金业协会将以在官方网站公示私募基金管理人基本情况的方式，为该申请机构再次办理登记手续。

（2）私募基金募集后的备案

根据《私募登记备案办法》，私募基金管理人应当在私募基金募集完毕后 20 个工作日内，通过私募基金登记备案系统进行备案，并根据私募基金的主要投资方向注明基金类别，如实填报基金名称、资本规模、投资者、基金合同等基本信息。

2. 基金备案流程

从产品设计到完成基金备案，需经历的步骤有：

① 设计基金产品，草拟基金合同；

② 私募基金风险评级；

③ 选定特定投资者；

④ 投资者适当性匹配；

⑤ 私募基金推介及风险揭示；

⑥ 反洗钱核查与合格投资者确认；

⑦ 与投资者签署基金合同；

⑧ 投资者缴款；

⑨ 投资冷静期；

⑩ 回访确认；

⑪ 基金托管；

⑫ 提交备案申请；

⑬ 协会审核。

从产品设计至备案完成的整个周期不确定因素较多，需规范的行为、文件及流程较多，实践中经常有私募基金管理人因未在六个月内完成产品备案而被注销的案例。私募基金管理人应提前准备产品发行事宜，寻找合适的投资人，为基金顺利发行做准备。

12.1.3　持续内控建设

根据《登记须知》的规定，私募基金管理人在完成登记后，还需要做到持续内控建设，主要有以下几点：

1. 持续信息更新

申请机构在完成私募基金管理人登记、基金备案后，还需在资产管理业务综合报送平台中持续更新信息，申请材料在真实、准确、完整的前提下应保持与系统填报信息一致，填报材料和系统信息应前后自洽，重要章程、制度文件、说明材料应签章齐全。

2. 持续内控要求

申请机构需要保证其组织架构、管理团队的稳定性，在备案完成第一只基金产品前，不进行法定代表人、控股股东或实际控制人的重大事项变更；不随意更换总经理、合规风控负责人等高管人员。法律法规另有规定或发生不可抗力情形的除外。

3. 稳定性要求

申请机构应当建立健全稳定的内部控制机制，明确内部控制职责，完善内部控制措施，强化内部控制保障，持续开展内部控制评价和监督。

12.2　合法合规经营

私募基金管理人在运营过程中，需要注意以下八个方面的合规问题。

12.2.1　机构运营合规

私募机构从事经营活动，必须遵守法律、行政法规，遵守社会公德、商业道德，诚实守信，接受政府和社会公众的监督，承担社会责任，在运营过程中需要注意以下几个方面的合规性。

1. 业务合规开展

2016 年 2 月 5 日之后新登记的私募基金管理人，需要在六个月内备案首只私募基金产品，未按照要求备案产品的机构会被注销私募基金管理人资格。私募机构备案产品后，需要合法经营，不得从事违规行为。

私募机构开展业务时，应当坚持专业化管理原则，不得从事与私募业务冲突的业务。管理可能导致利益输送或者利益冲突的不同私募基金的，应当建立防范利益输送和利益冲突的机制。

2. 从业人员资格

按照中国基金业协会的规定，从事私募证券投资基金业务的私募基金管理人，其高管及必备员工必须具备基金从业资格，从事非私募证券投资基金业务的各类私募基金管理人，至少 2 名高管人员应当取得基金从业资格，其法定代表人 / 执行事务合伙人、合规 / 风控负责人应当取得基金从业资格。各类私募基金管理人的合规 / 风控负责人不得从事投资业务。已取得基金从业资格的从业人员，每年度要完成 15 学时的后续培训。

12.2.2 宣传合规

私募基金是面向特定投资者的非公开募集，对投资者的风险承受能力有较高要求，私募基金管理人在募集资金时，需注意以下几方面的合规性。

1. 宣传方式

私募基金管理人不允许通过报刊、电台、电视、互联网等公众传播媒体或者讲座、报告会、分析会和张贴布告、散发传单、发送手机短信、微信、博客和电子邮件等方式，向不特定对象宣传推介。

2. 宣传内容

私募基金管理人在进行基金宣传推介时，不允许对过往和存续基金的业绩，有选择性地、误导性地、不充分地宣传推介，不能夸大宣传、虚假宣传。宣传推介材料内容要如实披露基金产品的基本信息，与基金合同保持一致，如有不一致，要向投资者特别说明。私募基金管理人不能有向投资者宣传投资本金不受损失或预期收益率等行为，且不能进行虚假宣传，不得夸大预测业绩或服务能力。

12.2.3 产品设计合规

基金产品作为私募基金管理人的业务核心，在产品设计方面，需要严格遵守相关法律法规的规定。

1. 基金合同

根据《私募监管暂行办法》第二十条的规定，募集私募证券基金。应当制定并签订基金合同、公司章程或者合伙协议（以下统称基金合同），私募投资基金合同要符合《证券投资基金法》的规定，明确约定各方当事人的权利、义务和相关事宜。

基金合同中应具备完整的基金产品基本信息，约定资金投向等事项，且与协会备案信息一致，还需要明确向投资者进行信息披露的内容、披露频度、披露方式、披露责任以及信息披露渠道等事项。

2. 私募基金管理人行为

私募基金管理人设立结构化资产管理计划，不得违背利益共享、风险共担、风险与收益相匹配的原则，不同类别产品要符合法规中关于杠杆率的要求。私募基金管理人不能以基金管理人名义，为基金财产利益行使诉讼权利或者实施其他法律行为。

12.2.4 适当性合规

私募基金管理人的适当性管理是指投资者适当性，即管理人在销售私募基金产品过程中，根据投资者的风险承受能力销售不同风险等级的私募基金产品，把合适私募基金产品卖给合适的投资者。

按照《证券期货投资者适当性管理办法》《私募监管暂行办法》等的规定，私募基金管理人在进行适当性管理时应注意以下几点。

1. 投资者适当性制度

机构应制定适当性内部管理制度，明确投资者分类、产品或者服务分级、适当性匹配的具体依据、方法、流程等，严格按照内部管理制度进行分类、分级，定期汇总分类、分级结果，对每名投资者提出匹配意见，并落实回访制度。

2. 风险匹配

根据有关规定，私募基金管理人自行销售或者委托销售机构销售私募基金，应当自行或者委托第三方机构对投资者和私募基金进行风险评级，向风险识别能力和风险承担能力相匹配的投资者推介私募基金。此外，还应根据产品或者服务的不同风险级，对其适合销售产品或者提供服务的投资者类型做出判断，根据投资者的不同分类，对其适合购买的产品或者接受的服务做出判断。

3. 风险揭示

私募基金管理人应当制作风险揭示书，向合格投资者充分揭示投资运作可能面临的风险，明确约定由客户自行承担投资风险并由客户签字确认。

4. 投资者及投资金额要求

依据相关规定，私募基金的投资者中，机构投资者的净资产应不低于 1 000 万，个人投资者的金融资产不低于 300 万或最近 3 年个人年均收入不低于 50 万。此外，投资者投资于单只私募基金的金额应不低于 100 万。

5. 档案保管

私募基金管理人、私募基金托管人及私募基金销售机构应当妥善保存私募基金投资决策、交易和投资者适当性管理等方面的记录及其他相关资料，保存期限自基金清算终止之日起不得少于 10 年。其中，对履行适当性义务的相关信息资料，包括匹配方案、告知警示资料、录音录像资料、自查报告等的保存期限不得少于 20 年。

12.2.5 募集行为合规

私募基金进行资金募集时，需要注意募集方式、募集对象等事项的合规性。

1. 募集方式

私募基金管理人不得以非法占有为目的，使用诈骗方法非法集资。且私募基金属于非公开募集，不得采用 P2P 或众筹方式对外募集资金。且应确保投资者资金来源合法，不存在非法汇集他人资金投资私募基金的情况。进行资金募集时，不得存在募集份额未达标或拆分份额的情况。

2. 募集对象

私募基金的募集对象是合格投资者，且合格投资者累计不得超过 200 人，若投资者中包括未在中国基金业协会备案的合伙企业、契约型等非法人形式投资者，应穿透核实其资格并计算人数。投资者进行基金份额转让时，受让人必须是合格投资者，且基金份额转让后，投资者人数需符合要求。

12.2.6 财产安全合规

私募基金应当由基金托管人托管，基金合同中约定私募基金不进行托管的，应当在基金合同中明确保障私募基金财产安全的制度措施和纠纷解决机制。

私募基金管理人、私募基金托管人、私募基金销售机构及其他私募服务机构及其从业人员从事私募基金业务时，应注意以下几点：

① 不得将其固有财产或者他人财产混同于基金财产从事投资活动，或侵占、挪用基金财产。基金财产应单独建账，独立核算。

② 不得利用基金财产或者职务之便，为本人或者投资者以外的人牟取利益，进行利益输送。同一私募基金管理人管理不同类别私募基金的，应当坚持专业化管理原则；管理可能导致利益输送或者利益冲突的不同私募基金的，应当建立防范利益输送和利益冲突的机制。

③ 不得不公平地对待其管理的不同基金财产，或从事损害基金财产和投资者利益的投资活动。

④ 私募基金管理人应确保向协会填报的信息的真实、准确、完整和及时，登记备案信息与证券期货市场申请开户信息要一致，不得存在下

设子账户、分账户、虚拟账户等违反证券账户实名制要求的情况。

12.2.7 投资行为合规

私募基金募集完成后，在进行投资活动时，应注意以下几个方面的合规性。

1. 投资活动

私募机构的投资活动、投资范围要符合合同约定，基金财产必须通过托管银行账户进行投资，且不得存在基金超额投资和短线交易的情况。基金投资依法发行的股票、公司债券及其他证券时，不得在其转让限定期内进行买卖活动。

2. 机构职责

私募基金管理人管理基金财产不得玩忽职守，应该按照规定履行职责。私募机构在投资时，应履行尽职调查和投后管理职责。证券期货经营机构开展私募资产管理业务，不得委托个人或不符合条件的第三方机构为其提供投资建议。

3. 制度建设

私募机构应建立有效的内部控制或防范制度机制，以监督员工或企业与基金的利益冲突，防范管理人及从业人员利用因职位便利获取的非公开信息，进行内幕交易、操纵交易价格及其他不正当交易活动。

12.2.8 风险控制合规

私募基金管理人在运营中，要建立完善的内部风险控制制度及机制，覆盖私募基金的募、投、管、退各个环节，其中涉及以下几个合规点：

① 对员工开展内控与合规方面的培训，提高全员合规意识。

② 管理可能导致利益输送或者利益冲突的不同基金，应建立利益输送和利益冲突防范机制并有效执行。

③ 私募证券投资基金管理人应建立员工与基金之间利益冲突防范制

度及机制，并定期对员工防范利益冲突行为监督检查。

④ 应当采取措施对基金风险进行有效管理；不存在到期无法偿付等流动性风险；对冲基金和并购基金管理人的杠杆运用合理。

⑤ 信息系统运营应当安全可靠；要实现对风险控制指标、投资交易权限、资金流转等关键事项的前端控制与实时监控。

⑥ 应妥善保存私募投资基金投资决策、交易和投资者适当性管理等方面的记录及其他相关资料。

⑦ 应当对基金销售机构、托管机构、登记核算机构等外包服务机构开展尽职调查，并进行持续监督；应当签订书面外包协议，明确双方的权利义务及违约责任。

⑧ 费用列支应该符合合同约定，公司的财务信息不得存在不真实的情况。

12.3 私募基金管理人的信息披露

私募行业面临着复杂的委托—代理关系和信息不对称问题，信息披露是私募机构在经营过程中面临的一个重要事项，中国基金业协会在《信息披露办法》中规定，中国基金业协会定期发布行业信息披露指引，引导信息披露义务人做好信息披露相关事项。

12.3.1 私募基金信息披露的法律依据

信息披露的主要法律依据是《证券投资基金法》、《私募监管暂行办法》及《信息披露办法》。

《证券投资基金法》第九十五条规定，基金管理人、基金托管人应当按照基金合同的约定，向基金份额持有人提供基金信息。

《私募监管暂行办法》第二十四条规定，私募基金管理人、私募基金托管人应当按照合同约定，如实向投资者披露基金投资、资产负债、投资收益分配、基金承担的费用和业绩报酬、可能存在的利益冲突情况以及可能影响投资者合法权益的其他重大信息，不得隐瞒或者提供虚假信息。信息披露规则由中国基金业协会另行制定。

《信息披露办法》中规定，中国基金业协会定期发布行业信息披露指引，指导信息披露义务人做好信息披露相关事项。中国基金业协会可以对信息披露义务人披露基金信息的情况进行定期或者不定期的现场和非现场自律检查，信息披露义务人应当予以配合。

同时，中国基金业协会还发布了《私募投资基金信息披露内容与格式指引 1 号（适用于私募证券投资基金）》（以下简称《信息披露指引 1 号》）及《私募投资基金信息披露内容与格式指引 2 号（适用于私募股权［含创业］投资基金）》（以下简称《信息披露指引 2 号》）。

信息披露义务人违反信息披露规定的，投资者可以向中国基金业协会投诉或举报，中国基金业协会可以要求其限期改正。逾期未改正的，中国基金业协会可以视情节轻重对信息披露义务人及主要负责人采取谈话提醒、书面警示、要求参加强制培训、行业内谴责、加入黑名单等纪律处分。

12.3.2　私募基金信息披露的原则

私募基金信息披露义务人，是指私募基金管理人、私募基金托管人，以及法律、行政法规、中国证监会和中国基金业协会规定的具有信息披露义务的法人和其他组织。

在信息披露过程中，私募基金管理人要遵循的原则有：真实性、及时性、准确性和适当性。

① 真实性原则是信息披露最根本、最重要的原则，它要求管理人披露的信息应当准确、真实，不得有虚假记载、误导或者欺骗。它包括两个方面的内容：第一是私募基金公开的信息必须是客观的事实，这些事实发生在基金投资管理的过程中；第二是私募基金披露的信息必须与发生的客观事实相一致。

② 及时性原则是指私募基金管理人披露的信息应当具有时效性，有

助于投资者及时调整投资策略，避免发生损失。

③ 准确性原则是指在进行信息披露时，要求用精确的语言表明其含义，反映客观现实，其内容和表达应简明扼要，不得存在引起误解或歧义的内容。

④ 适当性原则是私募特性的要求，既要披露足够的重要信息以供投资者参考，但也不是所有细节信息均需披露，应保留适当的信息隐私空间。

12.3.3 信息披露的内容及形式

1. 私募基金募集期间的信息披露

私募基金募集期间，应当在宣传推介材料（如招募说明书）中向投资者披露基金管理人的基本信息，包括基金管理人名称、注册地、主要经营地址、成立时间、组织形式、基金管理人在中国基金业协会的登记备案情况。宣传推介材料上的内容应当如实披露基金产品的基本信息，与基金合同保持一致。如有不一致的情况，应当向投资者特别说明。

募集期间应披露的有关基金的信息包括：

① 基金的基本信息：基金名称、基金结构（是否为母子基金、是否有平行基金）、基金类型、基金注册地（如有）、基金募集规模、最低认缴出资额、基金运作方式、基金的存续期限、基金联系人和联系信息、基金托管人（如有）；

② 基金的投资信息：基金的投资目标、投资策略、投资方向、业绩比较基准（如有）、风险收益特征等；

③ 基金的募集期限：应载明基金首轮交割日以及最后交割日事项（如有）；

④ 基金的估值信息：基金估值政策、程序和定价模式；

⑤ 基金合同的主要条款：出资方式、收益分配和亏损分担方式、管理费标准及计提方式、基金费用承担方式、基金业务报告和财务报告提交制度等；

⑥ 基金的退出信息：基金的申购与赎回安排；

⑦ 基金管理人信息：基金管理人最近三年的诚信情况说明；

⑧ 其他事项。

2. 私募基金运作期间的信息披露

由于证券类私募基金与股权或其他类私募基金在流动性、估值、认购赎回等方面存在差异，中国基金业协会对两者在运作期间信息披露的内容和频度实行区别要求。

（1）证券类私募基金

根据《信息披露指引 1 号》，私募证券投资基金的信息披露义务人的信息披露报告包括月度报告、季度报告和年度报告。其中，月度报告应当在每月结束之日起 5 个工作日内完成（适用于单只管理金额规模达到 5 000 万元以上的证券类私募资金），季度报告应在每季度结束之日起 10 个工作日内完成。年度报告应在每个会计年度结束后的 4 个月内完成，每年 4 月 30 日前发布上一年度报告。

在信息披露内容上，月度报告需要披露基金概况和基金资产净值概况。季度报告需要披露：基金基本情况、基金净值表现、主要财务指标、投资组合情况，包括期末基金资产组合情况和报告期末按行业分类的股票投资组合、基金份额变动情况、管理人报告。年度报告要求披露：基金产品概况，包括基金基本情况、基金产品说明、基金管理人和基金托管人及其他相关资料；主要财务指标、基金净值表现及利润分配情况，包括主要会计数据和财务指标、基金净值表现、过去三年基金的利润分配情况；基金份额变动情况；管理人说明的其他情况；托管人报告；年度财务报表。包括资产负债表、利润表、所有者权益变动表；期末投资组合情况。

（2）股权类私募基金

根据《信息披露指引 2 号》，中国基金业协会的普通会员应当向投资者披露指引中要求的全部信息，包括选填项，对于观察会员及非会员则是鼓励披露或部分披露选填项。

在信息披露的时间和频度上，私募股权和创投基金需披露年度和半年度报告，其中半年度报告应在当年 9 月底前完成，年度报告应在次年 6 月底之前完成。而对于季度报告则采取自愿原则，在每季度结束后 30 个工作日以内完成，自愿选择报送。

在信息披露内容上，半年度报告中需披露：基金的基本情况，基金管理人和基金托管人的基本情况，基金投资者情况（选填），基金投资运作情况，包括所投项目情况和所投基金情况，基金持有项目 / 基金特别情况说明，基金费用明细，管理人报告（选填）。

年度报告中需披露：基金产品概况，包括基金基本情况、基金产品说明、基金管理人和基金托管人、基金投资者情况（选填）、外包机构情况；基金运营情况，包括累计运营情况、持有项目情况表、所投基金情况；主要财务指标、基金费用及利润分配情况，包括主要会计数据和财务指标、基金费用明细、过去三年基金的利润分配情况；基金投资者变动情况；管理人报告；托管人报告（如有）；还要提交经审计财务报告。

信息披露义务人披露基金信息，不得存在以下行为：公开披露或者变相公开披露；虚假记载、误导性陈述或者重大遗漏；对投资业绩进行预测；违规承诺收益或者承担损失；诋毁其他基金管理人、基金托管人或者基金销售机构；登载任何自然人、法人或者其他组织的祝贺性、恭维性或推荐性的文字；采用不具有可比性、公平性、准确性、权威性的数据来源和方法进行业绩比较，任意使用“业绩最佳”“规模最大”等相关措辞；法律、行政法规、中国证监会和中国基金业协会禁止的其他行为。

3. 私募基金信息披露的方式

中国基金业协会要求，基金合同中应当明确信息披露义务人向投资者进行信息披露的内容、披露频度、披露方式、披露责任以及信息披露渠道等事项。同时，私募基金管理人应当按照规定通过中国基金业协会指定的私募基金信息披露备份平台报送信息。信息披露义务人可以采取信件、传真、电子邮件、官方网站或第三方服务机构登录查询等非公开披露的方式向投资者进行披露，并应通过私募基金信息披露备份平台报送信息。私募基金管理人过往业绩以及私募基金运行情况将以私募基金管理人向私募基金信息披露备份平台报送的数据为准。投资者可以登录中国基金业协会指定的私募基金信息披露备份平台进行信息查询。

12.4 私募基金管理人年度审计报告

中国基金业协会要求已登记的私募基金管理人在规定时间内，通过私募基金登记备案系统填报经会计师事务所审计的年度财务报告。

12.4.1 提交审计报告的法律依据

《公司法》第一百六十四条规定，公司应当在每一会计年度终了时编制财务会计报告，并依法经会计师事务所审计。

《合伙企业法》第六十八条规定，有限合伙人可有第三款“参与选择承办有限合伙企业审计业务的会计师事务所”、第四款“获取经审计的有限合伙企业财务会计报告”行为。

《证券投资基金法》第二十五条规定，私募基金管理人应当根据中国基金业协会的规定，及时填报并定期更新管理人及其从业人员的有关信息、所管理私募基金的投资运作情况和杠杆运用情况，保证所填报内容真实、准确、完整。发生重大事项的，应当在10个工作日内向中国基金业协会报告。私募基金管理人应当于每个会计年度结束后的4个月内，向基金业协会报送经会计师事务所审计的年度财务报告和所管理私募基金年度投资运作基本情况。

《私募登记备案办法》第二十一条规定，私募基金管理人应当于每年度结束之日起20个工作日内，更新私募基金管理人、股东或合伙人、高级管理人员及其他从业人员、所管理的私募基金等基本信息。私募基金管理人应当于每年度四月底之前，通过私募基金登记备案系统填报经会计师事务所审计的年度财务报告。受托管理享受国家财税政策扶持的创业投资基金的基金管理人，还应当报送所受托管理创业投资基金投资中小微企业情况及社会经济贡献情况等报告。

《二五公告》要求，私募基金管理人应当于每年度 4 月底之前，通过私募基金登记备案系统填报经会计师事务所审计的年度财务报告。

① 自该公告发布之日起，已登记的私募基金管理人未按要求提交经审计的年度财务报告的，在私募基金管理人完成相应整改要求之前，中国基金业协会将暂停受理该机构的私募基金产品备案申请。同时，中国基金业协会将其列入异常机构名单，并通过私募基金管理人公示平台（http：//gs.amac.org.cn）对外公示。一旦私募基金管理人作为异常机构公示，即使整改完毕，至少 6 个月后才能恢复正常机构公示状态。

② 新申请私募基金管理人登记的机构成立满一年但未提交经审计的年度财务报告的，中国基金业协会将不予登记。

12.4.2 年度审计报告的主要内容

1. 机构基本情况

机构的基本情况主要包括公司名称、注册地址、经营范围、注册资本金、法人、股东等方面。其中，审计关注的重点有：

① 工商、税务、银行等处的机构名称是否一致。

② 工商、税务、银行等处的注册地址是否一致，此外，在现行政策下，存在经营地址与注册地址不一致的情况。

③ 确认机构经营范围的准确内容。

股权类私募机构为：投资管理、资产管理、股权投资、创业投资、投资咨询。

证券类私募机构为：投资管理、资产管理。

④ 资本金要求：

- 对注册资本金无金额要求，一般在 1 000 万元以上；
- 实收资本的要求：私募基金管理人的实收资本 / 实缴资本不足 100

万元或实收 / 实缴比例未达到注册资本 / 认缴资本的 25% 的情况，协会将在私募基金管理人公示信息中予以特别提示，并在私募基金管理人分类公示中予以公示。

⑤ 机构法定代表人资格是否合格。

有以下情形时不能担任法定代表人：

- 不具备基金从业资格；
- 无民事行为能力或者限制民事行为能力；
- 因贪污、贿赂、侵占财产、挪用财产或者破坏社会主义市场经济秩序，被判处刑罚，执行期满未逾五年，或者因犯罪被剥夺政治权利，执行期满未逾五年；
- 担任破产清算的公司、企业的董事或者厂长、经理，对该公司、企业的破产负有个人责任的，自该公司、企业破产清算完结之日起未逾三年；
- 担任因违法被吊销营业执照、责令关闭的公司、企业的法定代表人，并负有个人责任的，自该公司、企业被吊销营业执照之日起未逾三年；
- 个人所负数额较大的债务到期未清偿。

2. 历史沿革

（1）企业设立手续方面

主要存在企业实际出资与工商登记不一致问题（过往案例，企业实际出资情形与工商登记出现差错，工商登记出现瑕疵）。

（2）企业出资方面

主要为股东出资方式、出资不实，以及未经法定验资手续等方面。

（3）企业的增资、股权转让等行为方面

企业增资出现的问题主要有企业增资没有履行股东（大）会（合伙人大会）决议程序，增资没有进行验资手续。

股权转让主要出现的问题为股权转让对价不清晰，没有在股权转让协议中注明，留下问题及隐患。

3. 会计政策及估计

① 财务报表的编制基础；

② 遵循企业会计准则的声明；

③ 会计期间；

④ 记账本位币。

4. 关联方关系

一方控制、共同控制另一方或对另一方施加重大影响，以及两方或两方以上同受一控制、共同控制或重大影响的，构成关联方。

《私募基金管理人登记法律意见书指引》第六条详细规定了私募机构的关联方，由此归纳得出关联方可主要分为三大类：

一是子公司，指持股 5% 以上的金融企业、上市公司及持股 20% 以上其他企业，其中，其他企业包括非金融企业和非上市公司；二是分公司；三是其他关联方，指受同一控股股东 / 实际控制人控制的金融企业，资产管理机构或相关服务机构。

如果公司存在关联方，对于关联方与本公司的交易情况，以及是否存在利益冲突，应当详细说明。关于关联方是否从事私募基金业务也是需要详细阐述的一个点，并说明是否存在与私募基金相冲突的业务，例如小额贷款、互联网金融、融资配资等。审计师在关联方认定时，应当阐明关联方的股权情况，是否存在股权代持以及协议控制情况。

5. 财务事项

年度审计还应该重点关注 18 项内容，包括：现金，银行存款，备付金，交易性金融资产，持有至到期投资，可供出售金融资产，应收管理费，其他应收款，长期股权投资，短期借款，应付账款，应付职工薪酬，应交税费，实收资本，主营业务收入，投资收益，业务及管理费，营业外收入。

12.5 中国基金业协会会员

《证券投资基金法》中第一百零八条规定，中国基金业协会是证券投资基金行业的自律性组织，是社会团体法人。基金管理人、基金托管人应当加入基金行业协会，基金服务机构可以加入基金行业协会。

国务院发布的《私募基金暂行条例（征求意见稿）》第三十二条规定，私募基金管理人、私募基金托管人应当加入基金行业协会，接受基金行业协会的自律管理。

《私募登记备案办法》第五条规定，私募基金管理人应当向基金业协会履行基金管理人登记手续并申请成为基金业协会会员。

《中国证券投资基金业协会会员管理办法》（以下简称《办法》）第二条规定，基金管理人、基金托管人应当按照法律法规的规定，加入中国证券投资基金业协会成为会员。基金服务机构等其他机构可以加入协会成为会员；按照规定在协会登记的基金服务机构，应当按照法律法规的规定加入协会成为会员。

由此可见，中国基金业协会会员包括基金管理人、基金托管人、基金服务机构。

目前文件规定，从事私募证券业务的基金管理人，应当加入协会；从事非私募证券业务的基金管理人，可以加入协会。即对非证券类管理人并不强制要求入会。入会采取邀请制，这意味着，被邀请的管理人提交资料进行申请入会通过的概率很大，未被邀请的管理人申请入会通过的概率比较小。

12.5.1 会员的分类

中国基金业协会会员包括普通会员、观察会员、联席会员和特别会员。对于私募基金管理人来讲，可以成为中国基金业协会的普通会员和观察会员。

1. 普通会员

普通会员包括下列机构：

① 从事公开募集基金业务的基金管理人，包括基金管理公司及经国务院证券监督管理机构核准从事公募基金管理业务的其他机构。

② 基金托管人，包括依法设立并取得基金托管资格的商业银行或者其他金融机构。

③ 符合《办法》第十一条规定的从事非公开募集基金业务的基金管理人，即私募基金管理人。

根据《办法》第十条规定，私募基金管理人和从事私募资产管理业务的金融机构加入协会，应当先申请成为观察会员。符合以下全部条件的私募基金管理人，可以申请成为普通会员：自成为观察会员之日起满一年；最近一年在协会备案的基金规模在20亿元以上，或者备案的创业投资基金规模在3亿元以上；不存在违反法律法规及协会自律规则的行为。

④ 受国务院证券监督管理机构监管的各类金融机构及其子公司在协会备案的私募资产管理业务规模在20亿元以上的。

2. 观察会员

观察会员入会条件如下：

① 私募基金管理人在协会私募基金登记备案系统中已提交经签章的《入会申请书》。

② 私募基金管理人最近一年的资产管理规模不低于1亿元；或者私募基金管理人的实缴资本金不低于1 000万元且正在管理的资产规模不低于1 000万元。

③ 私募基金管理人具有较高的市场声誉，无不良诚信记录，最近一年未收到监管或行政管理机构的处罚。

对于确需满足《证券期货经营机构私募资产管理业务运作管理暂行规定》中“提供投资建议服务的第三方机构”相关会员资格要求的私募证券投资基金管理人，还应提交近期开展“提供投资建议的第三方机构”业务的说明函。

3. 联席会员

联席会员包括经按照国务院证券监督管理机构或协会规定注册、备案或登记的从事基金销售、份额登记、估值、评价、信息技术系统服务等基金服务业务的机构，以及为基金业务提供法律和会计等专业服务的律师事务所和会计师事务所。

4. 特别会员

特别会员包括下列机构：

① 证券期货交易所等全国性交易场所，登记结算机构等为基金行业提供重要基础设施的服务机构，与基金行业相关的全国性社会团体；地方性交易场所以及地方性社会团体；

② 对基金行业有重要影响的境外机构；

③ 基金行业的重要机构投资者；

④ 其他对基金行业具有重要影响的机构。

12.5.2 会员的权利和义务

1. 会员享有的权利

① 普通会员和联席会员享有理事和监事的被选举权，观察会员和特别会员不享有理事和监事的被选举权。

② 普通会员、观察会员和联席会员向国务院金融监管部门申请开展其他业务或者申请加入其他自律组织，协会可以出具推荐材料。

③ 普通会员向中国证监会申请公募基金、基金托管和基金销售业务，协会积极支持。

④ 联席会员向中国证监会申请基金销售业务，协会积极支持。

此外，会员还将在以下几方面获益：

（1）声誉

成为中国基金业协会会员从一定程度上意味着获得了中国基金业协会的认可，可以显著提高私募基金管理人的声誉。

（2）获得申请成为新三板做市商的资格

2016 年 12 月股转系统发布的《私募机构全国股转系统做市业务试点专业评审方案》中规定：可提交评审申请材料的先决条件之一，就是

“已成为中国证券投资基金业协会普通会员”。这意味着，私募机构若想申请成为新三板做市商，必须是中国基金业协会的普通会员。

（3）获得私募资产配置基金管理人的准入资格

根据《私募基金登记备案相关问题解答（十五）》的规定，申请私募资产配置基金管理人的条件之一为：受同一实际控制人控制的机构中至少一家已经成为中国基金业协会普通会员；或者受同一实际控制人控制的机构中至少包括一家在协会登记3年以上的私募基金管理人，该管理人最近3年私募基金管理规模年均不低于5亿元，且已经成为协会观察会员。因此，如果私募基金管理人为普通会员或符合条件的观察会员，其实际控制人控制的其他机构可以申请为私募资产配置基金管理人。

（4）获得信息优势

通过中国基金业协会提供的会员服务，参与行业交流，推动行业创新，接收基金行业的最新讯息，甚至参与中国基金业协会自律规则的制定。

（5）可以成为机构间私募产品报价系统参与人

根据2015年6月修订的《机构间私募产品报价与服务系统管理办法（试行）》第八条，注册成为报价系统参与人的条件之一为：证券业协会、中国期货业协会、中国证券投资基金业协会、中国上市公司协会或证券业协会认可的其他自律组织会员，或者报价系统认可的其他机构。

2. 会员应尽的义务

会员的义务体现为缴纳会费，会费又分为入会费和年会费。

入会费在提交入会申请时缴纳；缴纳入会费后，协会对申请人的入会申请进行审核。

成为会员后每年缴纳年会费，年会费应当在收到协会通知后的三十个工作日内缴纳；同一年度内出现会员类型调整的，会员会费按孰低原则缴纳。

（1）入会费

《中国证券投资基金业协会会费收缴办法》对入会费标准做出规定，各类会员入会费统一为 2 万元。因入会费仅涉及新加入会员，对已有会员没有任何影响，考虑到原有观察会员入会费为 1 万元的规定，协会将在修订后对观察会员入会费给予适度优惠和减免，以保证所有会员会费均不增加。

（2）年会费（见表 12-2）

表 12-2　　　　中国基金业协会会费标准明细表

单位：元

会员类型	机构／业务类型	年会费
普通会员	私募基金管理人（证券类）	上年营收 ×2‰ 计算结果： （－∞，10 万）→ 2 万 ［10 万，20 万）→ 10 万 ［20 万，60 万）→ 20 万 ［60 万，＋∞）→ 60 万
	私募基金管理人（非证券类）	上年备案的实缴基金规模： ［0 亿，20 亿）→ 2 万 ［20 亿，100 亿）→ 10 万 ［100 亿，100 亿）→ 20 万 ［300 亿，＋∞）→ 60 万
观察会员		2 万
联席会员	基金销售业务	上年销售业务收入 ×2‰ 计算结果： （－∞，10 万）→ 2 万 ［10 万，20 万）→ 10 万 ［20 万，＋∞）→ 20 万
	其他基金服务	2 万
特别会员		2 万

① 普通会员：分为 2 万元、10 万元、20 万元、60 万元四个档次；

② 观察会员：实行统一标准 2 万元；

③ 联席会员：按其所从事基金销售业务和相关基金服务业务分别计算，合并缴纳；

④ 特别会员：统一标准为 2 万元。当协会会费收支出现收不抵支时，境内的特别会员可以缴纳特别会费。

（3）不缴纳会费的后果

未按规定及时缴纳年会费的，协会可以采取下列措施：

① 逾期三个月以上的，协会再次发送缴费通知，并对会员代表人予以警示。

② 逾期六个月以上的，协会在协会网站对欠费会员机构予以公示并将有关情况记入诚信档案。

③ 逾期一年以上的，协会按照纪律处分程序，暂停其会员资格，禁止其他会员与其开展业务。

④ 逾期两年以上的，会员资格自动终止。法律法规规定应当加入协会的会员资格终止的，不得再从事法律法规规定的相关业务。

12.5.3　入会登记

中国基金业协会会员登记注册包括：入会登记、变更登记和注销登记（见图 12-1）。协会会员管理部门负责办理会员登记注册事宜。

另外，金融机构提交入会申请，或者不同申请人之间或申请人与会员之间存在关联关系的，可以向协会提交相关证明文件，申请简化入会申请程序。

加入中国基金业协会的流程为：满足条件的基金管理人提交相关申请材料并缴纳入会费；经协会审核通过，成为观察会员；此后再次通过考察期的各项审核，则可以成为普通会员。

1. 提交的材料

入会所需材料包括：申请书；会员登记表（四选一）；基本资料，包括经营业务许可证、营业执照或其他法定资格文件复印件。

持续经营和合规经营的证明资料包括：未来一年的持续经营计划（私募基金管理人申请普通会员，应当提交未来三年的持续经营计划）；历史经营情况说明；公司治理和内部管理制度；高级管理人员和从业人员的资质证明和诚信记录；营业场所的产权证或者租赁合同；资本金验资文件以及财务报表等。

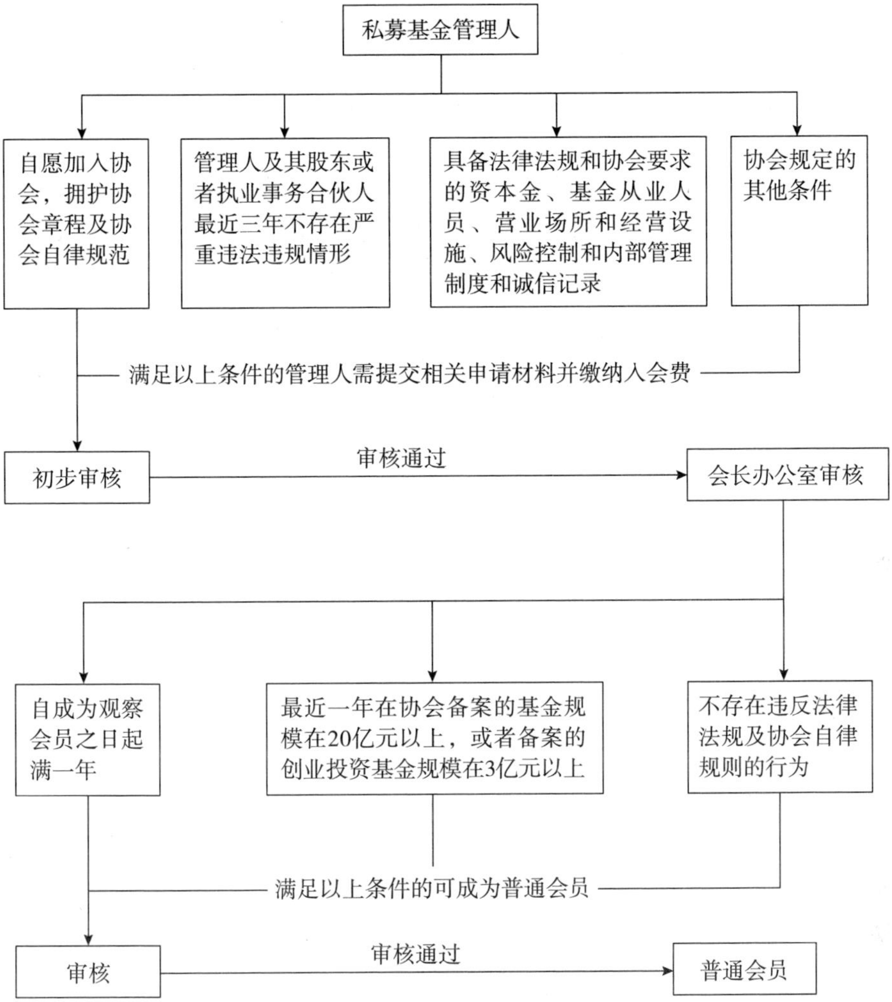

图 12-1　私募基金管理人入会流程

所需资料还包括：拟制定的会员代表人的基本资料，包括身份证明文件、个人履历等；拟指定的会员代表人签署的承诺书；协会要求的其他材料。

2. 审批流程

协会在收到申请人提交的入会申请材料及缴纳的入会费后，会进行初步审核，审核采取以下方式：

① 书面审核申请资料；

② 与申请人主要负责人和相关负责人面谈；

③ 到申请人的营业场所进行现场检查或者委托律师事务所及会计师事务所对申请人进行核查；

④ 要求申请人就申请材料提交法律意见书或者审计报告；

⑤ 其他方式。

协会自收到申请人提交的入会申请材料及缴纳的入会费之日起 20 个工作日内，启动入会申请的初步审核。

协会认为申请材料需要说明、补充或者修改的，可以要求申请人在限期内补正。协会认为申请人不符合《中国证券投资基金业协会会员管理办法》规定的会员条件的，可以书面要求申请人在指定期限内进行整改。

入会申请通过初步审核后，提交会长办公会审核，结果最终由会长办公会决定，并定期向理事会报告。协会在官方网站公示全体会员名单并向普通会员颁发会员证书。对于未批准入会的，协会公示结果和原因。

未批准入会的申请人可以在六个月后再次提交入会申请，按照规定重新办理入会申请手续，提交入会申请材料。

3. 入会系统操作指引

申请加入协会机构应当通过资产管理业务综合报送平台提交会员入会申请，并按要求持续更新会员相关信息、办理会员代表变更等事项。

第一步：上传会员登记信息（见图 12-2）。

图 12-2　中国基金业协会申请会员登记信息维护界面

第二步：完善会员信息（见图 12-3）。

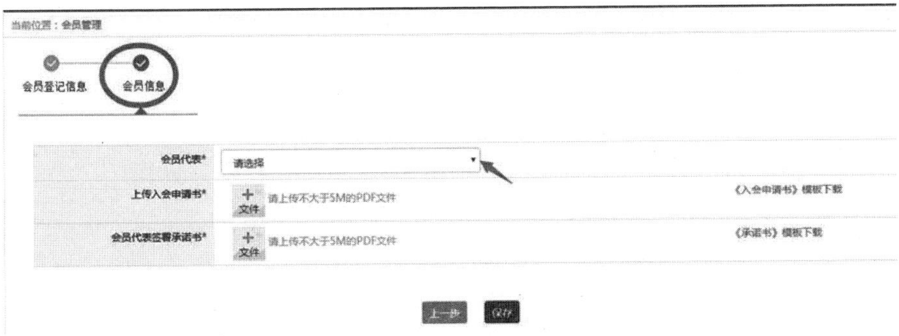

图 12-3　中国基金业协会申请会员信息维护界面

第三步：提交法律意见书（见图 12-4）。

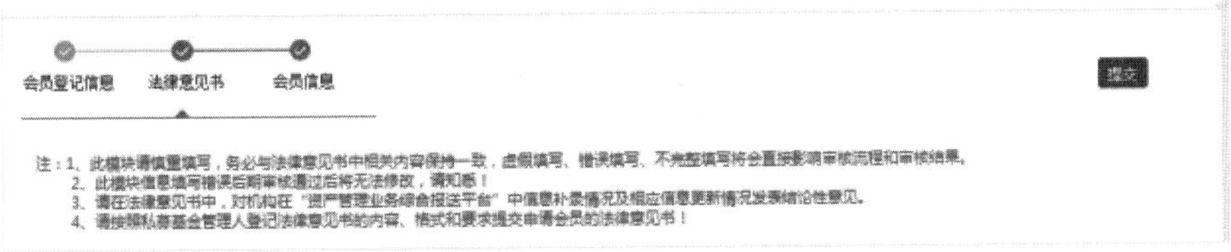

图 12-4　中国基金业协会申请会员法律意见书提交界面

12.5.4　会员的变更登记

会员单位的信息如有下列变化，应自发生该情形之日起 30 个工作日登录协会会员信息管理系统变更：

① 会员单位发生分立、合并、破产、解散及撤销的；

② 会员单位名称变更的；

③ 会员单位营业范围变更的；

④ 会员单位注册地址变更的；

⑤ 会员单位注册资本变更的；

⑥ 会员单位法定代表人变更的；

⑦ 会员单位会员代表变更的；

⑧ 会员单位办公地址变更的；

⑨ 会员单位联络员变更的；

⑩ 会员单位通讯方式变更的。

会员单位发生以上第一、三、五、六项变更事项的，在变更会员信息管理系统相关信息的同时应函告协会并提交以下变更文件：

① 公函形式的变更说明，明确需要变更的事项；

② 法人营业执照或法人登记证（副本复印件加盖单位公章）；

③ 中国证监会颁发的相关业务许可证（副本复印件加盖单位公章）。

会员单位发生以上第二、四项变更事项的，在变更会员信息管理系统相关信息的同时应函告协会并提交以下变更文件：

① 公函形式的变更说明，明确需要变更的事项；

② 法人营业执照或法人登记证（副本复印件加盖单位公章）；

③ 中国证监会颁发的相关业务许可证（副本复印件加盖单位公章）；

④ 中国基金业协会会员证书（原件）。

会员单位发生以上第七项变更事项的，在函告的同时应向协会提交中国基金业协会会员证书（原件）与变更后的会员代表简历。会员单位变更会员代表须经会长办公会审议通过，如该会员为兼职副会长、监事长、副监事长单位，继任会员代表须经理事会或监事会选举通过，方能继任协会的兼职副会长、监事长、副监事长职务。上述变更由会员管理部门通知会员单位在会员信息管理系统中变更会员代表信息。

会员单位发生以上第八、九、十项变更事项时，在变更会员信息管理系统相关信息的同时应函告协会予以备案。

发生第二、四、七项变更事项的会员单位，协会会为其更换会员证书。

会员单位领取变更后的会员证书时，应携带单位介绍信。如需邮寄，需做出书面说明，并注明详细地址及收件人。

若会员单位会员证书丢失，需及时函告协会并申请补办。协会在备案后将为其补办会员证书。

12.5.5 会员的注销

会员单位有下列情形之一的，其会员资格经会长办公会确认后终止：

① 申请退会的；

② 不再符合协会章程或《中国证券投资基金业协会会员管理办法》规定的会员条件的；

③ 主体资格发生终止情形的；

④ 不能按规定及时缴纳会费的；

⑤ 两年内不缴纳会费或不参加协会组织的任何活动的；

⑥ 受到协会取消会员资格处分的。

会员资格终止时，协会将在网站或公开媒体上公告。

12.5.6 会员的禁止行为

中国基金业协会会员不得有以下行为，否则可能受到中国基金业协会的处分：

① 未尽诚实信用、谨慎勤勉等资产管理行业的基本职责，违反法律法规、自律规则和合同约定开展基金行业相关业务；

② 未坚持投资者利益优先原则，将自身利益置于投资者利益之上；

③ 不具备相应资质开展基金行业相关业务，未按规定取得相关资质认证，未按规定办理相应的登记、注册和备案手续；

④ 未按照审慎经营和专业经营的原则，建立科学、合理、有效的风险控制制度和业务隔离制度，无法有效防范利益冲突、利益输送等违法违规行为或者其他经营风险，对投资者利益存在重大风险隐患；

⑤ 未按规定履行基金业务有关的信息披露职责，隐瞒或者提供虚假信息；

⑥ 违背投资者适当性原则，公开募集产品结构公众不易理解的开放式基金；

⑦ 违反法律法规或者自律规则的规定，以基金为名从事其他业务；

⑧ 私募基金管理人向非合格投资者募集资金，通过公开宣传的方式向不特定对象宣传推介，或者违反规定向投资者承诺保本保收益；

⑨ 基金托管人未履行资产保管、复核审查和投资监督等义务，未履行受托人的应尽职责，未按规定建立有效的业务隔离机制，风险控制机制不健全，存在利益冲突、利益输送等违法违规情形；

⑩ 基金销售机构违反资金募集的相关法律法规销售基金产品，未按规定签订销售协议，与基金管理人之间未明确权利、义务和相关责任；

⑪ 基金服务机构未按规定取得相关资质、履行相关手续开展基金服务业务；未按规定签订基金服务协议，各方权利义务不明确；为有关基金业务活动出具法律意见书、审计报告等文件未尽勤勉尽责义务，未对所依据文件资料内容的真实性、准确性和完整性进行核查和验证；

⑫ 法律法规和自律规则禁止的其他行为。

需注意到的一点特殊情况是，《证券投资基金法》所规定的居于控制地位的私募基金管理人代表附属机构申请入会的情况：私募基金管理人管理的基金财产主要投资股权，且与其他私募基金管理人之间存在合法合规的附属关系的，可以由居于控制地位的私募基金管理人代表附属机构加入协会成为会员。代表附属机构成为会员的管理人应当书面承诺其附属机构遵守协会的自律管理，对附属机构违反自律规则的行为承担责任。

12.5.7 对会员的奖惩类型

为基金行业发展、为履行社会责任或者为协会工作做出突出贡献的会员和从业人员，协会会给予表扬、表彰、授予荣誉称号等奖励。会员出现上述禁止行为时，协会将对其进行惩罚。惩罚措施主要有诚信类措施、矫正类措施、业务惩戒类措施和资格惩戒类措施四类。

① 诚信类措施：通报批评、警示、公开谴责、加入黑名单等；

② 矫正类措施：限期改正、参加培训、清理违规业务等；

③ 业务惩戒措施：暂停受理业务、暂停部分会员权利、暂停基金从

业资格等；

④ 资格惩戒措施：认定为不适当人选、取消会员资格、取消基金从业资格、撤销管理人登记等。

12.6 投资顾问资格

证券投资顾问业务，是证券投资咨询业务的一种基本形式，指证券公司、证券投资咨询机构接受客户委托，按照约定，向客户提供涉及证券及证券相关产品的投资建议服务，辅助客户做出投资决策，并直接或者间接获取经济利益的经营活动。投资建议服务内容包括投资的品种选择、投资组合以及理财规划建议等。

根据服务对象的不同，证券投资咨询业务可以分为：面向公众的投资咨询业务；为签订了咨询服务合同的特定对象提供的证券投资咨询业务；为本公司投资管理部门、投资银行部门的投资咨询服务。

投资顾问业务，目前仅适用于私募证券投资基金，对于私募股权投资基金和创业投资基金，暂不适用。

12.6.1 投资顾问业务申请

私募证券投资基金管理人具备以下条件之后，可为证券期货经营机构提供投资建议服务：

① 在中国基金业协会登记满一年、无重大违法违规记录的会员；

② 具备 3 年以上连续可追溯证券、期货投资管理业绩的投资管理人员不少于 3 人、最近三年无不良从业记录。

私募证券投资基金管理人提供投资建议服务，应提交以下文件：一是私募证券投资基金管理人出具的承诺函，二是资质证明文件，三是投资管理人员工作经历证明，四是投资业绩证明文件。

1. 私募证券投资基金管理人出具的承诺函

① 承诺在协会登记满一年，已成为协会会员，经营期间无重大违法

违规记录。

② 承诺具备三年以上连续可追溯证券、期货投资管理业绩的投资管理人员不少于三名，且最近三年无不良从业记录。

其中，三年以上连续投资管理业绩是指投资管理人员连续三年从事证券、期货投资管理工作所形成的投资业绩记录，中间未有中断，但因疾病、生育、法规限制或合同约定限制等客观原因中断从业经历且不超过 1 年的，可不重新计算连续年限。

投资管理人员是指在受国务院金融监管部门监管的持牌机构或已在中国基金业协会登记的私募基金管理机构任职，具备证券、期货自营账户或受托账户投资管理工作经历的人员，包括基金经理、投资经理、投资决策委员会成员、投资总监，以及经机构授权承担投资决策职能的其他人员。

不良从业记录是指投资管理人员在从事证券、期货投资管理业务过程中，存在因违反法律法规或自律规则被采取行政监管措施或纪律处分，或因违反任职单位规定被辞退或开除的记录。

③ 承诺函应当加盖公司公章，三名投资管理人员本人签字。

2. 资质证明文件

① 协会官网公示的私募证券投资基金管理人公示信息截图；

② 中国基金业协会会员证书或协会官网公示的观察会员名单截图；

③ 全国企业信用信息公示系统中第三方机构违法违规记录查询结果截图；

④ 基金从业人员系统中三名投资管理人员不良从业记录查询结果截图，或其他可验证可核查的证明材料。

3. 投资管理人员工作经历证明

包括 3 名投资管理人员的：

① 曾任职单位出具的投资管理经历说明或离任审计报告（应包括管理的基金 / 产品名称、期间、职责等），或担任投资顾问期间的委托管理协议。

如投资管理人员在现任单位具备三年以上连续可追溯证券、期货投资管理业绩，不需要过往任职单位出具工作经历证明文件。工作经历证明中应当包括该投资管理人员任职期间、职务、所管理产品/账户的名称及管理期间，并与提供的投资管理业绩证明相匹配。

② 基金从业资格证明（所有提供投资建议服务的投资管理人员均需要具备基金从业资格）文件，或海外基金从业人员曾就职的基金或投资管理公司出具的工作履历证明（中英文版本）。

③ 协会要求提供的其他证明材料。

3. 投资业绩证明文件

投资管理业绩是指能够明确归属于投资管理人员本人且满足连续3年条件的投资管理业绩，不限于最近连续3年。证明文件提供以下一项即可：

① 曾管理的基金/产品的托管机构或审计机构出具的，该名人员管理期间的基金/产品净值变化情况证明。

② 第三方评价机构（指协会官网披露的基金评价机构）出具的该名人员管理期间的基金/产品净值变化情况证明。

③ 曾管理的基金/产品在该名人员管理期间的定期报告复印件，并说明自己管理的业绩区间。

④ 曾任职单位出具的所管理的证券、期货自营账户净值变化情况证明。

⑤ 聘任私募证券投资基金管理人担任投资顾问的机构出具的，该名人员管理产品期间的产品净值变化情况证明。

⑥ 其他中国基金业协会认可的可核查可验证的基金/产品投资业绩证明文件。

私募证券投资基金管理人需首先登录协会从业人员管理系统（http://person.amac.org.cn），逐个填报本机构投资管理人员的投资业绩情况，T+1个工作日后，机构投资管理人员信息将自动显示在资产管理业务综合报送平台提供投资建议服务业务信息填报页面。

在此基础上，私募证券投资基金管理人需在资产管理业务综合报送平台“管理人登记”模块下，填报提供投资建议服务业务的其他相关信息。若符合条件，协会将在收齐材料后的20个工作日内进行确认，并通过邮件方式告知申请机构。

12.6.2 投资顾问业务的其他限制

若私募证券投资基金管理人为证券期货经营机构发行的资管计划提供投资顾问服务的，还受到其他限制：

①私募证券投资基金管理人不得对资产管理计划直接执行投资指令。

② 私募证券投资基金管理人不得利用资产管理计划从事内幕交易、市场操纵等违法违规行为。

③ 资产管理计划与私募证券投资基金管理人本身、与私募证券投资基金管理人管理或服务的其他产品之间不得存在利益冲突或利益输送。

④ 证券期货机构不得向未提供实质服务的私募证券投资基金管理人支付费用或支付的费用与其提供的服务不相匹配。

⑤ 私募证券投资基金管理人及其关联方不得以其自有资金或募集资金投资于结构化资产管理计划劣后级份额。

私募基金管理人及其员工应遵循中国证监会及公司有关制度，依法合规开展投资顾问业务。

12.7 基金管理人信用信息报告

私募投资基金管理人会员信用信息报告（简称信用信息报告），是基于私募投资基金管理人会员合法合规情况及其向协会报送的登记备案、信息披露及从业人员信息等客观、动态事实，从合规性、稳定度、专业度、透明度等维度以及投资风格方面持续记录会员展业过程中的信用信息情况。信用信息报告每季度更新一次，分别以表格或者雷达图等形式展示。

私募投资基金管理人会员可在协会“资产管理业务综合报送平台”的“会员信用信息报告”模块，查阅或下载本会员各期的信用信息报告。

但需要注意的是，私募基金管理人、投资人或者第三方不得将此报告用于公开宣传、公开募资。

12.7.1 信用信息报告的作用

投资者之所以需要信用信息报告主要有两方面原因：一方面，投资者很难真正了解基金管理人和基金运作。资产管理是一项非常复杂的业务，投资人很难理解投资到底是个什么样的过程，管理人做了哪些工作，在行业内的评价如何，等等。另一方面，投资者因风险自负，收益自享，需要了解基金管理人和基金的运作情况。

信用信息报告的主要作用有：

① 持续、动态积累私募投资基金管理人会员信用记录，带动行业以信用立身，实现行业信用自治。

② 引导私募投资基金管理人会员诚实守信，勤勉尽责，自觉提升合规风控能力和水平。

③ 促进私募投资基金管理人会员提升经营管理的稳定度、透明度和投资运作的专业度。

④ 引导行业相关合作机构关注私募投资基金管理人会员的信用记录。

⑤ 为中国证监会及其派出机构、政府机关等相关部门开展工作提供参考。

12.7.2 信用信息报告主要内容

对于不同类型的私募基金管理人，信用信息报告亦包含不同内容。私募证券投资基金管理人信用信息报告主要包含“一性三度”，即“合规性、稳定度、专业度和透明度”，这 4 大维度下面又有 15 项指标，从合规经营、稳定存续、专业运作以及信息披露四个方面展示会员的信用信息情况。私募股权投资基金管理人信用信息报告则在证券类的基础上，增加了投资风格类的指标。下面介绍证券类信用信息报告的内容。

1.“合规性”的五个指标

（1）近一年未按要求及时完成管理人及其私募基金信息更新的比率

指近一年管理人未按时通过资产管理业务综合报送平台报送管理人重大事项变更、经审计年度报告，以及私募基金的季度、年度和重大事项等信息更新的次数与应报送次数的比率。

提示：考察期末指上一个季度末。

（2）近一年管理人的事中监测情况

指近一年协会对管理人的事中监测情况，包括管理人失联、不配合检查、被有效投诉或举报、被监管或自律部门提示风险及违规事项的总次数。

提示：

A. 考察期末指上一个季度末。

B. 失联事项指管理人被协会公示在“失联机构”名单中，每次公示计失联一次；相关管理人被撤销公示的，停止计入。

C. 被有效投诉或举报事项指证据充分、联系方式有效且管理人未向协会函复并实质性办理解决的投诉或者举报。

D. 被有效投诉或举报次数：总数为10次，如果处理率为100%，则记为0次，如果处理率为少于100%且不低于90%，记为1次，如果处理率少于90%且不低于80%，记为两次，以此类推。特别地，被有效投诉或举报次数的考察期末为上上季度末，考察期是从考察期末开始往前推算一个自然年度。

E. 被监管和自律部门提示风险及违规事项指中国证监会系统和其他监管部门通报，以及协会在办理私募基金管理人登记、私募基金产品备案、私募基金管理人入会核查中发现的风险和违规情况。

（3）近三年管理人及其从业人员受到自律处分的次数

指近三年管理人及其从业人员受到协会自律处分的次数总和。

提示：

A. 考察期末指上一个季度末。

B. 从业人员指在协会从业人员管理系统中填报的从业人员。

（4）近三年管理人及其从业人员受到行政监管措施的次数

指近三年管理人及其从业人员受到中国证监会及其派出机构等部门行政监管措施的次数总和。

提示：

A. 考察期末指上一个季度末。

B. 从业人员指在协会从业人员管理系统里面填报的从业人员。

（5）近三年管理人及其从业人员受到行政处罚和市场禁入的次数

指近三年管理人及其从业人员受到中国证监会及其派出机构等部门行政处罚以及市场禁入的次数总和。

提示：

A. 考察期末指上一个季度末；

B. 从业人员指在协会从业人员管理系统中填报的从业人员。

2.“稳定度”的四个指标

（1）管理人展业年限

指管理人管理的首只已备案私募基金的成立日期至考察期末的期限。

提示：

A. 考察期末指上一个季度末。

B. 首只私募基金既包括自主发行产品，也包含顾问管理产品；

C. 管理人展业初始日期不因其产品的清盘、变更等原因而发生变化。

（2）近一年管理基金规模

指近一年管理人平均、最大以及最小的管理基金规模。

提示：

A. 考察期末指上一个季度末。

B. 管理人管理基金规模指管理人所发行的自主发行产品、顾问管理产品以及 FOF 产品规模总和。近一年内某一季度末的管理基金规模，以季度末填报的相关基金运行表中期末净资产为准，其中，如考察期末未更新相关基金运行表，该值为 0。

C. 平均管理基金规模指四个季度末管理基金规模加总 /4。

D. 最大管理基金规模指上四个季度末中最大的管理基金规模。

E. 最小管理基金规模指上四个季度末中最小的管理基金规模。

（3）近三年管理人实际控制人、控股股东及法定代表人 / 执行事务合伙人（委派代表）发生变更次数

指近三年管理人实际控制人、控股股东及法定代表人 / 执行事务合伙人（委派代表）发生变更的总次数。

提示：

A. 考察期末指上一个季度末。

B. 实际控制人指在资产管理业务综合报送平台填报的实际控制人；控股股东是指在资产管理业务综合报送平台勾选为控股股东的出资人；法定代表人 / 执行事务合伙人（委派代表）是指在资产管理业务综合报送平台中填报的特殊职务为法定代表人的高管；

C. 如果实际控制人或控股股东或法定代表人 / 执行事务合伙人（委派代表）由 a 变更为 b，再变更为 a，算作变更两次。

（4）期内基金从业人员的离职率

指考察期内管理人具有基金从业资格人员的离职人数与考察期初总人数的比率。

提示：

A. 考察期末指上一季度末。

B. 考察期初指上一季度初。

C. 基金从业人员：取得基金从业资格的人员。

D. 相关基金从业人员如存在兼职情况的，只在主机构中统计离职情况。

3.“专业度”的三个指标

（1）有可追溯投资记录的基金经理总人数

指考察期末管理人中管理正在运作基金且从事过证券、期货投资管理工作的基金经理总人数。

提示：

A. 考察期末指上一个季度末。

B. 基金经理指管理人在资产管理业务综合报送平台及从业人员管理系统填报的基金经理。

C. 有可追溯交易记录指在协会人员管理系统中报送基金经理信息时上传的从事证券、期货投资管理工作的相关证明文件。

D. 如在考察期末基金已清盘，对应的基金经理不纳入统计。

（2）有可追溯投资记录的基金经理平均执业年限

指考察期末管理人中管理正在运作基金的所有基金经理从事证券、期货投资管理工作的平均年限。

提示：

A. 考察期末指上一个季度末。

B. 基金经理指管理人在资产管理业务综合报送平台及从业人员管理系统填报管理正在运作基金的基金经理。

C. 有可追溯交易记录指在协会人员管理系统中报送基金经理信息时上传的从事证券、期货投资管理工作的相关证明文件。

D. 如在考察期末基金已清盘，对应基金经理不纳入统计。

（3）运行满三年及以上的私募基金规模

指考察期末管理人管理的运行满三年及以上的私募基金规模。

提示：

A. 考察期末指上一个季度末。

B. 运行满三年及以上指从考察期末开始往前推算三个自然年度及以上。

C. 运行满三年及以上的私募基金规模，以考察期末填报的相关基金运行表中期末净资产为准，其中，如考察期末未更新相关基金运行表，该值为 0。

4. “透明度”的三个指标

（1）信息披露备份数据的完整性

指考察期末管理人向私募基金信息披露备份平台报送信息披露报告的完整性情况（即应披露的私募基金是否全部进行信息披露）。

提示：考察期末指上一个季度末。

（2）信息披露备份数据的及时性

指考察期末管理人向私募基金信息披露备份平台报送信息披露报告的及时性情况（即所披露的私募基金信息披露报告是否在规定时间内完成）。

提示：考察期末指上一个季度末。

（3）正在运作的私募基金托管比率

指考察期末管理人管理的正在运作的私募基金中，已托管私募基金数量占正在运作私募基金数量的比例。

提示：

A. 考察期末指上一个季度末。

B. 管理人管理的私募基金指管理人自主发行产品或顾问管理产品。

C. 如考察期末无正在运作的私募基金，该数值不显示，并标注为“无正在运作的私募基金”。

12.7.3 信用信息报告查阅方式

私募信用信息报告的对象不是所有登记的私募基金管理人，只有已成为协会会员的私募投资基金管理人，才有资格查阅。

会员信用信息报告不得用于公开宣传，私募投资基金管理人会员可根据自身需要，将自己的信用信息报告“一对一”地提供给相关合作机构，具体运用方式必须符合法律法规和自律规则关于私募基金宣传推介的限制规定。

会员信用信息报告查阅方式为：

① 私募投资基金管理人会员登录资产管理业务综合报送平台。

② 通过资产管理业务综合报送平台增设的一级页签“会员信用信息报告”模块，查阅或打印本会员的信用信息报告，报告由表格及雷达图等形式展示，每季度将定期滚动更新。

③ 为防止信用信息被篡改，相关合作方可以通过手机等移动设备扫描信用信息报告页面的防伪二维码（每 7 天更新一次），核实该私募投资基金管理人会员的信用信息报告的真实性。

私募投资基金管理人会员应当确保所报送信息真实、准确、完整。如有隐瞒事项或者报送信息和资料存在虚假记载、误导性陈述或者重大遗漏，协会将在1年内暂停提供该会员的信用信息报告，并采取自律措施，记录诚信档案。

12.7.4 信用信息报告结果展示方案

私募投资基金管理人会员信用信息报告结果将分别以表格和雷达图形式展示该会员每个指标所处行业区间位置水平。

图12-5展示了北京新兴投资管理有限公司（观察会员）的信用信息报告，所有数值均是取对应的所处行业区间的中值。越靠近外围（100%），表示指标数值在行业越靠前。特别地，近三年内实际控制人、控股股东及法定代表人/执行事务合伙人（委派代表）发生变更次数、各合规性指标发生次数越少，越靠近外围（100%）。

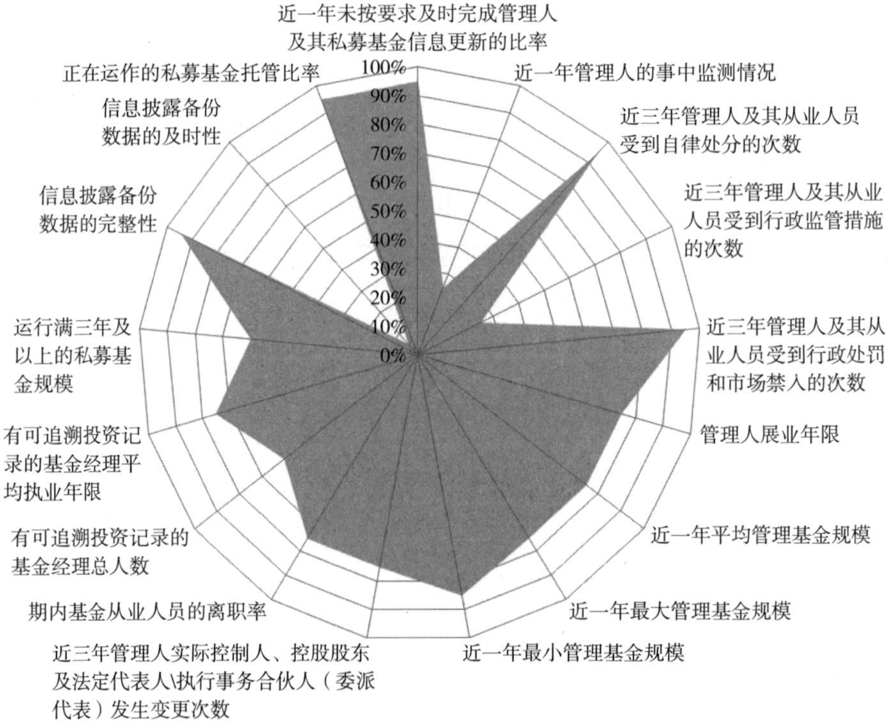

图12-5 北京新兴投资管理有限公司（证券类）信用信息报告

表 12-3 列示了北京新兴投资管理有限公司每个指标的具体数值、所处行业区间、行业中位数，其中区间间隔取 10%。

表 12-3　北京新兴投资管理有限公司（观察会员）信用信息报告表

投资策略：股票策略、事件驱动、套利策略、复合策略及其他策略					
四大维度	序号	分项指标	具体数值	所处行业区间	行业中位数
合规性	1	近一年未按要求及时完成管理人及其私募基金信息更新的比率	0 次	[90%~100%]	0 次
合规性	2	近一年管理人的事中监测情况	1 次	[20%~30%]	0 次
	3	近三年管理人及其从业人员受到自律处分的次数	0 次	[90%~100%]	0 次
	4	近三年管理人及其从业人员受到行政监管措施的次数	1 次	[20%~30%]	0 次
	5	近三年管理人及其从业人员受到行政处罚和市场禁入的次数	0 次	[90%~100%]	0 次
稳定度	6	管理人展业年限	4.5 年	[70%~80%]	3.5 年
	7	近一年平均管理基金规模	100 亿元	[70%~80%]	14 亿元
		近一年自主发行产品的平均规模	80 亿元	[80%~90%]	6.1 亿元
		近一年顾问管理产品的平均规模	20 亿元	[40%~50%]	6 亿元
		近一年管理的 FOF 产品平均规模	1 亿元	[10%~20%]	2 亿元
		近一年最大管理基金规模	130 亿元	[70%~80%]	18 亿元
		近一年自主发行产品的最大规模	100 亿元	[80%~90%]	8 亿元

续表

投资策略：股票策略、事件驱动、套利策略、复合策略及其他策略					
四大维度	序号	分项指标	具体数值	所处行业区间	行业中位数
稳定度	7	近一年顾问管理产品的最大规模	30 亿元	[40%～50%]	7.9 亿元
		近一年管理的 FOF 产品最大规模	5 亿元	[20%～30%]	3 亿元
		近一年最小管理基金规模	45 亿元	[80%～90%]	2 亿元
		近一年自主发行产品的最小规模	40 亿元	[70%～80%]	1.5 亿元
		近一年顾问管理产品的最小规模	5 亿元	[50%～60%]	1 亿元
		近一年管理的 FOF 产品最小规模	0 亿元	[0%～10%]	0.5 亿元
	8	近三年管理人实际控制人、控股股东及法定代表人 / 执行事务合伙人（委派代表）发生变更次数	1 次	[70%～80%]	2 次
	9	期内基金从业人员的离职率	10%	[50%～60%]	15%
专业度	10	有可追溯投资记录的基金经理总人数	5 人	[60%～70%]	2 人
	11	有可追溯投资记录的基金经理平均执业年限	10 年	[70%～80%]	3 年
	12	运行满三年及以上的私募基金规模	50 亿元	[90%～100%]	3 亿元
		运行满三年及以上的自主发行产品总规模	30 亿元	[80%～90%]	0.5 亿元
		运行满三年及以上的顾问管理产品总规模	20 亿元	[80%～90%]	2 亿元
		运行满三年及以上的 FOF 产品总规模	0 亿元	[0～10%]	0.5 亿元

续表

投资策略：股票策略、事件驱动、套利策略、复合策略及其他策略					
四大维度	序号	分项指标	具体数值	所处行业区间	行业中位数
透明度	13	信息披露备份数据的完整性	100%	[90%~100%]	0次
	14	信息披露备份数据的及时性	90%	[0~10%]	1次
	15	正在运作的私募基金托管比率	100%	[90%~100%]	100%

延伸阅读

H投资公司被注销登记

根据中国证券监督管理委员会北京监管局（下称“北京证监局”）的通报，中国基金业协会决定注销H公司投资基金管理（北京）有限公司（下称“H公司”）的私募基金管理人登记。现将有关情况公告如下：

1. H公司登记备案情况

2014年6月26日，H公司在协会登记为私募基金管理人，登记代码为P100××××。登记的高级管理人员有3人，袁某某登记为公司实际控制人；魏某某登记为公司总经理、合规风控负责人；楚某某登记为公司法定代表人。其中，魏某某通过资格认定方式取得基金从业资格。袁某某、楚某某无基金从业资格。公司员工总数为8人。北京中永恒会计师事务所为公司出具了2016年度审计报告。

公司在协会备案有“八里银海专项基金”“首都机场配套建设专项投资计划”等2只私募基金。根据公司填报的备案信息：“八里银海专项基金”实缴出资额5 077万元，主要投向海南国托科技有限公司100%股权，投资者人数为40人。“首都机场配套建设专项投资计划”实缴出资额9 847万元，主要投向首都机场T3航站楼公务机坪南侧地块受让及公务机航班服务配套项目开发，投资者人数为 49 人。

2. 北京证监局通报的情况

H 公司实际共管理“北京 HYDR 投资中心（有限合伙）”“北京 HYDR 投资中心（有限合伙）”“北京 HYFR 投资中心（有限合伙）”“北京 HYXR 投资中心（有限合伙）”“北京 HYFR 投资中心（有限合伙）”“北京 HYFT 投资中心（有限合伙）”“北京 DRJT 投资中心（有限合伙）”和“北京 HYTH 投资中心（有限合伙）”等 8 只产品，涉及首都机场、海口八里银海、北京佐竹精麦、丹耀大厦物业、郑州商业中心等 5 个项目，合计募集资金 2.3 亿元，涉及 170 余名投资者。据目前掌握的情况，H 公司 8 只私募基金均存在到期兑付问题，未兑付金额约 1.6 亿元，涉及 100 余名投资者。

根据北京证监局的核查，H 公司存在以下问题：一是部分基金未办理备案手续。H 公司仅按照项目口径在协会备案了“首都机场配套建设专项投资计划”“八里银海专项基金”2 只私募基金，其他项目及对应基金均未备案。二是未如实向投资者披露可能导致利益冲突情况及可能影响投资者合法权益的其他重大信息。例如，“北京 HYFR 投资中心（有限合伙）”“北京 HYXR 投资中心（有限合伙）”2 只产品的募集资金经由 H 公司账户流向 HX 矿业投资管理有限公司，与合同约定不符，该重大事项未向投资者披露。三是向非合格投资者募集资金，以及承诺保本保收益。例如：公司部分投资者投资于单只私募基金的金额最低为 30 万元或 50 万元；“北京 HYFR 投资中心（有限合伙）”产品投资指南中明确表述“承担连带责任担保，产品保本金保收益”。四是基金账户管理混乱。例如，海口八里银海项目退款账户与募集账户不一致，募集账户设在“北京 HYFR 投资中心（有限合伙）”“北京恒业祥瑞投资中心（有限合伙）”，但退款账户设在“HYFY 投资中心（有限合伙）”。

2015 年 3 月和 2016 年 4 月，北京证监局两次对 H 公司开展现场检查工作，发现公司缺乏从事私募基金管理的基本专业能力，合规意识淡薄，风控能力较差，项目运作不规范。2015 年 5 月，北京证监局向公司下达了责令改正的行政监管措施，截至公告日，公司仍未完成整改。

此外，H公司还存在3条最高人民法院失信信息（已执行）。被执行情形均是“其他有履行能力而拒不履行生效法律文书确定义务”。

3. 处理措施

根据北京证监局通报的情况，H公司登记备案信息与实际情况严重不符，所从事的部分业务不属于私募基金业务。在被监管部门采取行政监管措施后，未按要求进行整改，已经不再符合私募基金管理人的登记规定。鉴于H公司不是协会会员，不适用会员的纪律处分程序。按照《中华人民共和国证券投资基金法》《私募投资基金监督管理暂行办法》《中国证券投资基金业协会会员管理办法》《私募投资基金管理人登记和基金备案办法（试行）》《二五公告》和《关于进一步加强私募基金行业自律管理的决定》等法律法规和自律规则，协会决定注销H公司的私募基金管理人登记。同时，协会将按照《基金从业人员执业行为自律准则》《中国证券投资基金业协会纪律处分实施办法（试行）》的规定对H公司的基金从业人员给予纪律处分。

资料来源：关于注销华夏恒业投资基金管理（北京）有限公司私募基金管理人登记的公告［EB/OL］. http：//www.amac.org.cn/xxgs/jlcf/392955.shtml，2018-04-17.

关于北京市私募早餐资产管理有限公司
申请私募基金管理人备案登记的

法律意见书

北京爱华律师事务所

声　明

致：中国证券投资基金业协会

根据《公司法》、《私募投资基金管理人登记和基金备案办法（试行）》、《私募投资基金监督管理暂行办法》、《证券投资基金销售人员从业资质管理规则》、《中国证券投资证券投资基金业协会关于进一步规范私募基金管理人登记若干事项的公告》等相关法律、法规的规定，北京爱华律师事务所（下称“本所”）接受北京私募早餐资产管理有限公司（下称“申请机构”或“公司”）的委托，担任其私募基金管理人备案登记的法律顾问，本所及经办律师依据《证券投资基金法》、《律师事务所从事证券法律业务管理办法》和《律师事务所证券法律业务执业规则（试行）》等规定及本《法律意见书》出具日以前已经发生或者存在的事实，严格履行了法定职责，遵循了勤勉尽责和诚实信用原则，进行了充分的核查验证，保证本《法律意见书》所认定的事实真实、准确、完整，所发表的结论性意见合法、准确，不存在虚假记载、误导性陈述或者重大遗漏。本所及其经办律师同意将本《法律意见书》作为相关机构申请私募基金管理人登记或重大事项变更必备的法定文件，随其他在私募基金登记备案系统填报的信息一同上报，并愿意承担相应的法律责任。

本所律师在出具本《法律意见书》时特作如下声明：

为出具本《法律意见书》之目的，本所律师依照现行有效的中国法律、法规的要求和规定，对申请机构提供的相关法律文件、资料予以审查和验证。同时，还查阅了本所律师认为出具本《法律意见书》所需查阅、验证的其他法律文件及其他文件、资料和证明，并就有关事项向申请机构有关人员进行了必要的询问或讨论。

在前述审查、验证、询问过程中，申请机构向本所律师声明并承诺：（1）已经向本所律师提供了与出具《法律意见书》有关的所有原始书面材料、副本材料、复印材料及口头证言，该等原始书面材料、副本材料、复印材料及口头证言均是真实的、准确的、完整的，不存在任何虚假记载、误导性陈述或重大遗漏；（2）提供给本所律师的所有副本材料、复印材料与正本或原件是一致的，不存在伪造、变造副本材料或复印材料的情况；（3）提供给本所律师的所有原始书面材料、副本材料、复印材料上的政府有关部门、本公司或其他单位及/或自然人的签字及/或印章均是真实、有效的，不存在伪造、变造签字或印章的情况。

对于出具本《法律意见书》至关重要而又无法得到独立的证据支持的事实，本所律师依赖于有关政府部门、申请机构或者其他有关机构或人员出具的证明文件作为本《法律意见书》的依据。

本所律师依据本《法律意见书》出具日及此前已经发生的事实，并基于对有关事实的了解以及对已经公布并生效的法律、法规的理解发表本法律意见。

本所律师不对本次申请涉及的会计、审计、验资、资产评估、财务分析、投资决策和业务发展等法律之外的其他专业事项发表意见，本所律师不具备对该等专业事项进行专业查验和评价的适当资格。本法律意见书对相关会计报表、审计报告、验资报告、评估报告书或其他专业报告的数据、结论等内容的引述，并不意味着本所律师对该等内容的真实性、准确性、完整性和合法性做出任何明示或者默示的保证。

本所及本所律师与申请机构之间不存在可能影响本所及本所律师公正履行职责的关系。本所及本所律师具备就题述事宜出具法律意见的主体资格，并依法对所出具的法律意见承担责任。

本所律师已严格履行法定职责，对申请机构本次申请行为的合法性、合规性、真实性以及有效性进行了充分的核查验证，保证本《法律意见书》不存在虚假记载、误导性陈述或重大遗漏。

本《法律意见书》仅供申请机构为本次申请之目的而使用，不得被任何人用于其他任何目的。

本所及本所律师根据现行有效的中国法律、法规及规范性文件的要求，按照中国律师行业公认的业务标准、道德规范，并以勤勉尽责以及诚实信用的原则和精神，就题述事宜出具如下法律意见：

一、申请机构的主体资格

（一）申请机构的设立

统一信用代码	9111080135922388M
企业名称	北京私募早餐资产管理有限公司
住所地	北京市海淀区信息路 1 号 A 栋 201 室
实际办公地	北京市海淀区信息路 1 号 A 栋 201 室
法定代表人	站长
认缴注册资本	1 000（万元）
企业类型	有限责任公司
成立日期	2016 年 1 月 21 日
营业期限	永续经营
经营范围	投资管理（根据法律、行政法规、国务院决定等规定需要审批的，依法取得相关审批文件后方可经营）；受托资产管理（不得从事信托、金融资产管理、证券资产管理等业务）
股东	站长、北京规范运作技术有限公司

（二）申请机构的历次变更

变更日期	变更事项	变更前内容	变更后内容
2017 年 01 月 09 日	经营范围	投资管理、投资咨询、股权投资（根据法律、行政法规、国务院决定等规定需要审批的，依法取得相关审批文件后方可经营）；受托管理股权投资基金（不得从事证券投资活动；不得以公开方式募集资金开展投资活动；不得从事公开募集基金管理业务）；受托资产管理（不得从事信托、金融资产管理、证券资产管理等业务）	投资管理（根据法律、行政法规、国务院决定等规定需要审批的，依法取得相关审批文件后方可经营）；受托资产管理（不得从事信托、金融资产管理、证券资产管理等业务）

本所律师前往北京市市场监督管理局调取了申请机构的工商资料，并登录北京市市场监督管理局网站（http：//www.bjscjg.gov.cn/）、全国企业信用信息

公示系统（http：//www.gsxt.gov.cn/）和全国企业破产重整案件信息网（http：//pccz.court.gov.cn）的查询结果，本所律师认为，截至本法律意见书出具之日，申请机构未出现股东会决议解散、合并分立、经营期限届满、因违反国家法律、行政法规、危害社会公共利益等被依法撤销、责令关闭或公司宣告破产的情形。申请机构是依法有效存续的有限公司，具备中国证券投资基金业协会（下称“中国基金业协会”）所要求的私募基金管理人备案登记的主体资格。

二、申请机构的名称和经营范围

根据全国企业信用信息公示系统公示的信息，申请机构的名称为“北京私募早餐资产管理有限公司”，申请机构的经营范围为：投资管理（根据法律、行政法规、国务院决定等规定需要审批的，依法取得相关审批文件后方可经营）；受托资产管理（不得从事信托、金融资产管理、证券资产管理等业务）。

本所律师认为，申请机构名称中无“私募”相关字样；经营范围中含有“资产管理”、“投资管理”等与私募基金申请机构业务属性密切相关的字样，符合中国基金业协会的相关规定。

三、申请机构的专业化经营

1. 尽职调查过程

（1）本所律师查询了全国企业信用信息公示系统网站公示的信息，申请机构的经营范围为：投资管理（根据法律、行政法规、国务院决定等规定需要审批的，依法取得相关审批文件后方可经营）；受托资产管理（不得从事信托、金融资产管理、证券资产管理等业务）。

（2）本所律师登录了北京市国家税务局和北京市地方税务局的网站，并使用申请机构提供的账户密码登录了纳税申报系统，发现截至本法律意见书出具之日，申请机构没有任何非主营业务的税款缴纳信息。

（3）本所律师实地走访了申请机构的实际办公地址，并与公司现任高管进行了当场交谈，并制作了笔录。本所律师没有发现申请机构开展了任何与私募基金管理无关的业务。

（4）本所律师登录www.baidu.com、www.so.com首页并输入“私募早餐资本”、“北京私募早餐资产管理有限公司”进行了搜索，没有发现申请机构开展任何与私募基金管理无关业务的信息。

2. 结论

本所律师认为，申请机构的主营业务为私募股权基金管理业务；申请机构的工商经营范围和实际经营业务中，不存在可能与私募投资基金业务存在冲突的业务、没有兼营与“投资管理”的买方业务存在冲突的业务、没有兼营其他非金融业务。

四、申请机构的股权结构

（一）股东出资情况及履历

根据申请机构提供的说明和北京公正会计师事务所出具的 ××× 验证（2016）K335 号验资报告（下称“验资报告”），截至本法律意见书出具之日，申请机构的注册资本出资情况如下：

姓名	认缴出资额（万）	认缴出资比例（%）	实缴出资额（万）	实缴出资比例（%）	最后出资时间	出资方式
站长	550	55	275	55	2019-11-29	货币
北京规范运作技术有限公司	450	45	225	45	2019-11-29	货币
总计	1 000	100	500	100	—	—

本所律师查阅了申请机构提供的公司股权结构图，结构图显示的股权结构与公示信息一致。申请机构的股权机构图如下：

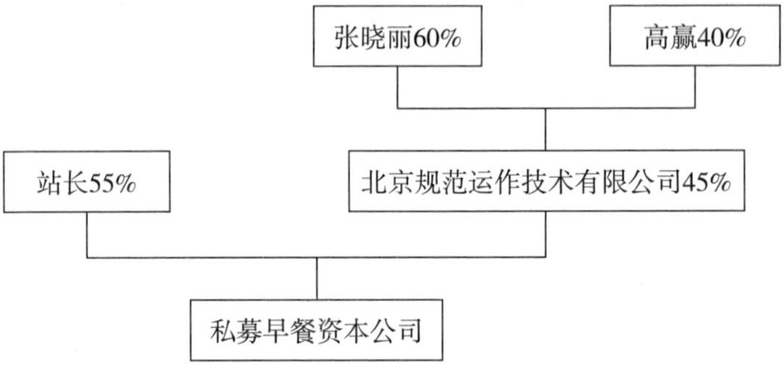

本所律师对 2 名股东提供的身份证明、营业执照等证书原件进行了核对，情况如下：

1. 站长，男，中国国籍，身份证号 350500197901041057，户籍地址：北京市海淀区丰泽区建国路 4 号 401 室。有基金从业资格、证券从业资格。

学习经历：

起止日期	学校	专业	学历	学历证书编号
1988.09—1992.07	北京市海淀区第五中学		高中	京五（高）毕字91第1805106号
1992.09—1994.07	北京联合大学	企业管理	专科	
1994.08—2001.09	工作			
2001.09—2004.09	北京大学网络学院	财政学	本科	

工作经历：

起止日期	工作单位	职务	工作职责
1994.08—2013.05	海淀区国家税务局	科员	负责辖区税收征收管理
2013.05—2016.05	海淀区国投公司	投资经理	股权投资
2016.06—2017.04	北京私募早餐资产管理有限公司	执行董事、总经理	公司日常行政及投资管理

经在中国基金业协会网站查询，本所律师确认站长于2016年3月19日通过考试方式取得基金从业资格，具体情况如下：

科目	通过时间	合格证编号
基金法律法规、职业道德与业务规范	2016-03-19	201603852
证券投资基金基础知识	2016-03-19	
私募股权投资基金基础知识	2017-11-26	2016123895

站长在申请机构任职之前，从未在任何私募机构任职。

2. 北京规范运作技术有限公司，统一信用代码：9111080127835799M，法定代表人为张晓丽，注册资本1 000万元，住所地址为：北京市海淀区东涂街89号新华软件园4幢604室。

（二）实缴资本金来源情况

本所律师经过与股东面谈、核查实缴资本金的银行流水单、申请机构收款账户银行流水、验资报告等，实缴资金均是从股东账户上出资到申请机构对公账户（招商银行北京海淀支行7559888），具体出资转账信息如下：

付款人户名	实缴金额	付款银行	付款账号	转账时间	备注信息
站长	275 万元	中国建设银行	62170072342302004	2016-11-29	投资款
北京规范运作技术有限公司	225 万元	中国工商银行	62221072370302012	2016-11-29	投资款

本所律师认为，2 名股东出资资金均来自股东的银行账户，不存在大额借贷、受托代持股、违法犯罪所得资金入股等情况，符合《公司法》等法律、法规和规范性文件规定的成为有限责任公司股东出资的要求。

同时，通过：

1. 查阅申请机构的全套工商档案中股东出资信息；

2. 与现任高管进行当面访谈并制作笔录，确认申请机构不存在被境外股东直接或间接控股或委托持股的情形，确定了股东的资金来源于股东自有资金，并不存在代持股情况，也不存在任何直接或间接控股或参股的境外股东；

3. 通过网络查询申请机构的股东信息；

4. 在北京市注册会计师协会网站上查证了北京公正会计师事务所所出具验资报告的真实性；

5. 查阅股东的个人信用报告、银行流水清单。

综上，本所律师认为，截至本法律意见书出具之日，确认申请机构不存在被境外股东直接或间接控股或委托持股的情形，确定了股东的资金来源于股东的合法的自有资金，并不存在代持股情况，其出资资金来源及出资程序均符合协会管理私募基金管理人登记备案的要求。

五、申请机构的实际控制人

（一）站长为申请机构实际控制人

1. 根据申请机构提供的工商登记文件、《公司章程》，并经本所律师核查，站长持有申请机构 55% 的出资比例。

2. 根据申请机构提供的工商登记文件、《公司章程》，并经本所律师核查，公司章程第二十五条规定：股东会对公司增加或者减少注册资本、合并、分立、解散或变更公司形式作出决议，须经代表三分之二以上表决权的股东通过；修改公司章程的决议，必须经代表三分之二以上表决权的股东通过；股东会会议由股东按照出资比例行使表决权。因此，根据公司章程的规定，站长拥有决策公司重大事项的权力。

3. 根据公司提供的《声明函》以及公司股东提供的《股东的声明与承诺函》，站长持有公司的股权系自有资产，不存在代持情形。

4. 经本所律师访谈公司的员工，了解到公司的战略规划、对外投资、增资扩股、经营方针、投资计划，委派或更换公司的执行董事、监事、经理等管理人员等重要事项，均是由站长提议并最后经履行公司内部决策程序予以采纳通过后实施。因此，站长对公司具有控制能力，能够实际起到支配作用。

综上，本所律师认为，站长为公司的实际控制人。实际控制人的基本信息可参见本法律意见书第四部分有关“申请机构的股权结构”的论述。

（二）实际控制人对公司的控制关系和实际支配作用

站长持有公司55%的股权，同时担任公司法定代表人、执行董事、总经理，根据公司章程的规定，拥有决策公司重大事项的权力。经本所律师访谈公司的其他员工，了解到公司的战略规划、对外投资、增资扩股、经营方针、投资计划，委派或更换公司的执行董事、监事、经理等管理人员等重要事项，均是由站长提议并最后经履行公司内部决策程序予以采纳通过后实施。

综上，本所律师认为，站长为公司实际控制人。

六、申请机构的子公司、分支机构和其他关联方

在本法律意见书出具之日，申请机构关联方主要包括：

（一）子公司（持股5%以上的金融企业、上市公司及持股20%以上的其他企业）

经与申请机构股东及高管站长、李小沐、高赢的当面访谈以及全国企业工商信息公示系统的查询，本所律师没有发现申请机构持有任何金融企业、上市公司5%以上的股份或者任何其他企业20%以上的股份。

（二）申请机构的分公司

经与申请机构股东及高管站长、李小沐、高赢的当面访谈并制作笔录及在APP“启信宝”中查询，本所律师认为，申请机构没有设立任何分公司。

（三）其他关联方（受同一控股股东/实际控制人控制的金融企业、私募基金管理人、投资类企业、冲突业务企业、投资咨询及金融服务企业等）。

经与申请机构股东及高管站长、李小沐、高赢的当面访谈并制作笔录及在

APP“启信宝”中查询，本所律师认为，申请机构没有其他关联方。

本所律师认为，截至本法律意见书出具之日，申请没有子公司、分支机构和其他关联方。

七、申请机构的运营条件

（一）申请机构的从业人员

本所律师通过：

1. 查阅申请机构提供的员工花名册、员工的身份证、劳动合同；

2. 在中国基金业协会网站查询了相关人员取得基金从业人员资格情况；

3. 听取高管站长、李小沐、高赢对申请机构内部分工的陈述。

本所律师认为，申请机构有财务 / 综合部、市场销售部、投资管理部、风险控制部四个部门，目前员工 7 人，其中高管人员 3 名、市场销售部员工 1 名、财务 / 综合部员工 1 名、投资管理部员工 1 名、风险控制部员工 1 名。

高管人员有站长、李小沐、高赢 3 人，其具体信息见本法律意见书第十部分的论述。

申请机构其他主要人员情况如下：

① 李倩，女，中国国籍，身份证号 150524198504301525，户籍地址：北京市海淀区长坑路 8 号。有基金从业资格、证券从业资格。

学习经历：

起止日期	学校	专业	学历	学历证书编号
2000.09—2003.07	安溪一中		高中	
2003.09—2007.07	仰恩大学	国际会计	本科	117841200705080688

工作经历：

起止日期	工作单位	职务	工作职责
2007.09—2016.04	兴业证券股份有限公司北京分公司	出纳、会计	负责会计处理
2016.07—2017.04	北京私募早餐资产管理有限公司	会计、综合	负责会计处理、资金管理、银行账户管理及公司的综合事务

经在证券业协会网站查询，本所律师确认李倩于 2012 年 6 月 16 日通过考

试方式取得基金从业资格，具体情况如下：

科目	通过时间	合格证编号
证券市场基础知识	2007-10-20	20078700005701
证券投资基金	2012-06-16	2012068711931705

② 李行研，男，中国国籍，身份证号 360622198403202616，户籍地址：福建省福州市鼓楼区南天路 36 号。有基金从业资格、证券从业资格。

学习经历：

起止日期	学校	专业	学历	学历证书编号
2000.09—2003.07	余江县一中		高中	
2003.09—2007.7	华侨大学	金融学	本科	103851200705002139

工作经历：

起止日期	工作单位	职务	工作职责
2007.09—2010.12	兴业证券股份有限公司北京丰泽街证券营业部	客户经理	销售理财和维护客户
2011.01—2015.12	长江证券股份有限公司北京温陵南路证券营业部	销售经理	负责营业部的销售管理
2016.01—2017.04	北京私募早餐资产管理有限公司	销售部经理	负责公司的资金募集、客户关系管理

经在中国基金业协会网站查询，本所律师确认李行研于 2008 年 10 月 18 日通过考试方式取得基金从业资格，具体情况如下：

科目	通过时间	合格证编号
证券市场基础知识	2006-10-15	20068700001601
证券投资基金	2008-10-18	2008108711203305

③JOHN，男，中国国籍，身份证号 150524199002011567，户籍地址：北京市海淀区长沙街 8 号。有基金从业资格、证券从业资格。

学习经历：

起止日期	学校	专业	学历	学历证书编号
2005.09—2009.07	北京二中		高中	
2009.09—2013.07	对外经贸大学	国际经济与贸易	本科	117841201305080658

工作经历：

起止日期	工作单位	职务	工作职责
2007.09—2016.04	兴业股权投资管理有限公司	投资助理	投资立项、业务尽职调查
2016.07—2017.04	北京私募早餐资产管理有限公司	投资专员	协助投资总监负责投资业务

经在证券业协会网站查询，本所律师确认 JOHN 于 2016 年 6 月 16 日通过考试方式取得基金从业资格，具体情况如下：

科目	通过时间	合格证编号
证券市场基础知识	2006-10-20	20168700005701
证券投资基金	2016-06-16	2016068711931705

④ 张晓丽，女，中国国籍，身份证号 110622199109193229，户籍地址：北京市海淀区东大路 36 号。有基金从业资格、证券从业资格。

学习经历：

起止日期	学校	专业	学历	学历证书编号
2006.09—2010.07	北京二十中		高中	
2010.09—2014.7	中国政法大学	民法	本科	103851201405061122

工作经历：

起止日期	工作单位	职务	工作职责
2014.09—2017.03	长江证券股份有限公司北京大望路证券营业部	合规专员	负责营业部的合规管理
2017.03—2017.04	北京私募早餐资产管理有限公司	风控合规负责人	合规风险控制

经在中国基金业协会网站查询，本所律师确认张晓丽于 2015 年 10 月 18 日通过考试方式取得基金从业资格，具体情况如下：

科目	通过时间	合格证编号
证券市场基础知识	2015-10-15	20158700021601
证券投资基金	2014-10-18	2014108713303305

本所律师核查了以上高管的身份证、学历证书、社保证明（见本法律意见书附件），其简历由其本人及申请机构提供了真实性的保证书。

申请机构向本所律师提交了全体员工均专职工作的承诺书，确认无员工兼职的情形。

按照不同的部门进行分工，有财务/综合部、市场销售部、投资管理部、风险控制部四个部门，由不同高管担任部门负责人，实行部门责任制，按照公司的相关制度确保公司合规运行；同时，风控合规负责人直接对股东会负责，负责公司全面内核监督考评和风险防控整治工作，风控合规人员在制度、业务运营、岗位设置、人员安排、领导组织架构等方面都与投资业务实现了完全隔离，不存在风控合规人员参与投资业务的可能；申请机构出具了如下组织结构图：

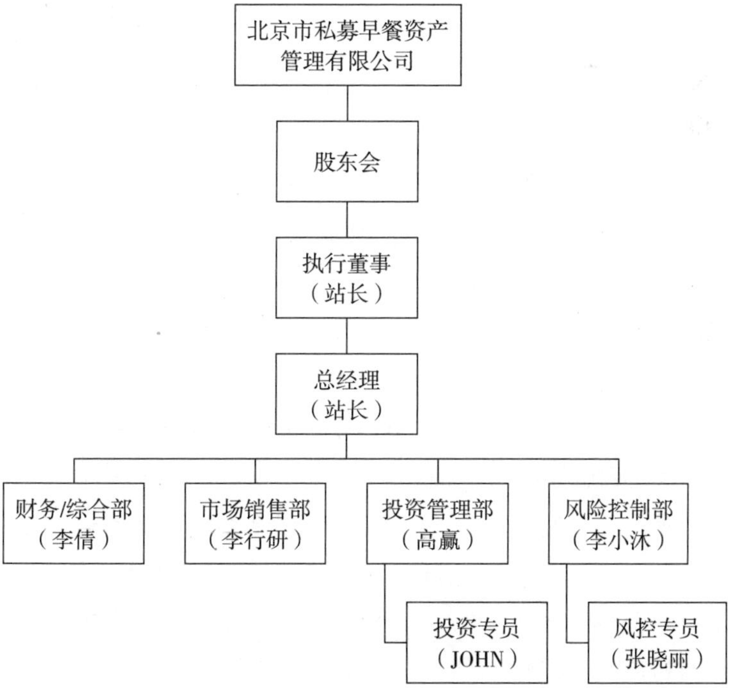

本所律师查询了企业信息公示系统的公示信息，并当面访谈了 3 名高管且制作笔录，本所律师认为，企业员工的任职情况与劳动合同约定的工作岗位相同。本所律师认为，申请机构 3 名高管及 4 名员工均具有基金从业人员资格，申请机构整个团队股权投资及基金知识储备充分，业务素质优良。申请机构的相关工作人员均具备与岗位要求相适应的专业胜任能力。

（二）申请机构的营业场所

申请机构营业场所系从北京乐活融资租赁有限公司处租赁而来，租金为 26 650 元 / 月，租赁期限为 2016 年 5 月 1 日至 2020 年 4 月 30 日，租赁面积 266 平方米。根据申请机构提供的租赁合同、房租及物业费收据，经实地核查，确认该实际办公地址为：北京市海淀区信息路 1 号 A 栋 201 室。

经查申请机构提供的固定资产清单及本所律师核查，确认申请机构有如下固定资产：

办公电脑	11 台
办公桌椅	7 套
打印复印一体机	1 台
指纹门禁	1 套
大沙发	1 套
小沙发	1 套
休闲桌椅	1 套

本所律师认为，申请机构具备了目前运营规模下开展正常办公的基本办公场所及设备设施条件。

（三）申请机构的资本金

《验资报告》显示，申请机构的注册资本为 1 000 万元人民币，于 2016 年 11 月 29 日实缴了注册资本 500 万。本所律师在验资报告查验网站上查证了北京公正会计师事务所出具验资报告的真实性。

根据申请机构的书面《声明函》和《审计报告》，目前每月运营成本主要为工资、社保公积金、差旅费、招待费等（详见预算表），本所律师有理由认为，申请机构未来 1 年总支出不足 500 万元，预计未来 1 年内的运营成本资金是充足的。

申请机构费用支出预算表如下：

编号	项目	费用	备注
1	人员工资	60 万元	按 7 位员工预算
2	办公室租金	32 万元	包括水电
3	办公用品耗材	12 万元	—
4	日常运营费用	12 万元	包括行政报销等
5	差旅费	20 万元	主要用于考察投资项目的出差费用
	总计	136 万元	—

综上，本所律师认为，申请机构具有开展私募基金管理业务所需的从业人员、营业场所、资本金等企业运营基本设施和条件。

八、申请机构的风险管理及内部控制制度

（一）制度建立情况

申请机构已经构建了基本的风控制度，为进行私募基金管理人备案登记，本所律师根据申请机构的实际情况，给申请机构提出了内控制度的整改建议。申请机构根据本所律师的意见，完善了《运营风险控制制度》《信息披露管理制度》《机构内部交易记录制度》《防范内部交易、利益冲突的投资交易制度》《合格投资者风险揭示制度》《合格投资者内部审核流程及相关制度》《私募基金宣传推介、募集相关制度》《基金托管与外包业务管理制度》等风险管理和内部控制制度文件。

（二）制度执行及人员安排

本所律师对以上文件进行了审阅和验证，并与《私募投资基金管理内部控制指引》、《私募投资基金管理人登记和基金备案办法（试行）》进行了对照，确认其符合中国基金业协会的规定。申请机构后按照本所律师的要求，在中国基金业协会的后台提交了新的制度文件。

本所律师对以上文件进行了审阅和验证，并与《私募投资基金管理内部控制指引》、《私募投资基金管理人登记和基金备案办法（试行）》进行了对照，确认其符合中国基金业协会的规定。申请机构后按照本所律师的要求，在中国基金业协会的后台提交了新的制度文件。

其中：

1.《运营风险控制制度》为保障申请机构业务的安全运作和管理，加强申请机构内部风险管理，规范投资行为，提高风险防范能力，有效防范和控制投资项目运作风险，该制度要求遵循全面性、审慎性、独立性、有效性、适时性和防火墙原则，根据业务流程和风险特征，将业务流程分为风险识别、评估、分析、控制和报告五个步骤。此外，该制度还对申请机构各层级的风险控制职责进行明确的分工，规定相关风险控制报告制度，通过层层把关实现对风险更全面的控制。

2.《信息披露制度》为申请机构信息披露工作，保护私募基金投资者合法权益，促进申请机构依法规范运作，该制度按照《私募基金管理人内部控制指引》，坚持真实、准确、及时及完整披露的原则，详细制定了申请机构及管理的私募基金信息报送、披露事务管理的相关制度，真实、全面地健全了信息披露制度。

3.《机构内部交易制度》旨在规范申请机构内部交易管理、防范申请机构交易风险，规范客户身份识别、客户身份资料和交易记录保存与管理。该制度规定交易记录的保存分为书面纸质版与电子版。纸质版交易记录制作完毕后，应专门放置档案袋归档保存。电子交易记录应设置专门文件夹予以保存，并按期刻录成光盘或者上传申请机构专门服务器进行备份等防止交易记录灭失的措施。该制度的相关规定符合《私募基金管理人内部控制指引》应当保存私募基金内部控制活动等方面的信息及相关资料，确保信息的完整、连续、准确和可追溯的规定。

4.《防范内幕交易、利益冲突的投资交易制度》规定了：

（1）申请机构内幕信息和内幕信息知情人的范围，如实、完整记录内幕信息在公开前的报告、传递、编制、审核、披露等各环节所有内幕信息知情人名单，以及知情人知悉内幕信息的内容和时间等相关档案的规范。该制度还详细规定了内幕信息的防控及报告流程，规定风控总监应将内幕信息与交易检查列入年度检查内容，内幕信息公开前，内幕信息知情人应保证电脑储存的有关内幕信息资料不被调阅、拷贝等内幕交易防控管理措施。

（2）利益冲突防范的目标、内容及识别程序，具体规定了利益冲突的防范和处理措施。

5.《合格投资者风险揭示制度》《合格投资者内部审核流程及相关制度》旨在充分为投资者揭示风险，保护投资者的合法权益。这两项制度建立了合格投资者的评估及管理、风险揭示、投诉管理等流程。

6.《私募基金宣传推介、募集相关制度》为规范申请机构的募集行为，保护投资者及相关投资者及相关当事人的合法权益，该制度规定了申请机构应当向特定对象推介私募基金；私募基金推介材料内容应与基金合同主要内容一致，不得有任何虚假记载、误导性陈述或者重大遗漏；在完成合格投资者确认程序后签署私募基金合同，基金合同约定给投资者设置不少于二十四小时的投资冷静期，募集机构在投资者冷静期内不得主动联系投资者；在投资冷静期期满后，指令本机构的非基金推介业务人员以录音电话、电邮、信函等适当方式进行回访等，符合中国基金业协会对私募基金管理人所进行关于资金募集宣传、推介的强制性规定。

7.《基金托管与外包业务管理制度》为实现申请机构的专业化经营，规定了可适当将部分需专业机构进行评估、分析或管理的业务进行外包，并制定了从共托管机构、外包机构的遴选与管理、监督管理等方面规范公司的基金托管与运营外包业务。该制度的相关规定符合《内部控制指引》中关于私募基金管理人应建立健全私募基金托管人遴选制度，切实保障资金安全，以及开展业务外包应制定相应的风险管理框架及制度的要求。

申请机构的最高权力机构为股东会，股东会同时担任了投资决策委员会的职能，股东会（投资决策委员会）对重大方案行使决定或否决权。申请机构内部分为财务 / 综合部、市场销售部、投资管理部、风险控制部四个部门。财务 / 综合负责财务核算及日常行政公司，由李倩负责；市场销售部负责产品销售及投资者关系维护，由李行研负责；投资管理部负责投资标的筛选，由高赢负责；风险控制部负责公司内控制度的建立、实施以及申请机构对外行为的合法合规性审查，由李小沐负责。

根据实地核查、与高管的当面访谈并制作笔录，本所律师认为，在目前公司业务规模不大的情况下，1 名高管及 1 名普通员工专门负责风控的设置体现了申请机构对私募基金管理人运营风险的重视，足以满足申请机构运营的实际需求，保证以上制度的有效实施。申请机构也承诺，在备案通过并发行产品后，会根据公司的发展情况逐步增加数名风控部员工，以适应公司未来的发展。

（三）制度有效执行的现实基础和条件

1. 尽职调查过程

本所律师与风控负责人李小沐、申请机构员工李倩、李行研、JOHN、张晓丽进行了当面访谈并制作了笔录，查阅了申请机构的部分日常行政文件，确认了：

（1）申请机构所有的制度、合同等文件均需法务 / 风控部门的审查通过，以上制度文件在申请机构得到了执行和落实；

（2）申请机构目前的风险管理和内控制度与现有组织架构和人员配置是相

匹配的，能够满足申请机构的实际需求。

2. 现实基础和条件

根据尽职调查情况，本所律师认为申请机构的制度具备了有效执行的基础和条件：

（1）公司组织架构基础

按照不同的部门进行分工，有财务 / 综合部、市场销售部、投资管理部、风险控制部四个部门，分别由高管人员作为部门负责人，实行部门责任制，按照公司的相关制度确保公司合规运行；同时，风控合规负责人直接对股东会负责，负责公司全面内核监督考评和风险防控整治工作，风控合规人员在制度、业务运营、岗位设置、人员安排、领导组织架构等方面都与投资业务实现了完全隔离，保证各项制度落实在公司具体的组织架构上。

（2）人员配备条件

申请机构目前有员工 7 人，其中包括高管人员 3 名，各部门一般员工 4 名，具体为：财务 / 综合部员工 1 名、市场销售部员工 1 名、投资管理部员工 1 名、风险控制部员工 1 名；各部门在部门负责人的领导下，严格按照公司的制度进行运营，实行部门积分奖惩制度，直接与每个员工的福利待遇、升迁辞退等考评挂钩，督促公司员工严格按照制度规范履职。

（3）财务管理条件

申请机构设置财务部门，由李倩作为部门负责人，实行部门责任制，每月向风控合规部门提交一份财务自查报告进行审查并存档，同时抄送给执行董事、总经理，重点对投资资金监管、投资人资格审查以及项目资金流向做出全面的自查自纠，每年由第三方会计师事务所对公司财务进行阶段性全面审查，每年 3 月 31 日之前完成上一年度审计，杜绝各类资金风险、隐患；

（4）风控内核基础

风控合规负责人直接对股东会负责，负责公司全面内核监督考评和风险防控整治工作，风控合规人员在制度、业务运营、岗位设置、人员安排、领导组织架构等方面与投资业务完全隔离，保证了合规风控工作的独立性、有效性，最大限度保证公司合规运营和投资这个利益；同时，由合规部门对全部业务进行独立内核核查，直接向执行董事、总经理做出内核报告和惩戒建议，并作为每月考评的主要依据，以此督促各项制度得到落实。

综上，本所律师认为：

1. 申请机构已经建立了《私募基金管理人登记法律意见书指引》第四条第（八）项所要求的、与其申请的基金类型业务及从业人员配备相适应的、完整的、涉及管理人运营关键环节的风险管理和内部控制制度；

2. 申请机构有关风险管理和内部控制制度符合中国基金业协会《私募投资基金管理内部控制指引》的规定；

3. 申请机构投资管理 / 财务 / 风险控制 / 市场销售部门的人员的配置，使得申请机构在目前业务规模的前提下，具备了有效执行以上制度的现实基础和条件。

九、申请机构与其他机构签署的基金业务外包服务协议

根据申请机构出具的说明并经本所律师核查，本所律师认为，申请机构正在与其他三家有资质的基金业务外包服务机构洽谈资金托管事宜，在备案成功后即按照《基金托管与外包业务管理制度》的规定进行产品托管及外包业务管理的流程，签订正式外包服务协议；同时，发行私募基金产品的份额登记，估值核算，信息技术系统业务也都计划外包给其他有资质的机构。

申请机构计划在私募基金管理人备案登记成功后自行销售未来发行的基金产品，本所律师查阅了申请机构起草的《北京私募早餐资产管理有限公司投资者风险问卷调查》《北京私募早餐资产管理有限公司投资风险揭示书》等文件，内容符合中国基金业协会的要求。

但本所律师认为，申请机构目前销售力量薄弱，很难在短期内完全理解并执行私募基金产品销售的所有政策，建议其加强相关政策培训或在发行基金产品后将部分或全部基金销售业务外包给取得了中国基金业协会外包服务资格的机构，申请机构也表示会考虑采用该建议。

十、申请机构的高管人员及高管岗位设置

（一）申请机构三名高管情况如下：

① 站长的身份信息及履历，见本法律意见书第四部分“申请机构的股权结构”。

② 风控总监李小沐，女，中国国籍，身份证号 110101198808205541，户籍地址：北京市海淀区瑞东村，有基金从业资格、证券从业资格。

学习经历：

起止日期	学校	专业	学历	学历证书编号
2002.09—2005.07	北京第八中学		高中	
2005.09—2009.07	华侨大学	金融学	本科	103851201605002939

工作经历：

起止日期	工作单位	职务	工作职责
2009.09—2016.06	国华投资管理有限公司	风控人员 风控主管 风控总监	负责公司运营风险及投资业务风险的把控、风险评估
2016.07—2017.04	北京私募早餐资产管理有限公司	风控总监	推动内控制度的制定和执行，负责公司运营风险及投资业务风险的把控、风险评估

经在中国基金业协会网站查询，本所律师确认李小沐于2016年4月23日通过考试方式取得基金从业资格，具体情况如下：

科目	通过时间	合格证编号
基金法律法规、职业道德与业务规范	2016-04-23	201604872674244087
证券投资基金基础知识	2016-04-23	201604872350451087
私募股权投资基金基础知识	2016-11-26	20161238957170

③ 投资总监高赢，男，中国国籍，身份证号350501198502275091，户籍地址：北京市海淀区马甲镇溪林路5号，有基金从业资格、证券从业资格。

学习经历：

起止日期	学校	专业	学历	学历证书编号
2000.09—2003.07	北京实验中学		高中	
2003.09—2007.07	中央财经大学	金融学	本科	134691201405002858

工作经历：

起止日期	工作单位	职务	工作职责
2007.10—2011.05	平平投资有限公司	投资助理	负责股权投资立项、尽职调查工作
2011.05—2016.11	上海弈狮资产管理有限公司	投资经理	负责TMT行业投资
2017.01—2017.04	北京私募早餐资产管理有限公司	投资总监	负责公司投资项目的立项、尽职调查、投资过程处理、投后管理工作

经在证券业协会网站查询，本所律师确认高赢于2014年7月27日通过考试方式取得基金从业资格，具体情况如下：

科目	通过时间	合格证编号
证券市场基础知识	2014-06-21	20140787125902087
证券投资基金	2014-07-27	20140833451274033

本所律师核查了3名高管的身份证、最高学历证明和离职证明，确认了其真实性。简历为申请机构提供，申请机构及其3名高管向本所律师提供了高管简历真实的保证书。

根据和3名高管的沟通确认，确认3名高管均有投资相关经历，其中李小沐和高赢有私募机构从业经历。

（二）高管岗位设置的依据

1. 与公司章程一致

经查阅申请机构的公司章程，并与股东进行面谈，本所律师确认高管岗位的设置与公司章程一致。

2. 符合中国基金业协会规定

根据《中国基金业协会关于进一步规范私募基金申请人登记若干事项的公告》的要求，申请机构配备了3名符合从业资格要求和规定的高管，同时风控合规负责人单独设置，在业务和兼职上均实行隔离。

3. 保证制度执行

根据申请机构整改后的《股东会议事规则》以及协会规定的“8+2”制度，为确保上述制度得到全面落实，申请机构根据现有工作人员总数对高管岗位做出了切实可行的安排。

4. 合规风控与投资业务的岗位设置隔离需要

根据《二五公告》第四条“关于私募基金管理人高管人员基金从业资格相关要求”的规定：各类私募基金管理人的合规 / 风控负责人不得从事投资业务。

5. 个人经历与岗位的匹配

公司法定代表人站长具有9年的税收行政部门从业经历，3年的投资经验，对于私募产品也有较深的研究，擅长投资TMT行业，具备较好的行业分析、风险研判能力，拥有良好的投资业绩，熟悉股权投资市场运作、国家经济政策与宏观经济形势等，也具有一定的实操投资经验，且投资绩效良好。

投资总监高赢就读于中央财经大学金融学专业，对金融、投资具有科班知识积累，具有丰富的投资经历和极好的投资业绩，2007 年 9 月至 2016 年 11 月长达 9 年的时间内就职于投资公司，并担任部门经理职位，系统地积累了股权投资的实战经验和理论知识；对于政策热点、行业趋势研判尤其突出，研究功底扎实，投资节奏把握较好，带领客户实现了财富的增值，具备一个投资总监应有的工作履历和实战经验。

风控总监李小沐在国华投资管理有限公司历任风控人员、风控主管、风控总监职务，对于股权投资机构的运营风险及投资风险有综合的管理能力，符合风控 / 合规负责人的要求。

本所律师通过以下途径核查：

1. 核查申请机构内部制度，确保《运营风险控制制度》中明确风控合规负责人不得参与投资业务；

2. 根据风控部门的职责分工，确认申请机构风控合规负责人的职责分工没有任何投资业务部门的具体事务；

3. 对风控合规负责人李小沐进行面谈，明确其职责范围，告知协会的相关业务隔离规定，并取得该高管人员不参与投资业务的承诺。

（1）岗位隔离

高管岗位设置中严格区分投资经营业务与风控合规业务，分别委任具备资质、资格的高管人员分别负责，按照不同的部门进行分工，有财务 / 综合部、市场销售部、投资管理部、风险控制部四个部门，分别由各高管人员作为部门负责人，实行部门独立责任制，按照公司的相关制度确保公司合规运行和风险控制的有效性。

（2）组织领导结构隔离

风控 / 合规负责人直接对股东会负责，受股东会直接领导，全面负责公司内核监督考评和风险防控及整治工作，且该高管专职于本申请机构，不存在任何兼职或者影响合规风控业务的情形，风控合规部门人员在制度、业务运营、岗位设置、人员安排、领导组织架构等方面都与投资业务实现了完全隔离，不存在风控合规岗位人员参与投资业务的情况。

综上所述，本所律师认为：申请机构的高管人员均通过考试方式取得基金从业资格，高管岗位的设置符合中国基金业协会《私募登记备案办法》、《二五公告》等相关规范文件的要求。

十一、申请机构的刑事处罚、行政处罚、失信情况及申请机构高管的纪律处分情况

1. 尽职调查手段

查阅资本市场诚信数据库的信息及全国企业信用信息公示系统、“信用中国”、中国基金业协会网站、中国执行信息公开网、全国法院被执行人信息查询网站、全国法院失信被执行人名单信息公布与查询网站、中国裁判文书网等查询平台。

2. 结论

本所律师认为：申请机构没有受到过任何刑事处罚、金融监管部门行政处罚或者被采取行政监管措施；申请机构及其高管人员没有受到行业协会的纪律处分；申请机构没有被列入失信被执行人名单；申请机构没有被列入全国企业信用信息公示系统的经营异常名录或严重违法企业名录；申请机构在“信用中国”网站上不存在不良信用记录。

十二、申请机构最近三年的诉讼、仲裁情况

1. 尽职调查手段

查阅申请机构提供的《企业信用报告》、查询资本市场诚信数据库的信息及全国企业信用信息公示系统、“信用中国”、中国证监会网站、中国基金业协会网站、中国执行信息公开网、全国法院被执行人信息查询网站、全国法院失信被执行人名单信息公布与查询网站、中国裁判文书网。

2. 结论

本所律师认为，申请机构自设立之日（2016年1月21日）至本法律意见书出具之日，没有任何诉讼、仲裁案件。

十三、申请机构未来的运营计划

针对如何开展股权投资基金的运营，申请机构向本所律师出具了其展业计划书。该展业计划书见本法律意见书附件。

十四、如何保障投资者资金安全

针对如何保障投资者资金安全的问题，申请机构在和本所律师沟通后，向本所律师出具了承诺，主要内容如下：

1. 严格遵守《私募投资基金监督管理暂行办法》，加强合格投资者的资格和风险承受能力的核查工作，杜绝不具有相应风险承受能力的投资者购买申请机构的产品；

2. 申请机构发行的所有产品，都将委托具有资质的托管机构来托管投资者的资金，所有私募基金产品的份额登记，估值核算，信息技术系统业务都计划外包给有资质的第三方机构；

4. 将在基金合同中与投资者约定产品的净值止损线（一般为 0.7），在产品达到止损净值线时严格止损；

5. 申请机构将定期向投资者公布资产组合及财务报表，每年接受会计师事务所的审计；

6. 申请机构将严格遵守相关法律法规及中国基金业协会的相关政策，定期向中国基金业协会披露基金的运作情况。

十五、申请材料的真实、准确、完整性

通过：

1. 查询北京市场监督管理局网站、资本市场诚信数据库的信息及全国企业信用信息公示系统、“信用中国”、中国证监会网站、中国基金业协会网站、中国执行信息公开网、全国法院被执行人信息查询网站、全国法院失信被执行人名单信息公布与查询网站有关申请机构的公示信息；

2. 调取申请机构工商档案；

3. 查阅申请机构提供的招商银行北京分行客户贷记回单，确认实缴注册资本的真实性；

4. 查询申请机构的发票开具情况和纳税信息；

5. 查阅申请机构所有内控制度文件；

6. 与申请机构高管站长、李小沐、高赢进行电话、当面沟通，并制作笔录。

本所律师认为，申请机构向中国基金业协会提交的登记申请材料是真实、准确、完整的。

十六、律师认为需要说明的其他问题

无。

十七、结论

申请机构向中国基金业协会提交的登记申请材料真实、准确、完整，不存在虚假性记载、误导性陈述或重大遗漏，符合中国基金业协会的相关要求，具备私募基金管理人备案登记的条件。

附件（略）：

申请机构所有员工的社保清单；

申请机构全体员工的专职承诺函；

申请机构高管能力阐述；

申请机构的展业计划书；

所有员工离职证明。

北京爱华律师事务所

经办律师：李爱国

执业证号：14403201410123454

经办律师：徐晓谦

执业证号：14403201810654321

2017 年 9 月 11 日

参考文献
REFERENCE

[1] 民生财富管理研究中心．中国私募基金行业发展历史与现状［J］．清华大学国家金融研究院研究报告．2016（8）：1-42.

[2] 曲士英，郭福春．中国私募基金产生原因及作用分析［J］．企业经济，2002（5）：142-74.

[3] 叶琳．日本私募股权产业的安全隐患及其产生原因［J］．日本学刊，2012（6）：105-110.

[4] COSO．企业风险管理——整合框架．［M］．方红星，王宏．大连：东北财经大学出版社，2017.

[5] COSO．企业风险管理——整合框架——应用技术．［M］．张宜霞．大连：东北财经大学出版社，2017.

[6] 张小峰．基于风险管理的私募股权基金内部控制研究［J］．中国市场，2017（10）：276-277，286.

[7] 马丽莹，李梅．内部控制的历史回顾与现实思考［J］．学术交流，2003（12）：62-64.

[8] 张英，李超．内部控制概念的历史演进［J］．商场现代化，2010（28）：192-193.

[9] 张砚．内部控制历史发展的组织演化研究［J］．会计研究，2005（2）：75-81.

[10] 周勤业，王啸．美国内部控制信息披露的发展及其借鉴［J］．会计研究，2005（2）：24-31.

［11］谢志华．内部控制、公司治理、风险管理：关系与整合［J］．会计研究，2007（10）：37-45.

［12］田中禾，周云．价值创造型内部控制系统框架及运作研究［J］．科技管理研究，2009（1）：156-157.

［13］李三喜，徐荣才．基于风险管理的内部控制设计流程·设计实务·设计模板［M］．北京：中国市场出版社，2013.

［14］李三喜，徐荣才．基于风险管理的内部控制理论结构·操作流程·实务指南［M］．北京：中国市场出版社，2013.

［15］李勋．美国对冲基金监管立法研究［J］．福建金融管理干部学院学报，2008（3）：42-52.

［16］池国华．内部控制学［M］．北京：北京大学出版社，2010（3）：47-77.

［17］陈肇强．对冲基金及其监管的法律问题研究［D］．上海：华东政法学院，2003.

［18］吴志攀．从“证券”的定义看监管制度设计［J］．证券市场与法律，2001（11）：12.

［19］樊志刚，赵新杰．全球私募基金的发展趋势及在中国的前景［J］．金融论坛，2017（10）：3-8.

［20］丁伟．新生银行如何“新生”［J］．中国企业家，2006（17）：50.

［21］王丽红．中国私募股权市场逐渐活跃［J］．中国科技投资，2007（2）：71-72.

［22］吴晓灵．发展私募股权基金需要研究的几个问题［J］．中国企业家，2007（5）：32-35.

［23］朱晔．私募基金法律调控探析［J］．财贸研究，2005（5）：101-106.

［24］朱奇峰．中国私募股权基金发展论［D］．厦门：厦门大学，2009.

［25］汤谷良．私募基金（PE）——昂贵的盛宴［J］．财务会计，2008（4）：40-42.

［26］杨海霞．私募股权基金走到“阳光”监管下［J］．中国投资，2007（6）：22-25.

［27］王巍．迎接私募股权基金的时代［J］．中国金融，2007（11）：21-23.

［28］陈国力，冯科．私募股权基金可成为保险资金运用的重要渠道［J］．

新经济杂志，2007（5）：88-91.
［29］林铁钢．中国正成为最活跃的私募股权投资市场——访美国企业成长协会董事局前主席帕特里克·赫雷［J］．中国金融，2007（11）：16-18.
［30］李晓明．私募股权基金的中国起步［J］．中国投资，2006（11）：75-76.
［31］刘凤朝．我国风险投资公司运作的环境风险分析［J］．南开经济研究，1999（5）：44-46.
［32］范柏乃．影响我国风险投资有效需求的障碍因素调查报告［J］．当代经济，2003（8）：47-59.
［33］王守宽．论我国风险投资的法律制度设计［J］．经济师，2003（1）：12-14.
［34］张景安．风险投资与法律制度［M］．北京：中国金融出版社，2000.
［35］胡亚亚．关于我国政府对私募基金的监管研究［D］．北京：首都经济贸易大学，2017：1-47.
［36］陈向聪．中国私募基金立法问题研究［M］．北京：人民出版社，2009.
［37］陈欣烨．建立权责明确的国家与地方金融监管体系［J］．法政探索，2017（3）：97-102.
［38］董方军，王军．我国私募证券基金发展的现状、问题及加强监管的若干建议［J］．经济问题探索，2008（6）：173-177.
［39］董彦岭，李柯．我国金融生态体系优化刍议［J］．山东经济，2005（4）：73-77.
［40］范大平．论私募基金的发展与地方政府的监管［J］．经济众说，2007（34）：40-42.
［41］高新颖．对我国私募基金法律监管的探讨［J］．现代商贸工业，2008（4）：212-213.
［42］龚鹏程．论私募基金的监管框架［J］．湖南科技大学学报社会科学版，2008（11）：433-447.
［43］官志和．我国私募基金监管存在的问题及应对措施研究［J］．时代金融，2017（2）：23-25.
［44］赖耀锋．私募基金在我国的发展探析［J］．时代金融，2016（4）：

318-321.
[45] 李敏.互联网金融对金融生态体系的影响与对策研究[J].金融理论与实践，2015(12)：48-49.
[46] 刘道云.论我国私募基金法律规制的完善[J].新金融，2013(6)：23-24.
[47] 刘轶.金融监管模式的新发展及其启示——从规则到原则[J].法商研究，2009(2)152-160.
[48] 倪明.我国私募基金运营现状及风险[J].观察与思考，2010(12)：42-45.
[49] 欧阳日辉.互联网金融监管：自律、包容与创新[M].北京：经济科学出版社，2014.
[50] 潘烨明.我国私募基金的发展及法制监管[J].经济研究导刊，2015(11)：297-298.
[51] 施正惠.论我国私募基金监管制度的构建[J].资本市场，2012(9)：10-11.
[52] 宋芳，柏高原.美国私募基金监管法律制度研究及对我国的启示[J].2012(5)：91-95.
[53] 田晶.私募基金监管的国际比较及对中国的启示[D].沈阳：辽宁大学，2013.
[54] 夏斌，陈道富.中国私募基金报告[M].上海：上海远东出版社，2002(6)：23-25.
[55] 向倩.我国私募基金的现状和发展对策浅析[J].财税金融，2010(23)：31-33.
[56] 肖友生.我国私募证券投资基金发展的问题及对策[J].财政金融，2010(32)：192.
[57] 杨威.新常态下互联网金融发展现状及监管对策[J].理论探研，2013(45)：16-17.
[58] 杨为程.论我国私募基金监管的目标与原则[J].中国电子商务，2012(15)：26-30.
[59] 姚静.关于我国私募基金的发展及其监管探析[J].金融视线，2013(2)：96-97.

[60] 殷洁.强化对私募基金的市场化监管[J].资本运营，2012（72）：173.
[61] 张澄.私募基金在我国的发展及其监管[J].经济视野，2016（3）：34-35.
[62] 张瑾.新常态下我国金融监管体制改革的路径研究[J].西部金融，2016（5）：76-78.
[63] 张令斐.浅析我国私募基金的发展现状及前景[J].财经纵览，2006（12）：34-35.
[64] 张秀清.我国私募基金监管对策研究[J].中国管理信息化，2012（15）：26-27.
[65] 赵银钧.私募基金监管法律问题研究[D].扬州：扬州大学，2013.
[66] 赵玉.我国私募股权投资基金法律制度研究[M].北京：中国政法大学出版社，2013：23-25.
[67] 张释文.契约型私募基金之法律探讨[J].上海人大知识角，2016（4）：53-54.
[68] 巴曙松，白海峰.多管理人基金（FOF/MOM）投资模式与金融科技应用展望[J].财富管理，2017（5）：89-92.
[69] 严怡君，汤石章.基金管理人持基激励与基金业绩——基金经理个人特征的调节效应研究[J].上海管理科学，2019，39（4）：1-8.
[70] 李毅.契约型私募基金治理结构问题初探[J].学界观察，2018（2）：235-240.
[71] 张国清.投资基金治理结构之法律分析[M].北京：北京大学出版社，2006：16.
[72] 张路，罗旭，郭晓婧.中美英基金法比较与实务[M].北京：法律出版社，2007.
[73] 方嘉麟.信托法之理论与实务：以比较法观点论信托法制继受之问题[M].台北：月旦出版社，1994.
[74] 沈吉利.信托公司治理法律问题研究[M].上海：上海社会科学院出版社，2012.
[75] 赵玉.私募股权投资基金管理人准入机制研究[J].法律科学（西北政法大学学报），2013（4）：165-173.

[76] 何小锋，窦尔翔，龙淼．私募基金监管时代渐行渐近［J］．资本市场，2010（5）：104-108.
[77] 郭雳．我国证券私募的立法完善与行为规制［J］．政府法制，2010（16）：36-37.
[78] 刘健钧．加快完善我国创业投资体制的思考［J］．中国科技投资，2011（1）：19-22.
[79] [美]路易斯·罗思，乔尔·塞里格曼．美国证券监管法基础［M］．张路，等，译．北京：法律出版社，2008.
[80] 刘俊海．论投资基金法律关系中的当事人［J］．法学杂志，2000（1）：16-19.
[81] 国家发展和改革委员会财政金融司，中国投资协会创业投资专业委员会．中国创业投资行业发展报告2011［R］．北京：中国计划出版社，2011.
[82] 朱慈蕴．公司作为普通合伙人投资合伙企业引发的法律思考［J］．现代法学，2008（5）：77-85.
[83] 赵玉．论我国有限合伙型股权投资基金的制度结构与完善路径［J］．社会科学研究，2010（6）：80-87.
[84] 吴邦国．形成中国特色社会主义法律体系的重大意义和基本经验［J］．求是，2011（3）：3-10.
[85] 柳志伟．基金业立法和发展：比较与借鉴［M］．北京：中国政法大学出版社，2003.
[86] 信宏磊．日本证券投资基金的发展与借鉴［J］．政策与管理，1998（8）：40-42.
[87] 张瑞彬．海外私募股权投资基金监管风向的转变和启示［J］．证券市场导报，2009（8）：18-22.
[88] 傅穹．公司治理模式：全球一体化与中国本土化的相互渗透［J］．国家检察官学院学报，2012（1）：135-144.
[89] 中国部委联合赴欧创业投资考察团．欧洲创业投资发展及启示［J］．证券市场导报，2012（1）：4-14.
[90] 王宝杰，郭雳．证券非公开发行法律制度的反思与变革——以中美比较为视角［J］．新视野，2011（3）：71-73.

［91］ 王荣芳．论我国私募股权投资基金监管制度之构建［J］．比较法研究，2012（1）：49-58.
［92］ 叶俊英．欧盟的证券投资基金立法探究［J］．证券市场导报，2003（3）：30-36.
［93］ 黄上国．华尔街神话的破灭对中国海外证券投资的启示［J］．社会科学家，2009（1）：59-61.
［94］ 许可．私募基金管理人义务统合论［J］．北方法学，2016（2）：40-52.
［95］ 隋平，董梅．私募基金：操作细节与核心范本［M］．北京：中国经济出版社，2012.
［96］ 余瑶．私募基金管理人与普通合伙人主体相分离的原因解析［J］．企业研究，2017（10）：61-63.
［97］ 中国证券投资基金业协会．股权投资基金基础知识要点与法律法规汇编［Z］．北京：中国金融出版社，2016.
［98］ 李夏怡．有限合伙制私募股权基金发行监管的法律问题研究［D］．湘潭：湘潭大学．2017：1-26.
［99］ 肖宇，李润．我国私募股权基金备案登记制度评析［J］．金融法苑，2015（1）：108-127.
［100］ 庞跃华，曾令华．私募股权基金监管模式的国际比较及中国选择［J］．财经理论与实践，2010（5）：48-51.
［101］ 梁清华．论中国私募基金管理人注册制度的完善［J］．学术月刊，2015（1）：109-114.
［102］ 赵玉．私募股权投资基金管理人准入机制研究［J］．法律科学，2013（4）：165-173.
［103］ 王勇．私募契约型基金及其会计税务处理探析［J］．新会计，2015（10）：30-33.
［104］ 王思远．我国有限合伙私募股权投资基金法律问题研究［D］．成都：四川省社会科学院，2015：1-44.
［105］ 金秋．私募基金管理人登记备案制度研究［D］．哈尔滨：黑龙江大学，2018：1-31.
［106］ 林晗龙，倪洁云，吕晖．私募基金管理人法律意见书制作：兼谈刑事责任和税务处理［M］．北京：中国法制出版社，2016.

［107］洪磊.防范利益冲突，完善内部治理，推动私募基金行业专业化发展［J］.财富管理，2018（1）：79-81.
［108］赵意奋，邱吉.论我国私募基金市场准入制度［J］.宁波大学学报，2011（6）：110-115.
［109］魏建国，龚克.英国风险投资业的发展研究［J］.华中科技大学学报，20018，2（5）：87-90.
［110］王明昕，李云峰.英国对冲基金监管制度研究［J］.金融发展研究，2008（7）：45-48.
［111］王明昕，李云峰.英国对冲基金管理的最新标准及启示［J］.中国金融，2008（18）：61-63.
［112］彭以明.美国对冲基金法律监管制度研究［D］.长沙：湖南师范大学，2012：1-47.
［113］程翼.对冲基金［M］.北京：中华工商联合出版社，2001.
［114］陈儒.对冲基金与国际金融市场［M］.北京：中国财政经济出版社，2001.
［115］郭建东.基金与金融动荡［M］.北京：经济管理出版社，2001.
［116］万里霜.金海狂鳖——对冲基金的策略、运作及评价［M］.北京：经济管理出版社，2001.
［117］王贵国.国际货币金融法［M］.北京：北京大学出版社，2002.
［118］王晓锦.国外众筹融资法律监管发展及启示［J］.商业经济研究，2016（23）：169-171.
［119］曹元.国际金融监管视野下的私募股权基金监管研究［D］.南昌：西南财经大学，2012：1-87.
［120］孙作山.我国私募基金监管法律问题研究［D］.上海：复旦大学，2009.
［121］Sahlman，W.The structure and governance of venture capital organizations［J］. Journal of Financial Economics，1990（27）：473-521.
［122］Helmut W. The Causes of the Recent Financial Crisis and the Role of Central Banks in Avoiding the Next One［J］. International Economics and Economic Policy，2010（7）：63-82.

[123] Burch D. private equity and the transformation of the retail sector [J] . Agriculture Human Values, 2013 (23): 247-258.

[124] JengL.A., C.Wells "The Determinants of Venture Capital Funding: Evidence Across Countries" . J.of Corporate Finance, 2000 (3): 241-289.

[125] Simon Atiyah, Overcoming the Legal Hurdles Involved in Hedge Fund Investments [J] . An International Journal, 2004 (09): 3.

[126] Stephen M.Schultz & Steven B. Nadel, Handling Hedge Funds—Navigating the Regulatory Maze [J] . Bus.L.Today, 1996 (06): 54.

[127] Franklin R. Edwards. Hedge Funds and the Collapse of Long-Term Capital Management [J] . J. Econ. Persp, 1999 (13): 14.

[128] William Fung, Empirical Characteristics of Dynamics Trading Strategies: The Case of Hedge Funds [J] . The Review of Financial Studies, 1997 (10): 16.

[129] David L. Ratner, Securities Regulation [M] . Newyork: West Group, 1998: 8-13.

[130] James Deloach.Enterprise Risk Management-Practical Implementation Ideas.The MIS Super Strategies Conference, 2005: 26-29.

[131] Smolarski J.Investment Analysis in the Private Equity Industry [J]: A Study of La Porta's Argument. International Journal of Emerging Markets, 2007, 2 (4): 335-347.

中经互联智库

中经互联智库（北京）管理顾问有限公司

中经互联智库（北京）管理顾问有限公司于 2013 年注册成立，是经济日报主管主办的《经济》杂志社投资控股的国有管理顾问企业。

主要业务：以项目委托等形式开展相关研究并开展管理咨询服务。

商业模式：B2B 和 B2G。

核心竞争力：国有控股。

1. 以中国经济发展领军人物和杰出人才为智力支撑的公共政策研究和决策咨询队伍，通过研究战略问题和公共政策，服务党和政府科学民主依法决策。

2.“一库四平台”，即中经智库、科研平台、交流平台、成果转化平台和中经国资公共服务平台，以科学咨询支撑科学决策，以科学决策引领科学发展。

3. 对项目进行综合规划、开发、投资、建设、运营的综合运营商，旗下拥有以股权和证券私募基金、信托为核心业务的专业投融资一体化业务运行平台；以专业的 PPP 投资管理的运营执行团队。

未来发展战略：以“精准资讯提供，专业咨询服务”为宗旨，通过政策的研究和协调，运用市场资源与资本，坚持融合理念和目标，实现协同创新与发展。

中国战略性新兴产业研究院

中国战略性新兴产业研究院是《中国战略新兴产业》杂志社发起设立、服务于国家战略性新兴产业建设的综合机构。

研究院以数字经济、战略性新兴产业、实体经济等领域开展理论研究和咨询服务，积极整合国内外知名科研机构和大学，聚集领军人才，搭建投融资平台。为地方政府和企业提供技术支撑，支持新兴产业发展，助力地方经济转型升级，在最核心的技术开发中发挥主导作用，在最重要的产业发展中发挥支撑作用，在创新创业领军人才培养中发挥引领作用。

2019 年，中国战略性新兴产业研究院将以战略性新兴产业聚集专题调研为抓手，深入开展“大学习，大调研，大策划”活动，推出新兴产业调研报告、年度报告、新兴产业基石榜，做好新兴产业发展指数的开发工作。

发起设立新兴产业基石股权投资基金，搭建新兴产业投资机构联合体，充分利用中金资本和天弘基金母基金生态圈资源和研发能力发掘项目资源，加大对战略性新兴产业的金融支持力度。

价值在线 VALUEONLINE

深圳价值在线信息科技股份有限公司是一家专业从事合规软件研发、一站式合规金融信息服务与互联网相融合的“双创型企业”。“价值在线”立足于中国多层次资本市场，汇聚曾任职于证券交易所、券商投行、会计师事务所、律师事务所、IT 等各行业专业精英，以上市公司、拟上市企业、私募基金管理机构为服务对象，提供专业的合规管理平台、合规业务咨询、合规大数据等综合金融信息服务。“价值在线”首创研发了中国合规服务产品——“易董”及运营平台，填补了在金融市场上“一站式”符合监管要求的管理平台以及合规产品金融服务的双空白。服务于私募合规的产品“易董简募”全面覆盖管理人宣传推广、合规运营、业务对接。